现代信息检索与利用丛书 • 丛书主编 袁润

社科信息
检索与利用

SOCIAL SCIENCE INFORMATION RETRIEVAL AND UTILIZATION

主编 吕彬 副主编 苗松 梁洪振

江苏大学出版社
JIANGSU UNIVERSITY PRESS
镇 江

图书在版编目(CIP)数据

社科信息检索与利用／吕彬主编．—镇江：江苏大学出版社，2015．2(2024．1重印)
ISBN 978-7-81130-912-6

Ⅰ．①社… Ⅱ．①吕… Ⅲ．①社会科学－情报检索－高等学校－教材 Ⅳ．①G252．7

中国版本图书馆CIP数据核字(2015)第027068号

社科信息检索与利用
Sheke Xinxi Jiansuo yu Liyong

主　　编／吕　彬
责任编辑／易丽芳
出版发行／江苏大学出版社
地　　址／江苏省镇江市京口区学府路301号(邮编：212013)
电　　话／0511-84446464(传真)
网　　址／http：//press．ujs．edu．cn
排　　版／镇江文苑制版印刷有限责任公司
印　　刷／广东虎彩云印刷有限公司
开　　本／718 mm×1 000 mm　1/16
印　　张／18
字　　数／376千字
版　　次／2015年2月第1版
印　　次／2024年1月第12次印刷
书　　号／ISBN 978-7-81130-912-6
定　　价／45．00元

序

大数据、云计算、物联网、移动技术、RFID 等为当今信息社会打上了鲜明的时代标签。而信息社会的物质装置又让数据运动的速度和广度加强，渗透到社会运行与发展的各个领域，直至每个角落。信息无时不在、无处不在。信息与物质、能源并列为人类社会生存和发展的基本要素。当需要信息时，我们称之为“信息黄金”；当不需要信息时，我们称之为“信息垃圾”。飞机失联了，人们动用各种技术手段寻找它的蛛丝马迹，一丁点信息都会成为解开谜团的金钥匙，这时的信息贵如金。当我们打开邮箱，看到一条条的广告邮件时，不禁感叹信息满天飞。因此，处在信息社会，塑造良好的信息素质，练就优秀的信息本领，已成为整个社会的共识。

信息素质是高等院校全面素质教育的一个重要组成部分。一般来讲，信息素质是一种结构体系，包括能够判断何时需要信息的信息意识，具备如何去获取信息、如何评价和有效利用所需信息的信息能力，客观使用真正意义上之信息的信息道德，使信息保值和增值的信息价值观与信息认知观。信息检索类课程担负着大学生信息素质教育的神圣职责和光荣使命，是一门理论性、实用性和操作性很强的理论、方法与技能课程，核心是提高大学生的信息素质，具体目标就是培养大学生的信息意识，提高其信息技能和树立其遵守信息道德的理念等，形成科学的信息价值观与信息认知观。我国在 20 世纪 80 年代由原国家教委推进高校相关课程的开设，课程名称是“文献检索与利用”，简称“文献检索”。90 年代随着网络技术的发展，“文献检索”课程内容的重点开始向数据库倾斜，“信息检索”逐渐取代了“文献检索”。21 世纪以来，信息检索类课程重点由检索利用层次深化为分析研究层次，更加注重学生信息观念、信息意识与信息认知的培养。出版既能理论前沿联系实际一线、又能发扬传统和坚持创新并举的高质量的教材是满足信息检索课程的重要保障和前提。欣喜地看到，由长期奋战在信息检索教学一线的教师编写的《现代信息检索与利用丛书》堪称现代信息社会环境条件下大学生信息素养与能力培养的理论方法之知识体系的示范。

《现代信息检索与利用丛书》系列教材注重大学生信息资源检索与利用的素质养成及其理论方法体系培养。该系列教材共包含《社科信息检索与利用》、《理工信息检索与利用》和《医学信息检索与利用》3 本教材，与其他信息资源检索教材不同之处在于，本系列教材既能“顶天”，又能“立地”。所谓“顶天”是指注重信息资源检索利用的观念素养与理论方法，所谓“立地”是指注重信息资源检索利用的能力培养与实战体验。该系列教材具有3个方面的特点：（1）理论性与实践性相结合，既有丰富的信息资源检索利用的基础理论，如信息资源检索理论、语言、方法、技术、步骤与评价，又有生动详细的数据库检索案例。（2）传统性与新颖性相结合，既包含传统的信息检索长期积累下来的基本理论框架，又有当前信息网络技术的发展带来的研究领域，如大数据、智慧图书馆、知识发现、搜索引擎等。（3）严谨性和活泼性相结合，无论是基础理论还是实践案例都经过编者仔细考究，力争做到内容的严谨性；教材的编排设计富有活泼性，每章设有案例、小贴士、思考题、扩展阅读等。

该系列教材立意深远、内容丰富、形式活泼、特色鲜明。能够帮助大学生在复杂多变的信息环境下，掌握信息资源检索的基础知识、方法与技能，引导学生灵活运用信息检索工具来解决实际问题，做到学以致用，对全面提高大学生的信息素质大有裨益。

衷心希望该系列教材能够成为大学生信息素质教育阵地的排头兵，发挥应有的价值。

郑建明

2015.元.28

（郑建明，教育部图书馆学学科教学指导委员会副主任委员，南京大学教授，博士生导师）

前　言

信息检索与利用因理论、方法、手段与工具的不同呈现出鲜明的多学科融合特征，不同专业的学生对信息资源的需求与利用存在显著差异。社会科学研究源远流长，相关信息资源纷繁庞杂、灿若星河。随着贴吧、微博、微信和社交网络等自媒体的迅猛发展，语义网、云计算和大数据等新技术概念方兴未艾，社科信息资源的载体与形式都发生了翻天覆地的变化。如何从海量的社科信息中有效地获取、分析、组织和利用相关知识信息资源，是新技术环境下的大学生应该具备的基本素养。因此，编者根据知识经济背景下大学生信息需求的新变化，按照信息资源获取路径的不同，对既有教材中已不能适应社会经济发展现状的内容进行整体框架的重新调整，编写了《社科信息检索与利用》一书。本书的主要特点包括以下几点：

1. 编排科学合理，涵盖必要的知识点。根据社科信息检索与利用的基本要求，开篇提纲挈领地介绍了通用检索方法、策略与技巧，以便于学生对社科信息检索与利用的知识有一个全面而系统的了解。之后的章节按学科门类对专有数据库进行介绍，有利于学生根据具体知识点，通过自主实践掌握社科信息检索的技能。

2. 内容组织新颖，紧跟时代潮流。在内容材料的选取上充分考虑了社科信息资源分布的现实状况，对新型社科信息资源进行了翔实的描述。有关以自媒体为载体的社科信息检索与利用的内容源自最新的第一手资料，易于被信息时代背景下的读者所接受。

3. 结合社科专业特点，倡导实用为先。根据社科类专业特点，书中选取了哲学、法律、教育与经济管理等特定学科作为实例，介绍了一批具有代表性的检索工具、数据库与网站，并且图文并茂，增强了内容的可读性与实用性。书中所有资源的选择都具有可重复性和可操作性，对课堂教学与读者实践自学具有良好的指导作用。

本书由吕彬主编并拟定编写大纲，梁洪振、苗松为副主编并统稿。第1章由吕彬编写，第2章由郭以建编写，第3章由徐玲芳编写，第4章由梁洪振编写，第5章由傅巧琳编写，第6章由苗松编写，第7章由梁桂英编写。在本书编写过程中，江苏大学图书馆领导和有关部、室的老师给予了大力支持，江苏大学出版社的李经晶、常钰为本书的付梓做了大量工作，在此一并表示谢忱！

本书编写时间仓促，囿于编者水平有限，其中疏漏乃至不当之处在所难免，诚恳希望专家、读者批评指正，以期今后进一步修正。

编　者

2015 年 1 月

目　录

第1章

绪 论

学习目标

⊙ 了解社会科学与社会科学信息的定义、特点与价值，明确学习本课程的意义与作用；

⊙ 了解信息社会、信息素养与信息检索的相关概念与联系，掌握社科信息资源的类型与区别；

⊙ 了解社科信息检索与利用的特点与价值。

开篇案例

日本情报机构如何获知大庆油田的方位

1959年9月26日，在松辽地区具有工业价值油流的第一口探井——松基三井开始喷油，标志着大庆油田的诞生。1960年5月16日，大庆油田第一口生产油井7－11井投产出油。当时，由于中国对于大庆油田的这些情况尚未在国内外公布，绝大多数中国人并不知道大庆油田到底在什么地方，而日本因为战略上的需要，极为重视中国石油的发展。当听说中国正开发大庆油田时，日本人始终不明底细，于是就把摸清大庆油田的详细情况作为情报工作的重中之重。

首先获得突破的是日本三菱重工财团的信息专家。1964年4月19日，中央人民广播电台播出《大庆精神大庆人》的报道。三菱重工的专家们据此判断，中国的大庆确有其事，但他们还不清楚大庆油田的具体位置。在1966年7月的一期《中国画报》上，他们看到一张照片：大庆油田的“铁人”王进喜头戴大狗皮帽，身穿厚棉袄，顶着鹅毛大雪，手握钻机刹把，眺望远方，在他背景远处错落地矗立着星星点点的高大井架。唯有中国东北的北部寒冷地区，采油工人才需要戴这种大狗皮帽和穿厚棉袄，专家们由此断定：“大庆油田是在冬季为零下30摄氏度的北满，大致在哈尔滨与齐齐哈尔之间”,但具体位置仍然没有确定。同年10月,《人民中国》杂志第76页刊登了石油工人王进喜的事迹。事迹中说,以王进喜为代表的中国工人阶级,为粉碎国外反动势力对中国的经济封锁和石油禁运,在极端困难的条件下,发扬“一不怕苦,二不怕死”的精神,抢时间,争速度,不等马拉车拖,硬是用肩膀将几百吨采油设备扛到了工地。他们据此分析,最早的钻井是在安达东北的北安附近,而且从钻井运输情况看,离火车站不会太远。在报道中还有这样一句话:王进喜一到马家窑,看到大片荒野时说:“好大的油海,把石油工业落后的帽子丢到太平洋去。”日本人从伪满洲旧地图上看到马家窑是位于黑龙江海伦县东南的一个小村庄,在北安铁路上一个小车站东边十多公里处。就这样,日本人就彻底搞清楚了大庆油田的确切位置:马家窑是大庆油田的北端,大庆油田可能是北起海伦的庆安,西南穿过哈尔滨市与齐齐哈尔市铁路的安达附近,南北达400公里的范围内。搞清了位置,日本人又根据照片上反应塔与扶手栏杆的比例关系,得知反应塔的内径长约5米,进一步推算出大庆油田的规模炼油能力和规模、年产油量等内容。

在对所获信息进行剖析和处理之后,根据中国当时的技术水准和能力及中国对石油的需求,三菱重工断定中国必定要大量引进采油及炼油设备。三菱重工立即集中相关专家和技术人员,全面设计出了适合中国大庆油田的设备,做好充分的夺标准备。不久,中国政府向国际市场寻求石油开采设备,三菱重工以最快的速度和最符合中国要求的设计、设备,一举中标,获取了巨大的商业利益。西方石油工业大国因此目瞪口呆,惊诧不已。

1.1 学习信息检索的意义及作用

信息作为一种人类可利用的资源,其与物质、能量等其他传统资源一样具有完备的经济属性,是人类社会经济发展必需的投入要素。信息具备的替代功能,可将其视为生产函数的内生变量与其他资源共同构成了生产要素。此外,信息的经济属性还体现在其对于生产要素的优化作用,可以导向生产资料的优化配置,从而成为提升其他资源利用效用的“倍增器”,此时信息作为促进资源配置的投入要素,则可视为生产函数的外生变量。因此,信息可以替代资本,对社会资源起补充作用,从而直接创造出社会效益与经济效益。在信息社会的大背景下,唯有了解和掌握信息检索的知识与技能,提高自身信息素养以占据信息和知识制高点,才能成为21世纪人才竞争的胜出者。

1.1.1 信息社会与信息素养

1. 信息社会的概念与特征

信息社会的概念源起于20世纪60年代。一般认为,信息社会是指伴随信息技术、信息产业在社会与经济发展中的作用日益加强,处于后工业社会的第一阶段。在信息社会中,信息资源日益成为社会的表征性资源,人们广泛使用基于信息技术的智能工具生产信息产品,信息社会在工业化社会之后,以信息科技的发展和应用为核心的高科技社会,是信息、知识起主导作用的知识经济社会。① 信息社会作为一种新的社会形态,各方面的发展并没有完全成熟,仍处于不断演进与变革之中。立足于当今社会的信息化进程,信息社会的特征可做如下归纳。

(1) 技术基础

信息社会建立在高度发达的信息科学技术基础之上,是信息科技广泛应用于社会各领域、重建或“再结构”社会的产物。

信息科技是建立在现代科学基础上的信息获取、传递、处理、存储的技术,是一种以微电子技术为基础,包括计算机技术、通信技术、自动化技术、光电子技术、光导技术和人工智能技术等所构成的高新技术群。其中,微电子技术是整个技术群的硬技术基础,建立在微电子技术及软件技术基础上的电子计算机则是现代社会的“大脑”;而由程控交换机、大容量光纤、通信卫星及其他现代化通信装备交织而成、覆盖全球的电信网络则是现代社会的“神经系统”。信息社会的产生、发展与信息科技的发展、应用密切相关,特别是与信息科技的高度发达和高度普及相关。

(2) 实践基础

虚拟实践与虚拟交往极大地冲击着传统的实践、交往观,导致了人类历史上最复杂的一场生存变异和活动革命。

信息科技最新颖、独特之处当推数字化、虚拟化,这导致了人们数字化、虚拟化的生产、生活方式的形成。借助信息技术、虚拟技术,通过互联网,人们可以坐在家中进入虚拟图书馆、博物馆、艺术馆、旅游胜地;可以驾驶模拟的飞机、轮船、宇宙飞船,上天入地,自由翱翔;可以建立虚拟企业组织生产,通过电子商务将产品配送到顾客手中;可以建立虚拟课堂,聚集最优秀教师的最出色的劳动,让所有人自由地接受远程教育;乡村医生也可以约请全球的医学专家对疑难病人进行会诊,施行远程手术……世界上各个国家和地区、不同民族和宗教、形形色色的部门和行业,以及许许多多个人将在很大程度上共同生活在一个奇妙的虚拟世界中。这虽然导致了不同生活方式、政治法律及文化价值观等方面的冲突,但促进了最广泛的人们之间的交往、交流,增进了彼此之间的认知、沟通和理解。

---

① 孙伟平.信息社会及其基本特征[J].哲学动态,2010(9):12－18.

(3) 经济基础

随着信息时代的到来,信息成为最重要的经济和社会资源,社会生产方式高度信息化、智能化。

随着信息时代的到来,科学、技术、知识、信息等无形资本在生产中的地位和作用日益突出,越来越成为最重要的经济资源,成为经济增长的源泉,成为竞争能力的标志。一个明显的趋势是,有形资本(土地、厂房、机器、资本)日益依赖于知识、信息、技术等无形资本,正如德鲁克指出:"知识是今天唯一意义深远的资源。传统的生产要素——土地(即自然资源)、劳动和资本没有消失,但是它们已经变成第二位。"信息社会中信息、知识是获取社会和经济成果的工具。

(4) 组织结构

新的社会组织管理结构——网络型的组织管理结构逐渐形成。

信息社会对于组织结构、管理方式的挑战是明显的:信息技术、电子新媒体极大地促进了文化、知识、信息的传播,普遍地提高了大众的文化知识水平,为人们充分表达意愿提供了技术条件;非中心化、超地域性、全球性的信息网络的建设,在相当程度上动摇了以固定空间领域为基础的国家、产业与企业及其他组织的既有形式,对现实社会分地域管辖、集中控制的管理方式发出了挑战。因此,在信息社会中媒体作用的提升与影响使得传统的组织管理结构正在由传统的金字塔型逐渐向网络型的管理结构演变,大众将在和自己相关事务的管理和决策中发挥日益重要的作用。

(5) 信息文化

基于信息时代的实践,思想文化领域正在发生引人注目的变迁,一种新的文化形态正在形成。

信息社会中,思想文化领域的组织形式日益信息化,越来越多地运用信息技术手段。例如,信息技术正在使教育手段高度现代化,微型录音机、录像机、电视、电脑、网络等广泛用于教育实践,远程教育让人们(包括成年人)能够享受全球优质教育资源,方便在家学习、随时学习、终身学习。这有利于扩大民众平等的受教育机会,提高教育质量,普遍地提高大众的科学文化水平。类似地,在意识形态宣传、道德教化、法治建设及文化建设等方面,现代信息技术的使用也很广泛。而另一方面,变革体现在思想文化的内容方面。工业时代的意识形态和法律法规、传统伦理道德和文化价值观,在信息时代的生活实践中遭受到巨大冲击,面临许多挑战和问题。例如,数字鸿沟、信息贫富差距不断扩大,网际司法冲突愈演愈烈,文化价值冲突司空见惯,网络安全和信息安全异常棘手等。如何适应时代,实现自身的变革,重建价值秩序,特别是如何发现和培育顺应信息时代精神的新文化形态,促进时代的健康发展,成为亟待研究的社会课题。

2. 信息素养内涵的界定

从20世纪后半叶开始，人类社会逐渐步入以信息快速增长为特征的信息社会。信息技术，特别是网络技术、多媒体技术和信息高速公路的飞速发展，对社会经济、文化、教育等各方面产生了深远影响，高度信息化是21世纪人类社会的重要特征之一。在信息化社会里，要求人们具有快速获取信息及创造性地运用知识、信息和技术的能力，这也是21世纪公民应具备的基本素质。随着信息化浪潮的高涨，信息素养成为备受各方关注的热点问题，信息素养教育引起了世界各国越来越广泛的重视，信息素养被逐步纳入从小学到大学的教育目标与评价体系中，成为评价人才素质的一项重要指标。①

信息素养概念是从图书检索技能演变发展而来的，它最早是由美国信息产业协会主席保罗·车可斯基(Paul Zurkowski)于1974年提出来的，他把信息素养定义为："利用大量的信息工具及主要信息源使问题得到解答的技术和技能。"此后引起了人们的广泛关注，其定义在不断演变和发展，其内涵与外延也在不断地丰富、发展。纵观美国教育界对信息素养概念的扩展和演变，大致经历了以下3个阶段。

第一阶段是1989年美国图书馆协会(American Library Association)下属的"信息素养委员会"，在其终结报告中给信息素养下了定义，"要成为一个有信息素养的人，必须能够确定何时需要信息，并且能够检索、评价和有效使用所需信息的能力"。

第二阶段是1992年Doyle在"信息素养全美论坛的终结报告"中给信息素养下的定义：一个具有信息素养的人能够认识到精确和完整的信息是做出合理决定的基础；确定一个对信息的需求；形成基于信息需求的问题；确认潜在的信息；制订成功的检索方案；从计算机和其他的信息源中获取信息、评价信息、组织信息于实际应用；将新信息与原有的知识体系融合；在批判性思考和问题解决的过程中使用信息。

第三阶段是1998年全美图书馆协会和美国教育传播与技术协会在《信息能力：创建学习的伙伴》书中，制定了学生学习的9条信息素养标准。这一标准从信息素养、独立学习和社会责任3个方面表述，更进一步丰富了信息素养在技能、态度、品德等方面的要求。标准一：具有信息素养的学生能够有效地、高效地获取信息。标准二：具有信息素养的学生能够熟练地、批判性地评价信息。标准三：具有信息素养的学生能够精确地、创造性地使用信息。标准四：作为一个独立学习者的学生具有信息素养，并能探求与个人兴趣有关的信息。标准五：作为一个独立学习者的学生具有信息素养，并能欣赏作品和其他对信息进行创造性表达的内容。标准六：作为一个独立学习者的学生具有信息素养，并能力争在信息查询和知识创新中做到最好。标准七：对学习社区和社会有积极贡献的学生具有信息素养，并能认识信息对民主化社会的重要性。标准八：对学习社区和社会有积极贡献的学生具有信息素养，并

① 刘孝文. 信息素养及相关概念的学术梳理[J]. 图书馆杂志，2008，27(4)：12－29.

能实行与信息和信息技术相关的符合伦理道德的行为。标准九:对学习社区和社会有积极贡献的学生具有信息素养,并能积极参与小组的活动来探求和创建信息。

从信息素养内涵的演进可以看出,信息素养不仅仅是孤立的诸如信息获取、信息检索、信息表达、信息交流等的信息技能,更是以独立学习的态度和方法,以及在信息社会中合理生活学习的责任,将这些信息技能用于信息问题解决和进行创新性思维的综合的信息能力。

3. 信息素养的构成

信息素养可被认为是通过教育所形成的,个体在信息获取、评价、利用、生成等方面的能力及修养,主要包括信息知识(知识层面)、信息意识(意识层面)、信息能力(技能层面)和信息伦理(道德层面)等构成要素。

(1) 信息知识

信息知识是信息素养结构中不可缺少的重要组成部分,它表明人们对于信息理论及信息技术了解的程度,而且通过了解与掌握这些知识,有助于巩固和加强人们的信息意识、信息能力、信息伦理道德等。一般来说,信息知识方面的具体内容有以下几个方面:有关信息基本理论的科学理解,如信息的本质、特征,信息运动的规律,信息系统的结构、工作原理及其原则,信息化、信息化社会,信息检索、信息方法等。现代信息技术知识主要有3个方面:一是计算机基础知识,包括计算机的基本构造,计算机的工作原理,计算机的硬件和软件,计算机的基本操作与维护,常用应用软件如Word、Excel、Powerpoint等的使用。二是网络知识,包括网络基础理论知识,如全球网络信息资源的类型、涉及的服务范围、记录格式、存取途径和使用情况等;网络应用工具的使用要领;网络信息检索知识等。三是多媒体知识,包括多媒体技术的概念、特点及应用;多媒体软、硬件环境;声音、图像、视频等媒体数据的采集软件;计算机辅助教学(CAI)的工作原理、类型、实施等。信息伦理知识介绍知识产权保护法、民法等有关软件和网络法律保护条款,使信息用户在使用网络时自觉维护网络秩序和网络安全,不输入有害信息和病毒,不侵犯他人合法权益。

(2) 信息意识

科学技术的迅猛发展,国际互联网的全球贯通,使得信息的获取异常便捷。然而,面对浩如烟海、无边无际的信息海洋,不同的人对待信息的意识情感是大不一样的。所谓意识,心理学的解释是“对外部刺激和内部心理事件的觉知,觉知性是意识的最基本特征”。意识具有能动性,这种能动性表现在对现实的有意识的选择反映;认识事物的本质和规律;保持和监督有目的的活动的进行。依此推之,信息意识则是指主体对客观存在的外部信息的觉知。通俗地讲,面对不懂的东西,能积极主动地去寻找答案,并知道到哪里、用什么方法去寻求答案,这就是信息意识。信息意识具有能动性,这种能动性主要表现在主体通过观察捕捉到可能成为有用信息的“源信息”,再经过大脑的判断、分析、整理,从杂乱的“源信息”中提取出有效信息并加以利用，它使主体从信息中引出概念、思维、计划，用以指导自己的信息行为。因此，主体的信息意识是信息行为的前提，它影响主体自觉地、有目的地、主动地进行信息活动。

主体的信息意识具有一些外在的表现形式，这些表现形式主要有：对信息具有自觉的心理倾向，对信息具有特殊的、敏锐的感受力并在信息活动中有明确的目标，能从众多信息源中敏锐捕捉、选择、利用有效的、利于达到信息活动目的的、有价值的信息，善于从旁人看来司空见惯、微不足道的现象中发现有价值的信息；对信息具有持久的注意力，对信息价值具有判断力和洞察力，面对纷乱无序的信息能够去粗取精，去伪存真，进行识别和选择，从而较快地做出相应反馈。具有现代教育教学的信息观，自觉地学习、掌握各种现代信息工具，并将其熟练地运用于学习和工作中，从而最大限度地使用互联网上丰富的信息资源，如经常阅读电子出版物、在互联网上或利用图书馆查找学习资料等。

（3）信息能力

信息能力是指人们有效利用信息工具和信息资源，获取信息、加工处理信息、生成新信息的能力。它是信息素养内容结构中的核心部分，是信息主体信息素养水平高低的最直接、最明显的外在表现。信息能力是一个多元化的概念。概括起来，主要包括以下4个方面：① 信息获取能力。它是个体根据自己特定的目的和要求，运用科学的方法，采用多种方式，从外界信息载体中搜集和选择自己所需要的信息的能力。在这方面，关键的能力是信息的搜集能力和选择能力。信息搜集是指根据学习目的，通过采访、观察、实验、问卷调查、利用图书馆检索等途径搜集必要的信息，能对搜集的信息进行归纳、分类、存储记忆、评价判断、遴选、分析综合、抽象概括等。② 信息理解能力和信息评判能力。③ 信息生成能力。在信息搜集、选择、理解和批判的基础上，能准确地概述、综合、改造和表述所需要的信息，从新的需要的角度对原有的信息进行叠加、重组，或将各部分信息在新角度、新层次上进一步系统化。这种工作不仅仅有利于个体保持这些信息，而且有利于打破传统的观念，形成新的思想、新的概念。④ 运用信息工具的能力。能熟练地使用各种信息工具，特别是以计算机、网络为基础的现代信息传播工具。计算机技能是新型劳动者必须具备的技能，也是现代文明人必须具备的生活技能。

（4）信息伦理

信息伦理，此指信息道德。信息道德是人们在信息活动中应遵循的行为规范。它包括3个层次的要求：第一，开发信息产品过程中应遵循的道德要求；第二，利用信息技术过程中应遵循的道德要求；第三，处理好人类共同利益和国家利益之间的关系。构成信息素养的诸要素相互联系、相互依存并构成一个统一的整体。信息意识在信息素养结构中起着先导作用；信息知识是基础；信息能力是核心；信息道德是保证信息素养发展方向的指导器和调节器。

4. 信息社会背景下的信息素养

信息社会背景下，信息素养作为一种高级认知技能，同批判性思维、解决问题能力一起，构成了当代大学生进行研究性学习的基础。我国教育部早在1984年2月就印发了《关于在高等学校开设“文献检索与利用”课的意见》，又于1985年9月印发了《关于改进和发展文献课教学的几点意见》，明确提出文献检索课的开设不仅有助于大学教学质量的提升，也是面向未来教育的重要组成部分，对于培养大学生的信息素养具有重要而又深远的意义。①

（1）信息素养是信息社会背景下素质教育的基础

信息社会背景下的素质教育是宽口径、重综合，无论是自然科学、社会科学还是人文科学，都需要通过利用信息和发现知识的方法与途径去探究客观世界，解决现实世界中的各种问题。作为生活在信息社会的当代大学生，通过对于自身信息素养的塑造，养成自身良好的信息意识，具备符合信息需求的创建、获取、分析、加工和利用信息能力，能够在杂乱的信息资源中去伪存真、去粗取精，提炼和汲取切合自身需要的信息资源是尤其重要的。基于此，信息素养是大学生素质教育的重要内容，也是大学生个人学习能力培养的必由路径。

（2）信息素养是信息社会背景下开展创新的基本要求

信息社会背景下的创新，就是创新主体利用信息资源、使用先进信息工具开展前瞻性活动，获取突破性成果的过程，是对前人理论与实践的超越，也是思维与认知的飞跃。探索性学习是信息社会背景下大学生获取信息资源，利用信息资源解决问题的学习形式。信息社会中信息工具和信息通道广泛应用，大学生的自主性和创造性得到了空前激发，使其能够在创新活动中发挥主动作用。作为当代大学生，使用微博、微信和社交网络等自媒体是其日常生活的一部分，只有学会如何在海量信息中获取灵感，触发自身的创新性思维，才能为成为未来的创新人才奠定基础。而自立与创新精神的树立，离不开信息的搜集、整理、分析和利用。唯有提升信息素养，才能高效获取、正确评估和有效利用各种信息资源，最大化地实现创新。所以说，信息素养是信息社会背景下开展创新的基本要求。

（3）信息素养是信息社会背景下开展科学研究的重要环节

近代科学的奠基人、英国科学家牛顿曾有句名言：“如果说我比别人更有远见，那只是因为我站在巨人的肩膀上的缘故。”这句名言深刻揭示了科学研究的延伸性与持续性。任何科学研究都不可能闭门造车，墨守成规。只有对研究课题深入溯源，厘清渊源，准确把握前沿动态和发展趋势，才能为研究创新创造条件。依托信息素养，镜像跟踪国内外科学研究的最新进展，实时获取先进的科学研究成果，是升华自身研究工作的重要环节。尤其是在信息转瞬即逝的信息社会，科学研究的每一个

① 李澄君，罗学姝. 社科信息检索与利用[M]. 北京：人民出版社，2011.

环节都离不开科研人员的信息素养，只有将其信息素养发挥至较高水平，方有可能从前人的研究成果中撷英推陈，将研究工作建立在新起点上，以开拓更新、更高和更宽泛的研究领域。从这一层面，信息素养不仅是科学研究的辅佐与铺垫，也贯穿于整个科研活动的始终，是开展科学研究的重要环节。

（4）信息素养是信息社会背景下获取新知识的先决条件

信息社会背景下，信息数量呈几何数量增加，同时信息生命周期极速衰减，知识的老化与更新速度以分秒计，而信息的时效性极强。当人们面对信息的海洋，如不具备相应的信息能力、意识与道德等信息素养，将不得不忍受无法获取新知识的饥渴。因此，信息素养是利用信息资源、产生新知识的先决条件，人们必须依靠现代信息工具、方法和途径，才能找到一条获取和利用新知识的捷径，将自己的学识引导到更为深入与宽广的知识领域中去，从而促进对于未知世界的理解与探索。

1.1.2 大学学习与信息检索

大学时代的学习是典型的研究性学习，这种学习方式是以问题为载体，创设一种类似于科学研究的情境和途径，通过学生自主学习发现问题、探究问题、获得结论的过程。在这个过程中让学生借助于一定的方法，通过自己收集、分析和处理信息来实际感受和体验知识的生产过程，进而了解社会、学会学习，培养分析问题、解决问题的能力和创新能力。研究性学习具有开放性、探究性、实践性的特点，可以渗透到大学生的所有学科、所有活动中。科学研究贵在创新，科研的创新是以学生的创新能力为基础的，在这样一个知识经济、信息社会等多元文化交流与融合的时代，信息已成为知识创新的关键因素，驾驭信息、创新知识等综合信息素质成为人的最基本能力之一，在科学研究和大学生的学习中离不开信息资源。大学生围绕某一课题展开学习时，必须利用科学的文献检索方法来了解这个课题是如何提出来的，前人在这方面做过什么工作，是如何做的，有何成果和经验、教训，还存在什么问题，以及与其相邻学科发展对研究该项课题提供了哪些新的有利条件等信息。只有这样，才能正确地制订学习方案，使自己学术视野从一开始就站在一个较高的起点上；在学习的整个过程中，还必须及时关注最新相关动态和信息，进行信息检索与利用，以便及时调整和完善自己的关注方向；当总结学习成果时，对自身所学进行评估、鉴定，也需要进行信息检索。由此可见，信息检索与利用是大学学习中不可或缺的重要部分。

信息时代，不管学习、工作还是科学研究，都离不开信息的检索与利用。具体来说，信息检索对于大学学习的意义主要体现在以下几个方面：

1. 促进新知识的生成和开发，推动创新性学习

英国著名情报学家布鲁克斯（B. C. Brooks）曾就信息对于知识增长的增值功能进行过探讨，他认为信息是改变知识体（knowledge body）结构的重要因素，并提出信息作用于知识体的经典方程式：

$$K(S) + \Delta I = K(S + \Delta S)$$

式中ΔI是表示信息变量，当知识体原有状态$K(S)$吸收信息变量后，知识体结构发生变化，知识体状态表现为$K(S + \Delta S)$。该公式是信息增值功能的直观描述，生动体现信息投入对于知识增长的作用，强调了知识体的发展与演进离不开信息资源的注入。由此可见，信息是形成新知识的基础性素材，人们在长期认识世界、改造世界过程中积累的各种类型信息资源是人类社会的知识宝库，是与能量、物质一起支撑人类社会演进的基础性资源。信息检索正是叩开知识宝库大门的钥匙，熟练掌握信息检索技巧将有助于获取人类已知的智力结晶，创造出更多的社会物质与精神财富，从而推动社会的前进与发展。

进入21世纪，知识经济的发展日益依赖信息的创造与增值，大学的研究性学习需要处理大量的信息，进而展开创新性思维。通过获取信息、利用信息来激发灵感，从而在未知领域有所建树和突破，形成创新性学习成果。通过信息检索，才能快速而全面搜索到特定信息资源，及时掌握现代科技知识来支持创新活动。大学期间，通过课堂教学掌握的基础知识和专业知识往往面临着更新，唯有掌握信息检索的技能与工具，才能实现新知识的实时获取，将思维引到无限可能的广阔空间，拓展大学生在未知世界中的创新尝试，所以信息检索是创新性学习的动力之源。

2. 承前启后，增强学习的主观能动性

大学阶段的学习在一定程度上是对前人研究成果加以积累、借鉴和继承的过程，任何研究性活动都离不开前人已取得的成就。对大学生而言，如何汲取先贤的智慧结晶，在以往研究的经验与教训中为自己需要解决的问题寻找灵感，是决定学习成效的关键。通过信息检索，了解问题的研究现状，从过去与现在的研究成果中获得启发，避免重复研究，少走弯路，甚至可以通过信息溯源与延展，将学习的视野深入、泛化到某一领域的制高点，改被动学习为主动学习，有效提高学习的效率与效用。有统计显示，我国研究人员与机构正在进行中的科研项目，有超过40%属于“闭门造车”，在国外早已有成果产生。如果这些人员与机构进行过系统的信息检索培训，能够掌握信息检索相关技能与工具，完全可以避免重复研究的发生，也能提高个人学习和组织学习的效果。

3. 强化自主学习，培养独立思考能力

大学学习所需掌握的知识，简而言之可分为四类，即：一是Know-what（知道问题是什么）；二是Know-why（知道为什么）；三是Know-how（知道如何做）；四是Know-who（知道谁有助于解决问题）。这四类知识的获取均离不开信息的获取与利用。在知识更新以秒计算的信息时代，学校教育已不可能掌握自身所需的全部知识。大学生在学习课堂知识的同时，更多的新知识已经被创造出来，需要我们在未来的学习、研究和生活中去掌握。正因如此，养成良好的自主学习习惯，依靠信息素养开展自我教育，在“信息爆炸”的洪流中，培养独立思考的能力，精准掌握索取知识的驱动，才能创造性地解决在学习和研究中遇到的各种疑难问题。信息检索是大学生自学能力的重要组成部分,"授人以鱼,不如授人以渔",大学阶段的大部分知识的学习有赖于良好的信息获取、加工、分析和利用能力,而信息检索正是树立自主学习和独立思考能力的重要手段,有助于我们提高学习能力以发现未知的知识。

1.2 社会科学信息概述

社会科学是以社会事物与社会现象为研究对象的科学,是揭示人类社会本质与一般性发展规律的系统性科学,是涵盖了有关社会演进各个方面的研究,包括法学、经济学、历史学、文学和政治学等学科的庞大知识体系。作为一种相对独立的知识体系和学术建制,社会科学产生于19世纪的西方,其基础理论性学科是经济学、社会学和政治学。这些学科的独立和系统化,是以近现代社会结构和社会制度的逐渐发育和成熟为前提的。具体说来,与这些学科相对应的社会现象和社会对象分别是市场经济、市民社会和宪政国家或民主政治,它们分别构成经济学、社会学和政治学等社会科学学科相对独立的研究对象和范围,同时也客观地决定和塑造着社会科学学科和知识体制的品质,规范着这些学科的研究路径和学术规则。

社会科学信息是指记录有关社会科学知识载体所包含的信息,是社会科学领域中诸学科信息的总称。社会科学信息源自社会实践,是在认知与实践过程中反映社会运动形态和变化规律,并反作用于社会事物。较之自然科学和工程科学,社会科学信息带有浓烈的人文气息,有其特定的内容成分、特征与价值。①

1.2.1 社会科学信息的成分

社会科学信息按其内容成分划分,应由两大部分组成,一是社会科学的记录信息,二是社会科学的科学信息。

1. 社会科学的记录信息

社会科学的记录信息是对社会现象、社会动态和社会表征进行客观记录的信息,是记录社会发展历程中的具体事物、事件、情况与风俗等信息的总集合。比如各种社会档案、社会调查研究报告、新闻素材和各种社会统计资料。一般而言,社会科学的记录信息是源自社会实践的第一手材料,是人们感性认识的产物,仅作浅表的信息加工和处理。此类社会科学信息虽不能深入揭示事物的本质与规律,但是源自人们生产、生活的实践,是社会科学研究不可或缺的原材料。正是社会科学记录信息的存在,才奠定了社会科学相关研究工作的广泛实用性和指导参考价值,记录信

① 王立诚.社会科学文献检索与利用[M].南京:东南大学出版社,2007.

息是社会科学信息的基础性成分。

2. 社会科学的科学信息

社会科学的科学信息是社会科学信息的理性成分，又称为学术信息。社会科学的科学信息是对社会实践进行抽象思维的成果，是在对社会事物、社会事件与社会现象感性认识的基础上，进行逻辑、推理和归因所形成的缜密的并经过不断检验的概念集合与理论体系。科学信息来自于人们的思考，是将社会实践感性认识升华到理性认识，从而更能揭示事物的本质与规律，对于开展科学研究和实际工作具有重要的指导与参考价值。科学信息是社会科学实证性与思辨性的依据，是一种更高形态的信息，其涵盖了社会科学知识中最系统、最综合的内容，正是科学信息作为社会科学的主要成分，使社会科学能够摆脱实证意义上的脆弱性，让社会科学具有与其他科学同样的客观性、可靠性与科学性。

1.2.2 社会科学信息的特点

伴随时代的发展，人类社会实践的触角早已延伸到世界的各个角落，社会科学信息的总量呈爆炸性增长，在知识体系中的重要性日益凸显。与其他科学信息相比，社会科学信息具有更强的主观色彩，定量分析的成分较少；社会科学更易于泛化，学科交叉与学科融合在社会科学领域更加错综复杂，因此社会科学信息种类繁多、内容丰富；同时，社会科学讲求思辨性，社会科学信息的逻辑性、抽象性和可靠性并非绝对。因此，社会科学具有自身鲜明的特点。

1. 社会倾向性

社会科学源自人们的社会实践，很大程度上属于精神与意识形态范畴，并对人们的社会实践具有能动的指导反馈作用。由于社会科学研究的是社会中的人群、组织和团队，深受社会氛围、社会风气和社会契约的影响，社会科学的各个内部学科都受到社会发展阶段，现实情境和政治制度、文化传统和意识形态等多种因素的影响。参与同一社会实践的研究者由于立场、偏好、方法和目的不同，所得出的研究成果可能截然不同，甚至相悖而行，这是研究主体将自身品格和社会性特征赋予研究对象的结果。因此，主观、人为因素的存在，使社会科学信息带有一定的社会倾向性。

2. 思想相对性

社会科学信息很大程度上是人们对于社会事物与现象的个性化思考，只有通过人与人之间的社会交际网络，才能为人所识。由于社会科学研究者的世界观、价值观各不相同，对于社会事件和想象的思考自然存在差异；研究者研究深度和思维方式的不尽相同，对于社会事物本质与规律的揭示程度存在差异；研究者所处的社会环境和时代背景的差异，无疑会影响其思维成果，社会科学信息的创建者会自觉或不自觉地将思想政治观点贯穿于信息生命周期的始终。同时，由于社会实践和社会活动本身具有思想性，故使得社会科学信息从载体到内容异于自然科学的绝对性，带有一定的思想相对性。

3. 经验积累性

社会科学信息基于对陈旧知识的扬弃，是新知识承前启后的转折点。社会科学学科的发展，向来重视前人的研究成果，注重知识的积累与继承，社会科学领域的新观点、新素材往往是基于先前研究的基础之上，或是深入延伸，或是强化补缺，循序渐进地探索社会事物和现象的内在规律。同时，社会科学信息的对象在很多方面是直接的主观现象，由人们思维与行为构建起来的社会实践尽管客观存在，但实践对象会随着时空变化而转移，社会科学方面的认识结论不可避免地带有主观经验色彩，因此社会科学信息兼具科学性和经验性。

4. 保存长期性

与其他科学信息相比，社会科学信息的半衰期较长，信息老化速度慢，效用性很强。例如，历史与文学方面的社会研究成果能够连绵几十年甚至上百年都能为当代人们所用。这是由社会科学的特点决定的，社会科学所反映的是潜藏在社会实践中的本质与规律，具有长期的稳定性，这是其他科学不能比拟的。纵然新的社会形态出现，社会制度和理论发生巨变，借鉴、批判和学习旧社会形态中的知识与经验仍是必要的。因此，具有重大价值的社会科学信息将会长期保存，在漫长的生命周期中仍能有效地指导人们改造社会的活动。

1.2.3 社会科学信息的价值

社会科学信息是开展社会科学研究的基本素材，在人类知识体系演进过程中占有重要的地位并受到人们广泛关注，因为它是推动社会科学研究的原动力，对繁荣社会文化财富和精神文明成果、促进人类社会进步有着举足轻重的影响。社会科学信息的价值存在绝对性与相对性两个维度。社会科学信息价值的绝对性源自社会成员长期社会实践的经验总结，无论社会科学信息的创建者、获取者或是利用者是否认同信息内容，信息价值本身不会随着人们认知能力的转变、时空情境的差异或是意识形态的演进受到影响。社会科学信息真理性的部分会绝对存在，人们在展开社会协作时会形成对社会科学信息评价的趋同，尽管这种社会科学信息评价机制的统一性尚未得到深入的研究。社会科学信息价值相对性则体现于用户在认知与使用信息效用方面的差异。人们对社会科学信息的效用评价取决于对信息的满意度，人们对于信息的采集、利用与处理本身具有目的性与主观性。对个人而言，社会科学信息的价值只限于能够匹配其信息需求，对个人有用的信息才具有价值，反之则没有价值并会被舍弃。从这个意义上说，社会科学价值受限于人们的偏好，因此存在相对性。

社会科学信息的价值在于被利用过程中产生的社会效益与经济效益，社会科学的客观性、广泛性、新颖性和实践性使得信息用户能够达成预期目的。社会信息的内容是形成价值的基础，内容越详尽，越有利于人们认识未知世界、解决实际问题。

在信息决定效率与效益的时代，只有把握社会科学信息的脉络，注重社会科学信息的各个维度，及时、准确和完整地开发与利用信息，才能实现信息价值的最大化。

1.3 社会科学信息资源概述

社会科学信息广泛存在于人们的社会实践中，但是人们在生产、生活过程中创建的游离信息并非全部可利用成为资源，只有经过开发、组织等增值加工，才能成为经济活动的资源型材料。社会科学信息资源的载体演变大致分为纸质与网络两个阶段。

1.3.1 社会科学信息资源的概念、功能与类型

1. 社会科学信息资源的概念

信息资源概念的首次提出可以追溯到加拿大学者奥罗尔科 1970 年在《专业图书馆》(*Special Library*)杂志上发表的《加拿大的信息资源》一文中，但是奥罗尔科当时所认识的信息资源仍局限于传统的文献信息资源。此后，随着学界对于信息资源认识的逐步深入，信息资源的概念出现狭义和广义之分。具有代表性的是美国信息管理学家霍顿从信息资源定义的单复数形式来区别信息内容本身和信息及其支持设施。德国信息管理学家斯特洛特曼(K. A. Stroetmann)也持类似观点，认为信息资源由信息内容、信息系统和信息基础结构 3 个部分组成。信息内容是在信息服务过程中和与外部环境交流中产生的信息，如用户信息、交易信息、市场信息等；信息系统是指由信息人员、信息本身、信息硬件和内部章程组成的系统；信息基础机构则指由数据库、数据库软硬件及可共享网络组成的有组织结构。而我国学者对于信息资源概念及相关问题的研究始于 20 世纪 80 年代，孟广均先生提出信息资源应包括记录、文件、人员及用于信息搜索、存储、传递的设备。乌家培先生则首次明确了对信息资源的狭义和广义理解，认为狭义的信息资源指信息内容本身，而广义的信息资源不仅包括信息内容，还包含与信息内容相关的信息设备、信息人员、信息系统和网络等。马大川先生则认为广义的信息资源是指信息内容、信息生产者和信息技术三者的集合；狭义的信息资源是在人类所从事社会活动中，经过加工并得以序化的信息在大量积累后的集合。

虽然国内外学者对于信息资源概念的阐述不尽相同，但对于信息资源狭义与广义的理解是趋于一致的。归纳起来，我们可以对信息资源概念作以下界定：信息资源的狭义理解是从信息资源的本质出发，强调信息资源作为生产要素在人类社会经济生活中的作用。信息资源作为一种社会资本，其重要性在于消除人们在探索未知世界过程中的不确定性，丰富并充实人们的知识，从而提高人们的创新能力，提高物

质和能源资源的利用效率，提高整体经济效益。对于信息资源的广义理解，则是出于信息资源是一种人造资源的认识，信息不同于自然资源，其开发、传播和利用必须依附一定形式的载体，例如人员、设备和系统等。信息资源经济效益的发挥，前提是对信息本身及信息相关载体的合理配置，只有将信息与相关要素进行系统化配置，才能显示信息资源的价值。基于以上认识，一般认为新知识的持续产出是创新活动的不竭动力，而信息资源对于知识创造的支撑功能不仅仅在于信息本身的注入，还涉及与信息相关要素的配置。对信息资源概念的广义理解具有更多的受众，认为信息资源包括信息内容与提供信息的人员、资金、系统、设备和设施等，信息资源是人们在社会生产、生活过程中积累信息、信息生产者和信息技术等信息活动要素的集合。

作为广义信息资源的重要分支，社会科学信息资源包括社科领域的科学信息与社会现象描述信息两大类。前者是指凝聚在社科（包括政治、经济、文化、教育、人文科学、历史、地理、法律等领域）研究成果中的学术信息，这些信息在社科活动中产生，多以文献信息为主；社会现象描述信息则是指对于社会中种种现象、事实等的客观记录和描述后形成的信息。

2. 社会科学信息资源的功能

社会科学信息资源是信息资源的一个重要组成部分，既具有信息资源的一般共性，又具有不同于自然科学信息资源的特殊功能。社会科学信息资源的功能主要表现在以下几个方面。①

（1）认识功能

自然界、人类社会及思维活动中普遍存在的信息现象是人类知识产生和发展的前提。社会现象和自然现象一样，都有其固定的规律，当人们还未认识和掌握这些规律时，它起着盲目的、强制的作用，人类处于被动的地位。当人们正确认识并掌握它，就可以能动地改造社会。社会科学是关于社会和人类思维活动的科学认知体系，其研究任务是认识社会、探索社会发展规律的一种活动，人们只有对社会现象和规律进行探讨和认识，然后进行记载、存储和传递才能真正实现其价值，才能不断深化、不断提高对社会的认识。在这一研究活动中，人们必须依靠前人所研究的知识体系和研究成果，而这些研究成果主要是由社会科学信息资源所提供的。其所提供的社会认识可以帮助人们拓宽视野、提高认识能力、在更大的范围内认识社会现象和完善知识体系，并使人类对社会的认识不断地得到深化。

（2）经济功能

经济是社会发展的基础，经济科学是社会科学基本的研究领域。社会科学信息资源作为社会生产活动中重要的经济因素之一，其经济功能是其他任何资源无法替

① 王涛. 略论社会科学信息资源的功能和作用[J]. 情报资料工作，2004(S1)：189 - 190.

代的。现代经济是一个高度信息化和科学化的动态系统，信息是经济发展的动力，它在现实经济活动中发挥着物质、能源所不具备的重要作用。因此，现代经济的竞争，归根到底是以信息竞争为前提的竞争。社会科学信息资源包含人们对经济发展的预测、论证和研究，这些具有明显智力创造和社会科学知识特点的综合研究信息，是决定经济发展前途和未来命运兴衰的关键因素。离开这些研究成果的支持，就无法进入目标市场展开竞争。

（3）政治功能

社会科学属于意识形态中的上层建筑，绝大部分学科都具有很强的政治性，其对社会意识形态具有直接或间接的导向作用。社会科学信息资源的政治功能，主要表现在为政治建设、政治变革提供理论基础；为指导日常政治活动、影响日常政治行为提供社会规范；为总结历史经验提供政治借鉴；为预测规划社会发展的未来提供科学依据。在保证国家政权稳固、社会稳定、经济发展和各项事业顺利进行时，不至于发生思想上的无所遵循、价值观念上的扭曲和社会秩序上的混乱。

（4）教育功能

教育功能是指社会科学信息资源作为知识体系在人类的智力发展和道德意识形成过程中对受教育者的心理、智力和道德等方面所施以的影响和作用。社会科学信息资源保存了人类创造的全部知识，它作为知识体系，在智力开发中占据中心位置，它推动着全社会成员智力结构的发展，人们在一定的实践活动中，只有不断地学习、理解、掌握、运用新的知识，提高智力水平，才能适应人类社会发展的需要。此外，社会科学信息资源的教育功能还更多地侧重于人们的思想教育和道德教育。它加速了人们的新思想、新观念、新风气和思想道德品质的形成，激发了人们追求高尚的理想和情操，以自己的道德规范制约和影响人们的思想行为，使整个社会建立和发展相对稳定的社会道德环境。

（5）交流功能

社会科学信息资源的交流功能是借助于共同的符号系统传递特定知识的活动过程，运动是信息的基本属性，社会科学信息资源只有在传递和交流中才能发挥其社会功能和效益。因此，交流是社会科学信息本质的必然体现，也是社会科学信息工作的必然要求。社会科学信息资源只有通过有序交流，新成果在社会实践中才能得到应用，才能发挥社会科学的功能，而信息需求者也才能在有序化的交流中获得新知。

3. 社会科学信息资源的类型

社会科学信息资源可以归纳为四大类型，即：社科文献资源、社科电子资源、社科学术网站资源、自建数字资源和经过有效组织的网络资源。

（1）社科文献资源

这类资源是馆藏于社科类图书馆中的人文社会科学方面的纸质型文献。社科文献资源可分为两类，一类是白色文献信息资源，另一类是灰色文献信息资源。白色文献是指由社会组织控制的公开出版物，如图书、期刊、报纸等，可信程度较高。灰色文献是指一种不通过一般商业出版渠道的，但又非秘密的文献，包括专业会议论文、科技报告、内部刊物、政府文件、学位论文、档案文献、市场信息等，具有公开出版物中难以得到的最新情报信息，以及社会各领域的最新研究成果和动态趋向。这些馆藏的文献资源，在借阅、传播、存取、开发等方面比较固定，是一种稳定型信息资源。对这部分馆藏资源的揭示，主要是各馆提供的 OPAC 目录，如国家图书馆书目查询库、美国国会图书馆书目查询等，以及在图书馆网页上发布的非正式出版的电子文献。

（2）社科电子出版物资源

这类资源是购置的，如电子期刊、报纸和图书。其中利用价值较高的当属学术性期刊、人大报刊复印资料。这类资源是虚拟图书馆的重要信息资源。

（3）社科学术网站资源

这类资源主要指提供各类社科信息的学科性网站。按内容范围可分为大型学科综合网站和学科专业网站。大型学科综合网站内容丰富、形式多样、信息量大，集中了诸如研究动态、专家学者、专业论坛、重要文献、组织机构、学术期刊、统计数据、法律法规、学术会议、专业基本知识等各类信息，如中国经济信息网、中国法律网、国务院发展研究中心信息网等。学科专业网站只提供学科某一专业领域的信息，如中国期刊网、人类学资源库、道教文化资料库等；或仅提供学科某一方面信息，如人物信息、数据信息、文献信息等。社科学术网站资源分免费使用和付费使用两种，一般有较高学术价值和利用价值的资源都需付费使用，如中国经济信息网、国务院发展研究中心信息网、新华社专供信息等。

（4）自建数字资源和经过有效组织的网络资源

自建数字资源往往表现为图书馆自建的特色数据库如学位论文数据库、教学参考书数据库、重点学科专题库、省情数据库，以及各校根据自身的专业特色、地域特色、技术力量、经费条件构建的数据库。在自组网络资源方面，有的图书馆除了收集常用站点，还根据学校学科需求做了学科导航，对网络资源进行开发。中国人民大学所建立的“社科信息导航”系统就属于这一层次。江苏大学将所有学科网络资源整合于一个检索界面，自建了“古籍数据库”“江大文库”等数据库，就是自建社科网络信息资源的范例。

1.3.2 社科纸质信息资源

社科纸质文献的种类繁多，其特点是信息资源借助纸质载体记录下来，并被保存、复制、传播和利用，从而实现对所负载的信息资源进行开发与管理的目的。

1. 社科纸质信息资源的层级

社科纸质信息资源可以分成零次信息、一次信息、二次信息和三次信息。

（1）零次信息是指未经出版发行的或未进入社会交流的最原始的文献。如私人笔记、底稿、手稿、个人通信、新闻稿、工程图样、考察记录、试验记录、调查稿、原始统计数字、技术档案等。

零次信息与一次信息的主要区别在于其记载的方式、内容的价值及加工深度有所不同。零次信息的主要特点是内容新颖，但不成熟，不公开交流，难以获得。

（2）一次信息也称一级信息或原始信息。人们对自然和社会信息进行首次加工（固化）而成的文字记载，如专著、报纸、期刊、专利文献、标准文献、会议文献、科技报告、样本等成品文献都属于一次信息。一次信息都有详尽具体的学术内容与研究数据，参考和使用价值较高，是科研人员追踪的主要目标。一次信息是文献信息源的主要部分，数量极为庞大，由于在内容上是分散的、无系统的，因此不便于管理和传播。

（3）二次信息也称二级信息或检索性信息。为了控制文献，便于人们查找，对一次信息资源进行再加工，通过整理、提炼和压缩，并按其外部特征（题名、作者、文献物理特征）和内容特征序化，形成另一类新的信息资源形式——目录、题录、索引、文摘，这就是二次信息。二次信息不是一次信息资源本身的汇集，而是一次信息资源特征的汇集，通过它们可以很方便地找到一次信息资源，或了解一次信息资源的内容。

（4）三次信息也称参考性信息。它是利用、选择有关的一次信息，再加以分析、综合而编写出来的第三个层次的文献形式——专题报告、综述、进展和手册、百科全书、年鉴等工具书，这就是三次信息。三次信息具有系统性、综合性、知识性和概括性的特点，它从一次信息中汲取重要内容提供给人们，便于人们高效率地了解某一领域的状况、动态、发展趋势和有关情况。因此，要在浩瀚的一次信息中查找所需资料，往往离不开二次和三次信息资源。

从知识加工的角度看，一次信息是对知识的第一次加工（创造性），二次信息是对知识的第二次加工（有序化），三次信息是对知识的再加工，它既是有序化，又带有一定的创造性。

从社科纸质信息资源的层次看，是由博到约、由分散到集中、由无序到有序、由有序到有机的结构化、系统化的过程。从文献检索的角度看，一次信息是检索对象（目标），二次信息是检索工具（手段），三次信息是情报研究成果（既可作为检索目标，又可作为检索手段）。

2. 社科纸质信息资源的类型

社科纸质信息资源主要分为以下 10 种类型，即图书、期刊、专利文献、标准文献、产品样本、会议文献、档案文献、科技报告、政府出版物、学位论文。

（1）图书（Monograph）

图书是最古老、最主要的文献，它的信息承载量大，便于存放、携带，可不受空间、时间和设备的限制。这些优点使图书过去、现在和将来都是人类社会最主要的信息交流媒介之一。

通过图书可以了解别人关于某个专门问题的研究或对实践经验的系统论述。与其他形式的文献比，图书的特点是知识内容更成熟、更稳定、更可靠。如果要对某些问题获得较全面、系统的了解，或对不熟悉的领域有个初步、基本的了解，阅读有关图书是个较好的办法。

出版周期长、内容不便于随着时间的变化而更新，是图书的缺陷。

图书一般分为两大类：阅读型（教科书、专著等）；工具型（字典、百科全书、年鉴、手册）。

图书的识别主要依据是著录项中的 ISBN 号（国际标准书号 International Standard Book Number）、出版社名称、地址、出版年、页数等。

早期，ISBN 号由 10 位数字组成，含义如下：

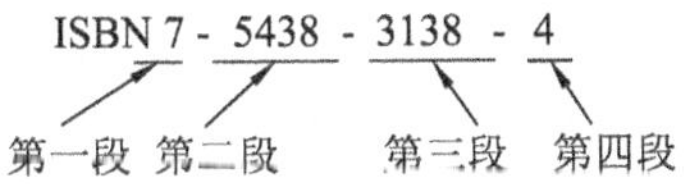

第一段：组号，代表国家、地区、语种，如 0，1 – 英，2 – 法，3 – 德，4 – 日，7 – 中，82 – 挪威，由 ISBN 中心按出版量大小分配；

第二段：出版者号，由各国家或地区 ISBN 中心按出版社的出版能力大小分配，长度为 2 ~ 6 位数字；

第三段：书序号，是各出版社所出版图书的代号，一般由出版者按出版顺序所定。位数计算公式：9—（组位数 + 出版者号位数），取值范围是 0 – 9。

第四段：校验位，用以检验前三段的编号是否有误。计算方法是以 10 到 2 这 9 个数分别顺序乘前 9 位数字，所得乘积之和除以 11，所得余数与 11 的差就是校验号的数字。当校验位是 10 时，用罗马数字 X 表示。

由于 ISBN – 10 编码系统资源逐渐枯竭，在危机之前有必要对其进行改造。为此，2002 年 1 月，国际标准化组织成立了第四工作组（150/TC46/SC9/WG4），开始着手对 ISBN-10 编码系统进行修订研究工作。新的编码系统为“ISBN-13”，结构如图 1-1所示。

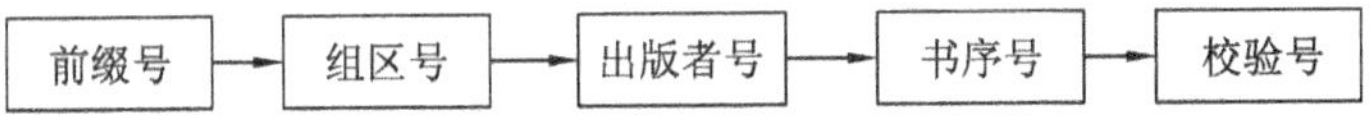

图 1-1　ISBN-13 结构图

ISBN-13 由字母 ISBN 和后面的 13 位数组成，这 13 位数字被分割成不同长度的 5 个部分，每部分须由连字符或空格分开。其中组号、出版者号和书序号部分与 10 位 ISBN 号相同，前缀号是一个由国际 ISBN 中心按照全球 EAN-UCC 产品编码系统指定的 3 位数字，由国际 EAN 组织提供给国际 ISBN 中心。校验码是 ISBN 号的最后一位，是由以数字 1 和 3 交替为权，对 10 取模得出的。

譬如，对于原国际标准书号“ISBN 1-84628-322-1”，新的国际标准书号则为“978-1-84628-322-2”。前缀码 979 将作为 ISBN-13 备用的新系列号码，在 978 系列号码用尽后开始启用。

ISBN 已于 2007 年 1 月 1 日从 10 位数字转化成 13 位数字，现有的 ISBN 都将添加 EAN 的前缀码 978，ISBN 编码将与物品条码 EAN-13 的编码完全相同。

ISBN-13 编码系统扩大了 ISBN 的使用范围，增加出版者提供出版物元数据的要求，改革并规范了 ISBN 系统的管理。①

图书著录格式如下：

例 1：曾珍香，张培，王欣菲. 基于复杂系统的区域协调发展[M]. 北京：科学出版社，2010.

例 2：Sonia Nieto. Language，culture，and teaching ：critical perspectives for a new century[M]. Mahwah，N. J：L. Erlbaum，2002：78.

（2）期刊（Journals or Magazine or Periodical）

特点：名称固定；有连续的卷、期、年、月顺序号；出版周期短，报道速度快；数量大，内容丰富。

目前，全世界每年出版各类期刊达 15 万种以上，科技期刊约占 10 万种。据统计，科研人员从期刊中得到的信息约占 70% 以上。所以，期刊是十分重要的情报源。

期刊作为重要的文献信息源还体现在世界上所有主要检索工具都以期刊为主要收录对象（约占 90% 以上），它可以比图书更快更方便地查到所需资料。

期刊的识别主要依据著录项中的 ISSN 号（国际标准连续出版物号 International Standard Serial Number）。期刊的刊名一般都采用缩写形式并以斜体字印刷，刊名后著录有卷号、期号、出版年月及起止页码。

例 1：何铮，顾新. 基于知识网络的区域创新体系形成内在机理与模型[J]. 科技与经济，2011，24（6）：26 – 30.

例 2：Axmear et al.，E. Axmear，J. Reichle，M. Alamsaputra，K. Kohnert，K. Drager and K. Sellnow，Synthesized speech intelligibility in sentences：a comparison of monolingual English-speaking and bilingual children[J]. *Language，Speech，and Hearing Services in Schools*，2005，36（3）：244 – 250.

（3）专利文献（Patent Document）

专利文献是记录有关发明创造信息的文献，蕴含着技术信息、法律信息和经济信息。广义的专利包括专利申请书、专利说明书、专利公报和专利检索工具，以及与专利有关的一切资料；狭义的专利仅指各国专利局出版的专利说明书。

① 沈玉兰. ISBN 升位对我国图书情报机构的影响[J]. 现代图书情报技术，2006（10）：91 – 93.

据统计表明，只要系统地搜集美、日、英、法、德5国专利，就可以了解西方科技发展情况的60% ~90%。因此，专利文献成为制订科研规划、产品组合战略、确定工艺路线、实施技术改造的一个主要技术信息源。

专利号由两个字母的国别代码（如 US 美国、GB 英国、CN 中国、DE 德国、CM 喀麦隆等）流水号和公布阶段代码组成。一般还有 patent 一词以及专利号、专利优先日期（公开日期）、出版时间等。

例1：许嘉麟. 化学机械研磨的方法：中国，02140151.9[P]. 2003 -03 -12.

例2：Tally; Kevin L. Mechanic's seat and step stool[P]. US:20070007799,2007 -01 -11.

（4）标准文献（Standard Literature）

狭义的标准指按规定程序制订、经公认的权威机构批准的一整套在特定范围内须执行的规格、规则、技术要求等规范性文献。

广义的标准指与标准化工作有关的一切文献，包括标准形成过程中的各种档案、宣传推广标准的手册及其他出版物，揭示报道标准文献信息的目录、索引等。

标准文献的特点：

① 具有约束力，是标准文献的最主要特征。标准文献由权威部门经过有计划、有组织、有步骤地工作，并多次修改制定后，使具有法律性质，是生产的法规。

② 时效性强是标准文献的第二个特点。它所反映的水平只能是当时技术所能达到的水平，随着经济发展和科学技术水平的提高，标准要不断进行修订、补充、替代或废止。

③ 针对性是标准文献的第三个特点。一个标准一般只解决一个问题，不同种类和级别的标准只能在不同的范围内贯彻执行。

标准文献的特征为标准号，标准号通常由代号、序号、年代号构成。代号如：国家军用标准（GJB）、国家标准信息（GB）、国家建筑标准（GBJ），ISO 标准是由国际标准化组织标准。IEC 是国际电工委员会标准、美国国家标准（ANSI）、美国军用标准（DOD）、美国材料与试验协会标准（ASTM）、美国电气与电子工程师协会标准（IEEE）、国际电工委员会（IEC）、国际标准化组织（ISO）、欧洲标准信息（EN）、德国标准信息（DIN）、日本工业标准（JIS）、法国标准信息（NF）、英国标准信息（BS）。常有 standard，recommendation 等词出现。

例1：GB/T 16159—1996，汉语拼音正词法基本规则[S]. 北京：中国标准出版社，1996.

例2：TC 39 ISO 229 -1973，Machine tools-speeds and feeds.

（5）产品样本（Products Data）

产品样本是厂商为向客户宣传和推销其产品而印发的介绍产品情况的文献。根据内容和出版情况，产品样本可视为各国厂商出版物，包括产品目录、单项产品样本、产品说明书、企业介绍和广告性厂刊。其中产品样本最为重要。

产品样本文献的特征主要体现在3个方面：

第一，可靠性较强。样本介绍的大多是已经投产或正在行销的产品，工艺已经成熟。这与专利文献所介绍的产品多属未定型、未成熟的产品有很大区别。

第二，产品样本的产品和技术信息较完整。作为一种宣传材料，厂家要使客户全面了解该产品性能、特征、参数、型号，就要在样本上尽可能全面地公布有关技术情报（少数技术机密除外）和商业贸易信息，如研制背景、产品说明、特性、操作、维修、售后服务，甚至还有与其他同类产品的比较。

第三，及时性及相对新颖性。产品样本大多是在投产之际或进入市场前印制的，而且为了最快地送到客户手中往往采用现场散发的形式。

此外，通过产品样本汇编，可以知道产品生产厂家的情况，再根据该产品与同类产品相比的优缺点，可以推测该企业的技术实力、产品开发能力和水平、销售状况，这些又都构成了企业竞争情报的来源。

产品资料可从公司名称、地址、产品名称等方面加以识别。

（6）会议文献（Conference Document/ Conference Paper）

会议文献是指在各种学术会议上发表的论文。会议文献按其出版时间的先后，分为会前文献、会间文献和会后文献 3 种类型。会前文献包括会议日程预告、会议论文预印本和会议论文摘要；会间文献包括会议期间的开幕词、讲演词、闭幕词、讨论记录、会议决议等，大多数为行政事务性材料，学术价值不大；会后文献是指会议结束后出版的会议文献，包括会议录、专题论文集、会议论文汇编、会议论文集、会议出版物及会议纪要。

会议文献的特点是专业性强、内容新、针对性强、学术水平高、出版发行较快、传递信息及时。会议文献大部分是本学科领域内的新成果、新理论、新方法，一部分科研成果就是通过学术会议首次发表的。

此外，会议文献经过会议主办者审查、推荐，经过专家学者提问、讨论、评价、鉴定，再由本人修改后出版，所以可靠性也较高。因而越来越受到人们重视，成为了解新动向、新发现的重要信息源。

会议文献主要依据著录项中的会议名称、时间、地址、会议录出版单位及其地址、出版年份、会议录提供单位及其地址、页码等识别。会议文献的特征：① 一般带有会议特征的词，如 Conference（会议）、Congress（大会、综会）、Meeting、Workshop、Symposium（讨论会、座谈会）；② 有主办会议的机构特征，如 Society（团体）、Association（协会）；③ 会议文献类型的特征，如 Paper（论文）、Proceedings（会议录）等。

例 1：叶继元. 坚守与拓展——数字时代中美图书馆学情报学教育科学定位的战略思考[A]. 第二届中美数字时代图书馆学情报学教育国际研讨会论文集[C]. 武汉大学信息管理学院，2006. 10. http://scholar. google. com/scholar? hl = zh - CN&newwindow = 1&as_q = % E3% 80% 8A% E8% AE% BA% E6% 88% 91% E5% 9B% BD% E5% 85% B1% E4% BA% A7% E5% 85% 9A% E9% A2% 86% E5% AF% BC% E7% 9A% 84% E5% A4% 9A% E5% 85% 9A% E5% 90% 88% E4% BD% 9C% E3% 80% 8B&as_occt =

&ie = UTF - 8&oe = UTF - 8&btnG = Search

例2：Lawley A，et al. Paper Presented at NATO Advanced Workshop on Science and Technology of Rapid Solidification and Processing. June21 - 24. 1994，Westpoint，NY.

（7）档案文献（Archives）

档案是国家机构、社会组织及个人从事政治、军事、经济、科学、技术、文化、宗教等活动直接形成的具有保存价值的各种文字、图表、声像等不同形式的历史记录，是完成了传达、执行、使用或记录现行使命而备留查考的文件材料。档案以其记录性和原始性于一体的特点而区别于遗留下来的实物，又因其可靠性和稀有性而区别于一次文献，这就使相当一部分档案在一定时间内是受到保护的，在利用上有特殊的要求和价值。

档案的信息价值体现在：

① 凭证作用：档案是实践活动留下的记录，保存着真实的原始标志，具有无可争辩的客观性和可靠性，是查考和处理事务的真凭实据。

② 提供大量情报和知识：例如学术部门利用历史档案研究历史发展中的问题；企业利用技术档案了解技术开发系统在科研、引进新技术、新工艺、新材料方面的情况；经济学专业人员利用会计档案了解产品生产成本、原材料价格的变化，并通过归纳、分析，预测企业活动的发展趋势和市场对企业的影响。

档案文献主要依据档案号查询。

（8）科技报告（Science & Technical Report）

科技报告是科学研究工作中阶段性或最终研究成果的总结。科技报告的内容比较新颖、详尽、专深。其中可以包括各种研究方案的选择与比较，成功与失败的体会，有些内容涉及军事、国防、尖端技术、重要工程、新材料、新工艺等方面，大部分属于保密或控制发行之列，等到内容已无保密必要时才可转为公开。

许多发达国家都有自己的科技报告，如英国航空航天委员会 ARC 报告、法国原子能委员会 CEA 报告、德国航空研究报告 DVR、瑞典国家航空研究报告 FFA、日本原子能研究报告 JAERI 等，但美国政府四大报告却一直雄踞首位，是世界上科技人员注目的重心，它们分别是行政系统的 PB 报告、军事系统的 AD 报告、航空与宇航系统的 NASA 报告、原子能和能源管理系统的 DOE 报告。这四大报告每年公开和解密部分约 6 万件。科技人员对科技报告的需要量约占其全部文献量的 10% ~ 20%，通过刚刚解密的报告，可以获得一些其他途径无法获得的尖端科技情报。

科技报告一般有报告编写单位代码，如 AD、PB、NASA、DOE 及报告号，还有表示报告的特征词，如 report，notes 等。

科技报告号的一般组成形式有 3 种：

机构名称简称 + 流水号

机构名称简称 + 年代 + 流水号

机构名称简称 + 科技报告类型号 + 流水号

例 1：Hachet. J O, Horne E L. Technical Report NO. ASD-TDR-62-524, Wright-patterson AFD, OH, 1962

例 2：AD787897；PB81-10586；NASA-SP-81257965213

（9）政府出版物（Government Publication）

政府出版物是由政府机构制作出版或由政府机构编辑并授权指定出版商出版的文献。大致上可分两类：

一类是行政性文献（包括宪法、司法文献），主要涉及政府法律、经济方面的国会和议会记录、议案、决议、司法资料、听证记录、法律、法令、规章制度、政策、调查统计资料等；另一类是科学技术文献，主要指政府部门出版的科技报告、标准、专利文献、科技政策文件，公开后的科技档案、经济规划、气象资料等，后者约占政府文献的 30% ~ 40%。

由于政府出版物与其他科技文献（如科技报告）有一定重复，有书、报告、会议录等多种文献，因此，可根据具体情况按具体出版形式加以识别。

（10）学位论文（Dissertation/thesis）

学位论文是高等院校或研究机构的学生为取得各级学位、在导师指导下完成的科学研究、科学试验成果的书面报告，是著者为获得某种学位而撰写的科学论文。

有价值的学位论文，尤其是较高层次的学位论文，具有独创性、新颖性、科学性的特色，其质量要经过学位或学术委员会的考核。如，博士论文具有较高的参考价值，一般偏重于理论，附有大量的参考文献，借此可以看出有关专题的发展过程和方向。

学位论文的特征一般有表示学位论文名称，如 thesis，dissertation 及授予学位的单位及其地址、授予学位时间等。

例：汪传雷. 基于生命周期的企业危机信息管理研究[D]. 天津：天津大学管理学院，2006.

除了以上 10 种文献类型外，还有报纸、新闻稿、统计资料等类型的科技文献。在以上 10 种文献中，一般将图书、期刊作为普通文献，其余 8 种都列为特种文献，以上述纸质文献类型作为载体的社会科学信息资源，统称为社科纸质信息资源。

1.3.3 社科网络信息资源

伴随互联网的普及，人们更加广泛地将社科信息存储到网络上，通过网络传输达到社会科学信息资源开发与利用的目的，从而形成社科网络信息资源。

1. 社科网络信息资源的类型

社科网络信息资源类型较为繁杂，但涉及学科专业领域，与社科教学研究密切相关的学术资源可以归纳为四大类型，即：社科数据库资源、社科学术网站资源、社科组织机构资源、社科动态信息资源。①

（1）社科数据库资源

社科数据库资源包括两类：一类是图书馆、文献情报中心提供的联机图书馆馆藏目录，如国家图书馆书目查询库、美国国会图书馆书目查询等。读者通过 OPAC 可以查询到大量的书目信息，确定某本书是否在馆，能否通过馆际互借加以利用等。一类是大型信息机构在网上提供的联机检索数据库，包括电子期刊、电子图书及报纸数据库。存储在网络服务器上的网络数据库品种多、质量高，大多由信息服务商或大型图书情报机构创建维护，如世界上最早和最大的国际联机检索系统 Dialog、中国期刊网、超星数字图书馆等。

（2）社科学术网站资源

社科学术网站资源主要指提供各类社科信息的学科性网站。按内容范围可分为大型学科综合网站和学科专业网站。大型学科综合网站内容丰富、形式多样，集中了诸如研究动态、专家学者、专业论坛、重要文献、组织机构、学术期刊、统计数据、法律法规、学术会议、专业基本知识等各类信息，如中国经济信息网、中国法律网等。学科专业网站即提供学科某一专业领域的信息，如人类学资源库、中华历史网、作家网等；或仅提供学科某一方面信息，如人物信息、数据信息、文献信息等。

（3）社科组织机构资源

社科组织机构资源包括政府机构、教育及研究机构、学会协会等学术团体机构。在各学科教研机构中可以获得学科最新研究信息和学术动态信息。在政府机构和社科学术团体的主页上，可以获得正式传播渠道中无法得到的社科方面的灰色信息，如非正式出版物、政府新闻信息、政府白皮书等。

（4）社科动态信息资源

社科动态信息资源包括政策信息、市场信息、人才和技术信息等。主要以网站页面、电子邮件、专题讨论小组和论坛、电子会议、专家学者个人主页或博客等形式表现。这类动态信息虽然具有一定的随意性、不稳定性、瞬时性等特点，但有时恰恰代表了最新的科研动态。比如学科专业论坛可以提供交互式学术讨论园地，而目前社科领域不少学者在网上建立的个人主页或博客可用于交流学习和研究成果。

2. 社科网络信息资源导航系统

浩如烟海的网络信息资源中包含着大量的人文社科学术信息，但由于网上信息资源高度分散，所发布的社科信息没有统一的管理和规范，大大影响了社科网络信息资源的利用效率。为了充分发挥社科网络信息资源作用，可以利用专业的网络学术资源导航系统把互联网上的学术资源按某一专题进行搜集、分析评估，筛选出高质量的专业资源，按特定学科体系进行二次重组。也就是说，通过学术

① 周全. 关于区域性社会科学信息资源共建共享问题的思考[J]. 图书情报知识，2006(6)：84－86.

资源导航系统，将全文的电子刊物、参考工具书资源、零次文献资源、书目资源等进行重新整合构建，依据学科、主题等多种导航途径，建立起专业化的网络社科资源的导航门户。①

网络学术资源导航的内容选择主要包括：

（1）搜索引擎

目前网上有许多知名的引擎网站，如 Google 之类，它往往是导航库选取信息的重要来源渠道。

（2）网上知名数据库

譬如 CNKI 学术期刊数据库、重庆维普、Springer 外文电子期刊数据库等，它们较为齐全的学术资源及方便的检索途径已经深受广大用户青睐。

（3）学术期刊网络版

现在许多刊物大多配置了网络版或开通刊物网站，充分利用这一部分资源对于搜集网上信息将是十分有意义的。

（4）专家学者个人网站

许多学科领域优秀的专家学者大多建有自己的个人网站，搜索这些网站上的信息往往会发现一些正式刊物上少见的零散的文献资源。

（5）国内外著名的大学与科研机构的网站

这些网站上有不少最新的学术科研信息的介绍。

（6）网上零次文献资源

大量零散分布在各个 BBS、公告栏等网页的信息往往为人们所忽视，而这些也是一个导航库采集信息来源地。

3. 国内外社会科学信息资源导航示例

（1）CALIS（中国高等教育文献保障系统）：http://www.calis.edu.cn/

CALIS 是我国高等教育系统中 3 个公共服务体系之一，是在教育部的领导下，把国家的投资、现代图书馆理念、先进的技术手段、高校丰富的文献资源和人力资源整合起来，建设起中国高等教育数字图书馆为核心的教育文献联合保障体系，以实现信息资源共建、共知、共享，以发挥最大的社会效益和经济效益，以系统化、数字化的学术信息资源为基础，依靠先进的数字图书馆技术，建立包括文献获取环境、参考咨询环境、教学辅助环境、科研环境、培训环境和个性化服务环境在内的六大数字服务环境，为高等院校教学、科研和重点学科建设提供高效率、全方位的文献信息保障与服务。CALIS 的重点学科网络资源导航系统，包含了 75 个社会科学方面的导航系统（包括哲学、历史、文学、教育学、政治、法律等），几乎覆盖了整个社会科学的学科领域，CALIS 的主要功能有：

---

① 朱思渝，黄春，王晓丹. 网络社科资源分布与利用[J]. 浙江传媒学院学报，2007(4)：72－73.

① 多库分类检索

OPAC 中的数据，按照语种划分，可分为中文、英文、日文、俄文 4 个数据库；按照文献类型划分，可分为图书、连续出版物、古籍。

② 排序功能

默认的排序优先次序是：题名、相关度。

③ 检索历史

保留用户发出的最后 10 个检索请求，用户关闭浏览器后，检索历史将清空。

④ 多种显示格式

检索结果分为多种格式显示：详细文本格式、MARC 显示格式。前一种格式对所有用户免费开放，MARC 显示格式只对 CALIS 联合目录成员馆开放，查看或下载 MARC 记录，均按照 CALIS 联合目录下载费用标准收取。

⑤ 多种格式输出

对所有用户提供记录引文格式、简单文本格式、详细文本格式的输出，此外，对 CALIS 联合目录成员馆还提供 ISO2709、MARCXML、CALIS bookXML、MARC 列表的输出。提供 E-mail 与直接下载到本地两种输出方式。输出字符集提供常用的"GBK""UTF-8""UCS2""MARC8"4 种，用户可根据自己的需要进行选择。

⑥ 浏览功能

对古籍数据提供四库分类的树型列表浏览。

⑦ 收藏夹功能

对有权限的用户提供保存用户的检索式与记录列表、标注书签、添加和维护用户评论的功能，目前这些功能不对普通用户开放。

⑧ 馆际互借

OPAC 系统提供用户直接发送请求到本馆的馆际互借网关，用户无须填写书目信息。

（2）HUMANUM（人文社科资源导航系统）：http://humanum.arts.cuhk.edu.hk/

HUMANUM 是香港中文大学人文学科研究所开发创建的综合性人文社科资源导航系统。其任务是：提供世界范围内的人文社科信息元索引服务，开发人文社科界感兴趣的各种文本、工具和网页。HUMANUM 提供主题分类浏览和搜索引擎两种检索方式，其主题分为 12 个类别，每个类目下收录该学科不同语种的相关网站，其中英文信息占了很大的比重。这 12 个类目是：

① General Search engines，E-text etc.（综合：搜索引擎、电子文本等）

② Literature& Languages（文学与语言）

③ History& Regional Studies（历史与地区研究）

④ Philosophy（哲学）

⑤ Religion（宗教）

⑥ Arts & Performing Arts（艺术与表演艺术）

⑦ Computer& Humanities(计算机与人文科学)

⑧ Related fields in the Humanities(人文社科相关领域)

⑨ Reference Shelf(参考书架)

⑩ Book Store& Newsstand (书店与报摊)

⑪ Community Services (社区服务)

⑫ Medical& Health Information (医疗与健康信息)

HUMANUM 在上述可供检索的栏目下收集的相关学科内容,主要有学术研究机构、信息资源、期刊、产品与服务等。根据检索意图点击进入相应栏目,就可得到相关的各类网络资源链接。如果使用关键词搜索方式进行检索,只需在系统主页下端检索框内输入关键词,并按下"submit"键就能得到检索结果。该搜索引擎同时还附有语言选择框可供选择。

(3) SOSIG(社会科学信息门户):http://www.ariadne.ac.uk/issue2/sosig

SOSIG (Social Science Information Gateway) 是英国资源发现网络(Resources Discovery Network)的一个组成部分。它旨在为广大研究人员和从业者、学者提供有关社会科学、商业、法律等方面的精选的、高质量的免费网络信息。包括文章、论文、报告、书目数据库、图书、公司、数据资料、教育资料、政府机构、期刊(全文或文摘)、邮件列表、新闻、社团组织、参考资料、研究项目等。SOSIG 主要由以下几个部分组成:

① SOSIG 网站目录(SOSIG Internet Catalogue)

这是一个包含高质量网络资源的联机数据库,此目录指向数以千计的资源,而这些资源都是经过图书馆员或理论工作者筛选和描述的,并可以通过学科途径来浏览或检索。

② 社会科学搜索引擎(Social Science Search Engine)

这是一个包含 250 000 多个社会科学网页的数据库。

③ 社会科学"消息树"(SOSIG Science Grapevine)

这是 SOSIG 关于人员方面的信息。"消息树"还为拥有共同兴趣爱好的研究者们提供了一个交流思想和信息的论坛,例如可以在论坛上发布有关潜在研究机会和合作关系的确立等方面的消息。而且通过查询社会科学领域人员数据库,还可以联系到特定专业领域的专家学者。

④ 我的账号(My Account)

提供注册用户登录、新用户注册、会员折扣、个性化定制等服务。

练习与思考

1. 人文社科信息检索与利用的价值主要体现在哪些方面?

2. 大学生具有较强的信息意识有何意义?

3. 信息的"爆炸性"增长将会产生怎样的结果?

4. 人文社科信息检索与利用有什么特点？

5. 怎样理解人文社科信息检索与利用的意义？

6. 怎样理解信息检索与人文社科研究工作的关系？

7. 信息素质的重要性表现在哪些方面？

8. 信息检索与利用课在高校信息素质教育中的作用如何？

参考文献

[1] 孙伟平. 信息社会及其基本特征[J]. 哲学动态,2010(9):12－18.

[2] 刘孝文. 信息素养及相关概念的学术梳理[J]. 图书馆杂志,2008,27(4):12－29.

[3] 李澄君,罗学妹. 社科信息检索与利用[M]. 北京:人民出版社,2011.

[4] 王立诚. 社会科学文献检索与利用[M]. 南京:东南大学出版社,2007.

[5] 王涛. 略论社科信息资源的功能与作用[J]. 情报资料工作,2004(S1):189－190.

[6] 沈玉兰. ISBN 升位对我国图书情报机构的影响[J]. 现代图书情报技术,2006(10):91－93.

[7] 周全. 关于区域性社科信息资源共建共享问题的思考[J]. 图书情报知识,2006(6):84－86.

[8] 朱咫渝,黄春,王晓丹. 网络社科资源分布与利用[J]. 浙江传媒学院学报,2007(4):72－73.

第2章 文献信息检索基础

学习目标

⊙ 了解信息组织的概念及内容；
⊙ 熟悉信息组织的一般原理与方法；
⊙ 熟悉检索语言，重点掌握分类检索语言和主题检索语言；
⊙ 掌握信息检索的一般原理及课题分析的步骤；
⊙ 了解社科工具书的种类，掌握印刷型工具书和电子工具书的检索方法。

开篇案例

手机游戏 Flappy Bird 下架产生的商机

Flappy Bird（又称笨鸟先飞）是一款基于苹果手机 IOS 平台的小游戏，该游戏是由越南独立游戏制作人阮哈东独自开发而成，玩法简单但难度极高，甫一上市，在短短几天之内几乎占据了 80% 的欧美手机游戏市场，玩家数以百万计。该游戏上手十分容易，敲击屏幕让一只小鸟扇翅膀并获得向上的速度，之后小鸟会下落，而且伴有加速度的，游戏的目标是让小鸟在一飞一落之间穿过一些管道的空隙。看似简单，但要想飞远，却出奇地困难。玩过 Flappy Bird 的人都有一种明显的感受，这款游戏的操作与规则明明如此简单，难度却几乎令人抓狂。但所有人就仿佛上瘾了一样，在不断的 Game Over 中寻找撞墙的刺激，当绕过一个又一个的柱子时产生的喜悦感又让人溢于言表。一些玩家因为沉迷其中，发生了诸如摔手机，乃至更加负面的极端事件，在各种社交网络平台上对于游戏设计者的指责也甚嚣尘上，有网友认为 Flappy Bird 毁了他们的健康与生活。面对诸多的压力，阮哈东决定于 2014 年 2 月 10 日将 Flappy Bird 从苹果的 APP store 和安卓市场下架，这也意味着从此再无装有正版 Flappy Bird 游戏的苹果手机。此消息一出，各大电商的手机卖家敏锐地捕捉到商机，迅速做出反应，高价拍卖预装有该游戏的苹果手机，其中一部装有 Flappy Bird 的 iPhone 5 手机从初始竞价 750 美元（约合人民币 4545 元）竞拍到了令人咋舌的 80700 美元（超过人民币 48 万元）的天价。由此可见，领先一步的信息意识对于现代商业活动的重要性并能由此产生巨大的经济效益。

2.1 文献信息的组织方法

2.1.1 信息组织的概念及内容

繁杂的信息不断地在人类鉴别与利用的过程中得到系统化、有序化，人类在积累了大量知识的过程中又不断地进行着对知识的再利用，推动着社会的前进。人类在利用信息的过程中又“制造”了大量的信息，信息化社会迅速地向知识化社会迈进。这就使得现阶段的信息与知识正以前所未有的量和速度爆发出来，而这种爆发并不意味着人们在利用信息和知识时可以享受到信息和知识数量快速增长带来的好处，相反，量大而无序的信息和知识，使得人类在利用特定的信息和知识时产生了极大的不确定性与矛盾，信息湮灭信息，形成所谓的“信息超载，知识缺乏”。

当今社会，各种媒体信息无处不在，广泛而无序地传播着。信息传播方式有直接的方式和间接的方式，两种方式所传播的信息在被利用时有着不同的效率。间接方式的信息传播时空观更强烈，被利用的程度更高。直接传播信息最终的利用率相对较弱。除此之外，这两种方式的信息利用都存在因信息数量的急剧增加产生的无序化，而导致用户对文献信息有效利用上的减弱。

科学技术发展到今天，学科与学科之间、技术与技术之间的相互影响和渗透越来越强烈，新学科、边缘学科的不断出现，使各类信息载体上传递出的信息内容与以往有很大不同，不再是单一学科内容信息的传递，而是许多相关学科的文献信息一同传播。全球互联网的快速发展使得在互联网上发布和传播信息变得很容易。这些同样给文献信息的合理传播和利用带来新的问题，即文献信息分布极为分散，特定的用户与所需的文献信息之间存在不能方便而合理地取得与利用的矛盾。许多人认识到“原始信息本身并不能产生价值”，至少原始信息中更多合理的价值不能被广泛利用。只有将文献信息有效地组织，按特定的需要对文献信息进行集中和揭示，使信息更合理地传播，有效地将信息资源开发出来，才能使信息产生更为巨大的价值。这需要相应的方法对文献信息加以控制和处理，使信息表达和传播合理有序，因此，信息组织显得极为重要。

北京大学信息管理系教授、信息组织领域专家马张华先生对信息组织的定义是：信息组织亦称信息资源组织，它是根据信息资源检索的需要，以文本及各种类型的信息源为对象。通过对其内容特征等的分析、选择、标引和处理，使其成为有序化集合的活动。就信息组织的内涵而言,信息组织主要解决信息及其信息资源从无序状态到有序状态的问题,并且这种有序状态必须最大限度满足信息需求、信息利用。

武汉大学信息管理学院教授周宁先生对信息组织的定义是:信息组织,即信息序化或整序,也就是利用一定的科学规则和方法,通过对信息外在特征和内容特征的描述和序化,实现无序信息流向有序信息流的转换,从而保证用户对信息的有效获取和利用及信息的有效流通和组合。对信息资源的组织主要是对利用价值较高的文献或文献内所包含的信息单元或知识单元的组织。

因此,我们可以由此认识信息组织的本义:就产生信息组织的目的而言,信息组织是为了便于用户对各类信息资源进行检索,在信息资源的检索系统里快速、科学地获取文献信息,最大限度地将信息价值开发出来。因此,信息组织是基于对信息与知识的利用而产生的,信息组织直接面对信息检索,是围绕检索需求而展开信息的组织。同样,信息检索必须在已有信息组织的基础上进行,离开信息存储、处理和有序化的条件,就无法科学有效地检索信息。所以,对文献信息检索知识的掌握,首先要了解信息组织的知识。

信息组织的内容包括:

(1) 信息选择。从采集到的、处于无序状态的信息流中甄别出有用的信息,剔除无用的信息,是信息组织过程的第一步。

(2) 信息分析。按照一定的逻辑关系从语法、语义和语用上对选择过的信息内、外特征进行细化、挖掘、加工整理并归类的信息活动。

(3) 信息描述与揭示。也称为信息资源描述,根据信息组织和检索的需要,对信息资源的主题内容、形式特征、物质形态等进行分析、选择、记录的活动。

(4) 信息存贮。将经过加工整理序化后的信息按照一定的格式和顺序存贮在特定的载体中的一种信息活动。

2.1.2 信息组织原理与方法

1. 信息组织与信息检索的关系

在社会活动中,信息是不以人的意志而不断产生着的。而作为传递信息的载体是随信息的产生和人们利用信息的需求同时产生的,但这种信息载体的产生或信息本身的产生,在很大程度上是无序的。尽管人们在尽可能地使原始信息的产生和信息载体的产生有序化,但社会活动和科技活动的规律使从属于这些活动而产生的信息与信息载体一开始就不能够有序化,特别是不能满足用户在广泛程度上方便地利用信息的有序化的产生。如前所述,为了信息的利用,信息的组织就应运而生。这就是在信息利用与检索层面上产生信息组织的实际需求。其次,目前对信息检索系统的完整论述来说,信息检索系统必须包括信息的组织和信息的检索这两个方面。已有的各种信息检索系统、信息检索理论、信息检索技术都有一个明确的目标,那就是最大限度地追求信息及信息资源合理而科学地组织，以使用户能方便、科学地在信息检索系统内检索出所需信息。也就是说，从系统的角度看，信息的组织与信息的检索组成了一个完整的系统。信息的组织是信息检索的基础，检索系统的建立，不管是技术上还是形式上，都是依据信息检索的各种需求的。信息检索是信息组织的目的和成果的体现，信息检索也是信息组织的归宿。从图 2-1 可以看出，目前任何信息检索系统的形成和理论的阐述都是而且必须包括信息的组织与检索这两个方面。

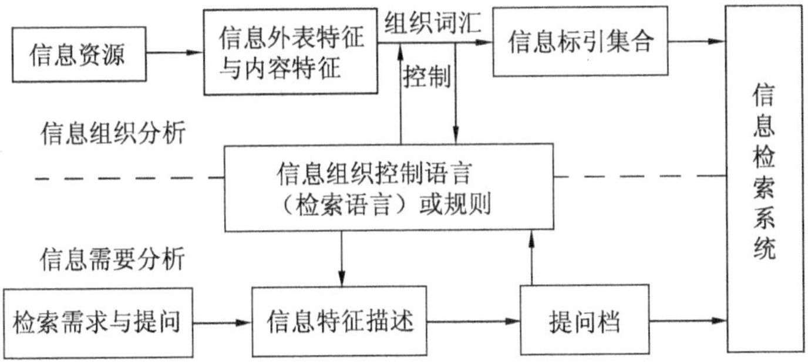

图 2-1　完整的信息检索系统

从信息检索的实践来看，只有真正了解与掌握信息组织的原理、方式，才能系统地把握信息检索系统，才能正确使用检索系统，进而准确地实施信息检索。因此，掌握信息组织原理是检索用户必备的基础。

2. 信息组织的原理

在组织信息并构成信息检索系统时所涉及的因素有很多，一般都是根据信息资源的情况和用户使用检索系统的需求，通过各种规范控制的方法来实现的。规范控制包括对信息组织对象的选择控制、信息描述控制、信息组织和检索过程的词汇控制、句法控制。

（1）信息资源对象控制

集成任何信息资源的集合，一般都需对该集合中所收集的信息资源进行范围控制。这类控制主要能满足检索系统事先制定的目标、检索系统的性质。在对象控制中实现集成范围、资源类型、收入质量的确定。通过这样的控制，可以使集成的信息资源对象具有较强的有效性，保证整个系统的质量和信息检索的实现。

（2）信息描述控制

为了实施信息资源的组织，检索系统中只将信息资源的描述记录作为信息资源本身（实体）的替代物来进行处理和组织。系统中的描述记录反映了信息资源与检索有关的基本特征，是信息检索系统组织的基本依据。信息描述控制就是要使描述记录概要而准确地反映出信息资源基本的特征数据，且以浓缩方式集中反映信息资源的各类特征，包括信息资源的外表与内容特征。有了这样的描述控制就能产生描述记录。有了这样的记录，就能替代信息资源实体，进而以这样的描述记录实施信息资源组织。同样,有了这种具有信息资源特征的描述记录,就可以突出信息检索入口,从而产生系统中各种信息检索的途径。

描述控制包括:

① 描述项目控制。根据信息资源特点选择具有组织和揭示价值的特征作为描述项目。项目通常有题名、责任者、出处、内容摘要、分类号、主题词等。

② 描述文字控制。

③ 描述级别控制。根据检索系统的特点和需要,规定描述记录内项目的详略程度,满足不同系统要求、不同检索需求。

④ 描述格式控制。具体有描述项目次序、描述标识、描述表达形式等。

(3) 词汇控制

词汇控制是指根据信息资源标引与检索的需要,对自然语言中的词汇进行选择、规范,并揭示词汇间的相关性。

信息资源的组织和有序化是建立在信息资源的外表特征以及内容特征基础上,而这两种特征的选取与确定都建立在自然语言上。外表特征主要是信息资源的题名、责任者、出处等,内容特征主要是分类法、主题法。题名、责任者、出处与自然语言的关系密不可分,而作为内容特征的分类类目(概念标识系统的组成部分)、主题词也以自然语言为基础。但是,使用自然语言时常有语词与概念不是一一对应的现象,表现为一词多义、一义多词及词义含糊等。此外,自然语言词汇间的关系也往往具有不确定性和多元性。自然语言的这些情况很难适应检索系统中对特定事物的正确表达,也难以显示概念间的联系,进一步影响用户检索的正确性。解决这种情况只有对词汇进行必要的选择、处理及规范控制。

词汇控制包括:

① 词义控制。即对同型异义词和语义含糊的词进行控制,使词义明确,一个词语只表达一个概念。

② 同义控制。即对字面形式不同、含义相同的词进行控制,使一个概念只用一个语词表达。

③ 词汇间关系控制。即通过控制能揭示词汇之间的各种联系,使之成为一个语义相关的系统,以满足检索时实现扩检、缩检、改变检索方向的需要。

(4) 句法控制

句法控制是指依据信息资源组织对信息进行标引及用户检索的需要,根据一定的构词与语义原理及组词的规则,对标引与检索所用语词的组合方式作出规定。

在信息组织处理过程中,对信息内涵的表达有时需用语词来表达信息的主题概念,以产生标引词。同样在检索时也是用语词来表达欲检索的信息的主题概念,以组合产生检索策略。如此,需要对词汇进行一定的控制,以统一的、规范的方式揭示信息资源的主题特征。然而在词汇使用上仅有一定量的词汇是不够的,要对信息的复杂主题概念进行确切的表达与揭示,必须有词汇的组合方法,再通过相应的语词组合与组配实现信息内涵中复杂概念的表达。在信息组织与检索中的“主题法”就是以这样的方法实现信息标引与组织。通过组配表达信息资源主题内涵的语词，形成一定的概念表达，如此的组配与所形成的词语间的关系称为句法关系。句法关系需要进行科学合理的控制，这种句法控制与合理使用是正确揭示检索语言含义的重要手段。

在自然语言句子中句法具有多种组合，有很大的灵活性。同一个意思的句子，可以有多种表达法，如“用 GPS 技术对船舶进行定位”与“船舶的 GPS 定位”这两句话的句义是相同的。

但自然语言句法的这种灵活性特点是不符合检索语言的需要的。它不利于以明确的、统一的方式对信息资源进行组织，也不利于明确表达组配的含义。因此，应根据检索系统的特点，对主题词的组配与所形成的词语间的关系加以控制，即句法控制。这种控制须在一定方式的基础上，采用相应的句法措施实现。常见的方式包括：

① 组配次序控制

组配次序也称引用次序，是指复合主题标引和检索时各个主题因素的组合次序。在分类法中指分类标准的使用次序或不同方面被引用的先后次序。而在主题法中特指字顺标题检索系统的主副标题使用的次序。采用这种控制的作用是能根据用户的使用需要组织检索系统，提高检索系统的通用性；保证复合主题处理的一致性，避免相同学科与主题的文献资源的分散；使标引结果含义明确，提高标引的准确性。

② 辅助符号选择控制

辅助符号也称组配符号，是供检索语言揭示学科与主题概念之间关系、意义之用。在检索系统中，辅助符号是进行句法控制的重要手段。一般根据检索系统的特点和使用需要设置，分别用在先组式与后组式检索系统中。辅助符号通常包括关系符号、联系符号、职能符号、逻辑组配符号、逻辑位置符号等。

③ 句式转换控制

句式转换的目的是通过对词语中语词位置的变动，增加检索入口，使用户可以从不同的角度检索出相关信息。因为在复杂主题语句的检索中，往往只有一个检索入口，如用户检索的角度与词序和检索系统提供的引用词序不一致，就会发生检索错误或检索效果减弱。句式转换通常包括轮排转换、链式转换、分拆转换等。

另外，在现代信息技术条件下，网络技术日臻完善，各种网站与网页中的信息组织与发布都是采用超文本这种特殊的信息组织方式将网络信息组织起来。超文本信息组织原理的主要技术内涵是超链接技术。

3. 信息组织的形式与处理方式

从信息组织与信息检索的关系中可以看出，信息组织的目的是为了便于对信息资源的检索。信息组织的任务是直接对信息资源进行有序组织，即按照一定的形式将信息资源纳入信息资源集合。就本节讨论的范围而言，信息组织的任务是形成信息检索系统。

（1）按照检索系统的对象和特点，信息组织的形式有：

① 通常以文献资源单元记录为组织对象，形成目录检索系统。

② 以文献或文献集合中包含的信息内容记录为组织对象，形成索引与文摘检索系统。

③ 现代技术下利用计算机建立的数据库，数据库通常以文献资源单元、信息记录、文献全文记录等方式组织，形成数据库检索系统。

④ 以网络信息资源为对象进行组织，形成计算机网络搜索引擎检索系统。

（2）按照检索系统的标识特征和提供的检索途径，信息组织可以分为：

① 依据信息资源的外部特征为标识，进行信息组织。

② 依据文献间相互引用关系，在建立检索系统时产生的引用为标识，进行信息组织。

③ 依据表达信息资源学科内容与主题内容为标识，进行信息组织。

（3）信息组织还可以按照建立检索系统的载体形式进行分类：

① 卡片、书本式（纸质型）。

② 缩微胶片式。

③ 数字技术式。

另外，信息检索系统中的信息记录通常是信息处理的结果，是对各种媒体信息进行不同层次、不同角度组织和揭示的基础。信息组织的处理方式主要有：a. 对信息资源进行必要的外表特征描述（如题名、作者、出处等）。b. 对信息资源进行内容特征的描述（如学科类别、主题属性、内容摘要等）。c. 产生检索入口，主要依据信息的可检特征产生检索点，以便对信息资源进行有序化组织。对信息处理形成的结果，记录了信息资源的基本数据。这些数据可以作为检索系统的基本单元，进而形成基本单元集合体。按照组织检索系统（工具）与检索信息的要求，以相应的检索入口为依据进行基本单元的排列，构成了信息检索系统。

可以看出，信息组织的活动主要由两个方面构成：其一是信息组织的操作。这里的操作是指根据信息资源具有的内外特征，对信息资源进行必要的描述。在信息组织过程中的这种操作必须在组织与处理的规范下进行，即在规范条件下进行信息资源的分析、归纳、选择和记录，形成信息资源的内容与外表特征，并在此基础上将其组织形成信息资源集合和检索工具。其二是信息资源组织的规范。这里的规范是指，根据信息组织的需要和信息资源的特点预先确定信息组织的规则、方法，以能使信息组织在这些规则、方法下进行。信息组织的规范主要是指信息资源特征描述规范与检索语言。

表 2-1　信息组织常见形式

信息组织划分标准	信息组织类型
按组织对象分	信息资源
	检索工具
按检索工具类型分	目录
	索引
	数据库
	网络搜索引擎
按检索对象分	图书检索系统
	论文检索系统
	会议检索系统
	专利检索系统
	标准检索系统
	网络资源检索系统
	图像检索系统
	……
按检索途径分	题名检索工具
	责任者检索工具
	分类检索工具
	主题检索工具
	引文检索工具
	……
按载体形式分	卡片式检索工具
	书本式检索工具
	缩微式检索工具
	数字技术式检索工具
	……

4. 信息组织方法

（1）传统型信息资源的组织方法

从具体的信息资源描述来看，主要是描述信息资源的内容特征和外表特征，而这些特征也往往是用户在分析信息资源时所关注的。那么，组织这些信息资源时就可以从这些特征入手，对信息进行组织，以取得信息组织与信息检索目标的一致性。

用外表特征来组织时有字顺组织法、代码组织法等。用内容特征来组织时有分类组织法、主题组织法。

① 字顺组织法

字顺组织法是历史悠久、使用广泛的一种信息组织方法。它的意义在于从字、词角度集合有关信息，满足用户一般的检索要求。具体的做法有音序法（读音顺序）和形序法（笔画字母顺序）。

② 代码组织法

代码组织法是指将某些信息资源特征以代码作为特征且代码能区别不同信息的情况下，进行信息资源的组织方法，如专利号、商品代码、标准号等。代码一般用拉丁字母和阿拉伯数字表达。

③ 分类组织法

分类组织法是根据信息资源内容特征中具体涉及的学科，将信息资源依据这些特征的学科属性进行信息组织的方法。文献与信息的分类组织以学科、知识分类为基础，并结合信息资源实体属性和信息利用的实际情况来实现。

（2）计算机数据库及网络环境下的信息资源组织方法

一般而言，计算机数据库主要是对传统检索工具进行数字化。传统检索工具中的信息资源的特征在计算机数据库中表现为数据库记录中的字段内容。只有利用了先进的计算机技术，用字段内容表达信息资源特征的项目才可以实现。计算机数据库信息组织的主要依据是主文档内每条信息资源的记录号。而对倒排档中记录的排序和组织的方法如同传统检索工具，即字顺法、代码法、分类法、主题法等，由计算机数据库技术将倒排档与主文档联系起来，实现检索。

网络环境下的信息资源的组织方法与传统的信息资源的组织方法有很大的不同，它与一般意义上的计算机检索数据库的组织方法也不同。网络环境下信息组织的对象已显现其多样性，范围也随之扩大，不再停留在文献特征的描述，而是深入到信息的知识单元、信息单元，所以组织方法也有很多种。

① 超文本方法

这种方法是网络环境下信息组织的基础，其特点是将欲组织的信息进行非线性排列，并以节点为基本单位，节点间以链接点相连，将信息组织为某种网状结构。超文本方法是模仿人类所具有的跳跃式思维形式所设计出来的文本组织形式，符合人类联想思维方式，比传统的信息组织方式更加灵活方便。

② 自由文本方法

这种方法是对非结构化文本信息进行组织和处理的一种方式。它不是对文献特征的格式化描述，而是用自然语言深入揭示文献的知识单元，根据文献全文的自然状况直接设置检索点。这种组织方式通常由计算机自动进行，将文献中任意字符作为检索标识，未经标引的文献可直接进行检索。

③ 搜索引擎方法

这种方法是通过自动搜索软件，在网络上对每一个公开区域的站点内的信息资源进行搜集，然后进行自动标引，组织和创建一个详尽的 Web 页索引数据库。

④ 主题树方法

这种方法是将信息资源按照某种事先确定的概念体系分门别类地逐层加以组织，形成较完整的范畴体系。

2.1.3 检索语言

检索语言是一种人工创立的语言，专指为实施信息组织与信息检索而编制和使用的一种语言。检索语言产生的目的是描述信息特征，进行信息组织，实施信息检索，在信息检索系统里建立起系统与用户间特定的对应关系或通讯联系。

从信息组织与信息检索要求及现有信息检索语言的表现形式看，检索语言主要有外表特征检索语言和内容特征检索语言两大类。

外表特征检索语言从信息表现出的外在特点对信息资源进行描述，从外表途径对信息资源进行组织。用户根据所能感知到的信息资源外在特征进行信息的检索。此种语言重点是将信息资源的外表特征给予充分的描述与表达。

内容特征检索语言主要从信息的内容着手，对信息资源、文献信息内在的内容特征进行描述，对信息资源、文献信息从内容角度上进行组织。用户从所需信息的内容入手，用内容特征检索语言表达信息内容特征概念，形成内容特征的检索策略，并实施以信息内容特征为途径的信息检索。

就检索语言使用的科学性与广泛性及揭示信息资源、文献信息特征深度和检索效果来看，内容特征的检索语言是两种检索语言中更为重要的检索语言，难以掌握。由于外表特征检索语言在对信息资源的表达、理解和使用过程中往往有歧义与偏差，有时对检索结果会失去合理、正确的控制。所以，外表特征检索语言在信息检索中一般作为辅助性检索，外表特征检索语言在许多检索系统中仅处于次要地位。但对于一般用户，由于对检索语言掌握有限，更多的是从信息外表特征了解检索信息，导致信息检索效果不甚理想，这就需要用户对检索语言的选择引起更多的重视。

信息检索语言主要有以下几类：

1. 分类语言

分类语言是一种按照知识体系、学科属性标准并兼顾其他属性，对知识与学科进行分类，以符号标识系统表达学科概念的体系语言。

分类语言中应用了分类知识与概念逻辑方法，以学科属性与逻辑分类的原理将学科概念做多层次的划分，从而形成一个能充分体现事物的隶属、并列、派生关系的严格有序的知识体系。也就是说，在这样的一个体系中，依据学科属性，运用概念逻辑原理，对知识与学科的概念进行从一般概念到具体概念、简单概念到复杂概念、低级概念到高级概念、总概念到分概念等层层、逐级划分，形成科学合理的类目体系。

在这样的体系中，存在着逐级划分的“节点”，每个节点代表着一个知识与学科内容的概念。该节点用自然语言来表达，就成为学科类目名称，学科类目的概念是组成分类语言的基本单元。但分类语言是具有等级、隶属、并列、派生关系的体系语言，自然语言在表达学科概念时不能充分揭示与反映这种关系。所以在分类语言中，通常使用特定的标记符号作为学科概念的标识，自然语言的类目名称只是起到说明这些符号所代表的学科内容的作用。也就是说，在分类检索语言中，知识与学科概念用符号来表达，每个符号标识代表了一个具体的知识与学科概念。

为反映分类语言的体系，并且在这样的体系中充分揭示学科概念之间的逻辑关系，分类语言采用建立“分类表”的方式，以达到反映体系、揭示关系的功能。在分类表中，用标记符号代表学科概念，自然语言辅助反映类目名称，按照概念的逻辑关系进行体系排列，并且在分类表中配附分类语言使用规则等，从而构成了真正的“分类语言”。

目前，我国常用的分类语言就是这种等级列举式分类法。它是按照知识、学科分类体系编制的，所以被称为体系分类法。这种分类法通常将类目体系组织成一个树根状结构，按照划分的层次，逐级列出详尽的类目、子类目，并以线性方式显示分类表。如图 2-2 所示。

A 马克思主义、列宁主义、毛泽东思想、邓小平理论
B 哲学宗教
C 社会科学总论
D 政治法律
E 军事
F 经济
其中经济类如下：
F 经济
F0 政治经济学
F1 世界各国经济概况、经济史、经济地理
F2 经济计划与管理
F3 农业经济
F4 工业经济
F5 交通运输经济
F6 邮电经济
F7 贸易经济
F8 财政、金融
F81 财政、国家财政
F82 货币
F83 金融、银行
F84 保险
……
R 医药、卫生
S 农业科学
T 工业技术
U 交通运输
……
Z 综合性图书

图 2-2　等级体系型分类语言与部分示例(中图法)

2. 主题语言

主题语言同分类语言一样，也是一种从信息内容角度对信息资源、文献信息进行标引、组织与检索的方法。它们的区别在于，分类语言关注信息的知识、学科属性，而主题语言关注内容的主题。主题语言从主题角度组织和揭示信息资源，从主题角度来检索信息。主题语言，一般是指直接以表达信息主题内容的语词作为主题概念的标识，以字顺为主要途径对信息资源、文献信息进行标引与组织，对信息进行检索的语言。在主题语言中通常用参照系统筹方法揭示主题词之间的概念逻辑关系。

（1）主题语言的特征

① 直接用自然语言的语词作为组织与检索信息的标识。主题语言不同于分类语言用符号作为标识，而是以选用的自然语言语词进行信息的标引，以语词组织信息以及检索信息。如“集装箱航线”这一主题，在《中图法》分类中应为“**F5** 交通运输经济”下的“**F551.41**”，或者为“**U692.33**”。而在主题语言下，可以用“集装箱运输 * 航线”“集装箱航线”直接组织与检索信息。

② 以字顺作为主要组织与检索途径。在主题语言中，以自然语言作为主题概念标识，以自然语言的字顺对信息进行排列、组织及检索。

③ 以特定的事物、问题、现象、方法、目的等主题为中心，集中信息资源。分类法在组织信息时主要考虑信息内容的学科，采用学科集中原则，而主题语言采用主题集中原则。那么在检索时就能在同一主题下，检索到涉及不同方面的信息。如“港口管理”“港口经营”“港口设备”“港口安全”等在分类语言中分属不同学科，这些信息分别组织在不同的学科下，必须从多学科对信息进行检索。而主题语言条件下，这些信息可以集中在“港口”这一主题下，并在这一主题下集中检索信息。

④ 通过详尽的参照系统方式揭示主题词之间的关系。主题词系统采用参照系统揭示主题概念之间的逻辑关系，反映主题词的相互联系。例如设置用、代、属、分、参等参照内容，反映主题词与其他主题词的关系。检索用户也可以在了解这些关系后检索到与之关联的信息。

（2）主题语言的种类

① 标题词。标题词语言是一种以标题词为主题标识，以词表预先确定的组配方式标引和检索信息的语言。所谓标题词，是指经过词汇控制、经过规范化处理的名词术语等自然语言，用来标引与检索文献信息的词或词组。

标题词语言主要以主标题词、副标题词为基本单元构成。主标题词是用来表达信息内容与提问内容的主题，以经过规范化的名词术语为标识。副标题词也是经过规范化处理的自然语言，用来修饰、限定和细分主标题，起到主题概念的组配作用。

标题词的规范化处理，主要通过编制标题词表，在词表内对选用的标题词进行规范化。标题词的规范，主要是对词的词形、词义的规范与控制，在词表内对主标题词与副标题词之间的关系进行预先组配。所以，标题词语言是一种先组配式语言。

② 叙词。叙词语言是一种从自然语言中精选出来、并经过严格处理的语词为主题标识的，通过概念组配方式表达信息主题、标引信息和检索信息的语言。叙词是指经过规范化处理的以基本概念为基础的自然语言，用来标引与检索文献信息的词或部分词组。

叙词语言是在吸收与发展单词组配、标题词的词汇规范和参照系统及分类语言中的知识分类原理的基础上产生的语言。在吸收众多原理和方法后，概念的组配原理决定了叙词语言是一种后组式语言。

概念组配的原理在根本上不同于自然语言的字面组配。字面组配是指词语的字面拆分与组合，是一种字符层次上的组配，即将字与字组合起来。而概念组配是用词语所代表的概念意义的分拆与组合，是语义、概念层次的组合。如“航运政策”用字面组配时，就采用“航运”“政策”两词进行字面组配而成。而在概念组配条件下，须用“船舶运输”“运输政策”两个词语组配。

叙词语言同样需要编制一个词表，将从自然语言中优选出的词汇列在词表内。一般能够入选叙词表中的词汇主要是一些在概念含义上不能再细分的基本概念词，即单元概念词，但考虑到对文献信息的专指度，也有部分复合概念的词汇列在表中。这些基本概念与复合概念的词汇能够表达信息内容的概念与检索提问时的概念，并且能用于信息标引与检索。叙词的语词控制与规范化处理，也是在叙词词表内实现的。

③ 关键词。关键词语言是为了适应目录索引的编制过程自动化的需要而产生的。与标题词、叙词一样，同属于主题语言。但它不像标题词、叙词语言那样需要对词汇做处理与控制，关键词基本上不做规范化处理，或者仅是极少量的规范化处理。

关键词，是指那些出现在文献信息的标题、摘要、正文中，对描述文献信息主题内容具有实质意义的词语，亦即对提示和描述信息主题内容是重要的、带关键性的词语。

关键词语言的基本原理是直接以自然语言的单词作为表达文献信息和提问标识。因而当关键词确定时，不必编制专门的词表，既不用词表确定与显示词汇，也不进行词汇控制，不显示词间的逻辑关系，很适合计算机自动抽取词汇。由于词间不存在逻辑关系，所以关键词相互之间是一种平等的关系。

3. 自然语言

目前用自然语言作为信息检索语言被越来越多地使用，特别在网络信息组织与检索及在全文检索的信息组织中，都用自然语言深入揭示文献的知识单元，由计算机自动根据文献全文的自然状况直接设置检索点，进而组织信息。

4. 引文语言

利用文献信息间引用与被引用的关系作为检索文献主题之间的相关关系，用这种引用关系标识将信息从相互引用的关系上组织起来。

检索语言的种类如图 2-3 所示。

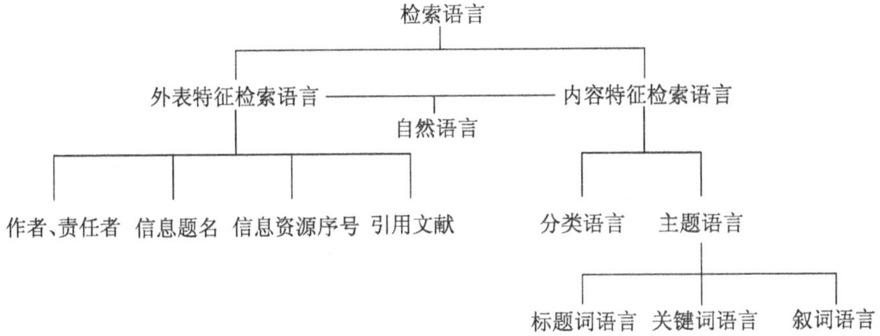

图 2-3　检索语言的种类

外表特征检索语言在描述信息资源时，通常情况下不涉及信息内容，仅对信息资源的外在特点进行揭示，用户用外表特征检索语言来描述信息资源、检索信息也比较容易实现。另外，使用外表特征检索语言进行检索的条件是必须知道和了解信息资源的外在特点，如作者、责任者、篇名、引文篇名、引文出处等，所以使用外表特征检索语言就有很大的限制。

内容特征检索语言观察的是文献信息内容，对信息资源文献信息内容特征进行描述。用户有检索需求时，更多关心的是信息内容，也非常容易对自身所需的信息进行内容上的表达与阐述。因此，在检索语言中对内容特征检索语言的研究和掌握是重点。

2.2　文献信息检索基本知识

2.2.1　文献信息检索概念

“检索”(Retrieval)即“查找”之意。广义的“文献信息检索”包括文献信息的存储过程和查找过程，而狭义的文献信息检索仅指文献信息的查找。

可以这样定义“文献信息检索”：从文献信息集合中迅速、准确地查找出所需信息的程序和方法。这里所说的文献信息集合指的是有组织的信息整体。它可以是数据库的全部记录或某种检索工具，还可以是某个图书馆的全部馆藏。所以，文献信息检索也就是从数据库、检索工具及馆藏中查找所需信息的活动。

2.2.2 文献信息检索原理

在前述章节中，我们已经知道了信息检索是建立在信息组织的基础上，任何信息组织的最终目的都是为了使用户能够在信息检索系统中快捷而方便地检索到信息。也就是说，从广义的角度上讲，文献信息检索一定包含信息的组织（存储）与信息的查找（检索）这两个过程。

信息组织过程，是指根据组成信息检索系统的目的、范围、适用用户的需求等，对纷繁、凌乱、无序的信息进行针对性的搜集，进而分析所搜集的文献信息，使之有序化，集中揭示信息，形成信息检索系统。即根据信息资源具有的内外特征，对信息资源进行必要的组织与处理（在规范条件下进行信息资源的分析、归纳、选择、记录），形成信息资源的内容与外表特征，再根据信息组织的需要和信息资源的特点，通过预先所确定的信息组织规则、方法，对这些特征进行描述、对信息资源进行标引，进一步转化为信息资源的描述记录，并在此基础上将描述记录组织为信息资源集合和检索工具。

信息检索过程，是指检索用户在对自己研究的课题、对信息需求进行必要分析的基础上，根据信息组织的原理，依据所要查找信息的外表特征和内容特征，在信息检索系统中检索出特定的信息的过程。

从这两个过程看，它们的任务各不相同，信息组织的任务是形成信息检索系统，而信息检索的任务是在检索系统中将信息查找出来。因此，检索的原理主要体现在检索系统的信息查找上。

在信息组织过程中，人们主要是对信息资源进行分析、描述，并对信息资源实施标引，进而产生信息资源的标引标识。信息标引标识是组织信息的依据，更是用户检索信息时获取信息资源的依据。如同给每类商品标上商品标识，形成商品特征，供人查找商品之用。用户检索信息时对信息分析后，也形成了信息需求的提问特征，并用检索语言对信息特征进行转换，组成检索提问标识。当检索提问标识产生后，用户在信息检索系统中用检索标识对信息记录的标引标识进行比对与匹配。如果匹配的结果是检索标识与标引标识相同，或部分相同，那么就表明包含有该标识的文献信息与用户提问相符合，该文献信息记录被作为检索命中记录而进行检索输出；如果检索提问标识与标引标识不相同，则表明没有相应的信息可被检索。

需要说明的是，在计算机检索中，以上两种标识的比较、匹配过程是由计算机自动完成的，每次匹配过程中，检索用户都不能随意修改检索策略，只能在完成一次检索过程后进行检索策略和检索对象的调整，再进行第二次检索。而手工检索过程中，用户可以随时对检索提问标识、检索对象、所检索到的信息内容进行审核、判别、转换，以求得检索效果的最大化。其一般原理如图 2-4 所示。

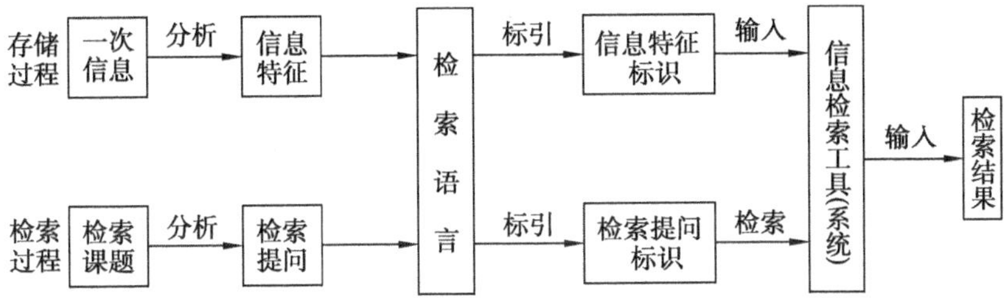

图 2-4　信息检索的一般原理

以《新华字典》为例说明检索的基本原理。《新华字典》首先由编辑人员收集汉字及其注音、释义和用法，将它们一一记录下来（记录的结果称为款目），然后按照汉语拼音为序编成字典的正文。为方便使用，又以部首笔画为序，排成检字表（又称为部首笔画索引），这个过程称为字典的编辑过程。使用字典时，直接在正文中以拼音顺序，或者利用检字索引，以偏旁部首顺序查找所需的汉字及释义，这个过程称为字典的查找过程。《新华字典》的这两个索引顺序，既是编辑汉字的依据，又是查找汉字的依据（这种依据称为检索标识，又称检索语言）。

因此，简单地说，文献信息检索的一般原理是信息存储和检索两个过程通过检索语言的匹配而达到查找所需信息的目的。在信息存储过程中，信息处理人员广泛收集信息，分别记录（或著录）信息的内外表特征，按照检索标识整理标引信息，最终形成检索系统。在检索过程中，信息检索人员要使用同样的检索标识从检索系统中查获所需要的信息。信息检索过程的实质是将检索提问标识与存储在检索工具中的标引标识进行比较，含有两者一致的信息或信息标引标识包含检索提问标识的信息就是检索命中的信息。

2.2.3　文献信息检索类型

1. 按检索内容划分

按信息检索的内容或对象，信息检索可分为文献检索、事实检索、概念检索和数据检索。

文献检索是以文献为检索对象，包括查找某一主题、某一作者、某一文种或某一段时期的文献。文献检索一般不直接回答用户所提技术问题的本身，只是核实已知文献的不确切项目。例如，检索“某大学某教授 2010—2014 年在各类期刊上发表的所有论文”就属于文献检索。文献检索可利用手工检索工具、电子期刊、电子图书、全文数据库（如中国学术期刊全文数据库、中文科技期刊全文数据库、PQDD 博硕士学位论文全文数据库）或文摘索引数据库（如 SCI，EI）等。

事实检索是以特定的确定事实为检索对象，事实内容又可大致分为科学事实和社会事实。例如，检索“什么是超导现象”“美国的第四任总统是谁”“五四爱国运动的起因、经过和结果”就属于事实检索。事实检索可利用各种三次文献(如百科全书、年鉴、手册、名录)、事实数据库(如 Gale、中国资讯行数据库、人类生物基因组数据库、中国企业与产品数据库)或搜索引擎等。

概念检索就是查找特定概念的含义、作用、原理或使用范围等解释性内容或说明。如检索“知识网格”的概念。概念检索可利用各类词典、辞典、百科全书、术语数据库或全文数据库。

数据检索是以数据为检索对象。如查找统计数据、数学公式、数据图表、材料的成分、化学物质的分子式等,是一种确定性检索。例如,检索“猫的图片”“某高温合金的成分”就属于数据检索。数据检索可利用各种年鉴、手册、图谱、表谱、参考数据库或搜索引擎。

实际上,由于相当多的事实、概念、数据寓于文献之中,而且事实检索、数据检索、概念检索在检索的原理、方法和实践中同文献检索并无太大差别,故通常以文献检索予以概括。

2. 按检索方式划分

按照检索方式,信息检索分为手工检索、机械检索和计算机检索。

手工检索是一种最为传统的检索方式,机械检索是过渡型检索方式,计算机检索则是一种现代化的检索方式。机械检索具有过渡性质,在计算机检索出现以后,已经逐渐被替代。因此,在此只将手工检索与计算机检索这两种检索方式加以比较。

手工检索的主要特点是依赖于检索者的经验和判断,检索途径比较少,检索速度慢;而计算机检索的主要特点是依靠数据库相关技术,检索途径多,检索速度相比手工检索大大提高。

手工检索与计算机检索的比较如表 2-2 所示。

表 2-2 手工检索与计算机检索比较

项目	手工检索	计算机检索
总体特征	手翻、眼看、大脑判断	策略、查寻、机器匹配
标引及索引特点	检索点较少	检索点较多
检索速度	较慢	非常快
检索要求	专业知识、外语知识、检索工具知识	专业知识、外语知识、机检系统知识
查全查准率	查准率较高	查全率较高
综合效率	较低	较高

2.2.4 检索课题分析

在正式检索之前,对检索课题进行认真、细致、全面地分析,可以起到事半功倍的效果。课题分析可以从以下几个方面着手:

1. 明确课题的学科范围

有的课题仅局限在一个学科，例如，查找近 6 年来大学英语四级考试的模拟题，仅限制在英语这个学科即可，有的课题则可能同时涉及多个学科，例如，查找“科学发展观对农业发展的影响”方面的文献，涉及政治理论、农业两个学科。

2. 选取主题词

从待检索课题中选取若干个主题词或关键词。选取主题词需重视对隐性主题的挖掘。隐性主题是相对显性主题而言的，是指那些部分或全部主题因素在文献（或检索提问）中字面表征不明确或者没有直接的表述形式，需要通过深入的概念分析才能挖掘出来的主题概念或某一复杂概念的组合因素。从标引者的角度讲，如果不挖掘隐性主题，则不能完全揭示文献的内容，造成漏标；从检索者的角度讲，检索者若不去深究隐性主题，则可能造成检索结果不准或不全。

挖掘隐性主题的主要方法有上位类扩展法（即显性概念的上位类概念）和内涵分析法。同时，也应注意同义词、多义词的使用。例如，检索与“企业员工绩效评估”这一课题相关的文献，若单从显性主题上看，可分解为“企业”“员工”“绩效评估”。仔细分析这一主题，可以发现，对企业员工的管理属于“人力资源管理”这一概念的范畴，因此，“人力资源管理”即为隐性主题；而“绩效评估”的内容不仅包含对员工工作成绩（或业绩）的评估，还包含对员工工作能力的评估，因此，“工作能力评估”也为隐性主题；同时，“绩效评估”又是绩效管理体系的一个部分，因此，“绩效管理”也为隐性主题。

3. 根据课题需要，选择检索方式

检索方式分为手工检索和计算机检索两种。人文社科的课题检索一定不能忽视手工检索，尤其是文史哲类的学科。因为计算机检索系统一般都有最早回溯时间，而印刷型的检索工具则可能超越时间限制。

4. 明确所需信息的类型

分析所需信息是一次文献、二次文献还是三次文献；在图书、期刊、学位论文、会议论文、科技报告等信息源中究竟需要哪种；从载体上看，是需要印刷型还是数字型文献资源。另外，还要考虑是需要全文还是文摘。

课题分析是信息检索的第一步，也是至关重要的一步。因此，在检索时一定要充分重视课题分析。

2.2.5 文献检索效果评价

从以上内容的阐述与分析来看，建立在检索原理基础上的信息检索一定会存在检索得到的结果与用户需求信息间的差异，产生检索效率不能最优化的问题。所谓检索效果就是利用检索系统检索时，最终所获得的有效结果与有效程度。对检索效果的评价可以评判系统的检索性能及提示检索者可能需要注意的问题，以使用户在未来的检索活动中改进检索策略，变换检索提问等。用户在进行实际的信息检索时，检索者总是希望将检索系统中与需求相关的信息和记录全面地检索出来，以获得最好的效果。但这种检索效果并不能轻易判断，而是需要依据一些评价指标，对实施信息检索活动所取得的结果进行客观科学的评价，此时方能对检索行为进行必要调整，以进一步完善检索工作，提高检索水准。

信息检索的评价指标有许多种，有些指标在实际检索过程中容易得到，并用来评价检索效果。有些指标仅在理论上有意义，实际的评判中却很难得到，也就不能最后用来评判检索效果，或者仅用来作为检索效果评判的估计值。

信息检索领域中常用的评价指标有：查全率、查准率、漏检率、误检率等。

1. 查全率

在检索系统中具有一定量的信息记录，这些记录构成信息检索系统的集合体。其中对应每次检索需求，在系统中一定有确定的量且与信息需求吻合的相关信息存在。那么，每次检索得到的相关信息数量与系统中存在的相关信息总数量之比就是“查全率”。

$$查全率(R)=\frac{检出相关信息量}{系统内所有相关信息量}\times 100\%$$

2. 查准率

每次信息检索，如果有信息输出，说明检索有结果。但此处的结果不一定全部满足用户需求，可能会有一些无用信息同时输出。那么，检索出与信息需求相关的信息数量与本次检索输出信息总量之比就是“查准率”。

$$查准率(P)=\frac{检出相关信息量}{检出信息总量}\times 100\%$$

3. 漏检率

“查全率”的补数为“漏检率”。即检索系统中原有存在的且与信息需求相关的信息总量减去检索输出与需求相关的信息数量，与检索系统中原有存在的且与信息需求相关的信息总量之比。

$$漏检率=1-查全率$$

4. 误检率

“查准率”的补数为“误检率”。即检索输出与信息需求无关的信息量（检索输出的信息总量减去输出的且与信息需求相关的信息量），与检索出和信息需求相关的信息数量之比。

$$误检率=1-查准率$$

在信息检索系统中，每次信息检索，就可以将系统中所有的信息记录量分成四个集合部分（A，B，C，D），每一集合部分都代表不同信息记录（如图 2-5 所示）。

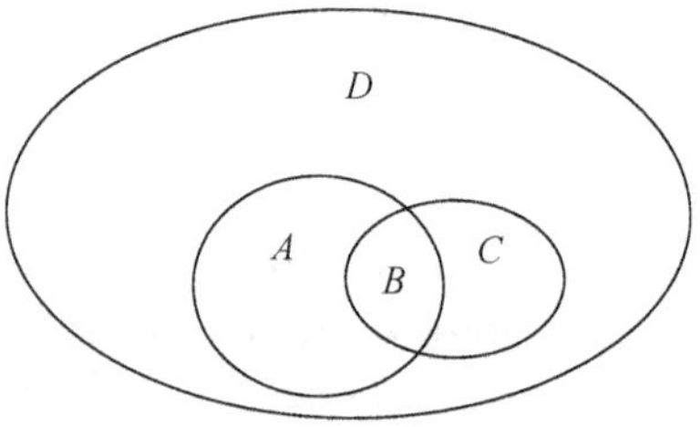

图 2-5　检索系统对应检索的信息分布集合图

其中 A 代表在系统中存在着且能满足信息检索需求的相关信息总量；B 代表本次检索输出的且与需求相关的信息数量，$B = A \cap C$，即合理命中的信息量；C 代表本次检索输出信息量；D 代表检索系统中所有信息的总量。

那么，查全率、查准率、漏检率、误检率的计算公式分别表示如下：

$$查全率 = B/A \times 100\% = (A \cap C)/A \times 100\%$$

$$查准率 = B/C \times 100\% = (A \cap C)/C \times 100\%$$

$$漏检率 = 1 - 查全率$$

$$误检率 = 1 - 查准率$$

例如，在某次信息检索中，共检索出信息记录 100 条，其中与需求相关的信息为 60 条，其余 40 条为不需要的信息，那么本次检索的查准率为（60/100）×100%，即 60% 的查准率。假如检索系统中还有 60 条与需求相关的记录，但因各种原因未被检索出，那么查全率为 60/（60 + 60）×100%，即 50% 的查全率。同理，得到漏检率 = 1 − 查全率 = 1 − 50%，而误检率 = 1 − 查准率 = 1 − 60%。对此次检索的最终评价是：符合信息需求的信息检出率达到了 50%，还有 50% 的相关信息未能被检索出。而对本次检索而言，本次所检索出来的信息量有 60% 达到需求，不符合需求的信息检出率为 40%。

2.3 社科工具书概述

按照图书的编制特点和人们的使用习惯，大体可以把图书分为两类：一类是供人们获取知识或欣赏品读而细细阅读之用；另一类是为了解疑释难或查考特定的资料才去翻阅的。通常把前者称为普通图书，把后者称为工具书。其中，人文社科工具书是人文社科学习者、工作者书山探路的向导、学海泛舟的指南。其主要功用有：帮助指示读书门径，提供文献线索，了解文献内容，检索参考资料，查找语词释义，掌握学术信息，获取各科知识等。古人云“工欲善其事，必先利其器”，说的就是善于利用工具是做事成功的关键。我们从事学习、工作、科研活动，如果善于利用工具书，必会大有裨益。因此，工具书也有“案头顾问”“不说话的老师”“良师益友”之美称。

传统的工具书一般是以印刷方式出版的。而随着计算机技术、网络技术的发展，现在的检索工具已经不限于印刷型的工具书，还包括许多电子型工具书和网络数据库等。

2.3.1 社科工具书种类

1. 印刷型工具书

印刷型工具书是根据一定的社会需要，系统地汇集相关的资料，以特定的结构和便于检索的方法进行编排，为读者提供某方面的基本知识或资料线索，专供查阅和检索的工具性图书。

（1）印刷型工具书的特点

① 信息密度大

工具书的知识密度要比普通图书大。每一种工具书都是根据一定需要，汇集某个领域或多个领域的完整信息资料，在搜集大量普通图书（文献）的基础上，经过提炼、浓缩而形成的信息密集型文献。随着计算机等现代技术在工具书编制过程中的应用，工具书的信息密度将不断增大。

② 资料性强

工具书向读者提供了大量的第一手资料及查找资料的线索。工具书的内容是经过筛选和条理化了的信息源，各种工具书的编制都要求广采博收、论述精炼、出处详明，为人们提供尽可能准确的知识资料或文献信息。

③ 检索效率高

工具书非常讲究科学的编排形式和便捷的检索方法，以便方便快捷地向读者提供所需信息。另外，很多工具书都注意配备各种辅助索引，为读者提供多种检索途径。

④ 查考频繁

工具书的编纂目的主要是供读者临事查考、释疑解难，它是一个个相对独立的知识信息的组合，不受时空限制。许多工具书还附录了数量不等的备检资料，可为有不同需求的读者提供查考。

（2）印刷型工具书的类型

按内容分，有综合性工具书和专科性工具书；按文种分，有中文工具书和外文工具书；按照编排体例和使用功能分，则有字典、词典、类书、政书、百科全书、书目、索引、文摘、年鉴、手册、名录、表谱、图录等。

① 字典、词典

字典：汇集单字，解释字的音、形、义及其用法的工具书。

词典：解释词语的概念、意义及其用法的工具书。

我国古代字典、词典的编纂分三大类：一是以汉代《尔雅》为代表，按照字、词的内容编排；二是以东汉许慎的《说文解字》为代表，按照字、词的形体结构编排；三是以宋代官修的《广韵》为代表，以音韵为主编排。

现代的字典、词典种类很多，尤其是词典，一般可将其分为语词性词典、百科性词典和专科性、专门性的词典等。

② 类书

类书是辑录古书中的史实典故、名物制度、诗赋文章、丽辞骈语等资料，按类或韵编排，供人们征引和查检的工具书。

③ 政书

政书是专门记载典章制度的工具书。它广泛收集历代或某一朝代政治、经济、军事、文化制度方面的史料，系统地叙述各种制度的沿革，为今天的人们了解古代的天文、地理、自然现象的变化，以及查考古今图书的聚散、学术源流的演化，还有礼、乐、兵、刑、赋税、选举制度等提供资料信息。古代的政书主要有两种类型：一是通记历代典章制度及史实，以《十通》为代表；二是只记一代典制和史实，以历代会要、会典为代表。

④ 百科全书

百科全书是荟萃人类一切门类知识或某一类知识的完备的工具书。现代百科全书的奠基人狄德罗说：百科全书旨在收集天下学问，举其概要，陈于世人面前，并传之后世。人们往往称百科全书是“没有围墙的大学”“精简的图书馆”“工具书之王”，是人们学习和工作中必备的工具书之一。

⑤ 书目

书目即图书目录的简称。它是将图书款目按照一定顺序编排而成的一种文献报道性质的检索工具。它揭示和报道文献的外形特征和内容梗概，为读者提供检索服务。书目的类型繁多，主要有：官修书目、史志书目、私撰书目、版本书目、国家书目、专题书目、个人著述书目、地方文献书目、馆藏书目、联合书目、推荐书目、机读书目、书目之书目、回溯书目、综合书目、现行书目、导读书目等。

⑥ 索引

索引是将书刊资料中的各种事物名称（如字、词、句、人名、地名、篇名、书名或主题等）分别摘录，按照一定的检索方法编排起来，并注明出处的工具书。

索引在古代还有其他称谓，如“引得”“通检”“备检”“韵编”“韵”“略”“录”“针线”“玉键”等。

⑦ 文摘

文摘是摘录文献的主要观点、主要内容和原始数据等汇编而成，以向读者报道最新研究成果和查询文献线索的检索工具。它有期刊、书籍、卡片等不同形式。

⑧ 年鉴

年鉴是系统汇集一年内重大事件、重要文献及统计资料，概述上一年度各学科的新知识、新资料、新进展等，逐年编辑连续出版的工具书。有综合性年鉴，也有专科性年鉴；有国家年鉴，也有地方性年鉴等。年报也是年鉴。

⑨ 手册

手册是汇集经常需要参考的文献、资料或专业知识的工具书。手册内容丰富多彩，形式多种多样，还有“指南”“遍览”“要览”“宝鉴”“必备大全”等别称。

⑩ 名录

名录是提供人名，地名，机关、企业、事业单位名称等简要资料的工具书。机构名录有时也称“一览”“概览”“指南”“简介”等。

⑪ 表谱

表谱是采用表格、图表、谱系形式编写的指示时间概念或谱列历史事实的工具书，多按时间顺序编排。

⑫ 图录

图录是用图形来揭示事物的工具书，包括地图、历史图谱、文物图谱、人物图录、艺术图录、科技图谱等。许多历史图谱和文物图谱是复杂历史现象的生动再现，是任何文字资料都不能替代的珍贵资料。

（3）印刷型工具书的结构

由于工具书是供读者检索信息资料用的，因此其编制结构也自有其独特的规律性。了解和熟悉工具书的结构，对于使用工具书十分有利。

工具书一般由前言、凡例、目次、正文、辅助索引和附录6部分组成。

① 前言

前言通常置于工具书的最前面，开宗明义地阐述该工具书的性质、读者对象、作用，以及收录的资料范围等。

② 凡例

凡例位于前言之后，也称作“例言”“出版说明”。主要是介绍工具书的编排方法、使用方法、所收内容、时限、符号标识、使用对象，以及其他需要向读者交代的问题等。一般都有简短的举例，帮助读者了解其编排信息，便于使用。也有些工具书将前言和凡例合编在一起，称为“说明”或“出版说明”。

③ 目次

目次列在凡例之后。工具书的目次名称不少，但主要是以分类和主题字顺体系编排的类目表（分类目次）、词目表（主题指南）等。目次的作用是提供查阅正文的检索途径。根据目次，可以了解工具书的框架结构及大致内容。目次的编排体例和编制质量是评判工具书优劣的重要标志。

④ 正文

正文一般是按目次的分类主题、时间、地域等排列，在每一类目主题或时间下，再按篇目或条目排列。通常自前至后都用连续的号码编排，如文摘号、题录号、条目号等。

⑤ 辅助索引

辅助索引排在正文之后，一般有主题分类索引、关键词索引、书名索引、著者索引、年代索引、地名索引、各种序号（报告号、标准号、专利号等）索引等。辅助索引是对工具书正文的补充，是帮助读者迅速查阅工具书正文的重要检索途径。

⑥ 附录

附录附在工具书之后，是工具书正文之外的附加内容。其作用是扩大工具书的查考功能，往往以缩略语表、简表、评述等形式出现，介绍与本工具书有关的知识性资料。

2. 电子工具书

如同传统纸质工具书一样，电子工具书也可按内容和用途的不同划分为电子参考工具书和电子检索工具书。电子参考工具书直接向用户提供所要查找的资料，而电子检索工具书只提供查找信息的线索，用户需要根据这些线索再去查找原始文献。电子参考工具书包括以数字信息存在的字典、词典、类书、政书、百科全书、年鉴、手册、地图、表谱、名录、图录、资料汇编等。电子检索工具书包括以数字信息存在的书目、索引及文摘等。

按照生成环境的不同，电子工具书可分为两大类。一类是再生性的电子工具书。这类工具书是由传统的纸质工具书经数字化加工后形成的。1999年，《中国大百科全书》(图文数据光盘版)的出版标志着我国大型工具书开始走向现代化。这一类电子工具书以传统纸质工具书为蓝本制作而成，具有较高的权威性。另一类是原生性的电子工具书。这类工具书直接在计算机环境中生成，形成伊始就是数字信息，并可通过计算机网络传播。例如，维基百科(Wikipedia)就是由全世界的网络志愿者们基于维基技术共同编写的一部网络百科全书。

电子工具书先后经历了两个发展阶段。首先是数字化发展阶段，即通过扫描或电子录入等手段将传统纸质工具书转换成数字信息。这一阶段的电子工具书多以磁带、磁盘、光盘等形式供人们利用。接着是网络化发展阶段，即将原生性脱机保存的电子工具书或经数字化加工后形成的再生性电子工具书，发布到计算机网络上，供人们利用。1994年，在西方国家享有盛誉且具有200多年编辑出版历史的《不列颠百科全书》(Encyclopedia Britannica，简称EB)正式发布上网，成为全球电子工具书网络化的先驱。目前，许多国家都把具有本国传统的工具书电子化、网络化。例如，《中国大百科全书》继光盘版之后，发布了网络测试版。2004年11月，顺应网络化发展需求，首届"工具书电子化网络化应用与发展论坛"在北京举行，这标志着我国工具书电子化、网络化进程迈上了一个新台阶。

与传统纸质工具书相比，电子工具书具有无可比拟的优越性。尤其当电子工具书发展到网络工具书阶段以后，它的优越性更是显而易见。与传统纸质工具书相比，电子工具书大致有如下特点：

(1) 出版周期短，更新速度快

电子工具书作为数字信息，人们可以很便捷地进行各种加工处理，还能通过网络迅速地传播，所以它的出版周期短，发行速度快。例如，电子版的《全国报刊索引》就比纸质版更早与读者见面，而传统的纸质工具书必须要等到正式出版发行后，才能与读者见面。电子工具书的更新速度很快，修改后的电子工具书可以随时被上传到网上供人们使用。一般的网络工具书可以按季度、按月、按周甚至按天、按小时更新，而传统的纸质工具书一旦出版，若要更新其内容，一般要几年甚至十几年以后才会进行再版修订。

(2) 体积小，价格低

电子工具书作为数字信息，它的存储密度大，体积小，能节约存储空间。例如，在清代，需要一座藏书楼存放共计7.9万余卷的巨著《四库全书》，现在，将其刻录成光盘,结果只需150张,一个抽屉就能放得下。电子工具书的价格一般比纸质工具书便宜得多。例如,《不列颠百科全书》的印刷版价格为1500美元,而其网络版一年的费用只有85美元,并且任何读者都可以申请14天的免费试用期限。

(3) 形式多样,内容丰富

电子工具书不仅可以向读者提供文本信息,而且可以提供图形、图像、音频、视频、超文本甚至多媒体信息,形象生动,内容丰富。例如,利用“金山词霸”查找某个字时,点击该字读音旁边的小喇叭图标,就能听到该字如何发音。又如,利用《21世纪多媒体英汉辞典》查询某种乐器时,它既显示该乐器的名称、拼法、读法及相关知识的解释,还会播放一段用该乐器演奏的美妙乐曲。一些网络工具书利用超链接功能,将其内容与互联网上的相关资源联系在一起,使人们获取更多的相关信息。

(4) 检索途径多,检索功能强

电子工具书的检索途径很多,除进行单一途径的基本检索外,还可以进行多途径的组配检索。例如,进行电子书目检索时,可以将书名、作者名、出版机构名、出版年代、主题词等几个单一的检索途径组合起来进行高级检索,以此提高查准率。电子工具书还具有多种检索方式。它可以采取前方一致的检索方式,即检索词出现在检索结果的最前方;也可采取模糊检索方式,即检索词出现在检索结果的任意位置。另外,纸质工具书虽然有众多的编纂方法,但是具体到每一种工具书,因受线性排列及其篇幅的限制,检索途径和方法也就两三种而已,显然远不及电子工具书。

(5) 资源共享,利用率高

电子工具书极易复制,且复制成本很低。若要同时满足多个用户对同一种工具书的需求,只需将该电子工具书复制多份即可。而对于纸质工具书,除了增加复本的采购量外,只能让用户顺次利用。当电子工具书发展到网络工具书阶段以后,人们可以不受时空的限制,通过一台联网的计算机,足不出户就能随时利用各种电子工具书。而纸质工具书显然无法做到这一点,人们必须亲自到图书馆或其他信息服务机构办理借阅手续才能利用到它们。显然,电子工具书的应用有利于资源共享,提高资源的利用率。

2.3.2 工具书检索方法

1. 常用印刷型工具书检索

(1) 查常用字

汉字总计6万多个,现代书刊上常用的不过三四千字。解决常用字的读音、写法、释义等问题可以利用以下工具书。

①《新华字典》,著名语言学家魏建功担任主编,人民教育出版社出版。1953年出第一版,至2011年7月已修订发行《新华字典》第十一版,迄今已发行4.5亿万册,创造了世界辞书发行史上的纪录。它不仅印数大,使用频率也很高。这是中国

第一本用白话文注释、用白话文作例句的白话文辞典，其突出特点是：收字规范，定音准确，释义条理分明。

②《实用汉字字典》，上海辞书出版社1985年编辑出版，收单字16730个，以《辞海》（1979年版）所收单字为基础扩编而成，供一般查考汉字音义之用。

③《同音字典》，中国大辞典编纂处编，商务印书馆1956年初版。全书收单字1万左右，语词3万余条。所收条目以现代常用字词为主，兼收部分古汉语词汇，按注音字母编排。

除上述字典外，还有《容易写错的字》《容易读错的字》《汉字正字小字汇》等也是掌握常用汉字形、音、义的辅导工具书。

（2）查生僻字、古文字、汉字形体演变

①《汉语大字典》，徐中舒主编，四川、湖北两省的辞书出版社出版，全8卷。这是我国规模最大的一部字典。由湖北、四川两省数百名专家、教授和专业工作者集体编写而成，收汉字约56000多个。其规模之大是当今世界上任何一部汉语字典都无法比拟的。它以解释汉字的形、音、义为主要任务，以汉字为中心，纵贯古今，源流并重，对每一个汉字的形、音、义都做了历史的、全面的考察。它不仅收字最多，而且字形多样，注音详尽，释义详备，是解释汉字最具权威性的大型辞书，并且检索方便。

②《中华大字典》，徐元诰、欧阳溥存等编，中华书局1915年初版，1978年重印。它以《康熙字典》为基础，校正了《康熙字典》已发现的错误，增收单字约1000个，词义解释更为详尽，在编排体例上也做了改进。

③《实用大字典》，中华书局编辑部1983年编辑出版。本书节选了《中华大字典》的切实适用部分，并酌收一些单词和常见的非古典性词汇。

④《康熙字典》，清·张玉书、陈廷敬等奉敕编纂。清代是我国辞书编纂史上的成熟期，标志着辞书编纂成熟的著名辞书就是《康熙字典》，这是我国第一部以字典命名的辞书。《康熙字典》值得称道之处，首先是它收字规模大，这是以前任何辞书都无法比拟的。其次，《康熙字典》以《说文解字》为依据，分析汉字的结构。凡是《说文解字》收录的汉字，都引证原书。第三，注重注音。注音详引《唐韵》《广韵》《集韵》《正韵》等韵书的反切，而且还标有直音。第四，释义比较完备，所收义项之多在汉语辞书中是空前的。除注重古代文献的义项外，还收录不少中古以后的词义，并注意收录当时刚刚出现的词义。第五，注重词义辨析，而且比较精当。第六，征引文献资料详尽并注明出处，便于核对。

⑤《说文解字》，东汉·许慎编著，是我国最早的字典。许慎在这部字典中自创部首编排法，此后2000多年来，汉语辞书的编排都使用此法。其次，首创“六书”说。《说文解字》按字形特点解说字义，将汉字分成6种结构形式：象形、指事、会意、形声、转注、假借。尽管限于当时的历史条件，他对一些字义的解释还不够完善，但该字典对后世辞书的影响是十分深远的。清桂馥《说文解字义证》、段玉裁《说文解字注》、王筠《说文释例》《说文句读》和朱骏声《说文通训定声》为《说文解字》延伸工

具书。

⑥《经籍纂诂》，清·阮元主编。以释词为宗旨，从唐以前的古书、古注及古代字书中搜集资料并加以汇总，收词13000多个，按平水韵编排，每字下分义项解释意义，并用“圈点”加以分割，汇集资料不避重复，其中包括大量的假借义。这部辞书收集的训诂资料成为后代辞书编写的重要根据。

⑦《甲骨文编》，中国社会科学院考古研究所编，中华书局1965年版。全书收甲骨文4672个，是一部较完备的甲骨文字典。所收单字均编号排列，便于检索和引用。书后附有楷体笔画索引。

⑧《金文编》，容庚编，科学出版社1959年增订版。这是一部较完备的金文字典，根据历代出土的商周青铜器中的三千多件铭文，整理收录了18000余字。

⑨《金石大字典》，汪仁寿编，天津古籍书店1982年影印，收金石各体文字。每个字都按照原字的大小摹写，并注明出处。

⑩《广韵》，宋·陈彭年等编，我国现存最早的一部古代韵书，据唐代《切韵》增订而成。全书分206韵，收字26194个。每个字先释义，后注音。同音字集中在一起，组成一组，读音分别加注。字有异体的则附于本字之下。本书保存了中古汉语的语音文字资料，是研究汉语语音发展史的重要工具书。《佩文韵府》是《广韵》之后集大成之书。

（3）查古今语文词汇

① 查现代汉语词汇

《汉语大词典》，罗竹风主编，由上海、山东、江苏、安徽、浙江、福建等省的有关专家、学者共同编写，上海辞书出版社1990年出齐，共12卷，另有一卷索引。收单字22000个，词语35万余条，总字数5000万字，是我国有史以来最大的汉语词典，也是我国改革开放以来出现的一部颇具代表性的大型工具书，是一部集古今汉语词汇之大成的语文词典，在我国辞书发展史上具有重要地位。它释义义项齐全，书证丰富，而且特别注意吸收学术研究的最新成果。书证引文从上古文献一直到当代作家作品，这是许多以释词为主的辞书无法做到的。

《现代汉语词典》，是一部以推广普通话为己任的中型词典，也是目前编纂最好、流行最广的家庭必备工具书。中国社会科学院语言研究所词典编辑室1959年完成初稿，1960年出试印本。经过反复修订，1978年出第1版，收字、词、熟语、成语等5.6万余条，1983年出第2版，1996年出修订第3版。修订后的《现代汉语词典》共收字词6万余条。试印本阶段的主编是吕叔湘，试用阶段的主编是丁声树，两位都是著名语言学家。这部词典问世以来，在推广普通话、促进汉语规范化和汉语教学方面起到了重要作用。1993年获中国社会科学院优秀科研成果奖和第一届国家图书奖。

《辞海》，是最具权威的百科辞典。原由陆费逵、舒新城、张相等主编，1936年中华书局出版。它是20世纪初《辞源》问世后第二部大型综合性词典。经过修订，在新中国成立30周年、40周年之际，由上海辞书出版社分别出版了《辞海》1979年版和1989年版。这两版《辞海》各有三卷本、缩印本、增补本和按学科缩印的分册。其中三卷本和缩印本累计发行500万部。1993年，《辞海》获首届国家图书奖最高奖。1999年、2009年又先后对《辞海》条目进行两次大的修订，总字数约2200万字，新增收了“三个代表”重要思想及其学说条目；突破只收古代汉语的陈规惯例；新增了新中国成立后的文字作品；对汉字字形、注音、异形词规范、数字用法、量和单位、科技名词等均按国家统一规定处理。新版《辞海》可以适应各种层次读者的检索需求，已切切实实成为一所“没有围墙的大学”。

《同义词词林》，梅家驹等编纂，上海辞书出版社1983年出版。本书以现代汉语一般语词为主，兼收词素、方言词、古语词、专科词。以同义词为主，兼收同类词、近义词，是新中国成立以来第一部同义词专业词典，因此很受读者喜爱。

② 查古代汉语词汇

《辞源(修订本)》全4册，由国家统一规划，河南、湖南、广东、广西等省联合修订，1979—1983年由商务印书馆陆续出版。《辞源》以词语为主，兼收百科，共收单字12890个，复词84134条，合计97024条。所收词语止于1840年鸦片战争。书中单字沿用旧《辞源》的214部排列，复词按字数和笔画数编排，单字下注汉语拼音和注音字母，并加注《广韵》的反切，标出声纽。释义力求简明确切，并注意语词的来源和语词在使用过程中的发展演变。《辞源》为解决古籍阅读时遇到的疑难问题提供了参考。

《辞通》，朱起凤编，上海古籍出版社1982年版，全2册。这是一部专门解释双音词通假字的辞书，它用同音通假义与通用的训诂学原则来处理同词异形的语言文字现象，其中尤重连语、联绵词，可以说是一部联绵词词典。全书收古籍中双音词约4万条，按平水韵排列，书后有四角号码索引和笔画索引。

《联绵字典》，符定一编，商务印书馆1943年初版，全书11册，末册为索引。收双音词汇2万余条，按部首编排。每词先注反切，再分项释义，并引古书及注疏为证，例证均注出详细出处。

《中文大辞典》，我国台湾按照编纂《百科全书》计划出版的第一部，共收单字49905个，词语3711231条，总计5000万字。本书重视汉字形、音、义的流变，释词引证也很广泛。

《大汉和辞典》，日本诸桥辙次主编，大修馆书店1955—1960年版。本书是一部大型汉日词典，虽用日文解释，但引证的资料主要出自我国古籍，懂日语的读者可作为参考性汉语词典使用。全书共收单字48960个，词语526500条。

《尔雅》，晋·郭璞注，中华书局1983年出版《十三经注疏》影印本，全书19篇。《尔雅》是我国最早的百科词典，是我国第一部训诂书。首三篇释诂、释言、释训所收为一般词语，将古书中的同义词分别归并，每一条用通用词作解释；释亲、释宫、释器以下各篇是关于各种名物的解释。《尔雅》的价值极高：第一，它保留了许多重要的社会发展史料。比如《释亲》篇明确记载了血亲关系序列，反映了人类进入父系社会后，血亲关系实际上是财产和权利的分配关系。第二，《尔雅》保留了许多字的古义。第三，《尔雅》保留了许多古地理、古动植物的宝贵资料，为我们研究上古地理和生物发展史提供了文字资料。第四，《尔雅》是一部生活百科全书，后人称赞它有别物的作用。第五，《尔雅》问世以来，是各种大型辞书引用书证最多的一部儒家经典。

③ 查虚词

《现代汉语虚词例释》，北京大学中文系汉语专业编，商务印书馆 1982 年版。本书收录现代汉语中的副词、介词、连词、助词、语气词等虚词 790 条，按汉语拼音顺序排列，每条均注明读音和词类，同时举例说明用法。

《词诠》，杨树达著，商务印书馆 1928 年版，中华书局 1965 年重印。该书收录古书中常见的介词、连词、助词、叹词和部分代词、动词、副词等 469 条，是一部收词比较全面的文言虚词词典。该书按注音字母顺序排列。

《文言虚词》，杨伯俊著，中华书局 1965 年版。收文言虚词 100 多个，按笔画排列，例证引自常见古书，文言例句后附译文。

《文言虚字》，吕叔湘著，上海教育出版社 1978 年重印。它是一部解释文言文中虚字用法的普及读物，主要供初学者使用。收常用文言虚字 20 多个，每字解说较详，全书 12 篇，每篇后附练习题。

《助字辨略》，清·刘淇著，章锡琛校注，中华书局 1983 年重印本。《助字辨略》收录从先秦至元代的经、史、子、集及诗词、俗语中的助词（虚词）476 个，分 30 类，广引资料，加以辨析解释，对后来虚词词典的编纂有很大影响，是研究汉语虚字的一部重要著作。

《经传释词》，清嘉庆年间著名学者王引之编，中华书局 1956 年版。本书收周秦、西汉古籍的虚字 167 个，其引证材料丰富，见解精辟，成就高于《助字辨略》。这是清代虚词研究的代表作，因为其取材范围以经传为主，兼及他书，故名《经传释词》。与《助字辨略》比，它的解说和例证都更为详备，标志着虚词词典在清代的发展。

④ 查方言俗语

《方言》，西汉·扬雄编著，晋郭璞注。今本 13 卷，全名《𬨎轩使者绝代语释别国方言》，是作者对在都城的各地孝廉和士兵作调查记录的方言加以整理而成。体例仿《尔雅》，每条先列同义词，再以常用词解释。这是我国历史上第一部具有方言词典性质的汉语方言词汇集，在世界方言研究史上也占有重要地位。所收都是古代不同地区的方言词汇，还有一些少数民族的语言。采用“通训法”，以通语释方言、以今语释古语，最后说明它们的通行情况。

《汉语方言词汇》，北京大学中国语言文学教研室编，文字改革出版社 1964 年版。本书是一本汉语方言词汇比较汇编，收词 905 条。条目以普通话为准，下列各方言点的对应词语。前有各方言点的声韵系统表和分类词目，书后有音序词目索引，可作为方言词典使用。

《俗语典》，胡朴安、胡怀琛编，上海书店 1983 年影印版。收录古今俗语 7000 余条，每条注明出处，不加解释。

《中国谚语总汇》，中国民间文艺出版社出版。本书在《中国谚语资料》的基础上加以补充、修订，重新编印。按民族分编，大体是一个民族一编。

⑤ 查外语词汇

《新英汉词典(增补本)》，本词典编写组编，上海译文出版社 1986 年新 1 版增补本。本书是我国英汉词典中发行量最大的一种，全书收词 8 万余条，词目内容详细得当，且积极搜寻对应的汉语语词，因此很适合我国读者使用。

《英华大词典》，郑易里等修订第二版，商务印书馆 1984 年版。特点是收词范围广、内容新，共收词 12 万条以上，约 600 多万字，是我国目前最好的英汉词典之一。

《新日汉辞典》，大连外国语学院《新日汉辞典》编写组编，辽宁人民出版社 1981 年版。本书收词约 7 万余条，包括基本词汇、一般词汇、外来语、派生词、日本人日常生活用语等，是我国目前收词最多的一本日汉辞典。

《大俄汉词典》，黑龙江大学俄语系词典编辑室编，商务印书馆 1985 年版。收词 15.7 万条，书后附有多种附录。

《法汉词典》，本词典编写组编，上海译文出版社 1979 年版。收词目 6.2 万余条，包括法语中的基本词汇、一般词汇、常用外来语、缩写词和各个学科中的基本术语、地名派生词、人名派生词和重要的民族名词等。附录有“动词变位表”“法语姓名表”等 13 种。

《德汉词典》，本书编写组编，上海译文出版社 1983 年版。全书收词 8.5 万余条，释义与用法并重。另收有较多的科技词汇，共约 1.8 万余条。书后附有“人名和姓氏”“地理名称”等。

《意汉词典》，北京外国语学院《意汉词典》编写组编，商务印书馆 1985 年版，共收词条 5 万余条。

(4) 查古籍图书

古籍是指辛亥革命以前的著作，以及后人经过整理而成的各种本子，如汇编本、丛书本、笺注本、校释本、辑佚本、点校本、选注本等。现存古籍的数量大约有 10 万种。

要考查古籍的存佚、内容得失、作者生平、版本源流、文字异同等情况，主要是利用各种书目。查古籍的书目主要有史志目录、古籍总目、丛书目录、地方志目录和版本目录等。

① 史志目录

史志目录是历代史书中记载的图书目录。1933 年，哈佛燕京学社引得编纂处编有《艺文志二十种综合引得》(以下简称《引得》)，中华书局 1960 年重印。20 种艺文志包括原正史艺文志或经籍志 7 种，补志 8 种和征访书目 1 种等。这些史志书目基本上反映了从古代至清末的古籍。《引得》采用书名与人名混合按中国字庋撷法编排，书前有《笔画检字》。使用这部引得，可获知一部古籍在哪部史书中著录过，作为判断某书存佚的时间。此外，开明书店的《二十五史补编》中也有史志书目。

② 古籍总目

《四库全书总目提要》，清永瑢等撰，中华书局1965年影印版，1981年重印。全书2卷，著录书籍10254种，172860卷。基本囊括了清乾隆以前中国古代的著作。按经、史、子、集四部分类编排。部下有小序，类下有大序，每书有详细的提要，内容包括讨论成书的过程、著者简历、著述体例、版本源流以及得失和文字增删等。

《四库全书总目》对于查找现存古籍，了解其内容，是很重要的著作。但是它也有许多错误、疏漏及偏见，所以后人做了不少补订工作。比较系统的有《四库提要辩证》《四库全书总目提要补正》。

《古籍目录》，国家出版局版本图书馆编，中华书局1980年版。本书收录1949年10月至1976年12月出版的各类古籍，包括"五四"以前的著作，"五四"以后对古籍整理加工的著作。此目录分综合、学术思想、历史、文化教育、语言文字、文学艺术、农书、医药及其他科技图书等几类。

③ 丛书目录

《中国丛书综录》，上海图书馆编，中华书局1959年版，全3册。这是一部综合性丛书联合目录，收录全国41所图书馆所藏古代丛书2797种，子目7000余条。该综录是继清代顾修编《汇刻书目》以来的一部总结性目录，有较大的实用性。

《中国丛书综录补正》，阳海清编，蒋孝达校订，广陵古籍刻印社1984年版。它对《综录》中有关版本著录中的遗漏或不详尽的条目做了说明。

④ 地方志目录

《中国地方志联合目录》，中国科学院北京天文台编，中华书局1985年版。共收录方志8200余种，反映全国190个图书馆、文史馆、档案馆的收藏，内容包括1949年以前编纂的通志、府志、州志、厅志、县志、乡土志、里镇志、卫志、所志、关志、岛屿志以及具有方志性质的志料、采访册、调查笔记等。

《中国地方志辞典》，黄苇主编，黄山书社1986年版。全书收录有关词目近2000条，内容涉及时间上起远古，迄于1986年。全部词目按性质分为：著名方志、修志名家与方志学家、方志用语，方志目录、方志专著、方志论文、方志序跋凡例、修志文献、修志机构与方志刊物、其他等10大类。

⑤ 版本目录

《增订四库简明目录标注》，清·邵懿辰撰、邵章续录，中华书局1959年版，上海古籍出版社1979年新1版。本书是记载古籍版本最广泛的书目之一。

《中国善本书提要》，王重民撰，上海古籍出版社1983年版。收录原藏北京图书馆、北京大学图书馆和美国国会图书馆4400余种古籍善本，均为作者亲自过目。每书著录书名、版本特征，并对书的作者、编校者、出版者、刻工等做重要考证。

《中国古籍善本书目》(经部),上海古籍出版社 1986 年版。本书是根据周恩来的指示编纂的。全书著录古籍善本约 6 万余种,收书 13 万部,分经、史、子、集、丛五部。它是我国传世古籍的总结,为过去任何一部古籍善本书目所不能比拟。

《中国古籍总目》,总编阳海清,中华书局、上海古籍出版社版 2009 年出版,是反映中国古籍流传与存藏状况的最全面、最重要的成果。

《国家珍贵古籍名录》,是中国政府为建立完备的珍贵古籍档案,确保珍贵古籍的安全,推动古籍保护工作,而由文化部拟定,报国务院批准的一份名录。该名录主要收录的是 1912 年以前书写或印刷的 11375 部国家珍贵古籍,目前还在分批征集过程中,已出版四批,国家图书馆出版社等出版,并非在一个出版社。

(5) 查现代普通图书

① 图书总目

《生活全国总书目》,平心编,1935 年生活书店出版。收录 1912—1935 年全国各地书店、学术机关、学术团体、图书馆、研究会、政府机关等出版的图书约 2 万种。著录项目包括:书名、作者、定价、出版者等。按类编排,附主题索引,州别、国别索引和外国记者索引。

《全国总书目》,中国版本图书馆编,中华书局版。本书目按年出版,1949—1954 年合订一本;1955—1965 年每年一本;1966—1969 年停刊(后又有补充出版一本,内部发行);1970 年以后恢复年度本。每年内容由分类目录、专题目录、附录三部分组成。这部书目是根据各地向版本图书馆缴送的样本登记著录编成的,因此它比较准确地反映了我国各地出版社公开出版发行图书的情况,是一本图书年鉴性质的全国综合性图书目录,是查找新中国成立后出版书籍的主要工具书。也可以将它看作《全国新书目》的汇编本。

《全国新书目》(月刊),中国版本图书馆编。书目内容包括按《中图法》所分 22 大类,加上少数民族文字图书共 33 个类目。《全国新书目》是全国性图书登记报道刊物,收录全国各出版社和机关、团体、学校出版的图书、乐谱、地图等。内部书、停售书和非正式出版物不收。自 1978 年第二季度起对国外发行,从此"只限国内发行"的图书也不再收入。作为全国唯一一本反映最新图书出版信息的刊物,有其重要的检索功用。

② 丛书目录、禁书目录

《中国近代现代丛书目录》,上海图书馆 1979 年编印。收录上海图书馆馆藏 1902—1949 年各地出版的中国近、现代丛书 5549 种,包括各类图书 30940 种。按丛书书名的首字笔画排列,书名下注出编者、出版年月、出版处,再列出子目。1982 年,该馆又编印《中国近代现代丛书目录索引》两册,专供检索子目之用。

《中国现代出版史料》,张静庐辑注,中华书局 1954—1959 年出版。本书分甲、乙、丙、丁四编。后三编中都载有国民党查禁进步书刊的目录,可供查考。

（6）查报刊资料

《清季重要报刊目录》，作者不详。原载张静庐《中国近代出版史料初编》，收杂志 204 种，报纸 266 种，对其中著名报刊作了介绍。

《中国近代期刊篇目汇录》，上海图书馆编，上海人民出版社 1965—1985 年陆续出版。全书收录 1857—1918 年出版的期刊 495 种。每种期刊均有简要说明与介绍，注明收入卷期、出版时间、收藏单位，介绍期刊性质和出版情况，并按每种期刊的卷期，分别汇录全部篇目。

《中文报纸目录》，上海市报刊图书馆 1958 年编印。收录 1861 年至 1958 年出版发行的中文报纸 2085 种，其中包括少数民族文字的报纸。

《全国中文期刊联合目录（1833—1949）》，全国图书联合目录编辑组编，北京图书馆 1961 年版，书目文献出版社 1981 年增订版。收录全国 50 所图书馆在 1957 年底以前所藏新中国成立前国内外出版的中文期刊近 20000 种，按刊名首字笔画编排。

《全国报刊索引》，上海图书馆编辑出版。1955 年 3 月创刊，初名《全国主要期刊索引》，双月刊，内部发行。从 1980 年起分“哲社版”“科技版”两册出版，月刊。收录国内公开出版和内部发行的全国性、专业性、省市自治区及部分地方的中文报刊资料。按自编的《全国报刊资料分类表》归类编排，基本大类与《中图法》一致。每年 1 月号和 7 月号附“引用报刊一览表”。本索引是我国目前最重要的一部报刊资料检索工具书。

《复印报刊资料》及其《索引》，中国人民大学书报资料社编印。《复印报刊资料》按哲学、社会科学或实际业务工作门类分专题分册。每册每期后附该社已复印的资料目录，后又增加未复印的专题资料条目，在此基础上，又汇编各专题分册所附资料条目而成《复印报刊资料索引》。初为季刊，1980 年后为年度索引。它是读者查阅报刊资料的理想工具。

《全国高等院校社会科学学报总目录》，吉林大学社会科学学报编辑部编辑出版。本目录从 1980 年始出版，每年一册。汇集各学报的论文篇目。同时又补编出版了 1906—1949 年与 1950—1966 年两本，可供参考。

（7）查百科知识

①《中国大百科全书》，中国大百科全书出版社 1980 年起分卷出版。2007 年出第二版。

《中国大百科全书》是中国现代第一部大型综合性百科全书，也是世界上规模较大的百科全书之一。全书按学科或知识门类分成 74 卷，共收 7.8 万个条目，计 1.26 亿字，并附有近 5 万幅图片，包括哲学、社会科学、文学艺术、文化教育、自然科学、工程技术等 66 个学科和领域。1993 年获第一届国家图书奖荣誉奖。

按照国际惯例，百科全书通常每间隔若干年出版一个新的版本。《中国大百科全书》第二版于 1995 年 12 月经国务院批准正式立项，是我国“九五”“十五”重点出版规划项目，于 2007 年编写完成。涵盖 80 余个学科和知识门类，共 32 卷，其中正文 30 卷，索引和附录 2 卷，共包括 6 万个条目，3 万幅配图，1000 幅地图，总计约 6000

万字。

《中国大百科全书》第二版内容全面更新，充分吸纳了当今世界各个学科和知识领域的最新成果，并且具有鲜明的中国特色和风格，重视对中国各民族历史文化遗产和科学技术成就的介绍，充分展示21世纪初期科学文化的新发展和新成就。

②《中国百科年鉴》，中国大百科全书出版社1980年起逐年出版，是我国第一部大型百科年鉴。系统以年度记载我国政治、经济、文化科学等各个领域所取得的成就及世界各国的重大事件和各学科的重要进展、重要成果。全书主要由概况、百科、附录3部分组成，是查检上一年度国内外重大事件不可缺少的工具书。

2. 电子工具书检索方法

（1）百科全书

① 智慧藏百科全书网（http://www.wordpedia.com）

我国台湾智慧藏公司和中国大百科全书出版社合作，把74册的《中国大百科全书》转化为《中国大百科全书智能藏》知识库光盘版、Intranet版及因特网版。该网站除了有《中国大百科全书》外，还有《大英简明百科》和《台湾简明百科》。用户须订购方能使用这些百科全书。它提供分类检索和关键字检索。

② HighBeam Encyclopedia（http://www.encyclopedia.com）

这是一个可免费浏览百科全书的网站，向读者提供57000多条来自哥伦比亚百科全书（第六版）的最新文章。在该网站的主页上，有两种检索途径可供读者使用：一是通过检索词的英文字顺进行检索；二是通过在检索框内输入具体关键词进行检索。同时还为读者提供与该词相关的其他的关键词，以便对该词的内容有更加全面的了解。

③ Britannica Online（http://www.eb.com）

该网站是大英百科全书公司推出的，其收录文献量比印刷版多，另有持续更新的上万个网页链接。任一用户都可以申请一周的免费试用期，然后再决定是否注册订阅。对于许多服务，订阅者和非订阅者均可使用，但订阅者权限较大。检索时，非订阅者只能看到题目和摘要，而订阅者则可浏览全文和所有相关的网页。Britannica Online以不同价格分别为个人（或家庭）和团体单位两种订户提供服务，个人（或家庭）只需以85美元的年付费或8.5美元的月付费就可享受其全部服务。对单位订户来说，网络版比印刷版或单机光盘优越，因为它可允许多个用户同时查阅，实现共享。Britannica Online以其丰富的内容、实时更新的信息、友好的检索界面，被用户誉为“最好的网上教育产品”。它已成为读者学习研究和参考馆员咨询工作的有力工具。

④ Encyclopedia of the Orient（http://www.i-cias.com）

这是有关北非和中东国家的唯一一部网络百科全书，收集了从北非西北部古国毛里塔尼亚到东部的伊朗，从北部的土耳其到南部的苏丹之间的所有国家的文化信息。所有信息全部免费，每周更新。适合于高中生、大学生使用。

⑤ World Encyclopedia(http://www.countryreports.org)

该网站介绍了世界上200多个国家和地区的相关信息,如风俗、文化、历史、经济、地理、人口、气候、国歌、国旗及各种相关照片等。

(2)字典、词典

① Your Dictionary(http://www.yourdictionary.com)

该网站提供了网上最全面、最权威的语言工具及与语言相关的产品和服务,它共有1800多种字典,涉及250多种语言,每月有多达150万人访问该网站。人们能在这个网站中找到适合自己需要的字典,并且这也是一个能够提供多种语言翻译的网站。

② China and its Languages(http://www.chinalanguage.com)

这是一家名为"中国语言"的网站。该网站提供的字典、辞典主要有在线汉英词典、在线汉字字典和在线客家话音汇。

③ Lexiconer Dictionary(http://www.1exiconer.com)

这是吕氏网上字典,它提供英汉、汉英互查功能。

④ 爱词霸(http://dict.iciba.corn)

由金山公司推出,以现代英汉词典、现代英汉综合大词典、简明英汉词典等为基础的英汉、汉英、汉汉在线查词、翻译工具。对用户所要查找的字、词,该词典除给出拼法、词义、相关词条及例句解释以外,还提供读音及相关图片。

⑤ 美国传统词典(http://www.bartleby.com)

它是American Heritage Dictionary这一知名词典第四版的完全在线版,提供免费查询服务。它收录有90000多项词条,900多页彩色插图。

⑥ OneLook词典(http://www.onelook.com)

它实际上是一个在线词典资源的"元搜索引擎"。它包括大约604个词典中的340万个单词,内容极其丰富。它提供两种非常实用的检索方法:一是可支持通配符扩检功能的直接检索方式;另一种是目录导航式,提供可浏览的词典分类目录。

⑦ Oxford English Dictionary Online(http://www.oed.com)

它是牛津英语在线词典,简称OED。对于检出的每一个词,OED不仅给出英文定义、发音、不同的拼法,而且给出大多数词汇的起源和引用语信息,并指出词汇从出现至今的语义变化。

⑧ 剑桥在线辞典(http://dictionary.cambridge.org)

它提供包括剑桥国际英语辞典、美国英语辞典、国际短语辞典及国际习语辞典等内容的在线查检。

(3)年鉴

① 国家统计局网站(http://www.stats.gov.cn)

该网站由中华人民共和国国家统计局和中国统计信息网共同制作,包括统计动态、数据经纬、分析预测、法规制度等栏目。截止到2007年6月,该网站提供了国际统计年鉴1995—2005年和中国统计年鉴1996—2006年的年度数据、普查数据、经济快讯、地方统计数据、统计法规、统计制度、统计标准、统计指标等信息。该站点提供链接和检索功能。

② 中国年鉴全文数据库(http://lsg.cnki.net/grid20/Navigator.aspx? ID=7)

这是由中国学术期刊(光盘版)电子杂志社、清华同方知网(北京)技术有限公司与各年鉴编辑单位合作建设的全文数据库,是当前国内最大的连续更新的动态年鉴资源全文数据库。它收录世界年鉴、全国与省市级综合年鉴、行业年鉴、学科年鉴、学校年鉴、企业年鉴、统计年鉴共800余种,时间跨度为1912年至今。内容覆盖了基本国情、地理历史、政治军事外交、法律、经济、科学技术、教育、文化体育事业、医疗卫生、社会生活、人物、统计资料、文件标准与法律法规等各个领域。它提供行业导航和地域导航系统。

(4) 名录

① 中国资讯行(http://www.chinainfobank.com)

中国资讯行是我国香港地区一家专门收集、处理及传播中国商业信息的高科技企业,其数据库ChinaInfoBank(中文)建于1995年。该系统搜集了许多机构、人物数据库,如中国上市公司文献库、中国企业产品库、中国中央及地方政府机构库、中国人物库、香港上市公司资料库(中文)等。

② 万方数据中的机构库、企业与产品库、人物库

万方数据科技信息子系统中包含有机构类数据库,它们是:中国高等学校及中等专业学校库(JYDX)、中国科研机构库(CSI)和中国科技信息机构数据库(CSTII)。另外,该科技信息子系统中还包含有我国台湾类数据库,而这台湾类数据库中包括了多种机构、人物类数据库。万方数据商务信息子系统中包含中国企业与产品数据库(CECDB)。

③ 中华大黄页(http://www.chinabig.com.cn)

这是中国最大的在线黄页,提供中国310多万家工商企业的信息,具有全面高度智能搜索、强大的关键字查询功能,可方便快捷地根据公司名称、产品分类、公司地址等多种方式进行查询,更可以用中文简体、中文繁体、英文3种版本随时转换查询。

(5) 地图

① 中华地图网(http://www.hua2.com)

它不仅提供我国各省、市的地图查询,还介绍各地的地理、历史、经济、文化、旅游等知识。

② 搜狗地图(http://maps.sogou.com)

它含有300多万条地图数据,覆盖全国200多个大中城市及热点旅游城市,数据包括高速公路、国道等5级路网,查询时可以精准到乡镇甚至街道,同时还能提供城市与城市间的行车路线服务。

③ 百度地图(http://map.baidu.com)

百度地图搜索是百度联合国内知名的电子地图服务提供商MAPBAR.COM推出

的本地化地图搜索服务。通过百度地图搜索,用户可以找到指定的城市、城区、街道、建筑物等所在的地理位置,也可以找到离本人最近的所有餐馆、学校、银行、公园等。百度地图搜索还提供了路线查询功能,如果用户要去某个地点,百度地图搜索会提示如何换乘公交车,还可推荐最佳驾车路线。

3. 综合型电子工具书检索方法

(1) 中国工具书集锦在线(http://gongjushu.enki.net/kns50/crfd/index.aspx)

它是中国知网(CNKI)的基础资源之一。它收录了2000余部工具书,1000多万词条,其中汉语词典80余部,英汉或汉英词典近100部,专科辞典1200部及百科全书、图鉴、医学图谱各200余部。它分为语言类、图类和专科类三大类。

(2) 中华博物文字库(http://www.gg—art.corn/article/tools.php)

该数据库包括中国工艺美术词典、陶瓷人物简介、中国历史记事、中国古代地名大词典、中国古代名人录、中国古代神话辞典、中国传统吉祥图案解说、文字蒙求、文字源流浅说释例篇、说文解字注、中国历代职官词典、竹木雕名人录、成语辞典共13个子库,每个子库都可免费使用。该库使用笔画浏览检索及关键字检索。

(3) 新华社多媒体数据库(http://info.xinhua.org/chn/index.jsp)

该数据库包括新华社图片库、新华社图表库、人物库、人物简历库、组织机构库、法规库、中外词汇翻译库、中国译名库、国际译名库等数据库。各数据库都具有分类浏览和关键词检索的功能。

(4) 中文工具书参考咨询系统(http://dlib.zslib.corn.cn:7777/tool/t001.htm)

该中文工具书参考咨询系统是由广东省立中山图书馆和北京超星公司合作的经文化部立项的科研项目,是我国文献资源建设的基础工程之一。该系统汇集了字典、词典、百科全书、政书、年鉴、手册、书目、索引、表谱、图录等有关资料,现已存储5万多种共300多万字的中文工具书的各种信息,涵盖社会科学和自然科学的各个学科领域。

练习与思考

1. 信息组织的概念和内容是什么?
2. 网络环境下信息资源的组织方法有哪些?
3. 主题检索语言主要有哪几种类型?每一种类型有何优缺点?
4. 在进行课题分析时,如何挖掘隐性主题概念?
5. 工具书与普通图书相比有哪些特点?
6. 常用工具书有哪些?如何检索?

参考文献

[1] 许忠锡,姚中平. 信息检索与利用新编教程[M]. 杭州:浙江大学出版社,2007.

[2] 林强,杨玉麟. 对新信息环境下信息组织的解读[J]. 图书情报工作,2011(12):118-121.

[3] 洪金. 信息检索与利用[M]. 北京:清华大学出版社,2007.

[4] 刘颖,宋乐平. 大学信息检索实用教程[M]. 北京:清华大学出版社,2013.

[5] 葛怀东. 文献检索与利用(人文社科)[M]. 上海:上海交通大学出版社,2010.

[6] 沙振江,张晓阳. 人文社科信息检索与利用教程[M]. 镇江:江苏大学出版社,2007.

[7] 黄华美. 中文工具书体系的承袭与发展[J]. 大学图书馆学报,2007(4):105-107.

第3章

计算机信息检索

学习目标

⊙ 了解计算机信息检索的基本技术及检索步骤；
⊙ 掌握计算机信息检索的策略及优化；
⊙ 熟悉各类搜索引擎及使用技巧。

开篇案例

埃博拉疫情

埃博拉疫情从2014年3月开始爆发，主要集中在西非地区。截至8月6日，几内亚、利比里亚、塞拉利昂和尼日利亚累计出现1711例确诊、疑似感染病例，死亡932人。8月8日世界卫生组织《国际卫生条例》紧急委员会在经过两天的讨论和评估后，在日内瓦宣布：西非地区的埃博拉疫情已构成“国际关注的突发公共卫生事件”。那么什么是埃博拉病毒？其传染途径是什么？如何进行预防？构成“国际关注的突发公共卫生事件”的条件是什么及相应的应对措施有哪些？要弄清楚这些问题必须学会如何从网络信息中快速高效地获取需要的信息，而要获取信息必须要掌握计算机信息检索的基本技能。因此弄清楚什么是计算机信息检索的基本技术，以及如何有效使用各类搜索引擎是非常有必要的，这也是本章要讨论的问题。

3.1 计算机信息检索技术

在此所提及的网络即计算机网络，是指将分散在各处，具有独立功能的多台计算机终端及其附属设备，通过通信设备和线路连接起来，运用通信软件，按照网络协议进行数据通信，从而实现资源的共享。①

网络信息是指以电子数据的形式将文字、图像、声音、动画等多种形式的信息存储在光、磁等非印刷质的介质中，利用计算机通过网络进行发布、传递和存储的各类信息资源的总和。

随着科学技术和网络的飞速发展，网络上爆炸式增长的信息资源使得人们对信息的需求更加迫切和全面，这就对信息检索手段提出了更高的要求，而计算机检索的成功运用，使得花费时间、耗费精力的手工检索作业，变成了高速的自动化过程。它克服了空间上的障碍，冲破了时间上的束缚，大大提高了信息检索的效率。计算机检索不仅有助于人们及时全面地继承和发展人类的文明成果，而且对社会的进步也产生了不可估量的作用。

3.1.1 计算机信息检索基本技术

1. 计算机信息检索的含义

信息检索是将信息按照一定的方式组织和存储起来，并根据用户的需求找出有关信息的过程。计算机信息检索是指人们在计算机检索或计算机的终端上，使用特定的检索指令、检索词和检索策略，从计算机检索系统的数据库中，检索出需要的信息，再由终端设备显示或打印的过程。②

计算机信息检索可以概括为两部分：信息存储和信息检索。前者是将搜集到的原始文献进行主题概念分析、整理加工，用系统语言对文献特征进行标识并以数字化的形式记录在磁盘或光盘上，形成数据库。后者是将用户的信息需求进行主题概念分析，通过一定的语法规则进行比较匹配，并将符合检索提问式要求的文献记录输出。广义上讲，凡是用计算机来进行特定问题的查询都可以说是计算机信息检索。从集合论观点出发，计算机信息检索又可以定义为利用计算机在有限的数据集合中查找出具有某些特征的子集的过程。

因此，与手工检索相比，计算机信息检索是针对数据库进行的检索过程，是在人和机器的协同作用下完成的，这极大地减轻了信息用户的负担，并且能在检索系统、检索技术、检索策略的保证下按照一定的检索步骤来完成检索要求。

① 王立诚. 社会科学文献检索与利用[M]. 南京：东南大学出版社，2007.

② 陈泉. 网络信息资源检索与利用[M]. 北京：清华大学出版社，2010.

2. 计算机信息检索的原理

根据计算机检索定义，存储与检索是信息检索的两个核心。① 因此，计算机信息检索的原理可表述为：以信息的充分交流和有效利用为目标，在对大量分散的信息进行搜集的基础上，以文献或信息描述为对象，提炼或选取用以表达文献、信息特征和主题内容的标识，按一定的方式分别进行有序化组织，建成各种各样的检索系统，在统一存储和检索过程的基础上，将用户表达检索词的标识与检索系统中表达文献或信息内容、形式特征的标识进行相符性比较，若是双方标识一致，就将具有这些标识的文献或信息按要求从检索系统中输出。在用户的信息检索过程中，检索系统输出的文献可能是用户需要的最终信息，也可能是用户需要的文献线索，用户按此信息的标引，可进一步获取需要的最终文献的信息。文献检索原理如图 3-1 所示。

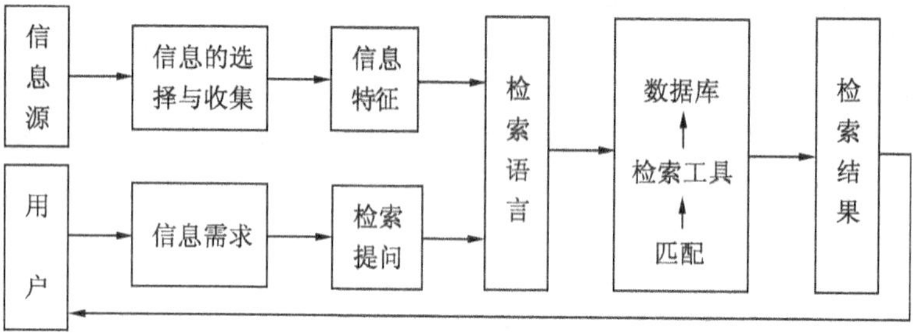

图 3-1 文献检索原理框图

3. 计算机信息检索基本技术

计算机检索过程中，为保证检索结果准确全面、经济高效，各检索系统均为用户提供了多种不同的检索功能，如布尔逻辑组配、截词检索、位置检索等。

（1）逻辑检索

逻辑算符（logical operation）也称布尔（boolean）算符，用来表示两个检索单元（检索项）之间的逻辑关系。利用逻辑算符进行检索词或代码的逻辑组配，是现代信息检索系统中最常用的一种方法。常用的逻辑算符有三种，分别是逻辑或“OR”、逻辑与“AND”、逻辑非“NOT”。用这些逻辑算符可将检索词组配构成检索提问式，计算机将根据提问式与系统中的记录进行匹配，两者相符则命中，并自动输出文献记录。

①“与”——逻辑乘

逻辑与可用“AND”或“ * ”表示，用于组配具有交叉和限定关系的概念，即检出的记录必须同时含有前后两个检索词。逻辑“与”组配可以缩小检索范围，减少命中的文献量，提高检索结果的查准率。如“economic AND management”，只有既含检索

① 沙振江，张晓阳. 人文社科信息检索与利用教程[M]. 镇江：江苏大学出版社，2007.

词“economic”又含有检索词“management”的文献才能检出。如图 3-2 条件 A 和条件 B 的交叉部分为命中结果。

② “或”——逻辑和

用于组配具有同义和并列关系的概念，即检出的记录至少含有两个检索词中的一个。用“OR”表示，通常也用“ + ”号表示。逻辑“或”的作用是扩大检索范围，增加命中的文献量，提高检索结果的查全率。如：“enterprise OR company”，表示文献中只要含有检索词中任何一个或两个同时存在的文献即为命中文献。如图 3-3 所示条件 A 和条件 B 的范围之和为命中结果。

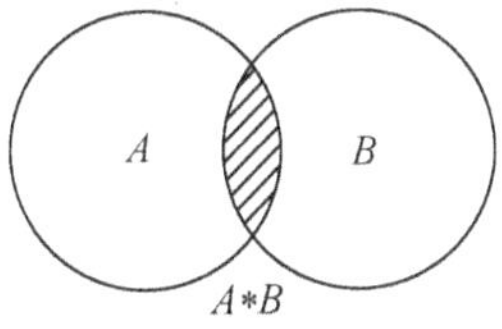

图 3-2　逻辑与检索示意图

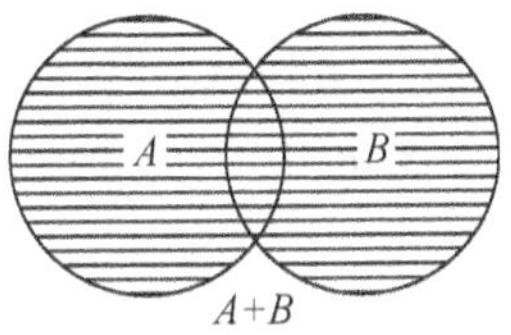

图 3-3　逻辑或检索示意图

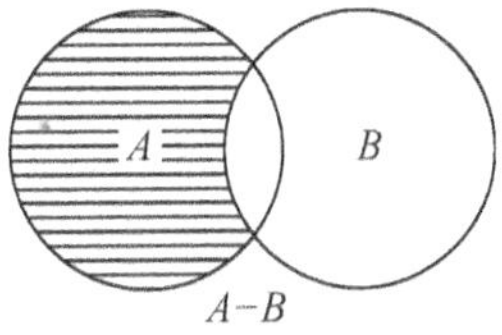

图 3-4　逻辑差检索示意图

③ “非”——逻辑差

逻辑“非”组配是具有不包含某种概念关系的一种组配，即检出的记录中，只能含有逻辑“非”算符前的检索词，不能同时含有其后的词。用“NOT”表示，通常也用“ − ”号表示。逻辑“非”的作用是缩小检索范围，提高检索结果的查准率。例如，“媒体 NOT 报纸”，表示除报纸以外的有关媒体方面的文献均可检出。逻辑非的检索结果如图 3-4 所示。

检索中逻辑算符的使用最为频繁，逻辑算符使用的技巧决定检索结果的符合程度。

对同一个布尔逻辑提问式来说，不同的运算次序会有不同的检索结果。通常规定优先处理算符“(　)”内的运算。

（2）截词检索

截词检索就是用截断词的一个局部进行的检索，凡满足这个词局部中的所有字符(串)的文献都为命中文献。不同的系统所用的截词符也不同，常用的有“?”“ $ ”“ * ”等。截词分为有限截词(即一个截词符只代表一个字符)和无限截词(一个截词符可代表多个字符)。

此外，在不同的检索系统中，截词符代表的词数也不相同，有的系统一个截词符代表一个字符(有限截断)，有的系统一个截词符可代表多个字符(无限截断)。按截断的位置来分，有后截断、前截断、中间截断 3 种类型。在大多数中文数据库中，用前方一致、后方一致、前后一致表示。

① 后截断、前方一致

如：“comput?”可以表示 computer、computers、computing 等；对于有的中文检索系

统，输入“计算机”，选择前方一致，则可表示“计算机软件”“计算机操作系统”“计算机维修”等。

② 前截断、后方一致

如：“? computer”可以表示 minicomputer、microcomputer 等。对于有的中文检索系统，输入“计算机”并选择后方一致，则可表示“微型计算机”“小型计算机”“个人计算机”等。

③ 中间截断、前后一致

如“fib? board”表示 fiberboard、fibreboard 等。

截词检索也是一种常用的检索技术，是防止漏检的有效工具，尤其在西文检索中更是得到了广泛的应用。截断技术可以作为扩大检索范围的手段，具有方便用户、提高查全率的特点，但一定要合理使用，否则会造成误检。

(3) 原文检索

“原文”是指数据库中的原始记录，原文检索即以原始记录中的检索词与检索词间特定位置关系为对象的运算。原文检索是一种不依赖叙词表而直接使用自由词的检索方法。

原文检索的运算方式，在不同的检索系统有不同的规定。其差别是：运算符不同，运算符的职能和使用范围不同。原文检索的运算符可通称为位置算符。基于 RECON、ORBIT 和 STAIRS 三大软件对原文检索的规定，运算符主要是如下 4 个级别。

① 记录级检索

要求检索词出现在同一记录中，而不管在该记录的哪一字段含有所输入的检索字符，都可作为匹配记录。不同的检索系统有不同的表达方式，有的输入检索字符后不加任何限制符；有的外文系统选择“all fields”表示记录级检索(如 COMPENDEX WEB)，有的中文系统选择“全文”表示记录级检索(如中国学术期刊数据库)。

② 字段级检索

要求检索词出现在同一字段中，通常用字段符对检索词加以限定，有的系统要求将字段符前置，有的要求后置，有的要求从下拉菜单中选择字段。字段级检索是使用最频繁的一种检索，可以提高查准率和检索速度。不同的数据库和不同种类文献记录中所包含的字段数目不尽相同，字段名称也有差别。数据库中常见的字段和代码如表 3-1 所示。

表 3-1　数据库中常见字段和代码

基本字段			辅助字段		
字段名称	英文全称	缩写	字段名称	英文全称	缩写
题目	Title	TI	记录号	Document Number	DN
文摘	Abstract	AB	作者	Author	AU
叙词	Descriptor	DE	作者单位	Cornorate Source	CS

续表

基本字段			辅助字段		
字段名称	英文全称	缩写	字段名称	英文全称	缩写
标题词	Identifier	ID	期刊名称	Journal	JN
			出版年份	Publication Year	PY
			出版国	Country	CO
			文献类型	Document Type	DT
			文献性质	Treatment Code	TR
			语种	Language	LA

③ 子字段或自然句检索

要求检索词出现在同一子字段或同一自然句中。

④ 位置检索

要求检索词之间的相互位置满足某些条件。检索词之间的位置逻辑由位置算符表达。特定的位置算符规定该符号两边的检索词在文献中的位置。位置算符的使用,增强了选词指令的灵活性,因此比布尔算符更能表达复杂的概念。在检索实践中,为提高检索的广度和准度,往往需要对检索词之间的位置关系加以限定,尤其用中文自由词检索,词与词之间的位置关系需用位置算符规定。因此位置算符的使用与否,直接影响到检索结果。位置算符在不同的检索系统中不尽相同,功能有所差异,使用时应具体对待。主要的位置检索算符如下:

(W):可简写为(),(W)算符中的 W 含义为“with”,表示两侧的检索词必须前后邻接,顺序不得颠倒,两词之间不能插入任何词,但允许空格或连字符号,如:computer(w)aided(w)design,相当于检索:computer aided design、computer-aided design 和 computer-aided-design。

(nW):(nW)中的 W 含义为“word”,表示两侧的检索词之间允许插入 n 个词,但两个检索词的词序不允许颠倒,如以 electric(1W)vehicles 作为检索词,则相当于检索 electric vehicles 和 electric rail vehicles。

(N):(N)算符中的 N 含义为“near”,表示两侧的检索词位置可以颠倒,不能插入任何词,但允许出现空格或符号。如以 sulfur(N)remove 为检索词,相当于检索 sulfur remove 和 remove sulfur。

(nN):表示两侧的检索词之间允许插入 n 个词,且位置可以颠倒。

(F):(F)算符中的 F 为“field”,表示其两侧的检索词必须在同一字段(只限制在题名字段或文摘字段)出现,词序不限,中间可插任意个词。

(S):(S)算符中的 S 含义为 sentence,表示两侧的检索词必须同时出现在同一个句子中。用(S)算符时,检索词之间可插入的词的数量不限,排列顺序也不限定。

(L):(L)算符中的 L 含义为“Link”,表示两侧的检索词存在从属关系或限制关系。

(SAME):(SAME)算符表示两侧的检索词同时出现在一个段落中。

原文检索可以弥补布尔逻辑检索、截词方法检索的一些不足。运用原文检索方法可以提高文献检索的水平和筛选能力。但是,原文检索的能力是有限的。从逻辑形式上看,它仅是更高级的布尔系统,因此存在布尔逻辑本身的缺陷。

(4) 加权检索

加权检索的方法是:在检索提问式中,根据每个提问词在检索要求中的重要程度,分别用加权数值予以区别,这个数值称为权数;加权检索时需要同时给出检索命中的阈值。检索时,首先提问词与文献的被检索词要匹配,其次要计算所有匹配的检索词权数之和——亦称为所检索文献的权数。当某一文献匹配的检索词权数之和满足阈值条件时,即可确认为命中文献。

例如:查找计算机情报检索自动化方面的文献资料,用加权法列提问式如下:

$$W=\text{计算机}(1)\text{情报检索}(4)\text{自动化}(2)$$

上式中括号内的数字即为提问词的权数。计算机检索时,首先在所有存贮的记录中找到满足上述提问词的文献,然后对提问词加权,文献按匹配的检索词权数之和从大到小排列,加权检索的全部输出结果见表 3-2。表中“∨”表示相应提问词与文献的被检索词相匹配,*A* 代表计算机,*B* 代表自动化,*C* 代表情报检索。

表 3-2 检索结果

组合号	包含的提问词			权数和
	A	*B*	*C*	
1	∨	∨	∨	7
2		∨	∨	6
3	∨		∨	5
4			∨	4
5	∨	∨		3
6		∨		2
7	∨			1

按下限阈值为 5 的设定时,由表 3-2 可知,组合 1 至 3(即指满足组合 1 至 3 提问词的所检索文献)为命中文献。加权检索的优点是可明确各检索词在检索中的重要程度,检索结果按照切题顺序排列,表达式简洁。其缺点是,加权法提问式含义不如逻辑式那么明显直观,而且在盲目给出权数的情况下容易出现误检。

运用加权检索可以命中核心概念文献,因此它是一种缩小检索范围提高检准率的有效方法。但并不是所有系统都能提供加权检索,而能提供加权检索的系统,对权的定义、加权方式、权值计算和检索结果的判定等方面又有不同的技术规范。

(5) 聚类检索

聚类检索是一种基于聚类技术的智能检索。它是在对文献信息进行自动标引的基础上,构造文献信息的形式化表示——文献向量,然后通过一定的聚类方法,计算出文献与文献之间的相似度,并把相似度较高的文献集中在一起,形成一个个的文献类,用户利用这些聚类核团开展检索,一旦检索到聚类中的某一条信息,则可通过这条信息把聚类中的其他文献信息全部检出,从而实现高效率的知识挖掘。根据不同聚类水平的要求,可以形成不同聚类层次的类目体系。在这样的类目体系中,主题相近、内容相关的文献信息聚在一起,而相异的则被区分开来。

文献信息的聚类检索与分类检索、主题检索有所区别:分类检索需要有事先定义的分类目录,通常是将文献按学科或按事物性质划分为不同的类目,然后用户按照类目进行检索,是一种族性检索;主题检索是利用自然词汇或规范性词汇作为检索标识将同一主题内容的文献信息检索出来的方法,是一种特性检索;而聚类检索是按主题方式标引文献,按类组织文献,使文献的主题属性和分类属性有机融合,同时具备族性检索和特性检索的优点。因此,聚类检索的出现,为文献检索尤其是计算机化的信息检索开辟了新途径。

3.1.2 计算机信息检索策略与步骤

检索策略,就是在分析检索提问的基础上,确定检索的数据库、检索的用词,并明确检索词之间的逻辑关系和查找步骤。检索式(即检索用词与各运算符组配而成的表达式)仅仅是狭义上的检索策略。事实上,在构造检索策略的过程中,要涉及许多方面的知识与技能。用户对检索课题的明确程度,对检索课题的分析,对数据库及其系统特性和功能的掌握,编制逻辑检索式的技巧及调整检索策略的方法等方面都会影响用户检索的整体效果。因此制定检索策略是一种全面的知识与技能,同时也是一种经验。检索策略是否周全,直接影响文献的查全率和查准率。

计算机信息检索步骤是指根据用户的检索课题需求,利用检索工具查找信息资料的过程。实际上它是信息检索策略的具体化,包括检索课题的分析、检索系统(数据库)的选择、确定检索途径与检索方法、检索词的准确把握、检索表达式的构造与提交、检索结果的显示与优化。① 通俗地说,对检索步骤的科学安排称作检索策略。计算机检索步骤如图 3-5 所示。下面就在检索步骤中结合讲解检索策略。

---

① 王梦丽,杜慰纯.信息检索与网络应用[M].北京:北京航空航天大学出版社,2009.

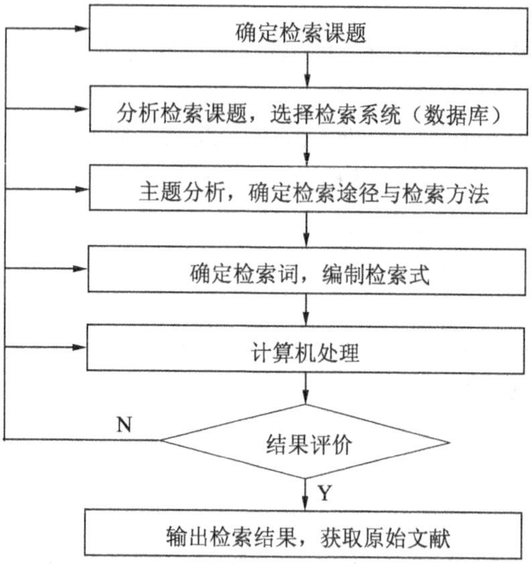

图 3-5　计算机检索步骤流程图

1. 分析检索课题

分析检索课题的目的有两个：一是分析检索课题的目的，将检索课题分成多个层次的主题概念，明确用户对查全、查准、查新方面的具体要求；二是明确检索课题所要求的各种范围或限定条件，包括要求的资源类型、语种、年代跨度等方面的限定，对检索结果的期望，如命中检索结果的预期数量、检索费用、所需时间及其他方面的要求等。

信息检索以满足用户某种需求为目的。信息需求不同则检索要求不同，对检索效果的评价标准也不同。例如：申请专利、公布某一重要发现和开始一项新的研究，对查全率的要求就很高，必须全面收集相关信息，进行回溯检索，如果漏查重要信息可能导致重复劳动，白白浪费大量的时间、经费和精力。查准率的要求相对来说较高，只要能帮助解决这一问题，一个或几个检索结果就足够了。另外，如想了解本领域的最新动态，则对新颖性的要求往往高于查全率和查准率。

2. 选择合适的检索系统(数据库)

检索过程中的首要环节，就是在明确课题需求的基础上，选择合适的检索系统（数据库）。第一步如果出错，就无法保证最后检索结果的正确性。而检索策略的制定，在操作上主要指数据库的选择和检索式的编制。

由于用户对课题需求的不同，因此需要根据检索课题的目的、学科范围和专业等方面，选择合适的检索系统（数据库）。

（1）课题检索的目的

课题检索的目的通常有如下几种类型：

① 开始某项新的科学研究。需要对课题进行全面的文献普查，并从中筛选出所需的资料，用以编写可行性报告、计划任务书等。对该类课题，应选择一个年限比较长的、收录比较广泛的相关专业的二次文献数据库，在全面回溯检索的基础上，选出相关的文献，再获取一次文献。

② 解决某个技术难题，查找关键性的技术资料。对这样的课题，应选择工程和技术类数据库或专利数据库。

③ 贸易与技术引进、合资谈判，了解国外市场、产品与公司的行情。需查找科学数据库以了解技术的先进性，查找市场、产品、公司等商情数据库以了解对手的情况。

④ 申报专利或鉴定成果，查找参考依据。以选择国内外专利数据库和科技成果库为主。

⑤ 为某项决策查找有关情报。根据决策的不同性质，进行综合性的全面文献调研，涉及科学研究、技术研究、产品、市场等最新发展动态相关数据库。

⑥ 撰写论文查找相关文献等。以期刊论文、学位论文等学术研究性的数据库为主。

（2）明确课题涉及的学科范围和专业

明确课题所涉及的主要学科范围、相关学科范围、交叉学科范围，并根据数据库的主题收录范围进行选择。例如，在查找有关计算机在贸易经济管理方面的应用这样的课题时，首先考虑该课题所涉及的学科范围包括计算机技术、管理学及贸易经济学，因此在选用数据库进行检索时，应该根据数据库的主题收录范围同时选择这几个专题进行检索。

另外，如果对文献新颖性要求较高，则要选择数据更新周期短、速度快的数据库；若对文献的查全要求较高，则需普查多种数据库；若对文献的查准要求较高，则应选择主题范围最专指的数据库。

3. 主题分析

主题分析就是对用户的课题进行主题概念的分析，并用一定的概念词来表达这些主题内容，同时明确概念与概念之间的逻辑关系。主题分析必须注意：

① 概念的表达要确切。抓住课题的实质性内容，分析出课题中有几个概念组面。

② 找出核心的概念组面，排除无关概念组面，包括意义不大的概念和重复概念。用户有时会认为选取的概念组越多，逻辑组配越细致，检索结果的针对性就越强。事实上，过多过严的概念组配很可能导致大量的漏检，甚至结果为零。因此有时需要简化逻辑关系，减少概念组面，以提高检索效果。

③ 找出隐含的重要概念，如“智力测试”，隐含着“能力测试”“态度测试”“创造力测试”等概念。数据库的标引一般使用比较专指的词，如果用户对标引规则不甚了解，往往会列出比较抽象的概念，而忽略了较专指的概念。

④ 明确概念组之间的交叉关系，即明确是逻辑“与”、逻辑“或”还是逻辑“非”的关系。哪些概念可以用来扩大检索范围，哪些可以作为进一步缩小检索范围的主题词。明确这些逻辑关系，有助于编制出正确、高效的检索式。

4. 确定检索途径与检索方法

常用的检索途径有分类检索途径、主题检索途径、著者检索途径、题名检索途径；另外，还有其他检索途径如：分子式检索、专利号检索、标准号检索等。检索途径的选择要根据检索要求和已掌握的检索条件来确定。通常若检索要求泛指性强，所需文献范围较广，则选择主题检索途径；若检索要求专指性强，所需文献比较专深，则适宜选择分类检索途径；若是先知道文献著者、题名、分子式等条件，则可以利用著者检索途径、题名检索途径及分子式检索途径等进行检索。

常用的检索方法有直接检索法、间接检索法、抽查法、顺序法、倒查法等方法。根据检索的目的、期望的文献数量及有关主题在学科的发展状况来选择合理的检索方法。若以查新为主要目的，则适宜选择倒查法。若要全面检索某个主题的相关资源，则宜于使用顺查法。要注意对这些方法的综合运用，以获得较好的检索效果。

5. 确定检索词

检索词是构成检索式的基本单位，也是计算机信息检索系统中有关数据库进行匹配的基本单元。因此，检索词选择恰当与否至关重要，会直接影响检索效果。检索词需满足形式匹配和内容匹配两方面的要求。形式匹配，即检索使用的语言和检索系统中使用的语言一致；内容匹配，即由主题概念转化而成的检索词能够准确、完整地表达检索课题的内容，这是由信息需求决定的。在计算机信息检索系统中，检索词一般有如下 3 种形式：

（1）规范词

规范词是经过规范化处理的词或词组。规范词是从待检数据库的叙词表或主题词表中选取的，在计算机信息检索系统中，词表是数据库标引和检索必须共同遵循使用的检索语言。为了检索提问标识与文献特征标识一致，获得最佳的检索效果，应优先选用规范词。

（2）规范化代码

规范化代码指的是经过规范化处理的索引代码。索引代码是数据库系统为某些主题范畴或主题概念规定的索引单元。这类单元有很好的专指性，是一种有较好检索效果的文献性标识。例如：国家专利分类号“IC =”，PTS 数据库的产品代码“PC =”，标准工业代码“SC =”等。

（3）自由词

自由词是未经规范化处理的自然语言词汇。使用自由词进行检索的一个最大的优点就是能充分利用系统的全文查找功能。规范词或代码的选择需要利用词表或分类表等进行自然语言到规范语言的转换，如果标引人员和检索人员思路不一致时，会影响检索效果。由于自由词直接、简明、数量大、覆盖面广，特别是它与叙词相比，相应的自由词与数据库具有更大的相容性和匹配性。所以，随着计算机存储容量的不断增大，检索软件的不断完善，自由词在计算机信息检索中得到了更广泛的应用。

总之，检索词要准确、全面地表达课题内容，范围不能太大，也不能太小。如果检索系统使用的是规范化检索语言，应当依据该检索系统采用的词表或分类法，将需要检索的概念用规范化的语言表达出来，这样才能保证提问标识与系统的标引标识相一致。系统如果是采用自然语言标引的，应尽量全面地选取相关的词与词组作为检索词，以免漏检。

确定检索词，首先要对课题的主题概念进行深入分析，从给定的课题名称及描述语句出发，经过切分、挖掘、排除、替换、补充、还原、增加等步骤，提取检索词。

① 提取核心词。

核心词的提取可首先对课题的名称语句进行切分，即以词为单位划分句子，切分一定要彻底，必须到词为止，同时也要适度，不能因切分而改变语义。例如“计算机在经济管理中的应用”，可切分为：计算机|在|经济管理|中|的|应用|；又如“西部环境状况研究”，可切分为：西部|环境|状况|研究|；再如“石质文物的保护”，可以切分为：文物|石质|保护。

在切分的基础上提取核心概念。在一组检索词中，往往只有一个或少数几个是核心词，而其他词仅起限定作用。在第一例中，其核心词是“计算机”和“经济管理”，其他词都是修饰限定核心词的；第二例中，其核心词为“西部环境”，其他词都是限定“西部环境”的；第三例中，核心词是“文物”。在检索中，首先必须将核心词确定为检索词，其他限定词则根据检索需要进行取舍。

在提取核心词时，应注意课题隐含概念的发掘。隐含概念是指课题中没有明确指出，但又与课题密切相关的概念。通常包括相关的概念和上下位概念。这些内容需要从课题所属的专业角度作深入分析才能够提炼，切忌仅从课题名称中选词。如上面第三例中的“石质文物的保护”，虽然可以“文物 and 石质 and 保护”作为检索式，但这是一个意义比较宽泛的检索式。而相关知识告诉我们：石质文物有不少的下位概念，如石楼、石碑、纪念碑、金字塔等，因此可依据具体要求做出灵活的选择，从而发掘出隐含概念。又如，“清华大学图书馆的书目数据库系统”，显见的主题是“清华大学图书馆”和“书目数据库系统”，隐含的主题是“高校图书馆”和“图书馆自动化系统”。

② 排除无关词。

排除不具备检索意义的介词、连词、助词、副词等虚词及与课题相关度不大的其他关键词。例如“计算机在经济管理中的应用”经删除后，其关键词的集合为：计算机|经济管理|。

排除过宽和过窄的词。过宽的词没有触及问题的实质，导致检出一些不相关的信息；而过窄的词由于限制条件过于苛刻，会造成漏检。过宽和过具体的词均属于不必要的限定词，应去掉。例如：西方法律秩序→西方（限定词过泛），一般来说，研究西方法律秩序主要是围绕其代表人物展开的，因此，这里应选用具体的代表人物进行检索；又如“发展”“趋势”“现状”“工艺”“技术”“研究”“影响”等这些过宽的词若不是专门查找综述类文献也应予以排除。

两个词之间存在相互蕴涵的关系，可酌情去掉其中的一个而保留另一个。例如：中国唐诗→唐诗。

使用专业数据库时，有些概念是没有必要提出的。如使用法律法规全文库时，法律一词就没有必要作为概念提出。

③ 替换原有词。

若课题中的词比较模糊、宽泛、狭窄或不可行，这时可用概念替换法，引入更明确、更具体、更本质、更可行的概念作为替换词代替原有词，或者作为同义词和相关词增加到原来的概念组中同时保留原有词，或者用分类类目来替换检索词。例如：用户要求查找“西部环境”方面的文献，可以选用四川、云南、贵州等，在检索时就可以采用：西部→西部 OR 四川 OR 云南 OR 贵州。

④ 补充相关词。

补充还原词组。许多名词是经由词组缩略而成，因此可以采用与缩略相反的操作——补充还原，导出一个词的来源词组，并将来源词组作为原词的同义词，补充进检索式。例如 CAD（computer aided design）、CCTV（中央电视台）等。

补充同义词或相关词。在英语中，一些词有英式、美式的不同拼写，而一些术语又有首字母缩写，因而在提取检索词时，一定要考虑到各种同义词、相关词及同族词。例如企业与公司，colour 与 color，自由港与自由口岸，网上聊天与 QQ 等等。

⑤ 增加限义词。

一词多义是一个普遍现象，例如“窗口（window）”，既可是建筑物的窗口，又可是计算机操作系统的视窗。为避免一词多义而导致的误检，应增加限义词，其方法有两种：用逻辑乘增加限定词，用逻辑非排除异义词。

⑥ 参照主题词表。

各数据库通常有各自相应的主题词表，因此必须掌握主题词表的结构及使用方法。同一词，在不同的数据库库中有不同的著录形式。当前，一些数据库系统已将词表作为数据库的组成部分，可通过计算机直接从词表中选词，如 Inspec、Compendex 等。

此外，不同的数据库加工数据的深度是不同的，专业数据库的加工深度要高于综合性的数据库。所以检索的时候，所选的检索词应当随所选数据库的不同而调整，避免因为检索词选取不当造成检索结果不理想。

6. 编制检索式

当检索课题包含较复杂的主题内容时，应明确所需检索的概念及其相互关系。在确定检索词后，根据检索词之间的关系，用系统支持的算符（布尔算符、位置算符、字段符等）以及提供的各种选项（主题词、作者、分类号等），将这些检索词组配起来形成检索式，成为计算机可以识别和执行的命令形式，并且充分表达信息需求。

拟定合理的检索式是上述各步骤和各种检索技术的综合体现，是检索策略的表达形式。检索式编制得好坏直接关系到检索的最终结果。编制检索式需注意以下几点原则：

① 明确概念组配的逻辑关系，正确使用布尔逻辑 AND、OR、NOT 算符；

② 英文检索词的不同表达方式尽量使用截词技术；

③ 正确使用各种位置算符；

④ 注意后缀与前缀代码的限定使用；

⑤ 注意逻辑算符与位置算符的先后处理次序，注意括号的使用。

7. 输出检索结果，获取原始文献

每种数据库都提供了各种输出方式（题录方式、全记录方式、自定义格式等），用户可根据自己的需求，灵活选择输出记录的格式，获得检索结果。有的数据库在检索的同时就提供原始文献（阅读或下载），如 CNKI、维普数据库等全文数据库，但是也有的数据库不提供原始文献（如文摘型数据库）。在这种情况下获取原始文献可以考虑以下几种方法：

（1）使用全文数据库检索

某一种期刊可能被多个数据库收录，在一个数据库中找不到全文，可以在其他数据库中查找是否提供全文。

（2）使用图书馆馆藏目录查询系统（OPAC）查询有无相应纸本文献

如果数据库中仅提供某本期刊上所有文章的摘要而不提供全文，可通过 OPAC 系统查询到图书馆是否藏有该期刊的纸质版本，以便直接到图书馆去获取纸质文献。

（3）使用联合目录

使用联合目录查询国内其他高校图书馆有无收藏，若有收藏，可考虑使用图书馆的馆际互借与文献传递服务。在使用这项服务时，应注意准确无误地记录文献线索（题名、作者、刊名、页码、语种、总页数等），并将这些线索提供给图书馆工作人员。目前，馆际互借与文献传递已成为重要的原文获取途径。

（4）直接向作者索取

一些作者尤其是外国作者都非常热心提供自己论文的全文，认为有人来阅读其文献是一件荣幸的事情，只需要通过 E-mail 说明意向，大部分人很快就会回复。

（5）通过搜索引擎查询

现在，因特网上已经拥有相当多的免费学术资源，其中一部分就是学术期刊。

因此，可以通过开放期刊目录（Directory of Open Access Journals，网址为 http://www.doaj.org）查找相应文献是否可以在网络上获取全文。另外，也可以通过搜索引擎，直接输入文献名来查找网络上是否有 PDF、DOC 或 PS 等格式的原文文献。

3.1.3 检索策略优化

使用不同的检索系统，上机操作的具体步骤会有所不同，必要时可使用系统的帮助功能或向咨询人员请教。在输入检索式时要确定检索结果的显示方式，这是检索系统为用户提供的优化检索过程的常见选项，包括在检索结果中需显示的字段，每页需显示的结果数量等。检索执行后通常会获得一个结果的反馈列表，针对该列表可判断检索结果是否已达到检索目的。若对检索结果不满意，应调整检索策略，重新检索。而检索策略的优劣将直接影响到检准率和检全率，也可能导致检索失败。常见的检索策略调整方法如下：

1. 扩检

一旦发现检索结果为零或者过少，就应该考虑扩检，以提高检全率。扩检的方法有：

（1）减少限制条件

减少限制条件也就是减少逻辑与的层次，减少检索式中用逻辑与连接起来的条件，放宽检索范围，这是扩检最常用的方法。如“运用计算机程序建立股票趋势预测模型”，若检索式为：计算机 and 程序 and 股票 and 趋势 and 预测 and 模型，在检索结果不理想时，可将“程序”与“趋势”两个检索条件去掉，改为计算机 and 股票 and 预测 and 模型。原检索式中的程序是计算机的下位概念，而趋势是过于宽泛的词，没有必要提出。

（2）增加同义词、上位词或相关词

增加同义词、上位词或相关词也就是增加逻辑或的层次，将同义词、上位词或相关词用逻辑或连接起来检索。例如检索“外商投资管理”方面的文献，可以考虑用“外商”“投资”“管理”，而“外商”的同义词和近义词可以扩展出“独资”和“合资”等，“投资”的同义词和近义词可以扩展出“资本”和“股权”等，“管理”的同义词和近义词可以扩展出“法规”和“规定”等。又如查找有关汤显祖《牡丹亭》的文献资料，考虑到《牡丹亭》又名《还魂记》，在检索时，可以用检索式“（牡丹亭 or 还魂记）and 汤显祖”进行检索。

（3）充分挖掘隐含概念

如课题“金融计算机系统的若干关键技术及其网上应用的研究”，若采用检索式“金融计算机系统 AND 网络”进行检索，相关的有深度的文献很少。这时应该充分挖掘课题隐含的概念，考虑到该课题所涉及的专业为金融和计算机交叉学科，主要探讨有关计算机技术、网络技术在金融领域的运用问题，以及关于金融计算机系统的网上应用及其若干关键技术，包括容错性、安全性、可靠性、可用性、完整性、保密性等，重新选用关键词"金融计算机系统""安全性""C/S""容错性""数据保护""数据加密"等进行检索，可以检索到切题的相关文献，得到比较满意的结果。

（4）信息反馈检索

信息反馈检索就是根据第一次检索结果获得的有关信息为依据，调整、修改检索式，第二次再检索，这种检索方法称为信息反馈检索。信息反馈可以一次反馈，也可以多次反馈，反馈次数越多，检索效果越好。通过多次反馈，可逐步扩大检索结果或减少无关文献数量。这是对难题或查全率要求特别高的课题（如发明专利查新）经常采用一种重要的检索方法。

信息反馈检索是根据内容相同或相近的文献即相关文献的标识符号，如主题词、分类号等必然完全相同或部分相同为理论依据而反馈检索的，其基本程序如下：

① 用主题词或分类号组成检索式，进行第一次检索；

② 阅读检索结果，分析相关文献和无关文献的有关信息，主要包括这些文献的主题词、分类号、作者等有关信息；

③ 利用获得的信息调整、修改检索式或再补充检索；

这样周而复始，直到检索结果满足要求为止。

（5）内容转移检索

有的课题直接检索效果不好，可进行内容转化，扩大检索面，提高查全率。如"普通家庭收入预测的研究"，采用检索式："普通家庭 and 收入 and 预测研究"，查得的文献较少，后来得知研究方法包括泊松模型方法或指数模型方法，第二次检索了"泊松模型方法"和"指数模型方法"查得多篇相关文献。

2. 缩检

与上述情况相反，有时检索出来的文献很多，多达几百甚至几千篇。一旦发现检索结果过多这种情况，此时应考虑缩检，提高检准率。缩检的方法主要有：

（1）增加限制条件

增加限制条件即增加逻辑与组配层次，这是缩小检索范围最常用的方法。例如可用所检索的某种物质的材质、性能或用途等某方面的特点对某种物质作限制；或者用年代、作者、国家、文种、文献类型、分类号等限定。例如：要查找"中国上市公司治理评价研究"方面的文献，可以限定其文献类型为报告，以获得较为满意的检索结果。

（2）将记录级检索改为字段级检索

这也是一种提高查准率的缩检方法。例如：检索"数字图书馆知识产权研究"方面的文献，选用 CNKI 中国学术期刊全文数据库（该数据库同一检索字段中，用 * 表示逻辑与，用" + "表示逻辑或，用" - "表示逻辑非），如果用关键词字段进行检索，输入"数字图书馆 * 知识产权"，检索出 314 篇文献（年代范围限定在 2005—2013 年，检索时间 2014 - 08 - 25），这时可以将检索词限定到篇名字段进行检索，则检索出 253 篇文献，很多都是相关的文献。

（3）提高主题词的专指度

要避免使用泛指的词作为主题概念进行检索。例如从 CNKI 中国学术期刊全文数据库的篇名中检索“饮料包装设计”的文献。若用“饮料 * 包装 * 设计”组配，命中许多不相关的文献；若用“（饮料 + 牛奶 + 果汁 + 汽水 + 矿泉水）* 包装 * 设计”，检准率则会大大提高。

（4）排除无关的概念

用逻辑非将不需要的概念排除，这也是提高检准率的好方法。如检索“中学人文素质教育研究”方面的文献，在 CNKI 中国学术期刊数据库中，若用主题字段进行检索，输入“中学 * 人文素质教育”，结果命中文献 54 篇（年代范围限定在 2005—2013 年，检索时间 2014 - 08 - 25），其中几乎一半的文献都是有关语文课程在人文素质教育方面应用的文献，如果要排除这些文献，研究其他课程在人文素质教育研究方面应用的情况，可以修改检索式为“中学 * 人文素质教育 - 语文”，排除语文这一概念，从而查得所需相关的文献 33 篇。

（5）改变截词方式

截词不当也会导致检索出许多无关的文献，影响检准率。因此在使用截词符时应掌握一定的原则。如词根太短的词应避免使用截词，截词后的词义不能背离基本词义。

3.2 搜索引擎

3.2.1 各类搜索引擎

1. 搜索引擎的定义

搜索引擎（Search Engine）实际是个专用的万维网（WWW）服务器，它存有庞大的索引数据库，收集了全世界上百万甚至上千万个万维网主页的文字信息。搜索引擎一般利用被称作机器人（Robot）、蜘蛛（Spider）、爬虫（Worm）的自动代理软件，定期或不定期地在网上爬行，通过访问网络中公共区域的每一个站点，对网络信息资源进行收集，然后利用索引软件对收集的信息进行自动标引，创建一个详尽的可供用户进一步按关键词查询 Web 页面的索引数据库。索引信息包括文档的万维网地址，每个文档中单字出现的频率、地址等。因此，搜索引擎是一种能够通过 Internet 接受用户的查询指令，并向用户提供符合其查询要求的信息资源网址的系统。它将各站点按主题内容组织成等级结构。用户可以依照这个目录逐层深入，直至找到所需信息，其实质是一种报道、存储网上一次信息的检索工具。①

① 朱静芳. 现代信息检索实用教程[M]. 北京：清华大学出版社，2013.

2. 搜索引擎的功能

搜索引擎的第一个功能是收集信息，建立索引数据库，并自动跟踪信息源的变动，不断更新索引记录，定期维护数据库。

搜索引擎的第二个功能也是最主要的功能是提供网络的导航与检索服务。以某种分类法进行组织，帮助用户快速地查找所需的站点。使用户能够从网上纷繁复杂的信息中迅速筛选出符合需求的信息。

另外，搜索引擎通常还为用户提供多种信息服务。如：广告、免费的电子邮件、聊天室、地图等。

3. 各类搜索引擎

（1）关键词型搜索引擎

① Google（http://www.google.com）

Google 是一家美国上市的公有股份公司，于 1998 年 9 月 7 日以私有股份公司的形式创立，设计并管理一个互联网搜索引擎“Google 搜索”。Google 网站则于 1999 年下半年启用，其中文名称为谷歌（见图 3-6）。

Google 目前被公认为全球规模最大的搜索引擎，它提供了简单易用的免费服务。最主要的搜索服务有网页搜索、图片搜索、视频搜索、地图搜索、新闻搜索、购物搜索、博客搜索、论坛搜索、学术搜索、财经搜索等。

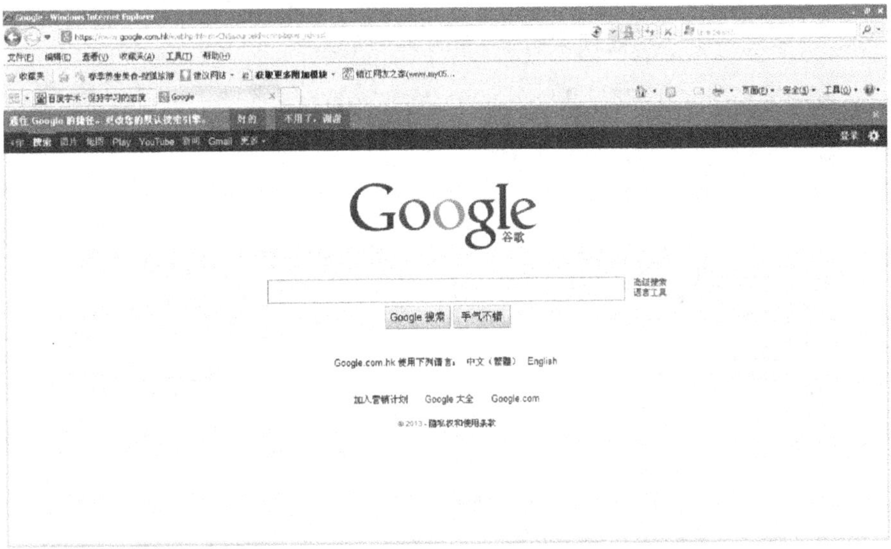

图 3-6　Google 搜索引擎检索界面

Google 的特色功能如下：

◎ 检索多种类型的文件，除了 HTML 文件外，可以支持其他 13 种类型文件的搜索，如 PDF、DOC、PPT、XLS、RTF、SWF、PS 等。

◎ 提供多元化服务，除了提供 Web 信息资源的检索服务外，Google 还推出许多服务，如计算器、中英文字典、天气查询、股票查询、电子邮件服务、Google 工具栏等。此外，英文版 Google 还提供了商品导航工具 Froogle，将众多商品，如数码相机、音乐播放器等，分类列出，帮助用户通过比价的方式选择。

Google 的检索功能比较强大，主要体现在以下几个方面：

◎ 相关检索功能，为了给用户提供更多的相关信息，Google 推出“类似网页”。如果用户对某一网站的内容很感兴趣，但又嫌资料不够，单击“类似网页”后，就可获取与这一网页相关的网页、资料等。

◎ 快捷的检索，为了减少用户搜索网页的时间，Google 推出了“手气不错”功能，单击该按钮将自动进入第一个检索结果所在的网页。由于 Google 的网页级别(Page Rank)技术的支持，检索结果的第一个记录往往是最相关和重要的，因此使用“手气不错”将减少搜索网页的时间。

◎ 检索词纠错，Google 的错别字改正软件会对输入的关键词进行自动扫描，如果发现用其他字词搜索可能会有更好的结果，会提供相应提示来帮助纠正可能有的错别字。该软件建立在互联网上所能找到的所有词条之上，能够提示常用人名及地名的最常见的书写方式，这是一般的错别字改正软件所不及的。

② Lycos(http://www.lycos.com)

Lycos 于 1994 年 8 月开始在网上运行，目前是 Lycos 集团公司 Lycos network 服务的成员之一，是一个多功能搜索引擎，如图 3-7 所示。

图 3-7 Lycos 搜索引擎检索界面

Lycos 借助于自动搜索软件搜索收集多种类型的资源，如网页、人名、企业名录、多媒体、音乐/MP3、讨论组、新闻、产品信息等，搜索结果精确度较高，尤其是搜索图像和语音文件的功能很强。此外，还提供游戏、电子邮件、音乐、购物、个性化 Lycos、新闻快讯等服务。关键词检索方式下可从 Web、人物、产品、新闻、讨论、黄页、多媒体等多种途径检索，检索方式分为基本检索和高级检索。支持布尔逻辑运算符(AND、OR、NOT)、精确检索符("")，也可在检索词前加" + "表示该词一定出现，检索词前加" - "表示该词一定不出现。高级检索提供强大的过滤功能，可以从检索词、URL/站点名称、语言、日期等几个方面限制检索范围。Lycos 也提供 Web 主题目录浏览检索服务。目录分类规范、类目设置较好、网站归类准确、简明扼要，分为艺术和娱乐、汽车、商业和职业、计算机和网络、游戏、健康、家庭、青少年、新闻、休闲、宗教、科技、社会和文化、体育、旅行等类目。个人 Lycos 主页可根据个人兴趣和爱好设置相关的检索参数。

③ Excite(http://www.excite.com)

Excite 是由斯坦福大学的几个大学生于 1993 年 8 月创建的 Architext 扩展而成的万维网搜索引擎，目前属于 Ask Jeeves 公司，收录了 100 多家领先信息提供商的丰富信息资源，包括网页、新闻、体育、股票、天气、企业黄页、人名等，如图 3-8 所示。

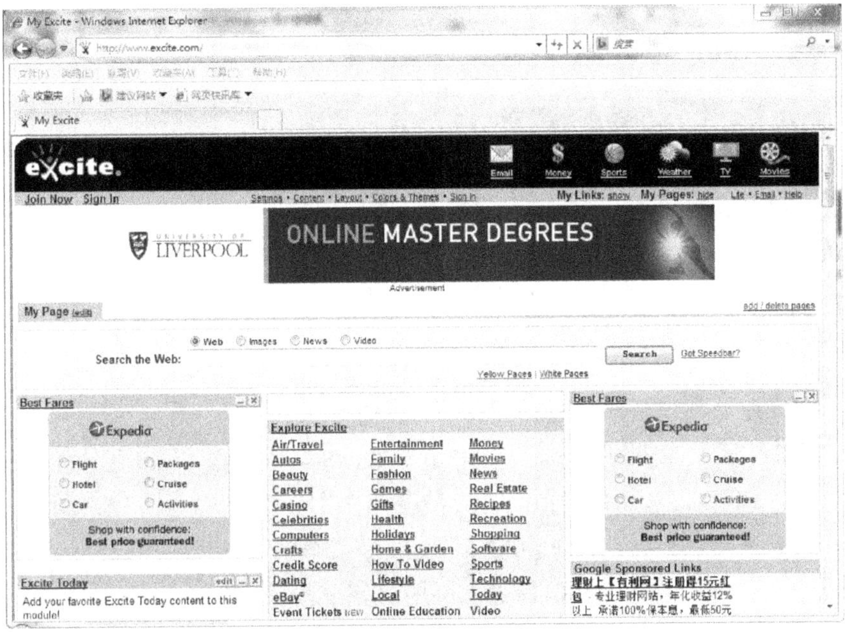

图 3-8 Excite 搜索引擎检索界面

Excite 除了提供网络信息检索服务外，还提供网上交流、免费邮件、天气预报、股票指数、体育信息等服务。检索途径有网页检索、主题目录检索、新闻检索和图片检索 4 种，检索方式包括基本检索和高级检索。基本检索可以采用双引号来进行精确检索，" + "表示其后的检索词一定出现，" - "表示其后的检索词不能出现。布尔逻辑运算符(AND、OR、NOT)只能在高级检索中使用。在高级检索中,可从检索词、语言、域名等方面限制检索范围,可以选择是否纠错检索拼写和是否在检索结果中粗体显示检索词等,定制检索结果显示的数量和排序标准(按搜索引擎还是相关度排序)等。主题目录浏览检索较简单,站点被分为汽车、商业和货币、计算机和网络、游戏、艺术与娱乐、休闲、健康、社会、参考、新闻和媒体、科技、宗教、体育和旅行 14 大类。此外,Excite 将最近的流行检索词列出,供单击检索,也提供个性化定制服务——My Excite,用户可以根据自己的兴趣爱好设置个性化的界面格式、内容、布局或者颜色,自动获取相关信息。

④ HotBot(http://www.hotbot.com)

HotBot 建立于 1996 年 5 月,曾因"改良的界面、优秀的复杂查询、最新新闻查询及比任何网点都丰富的过滤选项"获得 *PC Magazine* 1997 年"编辑选择奖"。目前是 Lycos 公司 Lycos Network 的成员,收集了 1 亿多个网页。检索界面简洁直观,并有多种颜色和式样的检索界面供选择。另外还提供了 HotBot、Google 和 Ask Jeeves 这 3 个搜索引擎的检索,如图 3-9 所示。

图 3-9 HotBot 搜索引擎检索界面

HotBot 的检索方式如下:

基本检索。选择一个搜索引擎,然后在检索主页的检索文本框中输入检索词(组),可以使用双引号来实现词组精确检索,或者在检索词前加"+",表示该检索词一定出现,检索词前加"-",表示该检索词一定不出现。

高级检索。在高级检索页面的文本框中输入相应内容，从语言、域名、地区、检索词(包含、不包含、出现的位置等)、日期、页面内容(页面包含的媒体类型，如 MP3、图片、视频、音频、Java、脚本、PDF、Word 文档)，以及是否阻止非法内容等方面限制检索范围。用户可对检索结果的输出进行定制。此外，HotBot 还设计了桌面工具栏，安装后，用户可在浏览器上直接输入检索词进行检索。

⑤ SOSIG(http://www.intute.ac.uk/socialsciences/)

SOSIG(The Social Science Information Gateway)是英国“经济与社会研究协会”(ESRC)与英国电子图书馆计划和欧洲委员会合作，由图书馆专家、信息科学专家、计算机科学专家将图书馆应用实践结合数据库技术而建设的，旨在为广大社会科学教师、学生、科学研究者以及社会科学领域从业者提供免费的、经过选择的、高质量的网络信息资源。它是英国“资源发现网”(The UK Resource Discovery Network)的组成部分。

SOSIG 的资源分为两个部分：SOSIG Internet Catalogue 和 Social Science Search Engine。SOSIG Internet Catalogue 是一个社会科学主题门户网站，它的资源是经过图书馆工作者和学科专家精心挑选、组织和标引的，因此这部分收集的是社会科学方面高质量的资源；Social Science Search Engine 则是一个社会科学专业搜索引擎，它的资源是通过软件“harvester”(与“Robots”或“Webcrawlers”相似)自动搜集和标引的，目前拥有超过 500000 个社会科学网页，其资源虽然在质量上不如 SOSIG Internet Catalogue，但在数量上却远远大于 SOSIG Internet Catalogue。图 3-10 为 SOSIG 的首页。

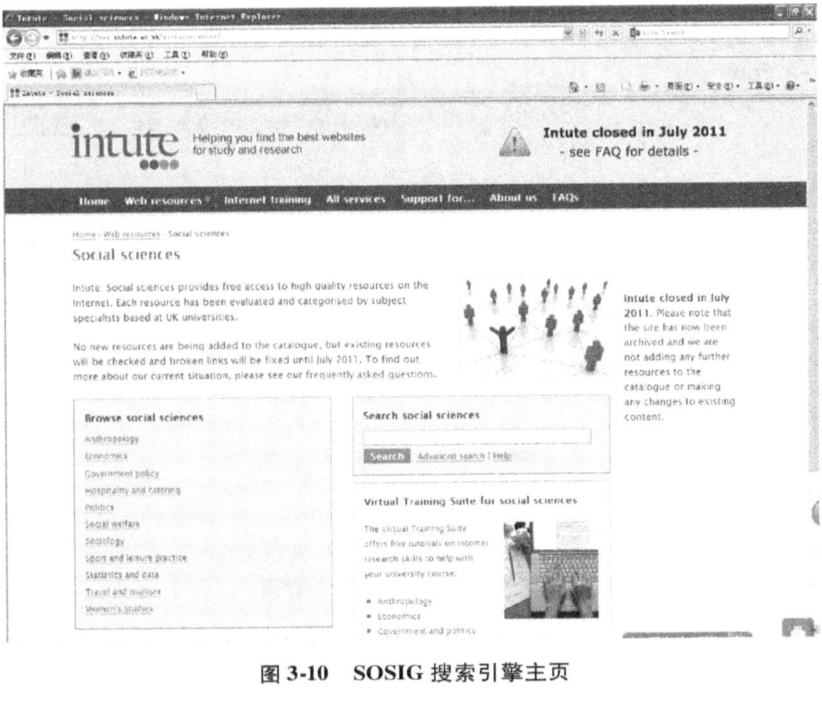

图 3-10　SOSIG 搜索引擎主页

SOSIG 提供了两种检索方式：按主题分类浏览和按关键词检索。

按主题分类浏览主要是浏览 SOSIG Internet Catalogue 的资源，其分类包含商业、经济、教育、环境科学、政府与公共管理、人类学、法学、哲学、社会福利、社会学、妇女问题等 17 个大类，每个大类下又分有许多二级类目、三级类目等，同时在每层类目下将网站按资源类型进行揭示。资源类型有：编者推荐资源、文章/论文/报告、书目数据库、图书、公司、数据资料、教育资料、政府机构、期刊（全文或文摘）、邮件列表、新闻、社团组织、参考资料、研究项目、资源导航等。点击网站名称获得该网站的详细信息，点击转向图标，直接打开该网站的链接。

按关键词检索功能又分为普通检索和高级检索，普通检索在首页的输入框中输入检索词，点击“Search”按钮即得检索结果。普通检索是在 SOSIG Internet Catalogue 中进行的检索，检索结果是经过人工筛选的高质量网站。

点击“Advanced Search”进入高级检索页面。在高级检索页面中除了可进行 SOSIG Catalogue 资源检索外，还提供了 Social Science Search Engine 资源的检索。

⑥ 百度（http://www.baidu.com）

百度，全球最大的中文搜索引擎。2000 年 1 月创立于北京中关村。使用高性能的“网络蜘蛛”程序自动地在互联网中搜索信息，可使搜索器能在极短的时间内收集到最大数量的互联网信息，如图 3-11 所示。

图 3-11　百度搜索引擎检索界面

百度在中国各地和美国均设有服务器，搜索范围涵盖了中国内地、中国香港、中国台湾、中国澳门地区，以及新加坡等华语地区，北美、欧洲的部分地区。目前拥有

的中文信息总量超过4亿以上，并且还在以每天几十万页的速度快速增长。检索途径有网页、MP3、新闻、地区、网站、图片、百度词典等，提供基本检索和高级检索两种检索方式，支持布尔关系“或”（用“|”表示）、“非”（用“-”表示），可将检索范围限制在指定的网站、标题、URL和文档类型。此外，高级检索可以定义要搜索网页的时间、地区、语言、关键词出现的位置以及关键词之间的逻辑关系等。目前百度也推出主题目录浏览检索，由人工维护、更新，共分为5个大类，70多个子类目。基于每天上亿次的搜索数据，百度推出中文搜索风云榜，反映目前的搜索热点。

百度学术（http://xueshu.baidu.com）于2014年6月13日正式上线。百度学术（见图3-12）是百度旗下提供海量中英文文献检索的学术资源搜索平台，涵盖了各类学术期刊、会议论文，旨在为国内外学者提供最好的科研体验。百度学术搜索可检索到收费和免费的学术论文，并通过时间筛选、标题、关键字、摘要、作者、出版物、文献类型、被引用次数等细化指标提高检索的精准性。百度学术搜索频道还是一个无广告的频道，页面简洁大方，保持了百度搜索一贯的简单风格。在此页面下，会针对用户搜索的学术内容，提供相应的检索结果。用户可以选择查看学术论文的详细信息，也可以选择跳转至百度学术搜索页面查看更多相关论文。同时还可以选择将搜索结果按照“相关性”“被引频次”“发表时间”三个维度分别排序，以满足不同的需求。

图3-12　百度学术搜索引擎检索界面

⑦ 天网(http://maze.tianwang.com)

天网 Maze 是北京天网时代科技有限公司开发的一款资源丰富和功能强大的个人信息中心(Personal Information Center,简称 PIC)文件系统,目前天网 Maze 已经推出 2011 版,如图 3-13 所示。

图 3-13　天网 Maze 搜索引擎检索界面

天网 Maze 将学习、娱乐、资讯、沟通融为一体,致力于与合作伙伴一起引领校园网络新文化,构建健康、文明、和谐、向上的校园绿色网络环境。天网 Maze 集个性化搜索、大学精品课程、网络课堂、教育商城、即时通信等诸多功能,是一个全新的个人桌面信息平台。它采用更为严格的技术策略,并且引入了 Web2.0 及 SNS 概念,加强了对个人及他方有关权益的保护,拥有客户端和服务器端,具有人工多重过滤不正当资源文件的手段,是一款真正意思上的 PIC 产品。截止到 2010 年 7 月,天网 Maze 已经有注册用户 620 万,同时最高在线用户超过 10 万。

(2) 目录型搜索引擎

① Yahoo!(http://www.yahoo.com)

Yahoo!是最早、最典型的目录型搜索引擎,起源于大卫·费罗和杨致远于 1994 年 4 月建立的网络指南信息库。目前收集了成千上万台计算机上的信息,建立了完整、合理的类目体系,提供融信息检索、用户交流和多种产品于一体的服务。全球共有 24 个网站,12 种语言版本的雅虎开通,Yahoo!中国也于 1999 年 9 月正式开通。2005 年 10 月,中国雅虎由阿里巴巴集团全资收购。Yahoo!将收集的信息分为 14 个主题大类,包括艺术与人文、商业与经济、计算机与 Internet、教育、娱乐、政府和政治、健康与医药、新闻与媒体、休闲与运动、参考资料、区域、科学、社会科学、社会与文化,每一个大类下面又细分为若干子类,逐层搜索十分方便,如图 3-14 所示。

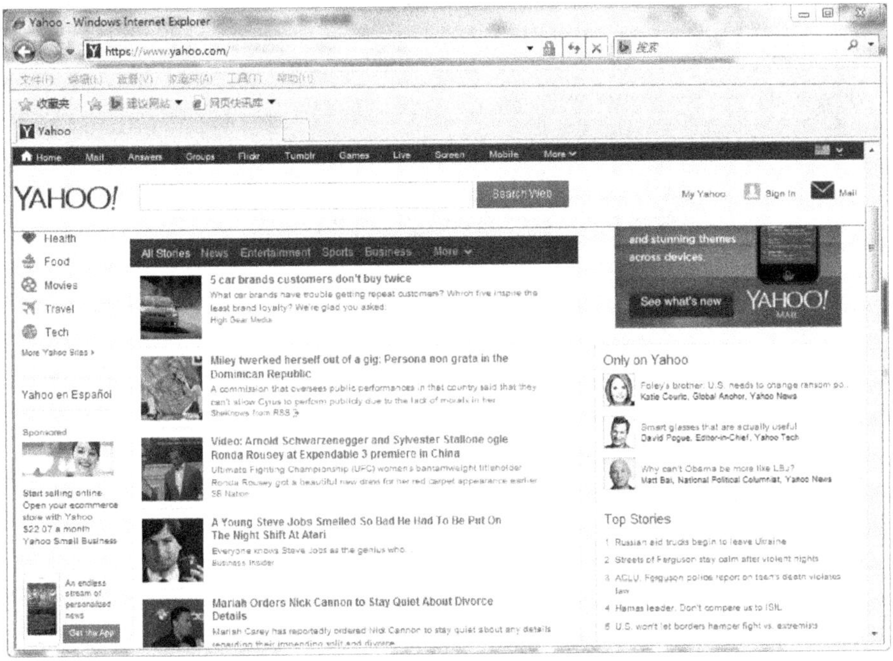

图 3-14　英文 Yahoo! 搜索引擎检索界面

作为最早的网络资源指南，Yahoo! 目前不仅提出主题目录浏览检索，而且也提供关键词检索、专利检索（人物、天气、电话号码等）服务。目前，只有网页检索和目录检索具备高级检索功能，图片、新闻、音乐和实名检索不具备。在高级检索中，用户可以从搜索结果、更新时间、网站/网域、文件格式、分类、Safe Search 过滤器、国家、语种、搜索结果数目等方面限定检索范围。

② DMOZ（http://dmoz. org）

DMOZ（Open Directory Project）是目前最大、最全面的人工编辑的网络资源指南之一，由全球大量的自愿网民构建和维护。将所收集的网站分为艺术、商业、计算机、游戏、健康、家居、青少年、新闻、娱乐、参考、宗教、科学、购物、社会、体育、全球类目共 16 个类目，如图 3-15 所示。

该分类体系为 Google 等多个搜索引擎所采用。除了提供主题目录浏览检索服务外，DMOZ 也提供关键词检索。关键词检索分为基本检索和高级检索，支持布尔逻辑运算符（AND、OR、NOT）、右截词（通配符为 *）、精确检索（将检索词组用双引号括起），可以用“ + ”表示其后的检索词一定出现，“ - ”表示其后的词一定不出现。

③ Galaxy（http://www. galaxy. com）

Galaxy 于 1994 年 1 月创建，其开发者是商业网络通信服务公司 EINet，目前属于 Logika 公司，是 Internet 上最早按专题检索 WWW 信息的网络主题指南之一。收集的信息包括网页、网站、新闻、域名、公司名录、人名、股票指数等。它将所收集网站分为购物、商业、人文、社会科学、宗教、工程和技术、家居、参考、社会团体、旅行、娱乐休闲、科学、体育、健康、政府和医学共 16 个大类，如图 3-16 所示。

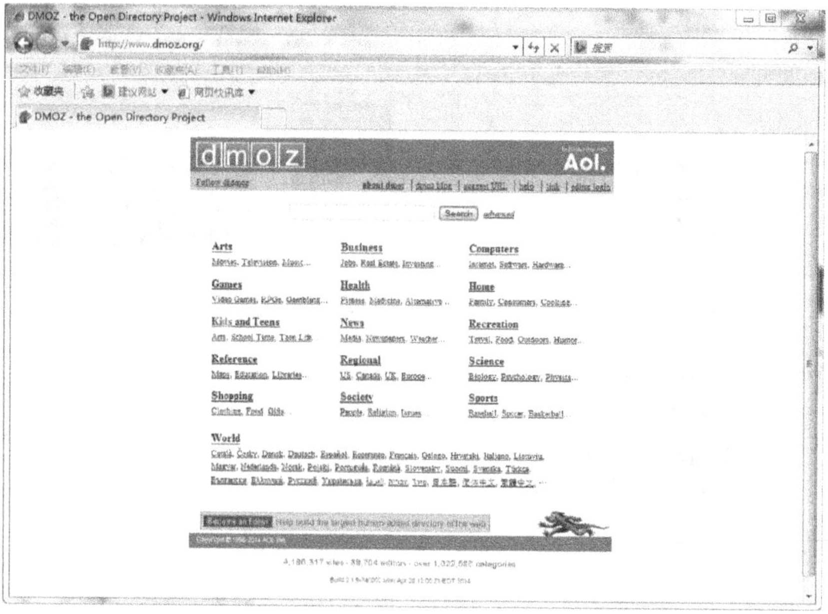

图 3-15 Open Directory Project 搜索引擎检索界面

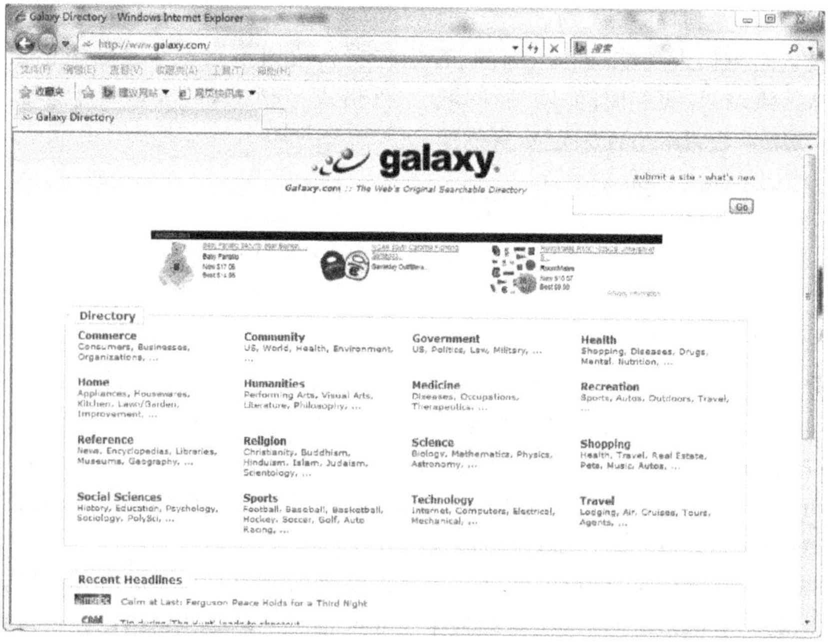

图 3-16 Galaxy 搜索引擎检索界面

由于 Galaxy 是由一些具有专业背景的图书馆学人员进行分类、组织和编辑的，确保了信息的可靠性。该搜索引擎提供网页、主题目录、新闻和域名 4 种检索途径，除了主题目录浏览检索外，还提供关键词检索。关键词检索可以分为基本检索和高级检索，支持布尔逻辑符（AND、NOT，检索词间的默认关系为 AND）、精确检索（将检索词组用双引号括起）。检索结果按相关度排列，每条记录前会以一条长短不一的红线表示其相关度。

④ 搜狗搜索（http://www.sogou.com）

搜狗搜索是搜狐（sohu）1998 年推出的中国首家大型分类目录搜索引擎，到现在已经发展成为中国影响力最大的网络资源指南。网站信息的收集与处理一直坚持以人工编辑为主，目前拥有总数 50 万以上的庞大网站数据，广泛借鉴信息分类领域的常用分类法和行业分类的分类标准，将其分为娱乐休闲、电脑网络、卫生健康、工商经济、公司企业、文学、体育健身、教育培训、生活服务、艺术、社会文化、新闻媒体、政治/法律/军事、科学技术、社会科学和国家地区共 16 个主题大类，5 万多个细类。搜狐也提供关键词检索方式，可以按照网站、新闻、MP3、购物、图片、商机、软件 7 种途径进行检索。目前，搜狐推出搜狗——第三代互动式搜索引擎，如图 3-17 所示。

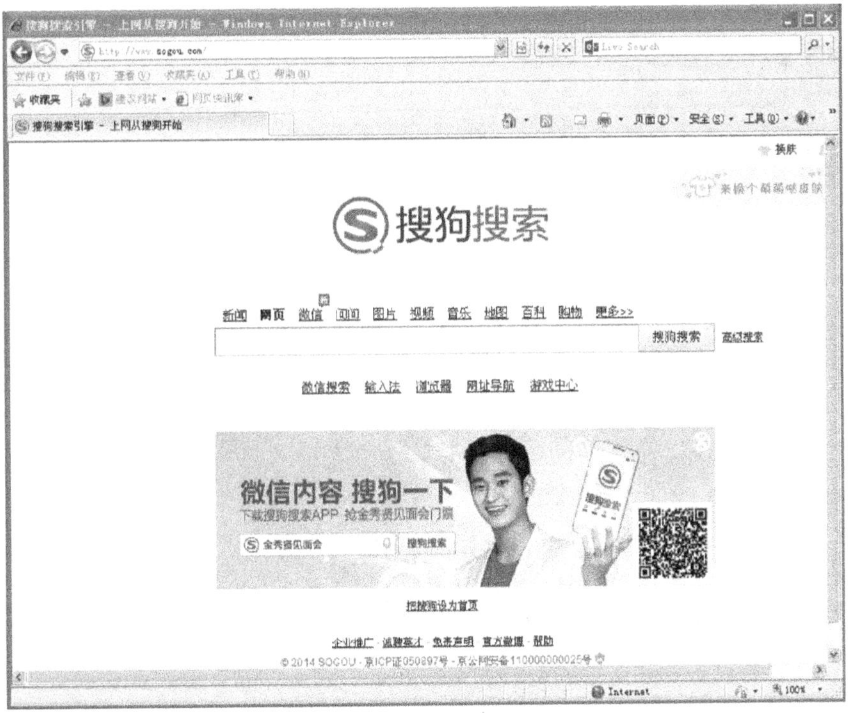

图 3-17　搜狗搜索引擎检索界面

在用户输入一个查询词后，尝试理解用户可能的查询意图，给出多个主题概念的搜索提示，通过人机交互过程，展开多组相关的主题概念，引导用户更快速准确定位自己所关注的内容。此外，搜狗还推出“直通车搜索”，即将检索关键词提交给“直通车”中列出的其他搜索引擎（包括 Google、百度、雅虎、中搜等），可在同一个窗口中得到想要的结果，也可以按主题（包括新闻、音乐、图片、小说、购物、软件、游戏、Flash、工作、商业）查询。搜狐每天接受用户数千万人次的搜索，所有的访问统计形成搜索排行榜，再依据关键词的属性分成 30 大类，这就是搜索指数。通过搜索指数能够了解用户在关注什么。

⑤ 有道搜索（http://www.youdao.com）

有道是网易旗下利用大数据提供互联网应用的子公司。2004 年 6 月底，网易和全球领先的搜索技术提供商 Google 签订战略合作协议，在提供高质量搜索服务的同时，有道搜索还深入研究互联网上的网站行业问题，为广大企业用户提供最佳的推广方案。随着自身技术和服务的不断改进，有道搜索引擎已经被越来越多的网民使用并给予肯定，市场份额不断攀升。其页面人均访问量接近 3000 万次，查询速度快，链接成功率高。有道搜索与国际接轨，提供中文、英文、日文、俄文等几十种语言关键词检索，如图 3-18 所示。

图 3-18　有道——网易搜索引擎检索界面

有道搜索引擎的网页搜索是一种基于程序基础上的搜索技术，它和网站搜索最大的区别就是网站搜索是基于人工编辑和整理的，而网页搜索是程序按照预先设定的规则去各个网站上抓取网页信息，并按照既定的程序规则建立索引，在用户输入关键词进行搜索的时候，按照关键词匹配等规则，将网页按照一定的顺序排列出来。

有道搜索引擎的网页搜索采用的是 Google 的搜索技术，并在其基础上进一步本地化和网易特色化。现在的有道搜索引擎的网页搜索，速度快、结果精确、死链接少，已经是国内最出色的网页搜索引擎之一。

当门户网站的鼻祖雅虎公司创建第一代搜索引擎时，采用的就是分类目录的方式。有道搜索在建设初期，也是以分类目录的检索方式为主，并且创建了国内最大的开放式目录管理系统（ODP）。随着技术的逐步发展，现在的用户更习惯于直接输入关键词的简单搜索方式，关键词搜索成为一种主流的搜索模式。

图片搜索是为了满足广大网民的搜索需要而独立出来的一种专门搜索。和一般想象的不同，图片搜索是基于对网页页面的文字分析和文件属性分析后的搜索结果，而不是想象中的对图片本身进行分析的结果。

除了常规的搜索框之外，图片搜索还给用户提供了热门关键词、分类目录和热门排行榜，网易相册也在图片搜索里开辟了栏目。

新闻搜索是网易独立开发，并于 2005 年 5 月推出的一个新的专项搜索服务。新闻搜索主要分为两个板块，一个是新闻搜索框，另一个是以当前各大热门新闻为主题的分类板块。值得一提的是，新闻搜索提供了个性化设置功能，让用户能够以自己最喜欢的方式浏览自己最想看的新闻。

作为网易跟 Dictionary Today 公司合作的产品，有道词典搜索除了提供常规的英汉、汉英互译服务之外，还将博大精深的中国成语融入其中，提供成语翻译服务，开创了国内搜索引擎提供成语翻译服务的先河。此外，有道词典搜索还是个“会说话”的搜索引擎，极具个性的在线朗读服务十分吸引用户。在汉英互译功能中，不仅仅能够朗读搜索的英文单词，还能够朗读字典给出的英文解释，而且选哪儿读哪儿，真正做到了随心所欲，想读就读。

有道搜索引擎还有功能搜索项，包括天气预报：可查询国内外主要城市及国内热门旅游景点 24 小时和 48 小时天气情况；电视预报：可查询全国各地每周的电视节目情况；火车车次：既可根据出发及到达城市查询车次的情况，也可根据车次查询旅程情况；文档查询：可根据关键词查询 Word、Excel、Powerpoint、PDF、RTF、Flash 等指定类型的文档；航班查询：可查询全国各地飞机航班的情况；手机号码：可根据给出的手机号码查询其归属地；IP 地址查询：可根据给出的 IP 地址查询计算机所在的地理位置；邮政编码：可查询国内邮政编码和长途电话区号；货币兑换：可在任意两种国际流通的主要币种之间进行数值转换；万年历：可查询万年历。

⑥ 新浪搜索（http://search.sina.com）

新浪搜索引擎是新浪公司提供的面向全球华人的网上资源查询系统，提供网站、网页、新闻、软件、游戏、音乐、黄页等资源的查询服务。网站收录资源丰富,分类目录规范细致,遵循中文用户习惯,目前有娱乐休闲、求职与招聘、艺术、生活服务、教育就业、社会文化、政法军事、个人主页、文学、计算机与互联网、体育健身、医疗健康、科学技术、新闻、参考资料、商业经济、少儿搜索引擎等。除了主题目录浏览检索,新浪也提供关键词检索。在新浪主页的文本框内输入关键词,选择网页、图片、新闻和 MP3 共 4 种检索途径之一,提交申请,获取检索结果。另外,也可在新浪搜索引擎页面中,从网页、分类目录、新闻、图片、音乐、网址和黄页 6 种途径检索(如图 3-19所示)。如果没有特别指定,系统默认查询次序依次为:目录搜索、网站搜索、网页检索。查询结果先返回目录搜索结果,然后返回网站搜索结果,再返回网页搜索结果,最后返回商品信息、消费场所等搜索结果,并在同一页面上包含网站、网页、新闻、商品等各类信息的综合搜索结果。新浪关键词检索支持逻辑与、或、非,检索词之间的默认关系为“与”,短语精确检索符为“()”,不支持词干法或者通配符,忽略常见字符,在关键字前加“t:”表示在网站标题中搜索,在关键字前加“u:”表示在网站(URL)中搜索。

图 3-19　新浪搜索引擎检索界面

（3）集合型搜索引擎

① mamma(http://www.mamma.com)

Mamma 自称"搜索引擎之母"，可同时调用 14 个常用的独立搜索引擎，包括 OpenDirectory、LookSmart、business.com、about.com 等主题指南，Google、MSN、Gigablast、Teoma、EntireWeb 等关键词搜索引擎，以及 FindWhat\Kanoodle 等收费搜索引擎，可查询网页、新闻、黄页、人物、股票指数、图像和声音文件等资源(如图 3-20 所示)。其检索界面简洁友好，可同时调用全部后台搜索引擎，也可自行控制选择，设置使用偏好，设定检索时间、每页可显示的记录数、网站简介的长短等。Mamma 支持精确检索符(" ")，在检索词前加" + "表示其一定出现，在检索词前加" - "表示其一定不出现。检索结果以相关性排序，剔除重复记录，内容包括网页名称、URL、文摘、源搜索引擎等。

图 3-20　mamma 搜索引擎检索界面

② Dogpile(http://www.dogpile.com)

Dogpile 也隶属于 InfoSpace 公司，提供网页、图片、音视频文件、新闻、黄页、白页等信息的检索，其网页检索由 Google、Yahoo!、AshJeeves、About、LookSmart、OpenDirectroy、Overture 和 Findwhat 提供，图片检索由 Yahoo! Image 和 Ditto 提供，音频文件检索由 Yahoo! Audio 和 Singingfish 提供，新闻检索由 Yahoo! 新闻、Topix、Fox News 和

ABC News 提供。支持关键词检索和主题目录浏览检索(如图 3-21 所示)。关键词检索提供基本检索和高级检索两种检索方式,高级检索可从检索词、语种、日期、结果显示、域名过滤、成人内容过滤等方面对检索进行限制。

Dogpile 的自动归类技术会根据检索结果中出现的词或者短语将检索结果进一步划为多个类别,如将有关"保险"的检索结果再进一步分为寿险、火险、汽车保险、疾病保险等多类,从而方便用户查找所需检索结果。此外,Dogpile 还根据检索统计数据,将一些流行检索词分门别类列出,单击可获取相关信息。

图 3-21　Dogpile 搜索引擎检索界面

(4) 专用型搜索引擎

专用型搜索引擎是用于查找某些特殊类型的信息,如电话号码、多媒体文件、人物、地图等专门检索工具。由于侧重收录某一方面的信息,因此它们往往能比综合型的搜索引擎更迅速、准确和深入地查找上述专门信息。以下介绍人物、地图和图像、多媒体等类型的专用搜索引擎。

① 人物查询搜索引擎。

Web 中含有大量的个人信息,而且越来越多的搜索引擎都开始提供人物/白页检索功能。前面提到的搜索引擎几乎都提供这种功能。如 Yahoo! 的 people search (http://people.yahoo.com)、Lycos 的 WhoWhere(http://www.whowhere.com)等。

Bigfoot Directories(http://www.Bigfoot.com)就是为商家和个人提供服务的一个门户网站,服务内容包括:Bigfoot Directories、Business solutions 和 Personal Solutions 共 3 部分,其中 Bigfoot Directories 利用多方资源提供人物信息、E-mail 地址等的检索查询服务,并提供 6 个检索入口(如图 3-22 所示)。

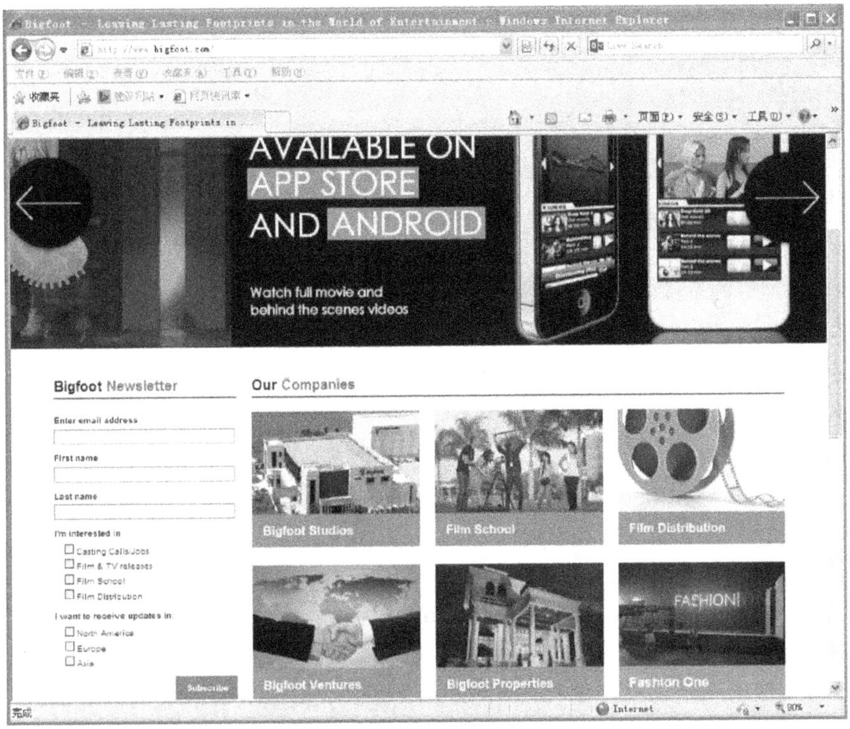

图 3-22　Bigfoot Directories 搜索引擎检索界面

E-mail search:利用 Bigfoot(http://search.bigfoot.com/en/index.jsp)自己的数据库资源查找某人的 E-mail 地址。

Find friends:利用 Reunion(http://www.reunion.com)的资源检索朋友的背景以及联系方式。

Find a Date:利用 itzamatch(http://www.itzamatch.com/en/index.jsp)为陌生人相识提供机会。只需在 itzamatch 网站提交个人相关信息,进行检索后就可找到有共同兴趣爱好的人的相关信息。

White Pages:利用 SuperPages.com(http://whitepages.addresses.com/)的资源检索查找人物的电话和地址。

Yellow Pages:利用 SuperPages.com(http://yellowpages.com)的资源查找有关商家的信息。

Find People：利用 Intelius(http://find.intelius.com/)查找失散的亲戚、朋友、同学以及其他重要人物。

另外，人物类搜索引擎 Switchboard(http://www.switchboard.com)是一个检索黄页和白页信息的专用工具，创建于 1996 年 2 月，目前隶属于 InfoSpace 公司。可用于检索公司名录、个人信息、电话号码归属、电话区号、邮政编码、地图、驾驶路线等信息(如图 3-23 所示)。

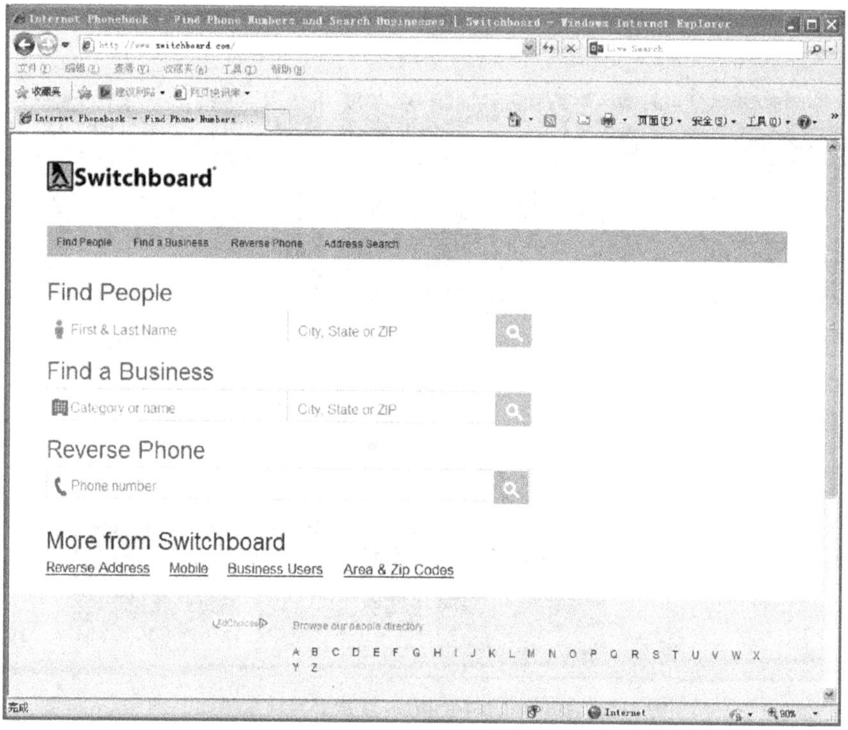

图 3-23　Switchboard 搜索引擎检索界面

② 地图查询搜索引擎

图行天下(http://www.go2map.com/)是我国第一个面向公众提供电子地图服务的网站，是检索全国地图信息的重要工具，在 2003 年地理信息系统优秀应用工程评选中获优秀工程奖。该搜索引擎可以查询我国 26 个大城市的地图、交通、生活、旅游等信息，通过输入关键词，获取公交路线、周边环境及所在位置最近的所需设施。它已经不再是一个简单的地理信息查询系统，而是涵盖了交通、地理、历史、旅游、商业等方面信息的多维化搜索引擎，目前隶属于搜狐公司(如图 3-24 所示)。

MapQuest(http://www.mapquest.com/)是由 Geosystems Global 公司于 1996 年推出的交互地图站点，后改名为 MapQuest.com，目前隶属于美国在线公司，提供地图、驾驶路线和地址信息的查询(如图 3-25 所示)。

图 3-24　图行天下搜索引擎检索界面

图 3-25　MapQuest 搜索引擎检索界面

③ 图像查询搜索引擎

万维网上的图像信息有多种形式，如图像、图形、位图、动画和影像等。对于这些信息的查找，可以利用一些综合性搜索引擎的图片检索功能，例如 Yahoo!、百度、Google、Lycos、Alta Vista 等，也可以访问一些专业的图形图像资料库、俱乐部网站，它们往往也有数量可观的各种图像资料，并且有本站自己内部的分类目录和搜索引擎，如知名的 NIX（美国航空航天总署图片交流中心）、Smithsonian 图片数据库等。此外，还出现了一些专门的图像搜索引擎。

图像词典（中文）（http://www.gograph.com/）是一个多语言、多类别网上图像搜索引擎，以中、英、法、德、挪威、意大利、西班牙和葡萄牙 8 种文字显示（如图 3-26 所示）。

图 3-26　图像词典搜索引擎检索界面

在中文界面下，大量的图像被划分为动态图像、艺术剪切图、图标、照片、壁纸、界面、背景、成套图像共 8 个大类和若干细类。提供关键词检索和主题目录浏览检索两种方式。检索结果不仅显示图片，而且显示图片的作者、下载次数、使用者投票率、格式、大小、分辨率、价格等信息。图像词典的中文网址为：http://cn.gograph.com/。

3.2.2 搜索引擎使用技巧

当在某个搜索引擎中输入一个关键词时，往往会出现几百甚至几千个网页，而大部分可能都是不相关的，因为一个关键词经常无法描述用户的全部需求。对于不同的搜索引擎，提供复杂条件查询的功能和实现的方法各有不同，网站中一般都提供“帮助”或“说明”来进行具体解释。下面介绍一些搜索引擎的使用技巧。

1. 了解搜索引擎的常用功能

(1) 模糊查询和精确查询

模糊查询又称智能查询。当输入一个关键词时，搜索引擎不但返回了包括了关键词的网址，同时也发来与关键词相近的内容。比如查找“北京大学”一词时，模糊查询会查询到“北京理工大学”“北京市大学排名”等信息，一般是完全符合关键词的网址在前面，其次是相近的网址。一般的搜索引擎都有此功能，只是模糊的程度不同。

模糊查询没有特殊的方法，只要在文字框中输入关键词即可，同时还可以使用通配符星号(*)和问号(?)，使关键词更为模糊。如输入“江苏 * 大学”或者“江苏?大学”，会查询到含“江苏大学”“江苏科技大学”等网址，当然这种通配符的使用在英文查询中较为多见。

如果想精确地查询某一个关键词，则可以使用精确查询功能。精确查询一般是在文字框中输入关键词，同时加一对半角双引号("")。如在文字框中输入加一对半角双引号("北京大学")，就不会出现“北京理工大学”“北京市大学排名”等无关的网址。

(2) 逻辑条件限制查询

此功能允许输入多个关键词，而且各关键词之间的关系可以是“与”“或”“非”(AND、OR、NOT)。也就是说，可以满足 A 与 B(AND)、A 或 B(OR)、A 非 B(NOT)这 3 种条件的查询。不同搜索引擎实现这种查询方式不尽相同，可以通过各引擎的帮助页找到各自不同的方法。三种情况简介如下：

① “与”(也可以在各关键词之间使用半角的加号)

例如：注册会计师 AND 习题，或者“注册会计师 + 习题”，表示要查询的内容必须包括“注册会计师，习题”这两个关键词，有的搜索引擎用 & 代替 AND。

② “或”(或使用半角的逗号把关键词分开)

例如：注册会计师 OR 习题，或者“注册会计师，习题”，表示要查询内容不必同时包含这 2 个关键词，而只要出现其中一个即可。

③ “非”(或在要排除的关键词前加半角的减号)

例如：注册会计师 NOT 习题，或者“注册会计师 - 习题”，表示要查询的内容要包含“注册会计师”，但不能出现“习题”。

当然还可以将以上 3 种逻辑关系组合起来使用，可以产生许多复杂的条件，用以实现精确检索。

（3）限制范围查询

限制范围查询，可以在某一范围内查询和搜索指定的关键词。搜索引擎提供的限制范围类型大体有以下几个方面：

① 分类范围：在某一类别中查询，如自然科学、教育、商务、黄页等。

② 地域范围：在某一地区中查询。

③ 时间范围：查询在某一时间范围内建立的网站或编写的网页。

④ 网站类型范围：在某一范围的网站中查询，如 WWW、Ftp、Gopher、BBS、新闻组等。

⑤ 其他特殊范围：有些搜索引擎提供了许多特殊范围的限定，如域名缀（com、gov、org、edu 等）、文件类型（文本、图形、声音等）。

不同的搜索引擎限制范围实现的方法各不相同，有些是通过在关键词前加特殊的字符，有些是通过下拉式菜单。具体需要查看该引擎的帮助，进行详细了解。

2. 选择合适的搜索工具

每种搜索引擎都有不同的特点，只有选择合适的搜索工具才能得到最佳的结果。① 搜索工具基本上可以分为引擎搜索和分类目录两种，下面简单介绍如下：

引擎搜索实际上是网页的完全索引，它很像白页电话簿，依照其中的索引你不会查到一个人的具体居住地之类的信息，但是你可以很容易查到所有叫某某的人的列表。

分类目录是由人工编辑整理的网站的链接，分类目录就像是黄页号簿，许多分类目录对于链接的网址都有或繁或简的描述文字，通过这些文字可以让用户决定是否要进一步点击，美国原创内容生活网站“About. com”“LookSmart”以及“Yahoo！”就是这方面的代表。

引擎搜索和分类目录哪种更好呢？这取决于你想查询的问题。搜索引擎的特点是量大，而分类目录的特点是网站经过挑选。一般而言，如果你需要查找非常具体或者特殊的问题，用搜索引擎，如 Google 比较合适；如果你希望浏览某方面的信息或者专题，类似 Yahoo！ 的分类目录可能会更合适；如果你需要的是某些确定的信息，如 MP3、地图等，则最好使用专门的 MP3、地图等搜索引擎。实际上几乎每类信息都有非常专业的搜索工具。

那么如何选择合适的搜索工具来得到最佳的检索结果？

（1）去信息应该在的地方：直接找到信息源，这是简单却是最有效的方法，也是搜索运用的首要原则。如知道旅游专业网站，查找旅游信息便可直接登录查找，而

---

① 蒋永新，鲍国海，赵伯兴等. 人文社会科学信息检索教程[M]. 上海：上海大学出版社，2003.

不一定要到搜索引擎中去查找。也就是说查找专业性的信息，行业网站要比搜索引擎强，且尽量使用垂直搜索引擎。如搜索科学类信息，除利用各种数据库以外，采用Scirus 搜索引擎，利用 List( )搜索邮递列表、IRC 信息等；如搜索某指定公司 Web 页，可以使用 Open Market Commercial Site 索引(http://directiory. net)；如果搜索政府集中 Web 地址，可在 Infomin(http://lib - www. ucr,edu/Main. html)上进行。

(2) 优先选择目录式搜索引擎：对于搜索信息的主题和科学属性比较明显的，优先选择目录式搜索引擎。搜索中文的此类信息时，优先考虑使用搜狐、新浪、网易的目录搜索。

3. 精确关键词

使用搜索引擎时，关键词选择的准确与否直接影响检索结果。非常准确的关键词会使搜索非常快捷高效，而不需要使用其他更复杂或者高级的搜索技术来构造检索式。那么如何选择搜索关键词呢?

① 要明确检索需求，以确定关键词的范围。

② 多利用反映具有个性和特性的概念作为关键词，使用特定的词汇，并尽可能删除一些同义词或近义词。

③ 注意搜索引擎对关键词识别上的特殊规定，如是否区分大小写(如人名或地名等)；是否有不支持的停用词或过滤词(如中文中"的、地、得"；英文的"and、how、what"等)。

4. 使用高级检索

提问表达式的构造直接影响检索质量，是反映检索水平的重要指标。一般而言，搜索引擎会从检索技术应用、检索条件限定和检索结果的处理 3 个方面来体现高级检索的特点。

检索技术的应用包括常用的逻辑算符、截词技术、位置算符运用、字段检索、限制检索等。检索时，要了解不同的搜索引擎所支持的不同规定，并对这些技术加以灵活运用来进行复杂表达式的构造，从而达到事半功倍的效果。

检索条件的限定包括对检索结果的时间、数量、排列次序、域名、文件类型、显示程度等信息的设置。给出的搜索条件越具体，搜索引擎得到的结果就越精确。

对结果限定条件的选择配合检索技术的应用可大大提高查准率和查全率。对搜索结果的处理上，每种工具都各有特色，有的提供进阶检索功能，有的提供相关主题提示和链接检索，在获得一次检索结果的基础上再细化查询，进而扩大检索成果或精确检索结果。

5. 特殊搜索命令

搜索引擎还支持一些特殊的搜索命令，方便我们快速定位检索。如利用双引号进行精确查找；利用"title:"或"t:"进行标题检索；利用"site:"表示在某个特定的站点中进行检索；"url:"表示在某个特定 URL 检索；通过"link:"命令链接其后的网址；

“Filetype:”表示限定检索的文档类型;“Daterange:”表示限定搜索的时间范围;“Phonebook:”表示查询电话等。对于上述各种特殊命令,不同的搜索引擎支持的程度各不相同。

练习与思考

1. 逻辑算符、截词检索及位置检索的种类和作用有哪些?
2. 简述计算机检索课题的步骤。
3. 需要扩大检索范围时,如何调整检索策略?
4. 需要缩小检索范围时,如何调整检索策略?
5. 你常用哪些搜索引擎? 他们各有什么优缺点?
6. 讨论未来搜索引擎的发展趋势。

参考文献

[1] 沙振江,张晓阳. 人文社科信息检索与利用教程[M]. 镇江:江苏大学出版社,2007.

[2] 王梦丽,杜慰纯. 信息检索与网络应用[M]. 北京:北京航空航天大学出版社,2009.

[3] 陈泉. 网络信息资源检索与利用[M]. 北京:清华大学出版社,2010.

[4] 朱静芳. 现代信息检索实用教程[M]. 北京: 清华大学出版社,2013.

[5] 夏立新,金燕,方志等. 信息检索原理与技术[M]. 北京:科学出版社,2009.

[6] 夏立新,金燕,方志. 社会科学文献检索与利用[M]. 南京:东南大学出版社,2007.

[7] 蒋永新,鲍国海,赵伯兴. 人文社会科学信息检索教程[M]. 上海:上海大学出版社,2003.

第 4 章

互联网资源与工具

学习目标

⊙ 了解互联网信息的特点；
⊙ 掌握互联网信息的分类；
⊙ 了解本专业的学术网站、开放资源及特点；
⊙ 掌握即时信息获取工具的使用；
⊙ 掌握利用移动终端获取信息。

开篇案例

寻找中国经典文学图书《红楼梦》

作为中国经典名著，《红楼梦》几乎是社科学生提高文化修养的一个必修资料。那么如何获取这部名著呢？我们有如下几个方案：

方案 1：去书店购买，当前《红楼梦》（套装上下册）（人民文学版新版）定价 59.70 元；

方案 2：去图书馆借阅，在规定的时间内归还，无须花费；

方案 3：去网上书店购买实际图书，京东商城（www.jd.com）41.1 元（6.9 折）、亚马逊（www.amazon.cn）38.9 元（6.5 折）；

方案 4：购买电子图书，kindle 电子图书 0～2 元，kindle 是目前最接近纸质图书效果的电子阅读器，需要专门的阅读器；

方案 5：手机阅读客户端下载，0～2 元，需具有安卓或者 ios 系统手机并安装相应阅读软件。

综上可以看出，随着现代信息科学技术的发展，特别是互联网的发展，人们的学习习惯不断地发生着变化。人们可以选择越来越多的阅读方式，可以借助于互联网改变购买方式,可以购买电子图书,可以借助各种移动终端进行移动阅读。本章主要讲述如何利用互联网获取资源及如何利用各种移动工具获取信息。

4.1 互联网及其信息资源

互联网(Internet),又称网际网路,或音译因特网,是网络与网络之间所串连成的庞大网络,是目前世界上最大的计算机网络,该网络组建的最初目的是为研究部门和大学服务,便于研究人员及其学者探讨学术方面的问题,因此有科研教育网(或国际学术网)之称。20 世纪 90 年代以来,互联网向社会开放,互联网的功能发生了重大的变化。通过互联网可以进行社交活动、购物、在线游戏、查阅最新信息资料等。总之,互联网正在悄悄地改变着人们的生活。

随着越来越多的人参与互联网的活动,互联网的功能与形式不断地发生着变化。人们对互联网的意义、价值和本质出现了新的理解。

4.1.1 互联网信息特点

互联网拥有高度分散的结构,日益增长的各类用户产生的互动力量增强了互联网系统的开放性,使互联网的功能越来越强大。大的门户网站吸引了众多涉网者的注意力,有研究显示,门户网站的实质不在于信息的制造,而在于信息的流通。流通作为媒介相关的产业中最强大的力量,也使得互联网进一步开放。由于互联网是一个开放的系统,所以互联网系统有一个强大的功能,就是在运行中它能够充分地利用系统外部的资源,有效地将系统内外的资源进行整合,提高资源的使用效率。①

互联网信息资源是指一切投入到互联网络的电子化信息资源的统称,它具有与传统的信息资源不同的鲜明特点:① 数量庞大、增长迅速;② 内容丰富、覆盖面广;③ 传输速度快;④ 共享程度高;⑤ 使用成本低;⑥ 变化频繁、难测;⑦ 质量良莠不齐等。正是这些特点使得网络信息资源在信息时代中占有很重要的地位,并且进一步促进了信息时代的发展。但是它在带给人们充分的信息价值的同时也产生了一系列的问题,比如虚假信息的发布导致网络信息资源的失真性,黑客攻击导致一些机密信息的泄漏等。因此,解决好网络信息资源使用的安全性问题显得尤其重要。

① 彭兰.中国网络媒体第一个十年[M].北京:清华大学出版社,2005.

4.1.2 互联网信息分类

1. 按照所采用的网络传输协议划分

（1）WWW 信息资源

WWW（World Wide Web，即万维网）能方便迅速地浏览和传递分布于网络各处的文字、图像、声音和多媒体超文本信息，适合于因特网信息服务的特点，在20世纪90年代中期以后得到迅速发展。因特网上的WWW服务器以每年翻几番的速度增长，从而成为因特网信息资源的主流。

（2）FTP 信息资源

FTP 的全称是 File Transfer Protocol（文件传输协议），就是专门用来传输文件的协议。FTP 的主要作用就是让用户连接上一个远程计算机（这些计算机上运行着FTP服务器程序）查看远程计算机有哪些文件，然后把文件从远程计算机上拷到本地计算机，或把本地计算机的文件送到远程计算机上去。

（3）Telnet 信息资源

Telnet 是因特网的远程登录协议，允许用户将自己的计算机作为主机，某一个因特网的远程终端与主机相连，从而使用该主机的硬件、软件和信息资源。许多机构都建立了可供远程登录的信息系统，如各类图书馆的公共目录系统、信息服务机构的综合信息系统，政府和公共事业部门的信息系统、商业化数据库系统等。

（4）USENET/Newsgroup 信息资源

USENET 是因特网上的一种应用软件，用于提供新闻组（Newsgroup）服务。在这个服务体系中有众多的新闻服务器，它们作为因特网主机运行的服务器（News server）软件，接收和存储有关主题的消息，供自己的用户查阅。用户可在自己的主机上运行新闻组阅读器软件（News Reader），申请加入某个新闻组，并从服务器中读取新闻组消息或将自己的意见发送到新闻组中。用户可查阅别人的意见并予以回复，由此反复形成讨论，所以新闻组又称“电子论坛”。

因特网有上万个新闻组，并有一套规则来区分各自的主题范围，名称的第一部分用于确定新闻组的大类，如 biz 表示商业类，rec 表示娱乐类等。

（5）Gopher 信息资源

Gopher 是一种类似万维网的分布式客户机服务器形式的信息资源体系。众多的 Gopher 服务器上建立了一系列的资源目录，它们可以直接连接到某个具体的数据文件或检索系统中，也可以连接到另一个 Gopher 服务器的资源目录和文件中。实际上，Gopher 目录中嵌套有关连接的信息，其格式由因特网协议规定。

2. 按照是否具有原创性和是否经过审核区分

按照是否具有原创性，网络信息资源有一次资源与二次资源的区分。一次资源是指首次发表的原创性信息，二次资源是转载已有的信息。

按照是否经过审核，网络信息资源可分为正式出版物和非正式出版物两种。正式出版物学术价值相对较高，它们或者标有ISBN，或者标有ISSN，或者是权威学术机构的出版物，例如：电子期刊、电子图书、电子报告、电子会议录、电子标准、电子专利等。其中，除部分电子专利外，网上正式出版物可以免费使用的很少。网上的非正式出版物具有明显的个人行为性质，其学术价值变化较大，例如个人主页博客（blog）、讨论组文章和公告版文章（bbs）等。它们基本上可以免费利用。

网上的正式、非正式出版物存在着大量的交叉关系。例如，个人网页属于非正式出版物，然而有一些个人网页公布已经发表的期刊论文，是货真价实的正式出版物。这种交叉关系给我们查找某些学术论文的全文提供了渠道。

3. 按照是否属于搜索引擎检索范围区分

按照是否属于搜索引擎检索范围，网络信息资源可分为可见资源和不可见资源两类。可见资源是搜索引擎可搜索到的资源。这种资源要满足两个条件：一个是必须含有HTML超链接，二是没有设置口令，因而可见资源仅限于公开的资源。与其相反的不可见资源，具体地说，是指一切没有超链接的资源、局域网范围内的所有资源以及按照指定口令才能访问的所有资源。据估计，网络信息资源中，可见资源与不可见资源的比例为1∶3，不可见资源的数量远远超过可见资源。

4.1.3 开放获取社科学术信息

“开放获取”（Open Access，简称OA）是指人们自由获取公众网上经同行评审的科学文献、科学研究成果、学位论文、技术报告、科研工作进展等科研信息的一种新的学术传播方式，允许读者对这些文献做包括阅读、下载、拷贝、传播、检索等处理。①目前在国内对“开放获取”还没有统一的译名，又称“公开获取”“开放存取”“开放共享”“开放访问”等。“开放获取”运动信息资源是一种数字化的、在线的，大部分情况下在获取时不受版权与注册限制的文献。“开放获取”信息资源作为许多科学信息资源的集合，对科研工作者具有很高的学术参考价值。

“开放获取”是在基于订阅的传统出版模式以外的另一种选择。这样，通过新的数字技术和网络化通信，任何人都可以及时、免费、不受任何限制地通过网络获取各类文献，包括经过同行评议过的期刊文章、参考文献、技术报告、学位论文等全文信息，用于科研教育及其他活动。从而促进科学信息的广泛传播，学术信息的交流与出版，提升科学研究的共利用程度，保障科学信息的长期保存。这是一种新的学术信息交流的方法，作者提交作品不期望得到直接的金钱回报，而是提供这些作品使公众可以在公共网络上利用。

① 黄凯文，刘芳，曾强．科学信息“开放获取”资源的开发与利用[J]．情报杂志，2006(08)：114－116.

1. “开放获取”资源类型

（1）电子期刊

实现科学信息“开放获取”的措施之一就是出版和发行“开放获取”期刊（OAJ）。目前“开放获取期刊题录”收集到的OAJ就有1700多种，其中OAJ可分为完全“开放获取”期刊，如生物医学出版中心（BMC）与公共图书馆（PLoS）出版的系列期刊；另一种称为“延迟开放获取”或称“混合开放获取”期刊，即出版后过一段时间（通常为半年）后才对读者“开放获取”，或者有的出版社对于作者付出版费的文献实行“开放获取”。

（2）电子文本

电子文本是随着数字技术发展与通讯方式改变而产生的新名词，它的文献种类主要有已出版的即预印本（preprint）及未出版的即预印本（postprint）期刊文章或论文、草稿资料等。

（3）学位论文

学位论文（ETD）作为博士和硕士研究生为获得学位资格而提交的学术研究论文，它集中反映了该校或科研机构的特点、教学水平、科研成果，是广大科研工作者十分重视的一种学术文献。目前许多学校都收藏本校电子版学位论文。

（4）学习对象

学习对象是“任何具有重用特性并用来支持学习的数字化资源”。学习对象是在结合面向对象的计算机科学思想以及有关教学理论基础之上而产生的一种新型计算机辅助教学构件。学习对象所蕴含的基本理念是：教学设计者可以建立适当大小的能在不同学习情境下易于获取且多次重复使用的数字化教学构件。

（5）其他的OA资源

另外，还有诸如工作报告、会议录、软件、索引、数据集等OA资源。

2. 常用开放获取网络社科学术资源

（1）开放杂志目录总汇（http://doaj.org/）

它是目前网络上最大、最全面的开放杂志目录总汇，目前收录免费的、全文的、高质量的科技学术期刊，至2014年9月共计9988种，其中5862种可以检索到文章，已收录1726202篇文章。该网站提供关键词检索、刊名导航及学科分类检索，目标是收录所有学科和语言的科技学术文献（见图4-1）。

（2）美国科学院院刊（http://www.pnas.org/）

涵盖物理（包括化学）、生物、社会学等学科领域，提供关键词检索和学科导航检索，免费阅读、下载。

（3）Scienceworld网络科学资源（http://scienceworld.wolfram.com/）

它号称提供了因特网上最好的数学和科学资源，界面简洁、友好，具有搜索功能，支持高级检索，提供开放存取论文。

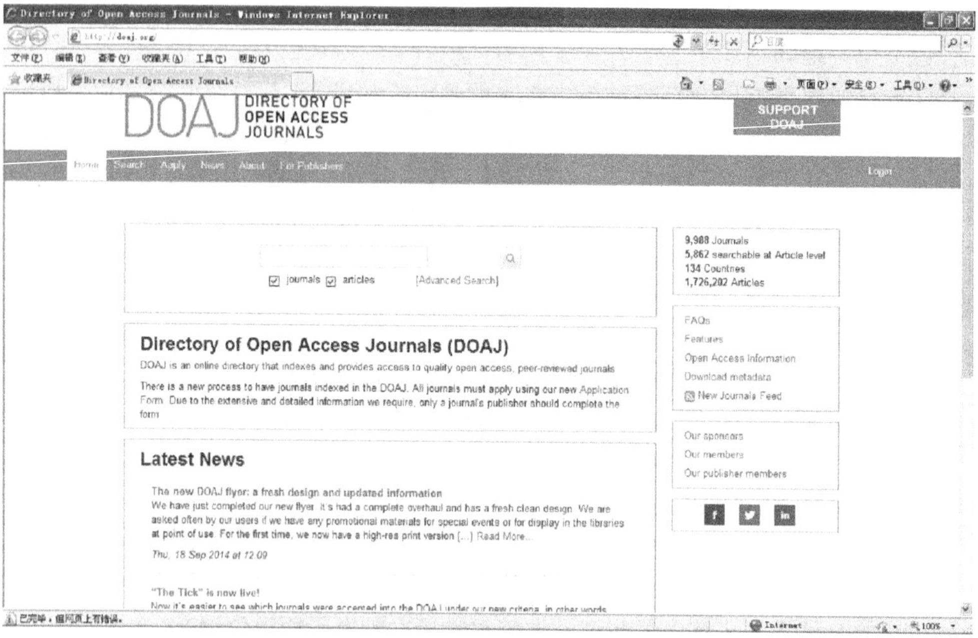

图 4-1　开放杂志目录(DOAJ)总汇界面

(4) 美国国家技术标准局虚拟图书馆(http://nvl. nist. gov/)

虚拟图书馆网站中带“open access”标志的文章可以免费阅读和下载,在网页上为之单独列出一栏。使用很方便,轻轻一点即可。

(5) 教育部的中国科技论文在线(http://www. paper. edu. cn/)

中国科技论文在线是经教育部批准,由教育部科技发展中心主办,针对科研人员普遍反映的论文发表困难,学术交流渠道窄,不利于科研成果快速、高效地转化为现实生产力而创建的科技论文网站。中国科技论文在线利用现代信息技术手段,打破传统出版物的概念,免去传统的评审、修改、编辑、印刷等程序,给科研人员提供一个方便、快捷的交流平台,提供及时发表成果和新观点的有效渠道,从而使新成果得到及时推广,科研创新思想得到及时交流。

(6) 百度学术(http://xueshu. baidu. com/)

2014 年 6 月初,“百度学术搜索”上线。百度学术搜索是百度旗下的提供海量中英文文献检索的学术资源搜索平台,涵盖了各类学术期刊、会议论文,旨在为国内外学者提供最好的科研体验。百度学术搜索可检索到收费和免费的学术论文,并通过时间、标题、关键字、摘要、作者、出版物、文献类型、被引用次数等细化指标提高检索的精准性。百度学术搜索频道还是一个无广告的频道,页面简洁大方,保持了百度搜索一贯的简单风格。

4.1.4 慕课信息

1. 慕课的简介

所谓“慕课”(MOOC),顾名思义,“M”代表 Massive(大规模),与传统课程只有几十个或几百个学生不同,一门 MOOC 课程动辄上万人,最多达 16 万人;第二个字母“O”代表 Open(开放),以兴趣为导向,凡是想学习的,都可以进来学,不分国籍,只需一个邮箱,就可注册参与;第三个字母“O”代表 Online(在线),学习在网上完成,无须出门,不受时空限制;第四个字母“C”代表 Course,就是课程的意思。

慕课是新近涌现出来的一种在线课程开发模式,它发端于过去的那种发布资源、学习管理系统及将学习管理系统与更多的开放网络资源综合起来的旧的课程开发模式。通俗地说,慕课是大规模的网络开放课程,它是为了增强知识传播而由具有分享和协作精神的个人组织发布的、散布于互联网上的开放课程。这一大规模在线课程掀起的风暴始于 2011 年秋天,被誉为“印刷术发明以来教育最大的革新”,呈现“未来教育”的曙光。2012 年也被《纽约时报》称为“慕课元年”。①

2. 教学形式

MOOC 是以连通主义理论和网络化开放教育学习为基础的。这些课程跟传统的大学课程一样循序渐进地让学生从初学者成长为高级人才。课程的范围不仅覆盖了广泛的科技学科,比如数学、统计、计算机科学、自然科学和工程学,也包括了社会科学和人文学科。慕课课程并不提供学分,也不算在本科或研究生学位里。通常参与慕课的学习是免费的,然而,如果学习者试图获得某种认证的话,一些大规模网络开放课程可能要收取一定学费。

MOOC 的授课使用的是一种将分布于世界各地的授课者和学习者通过某一个共同的话题或主题联系起来的方式方法。尽管这些课程通常对学习者并没有特别的要求,但是所有的慕课会以每周研讨话题的形式,提供一个大体的时间表,通常会包括每周一次的讲授、研讨问题及阅读建议等。

每门课都有频繁的小测验,有时还有期中和期末考试。考试通常由同学评分(比如一门课的每份试卷由同班的五位同学评分,最后分数为平均数)。一些学生成立了网上学习小组,或跟附近的同学组成面对面的学习小组。

3. 慕课学习示例

我们通过学堂在线(http://www.xuetangx.com/)的介绍,说明如何进行慕课学习。

学堂在线是由清华大学研发出的网络开放课程平台,于 2013 年 10 月 10 日正式启动,面向全球提供在线课程。任何拥有上网条件的学生均可通过该平台,在网上

---

① 在线课程“慕课”来袭 专家称大学应主动参与[EB/OL].[2013-07-16].http://edu.qq.com/a/2013716/003152.htm.

学习课程视频。“学堂在线”平台合作伙伴包括北京大学、浙江大学、南京大学、上海交通大学等部分 C9 联盟高校。

经过注册,登录后的学堂在线首页如图 4-2 所示,首页上半部分列出了人气较高课程,图 4-3 首页下半部分列出了近期开课课程。

图 4-2 学堂在线首页上半页——热门课程

图 4-3 学堂在线首页下半页——近期开课课程介绍

点击近期即将开课的中国史学名著《资治通鉴》课程,(如图 4-4 所示),介绍了《资治通鉴》课程目前已经报名听课人数、开课时间、课程介绍、课程结构、常见问题。常见问题列出了教材和参考书、课程成绩的构成等。这种形式与传统大学开设课程的形式有些类似,但是却能够将学习的范围与效率最大可能地扩大。

接下来,我们通过实际已经开课的课程学习来体验慕课学习的特点。我们在课程中选择已开课程,选中课程《不朽的艺术:走进大师与经典》,这是清华大学哲学系肖鹰教授的授课。显示到目前已经有超过一万人参加听课,同时显示基本的课程介绍(见图 4-5)。我们点击免费学习,出现课程学习界面,其中包含课件、课程信息、讨论区、课程进度、课程大纲、阅读书目等(图 4-5,图 4-6)。讨论区有大家发表的问题与解答。课程进度中有注册用户的学习进度记录、笔记、提问的问题等(见图 4-7)。

当前已经进入 4G 通信时代,移动互联网的应用也越来越广泛,移动慕课学习逐渐流行。仍然以学堂在线为例,通过下载学堂在线的手机客户端,登录后就可以看到。图 4-8a,图 4-8b,图 4-8c 分别是通过学堂在线手机客户端慕课学习的情况。移动慕课的学习为学生提供了更广阔的空间,更方便的移动服务。

图 4-4　学堂在线近期开课《资治通鉴》介绍

图 4-5 学堂在线《不朽的艺术：走进大师与经典》授课介绍

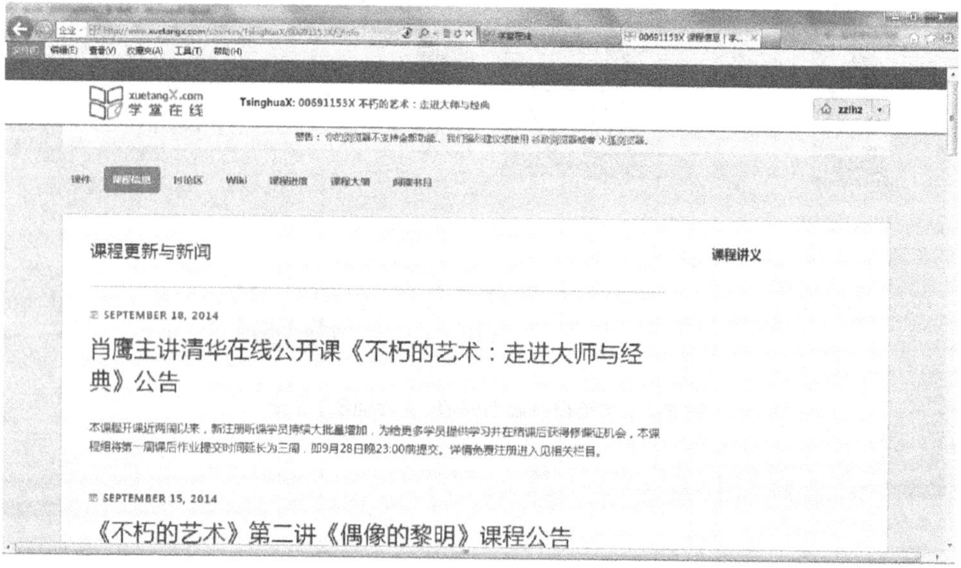

图 4-6 学堂在线《不朽的艺术：走进大师与经典》课程更新与相关新闻

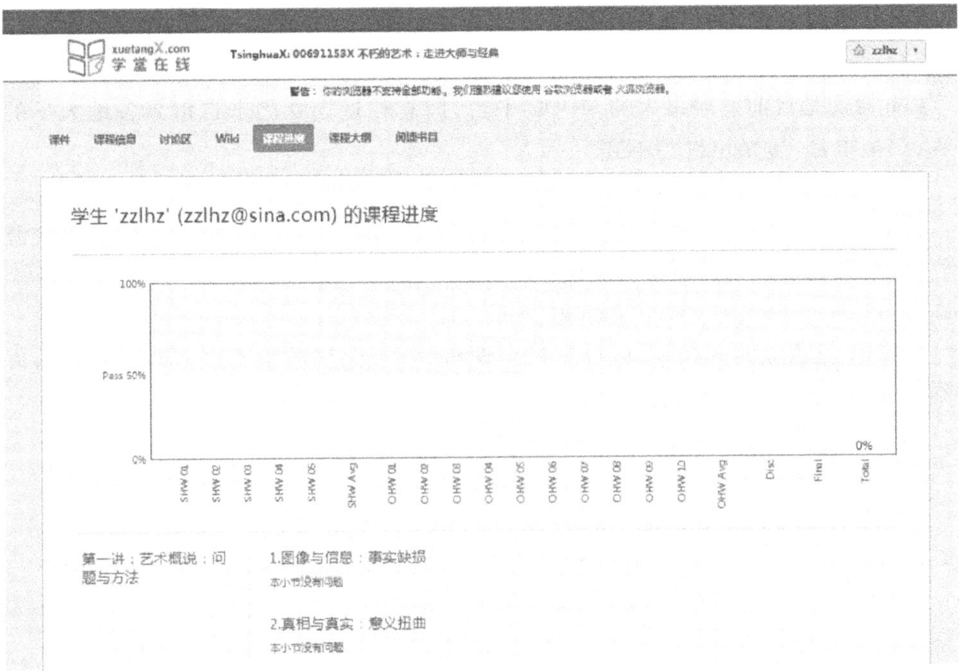

图 4-7　学堂在线《不朽的艺术：走进大师与经典》课程学习进度等记录

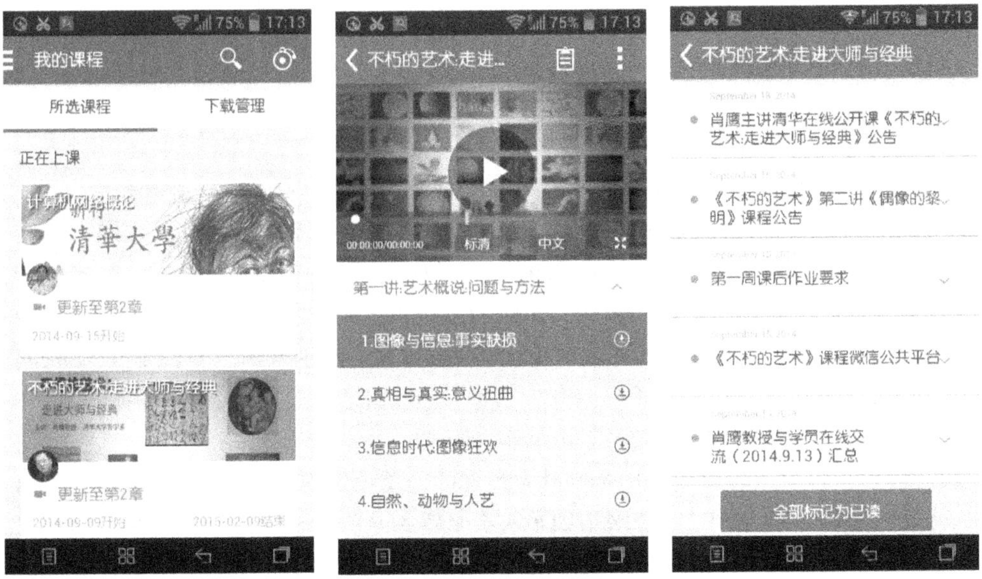

a　主界面

b　《不朽的艺术：走进大师与经典》课程界面

c　《不朽的艺术：走进大师与经典》学习记录

图 4-8　学习在线移动慕课

4. 国际国内优秀慕课平台推荐

(1) Coursera(https://www.coursera.org/)

Coursera 是目前发展最大的 MOOC 平台,拥有相近 500 门来自世界各地大学的课程,门类丰富,质量也良莠不齐。

(2) edX(https://www.edx.org/)

edX 是哈佛与 MIT 共同出资组建的非营利性组织,与全球顶级高校结盟,系统源代码开放,课程形式设计更自由灵活。

(3) Udacity(https://www.udacity.com/)

Udacity 是成立时间最早,以计算机类课程为主,课程数量不多,却极为精致,许多细节专为在线授课而设计。

(4) Stanford Online(http://online.stanford.edu/)

斯坦福大学官方的在线课程平台是基于 Open edX 开发,课程制作可圈可点。

(5) FutureLearn(https://www.futurelearn.com/)

FutureLearn 是由英国 12 所高校联合发起,集合了全英许多优秀大学的课程。

(6) Open2Study(http://www.open2study.com/)

这是澳洲最大的 MOOC 平台,课程丰富,在设计和制作上很下功夫,值得一看。

(7) iversity(https://iversity.org/)

这是来自德国的 MOOC 平台,课程暂时还不多,不过在课程的设计和制作上思路很开阔。

(8) Ewant(http://www.ewant.org/)

Ewant 是由我国五大交通大学(上海交大、西安交大、西南交大、北京交大、台湾交大)共同组建的 MOOC 平台。

(9) 慕课网(imooc)(http://www.imooc.com)

慕课网是由北京慕课科技中心成立的,是国内慕课的先驱者之一。目前设有:前端开发、PHP 开发、JAVA 开发、Android 开发及职场计算机技能等课程。课程包含初级、中级、高级 3 个阶段。它是一个超酷的互联网、IT 技术免费学习平台,创新的网络一站式学习、实践体验,服务及时贴心,内容专业、有趣易学。专注服务互联网工程师,使其快速成为技术高手。

(10) 酷学习(kuxuexi)(http://kuxuexi.com/)

“酷学习”网是上海首个推出基础教育慕课的公益免费视频网站。“酷学习的价值观,就是‘免费、分享、合作’。”该网站创始人李旭辉表示,“希望孩子们看了网站后能更加快乐地学习,尤其是边远地区教育资源贫乏的孩子也能得到优质的教学资源”。

(11) 慕课网址导航(http://www.moocs.org.cn/)

本网站是关于幕课网的导航网站,收集了目前比较经典的公开课学习资源及慕课网站。

4.1.5 重要社科网站信息

1. 网络信息导航平台介绍

网络信息导航平台既包括资源类网络导航平台，也包括服务类信息咨询平台，前者主要是通过专业性门户网站来实现，后者主要是通过图书情报机构开设的数字(虚拟)参考系统来搭建，也有的高校图书馆通过 BBS,ICQ,Email 或实时聊天软件等简便形式开展这种服务。下面简要介绍几个重要的人文社科网络信息导航平台。

(1) 中国高校人文社科信息网(http://www.sinoss.net/)

中国高校人文社科信息网(简称社科网)是在教育部社政司指导下的，为全国人文社科科研服务的专业性门户网站。社科网将通过建设全国性的科研网络平台，为各级科研机构(包括科研管理机构)提供管理、通信、研究与信息服务，促进人文社科学术资源与成果的社会推广，最终为我国人文社会科学的研究与应用提供动力。

社科网内容包含人文社会科学 24 个学科的全国所有科研机构和专家的信息，包含新中国成立以来社会科学研究的所有重大课题、一般课题及其成果信息，特别反映百所重点基地的科研和建设情况，及时反映国内外社科研究的动态。主要栏目有社科新闻、研究机构、研究人员、研究课题、研究成果、学术交流、统计分析、在线咨询、在线期刊、专题论坛。社科新闻栏目主要介绍人文社会科学方面的最新新闻，包括：政策法规、最新科研成果、学术会议、学术交流、人员获奖等信息；研究机构栏目按学科、地区、所属院校等条件查询各研究机构，包括重点学科基地的基本情况和动态变化；研究人员栏目按学科、所属院校、研究领域等条件查询各研究人员的基本情况和动态变化；研究课题栏目检索科研课题历史情况和动态状况；研究成果栏目检索科研成果(包括学术论文、学术专著、研究报告、案例等)的历史情况和动态状况；学术交流栏目发布实时的学术会议、合作研究项目、学术考察、学术团体、学术刊物的信息；统计分析栏目公布高校社科统计年报(包括社科人才、社科研究与发展经费、社科研究与发展机构、社科研究与发展课题、社科研究与发展成果等)，发布社会经济统计资料(包括人口统计、综合国力、工业统计等)；在线咨询栏目建立企业管理、法律、心理等案例库，解答一般用户的咨询，同时在相关基地聘请专家提供一对一的咨询与答疑；在线期刊栏目包括中国高校社会科学杂志、基地学术期刊、基地工作期刊以及根据社科网内容分专题为特定用户或用户群提供的网上期刊；专题论坛栏目围绕各专业问题特别是热点问题组织网上研讨。

该网站于 2002 年 11 月开始试运行，已逐步推出在线的项目申报、人员管理、报告上报、文件下发上传等多种功能(见图 4-9)。

(2) CALIS"十五"重点学科网络资源导航库(http://navigation.calis.edu.cn/cm/)

"重点学科网络资源导航库"是 CALIS"十五"重点建设项目之一。目标是采用 CALIS 网络资源元数据标准，开发一个智能化网络资源收集与管理系统，建立覆盖

50 多个一级学科的网络资源学科导航数据库和相应的服务平台(见图 4-10)。

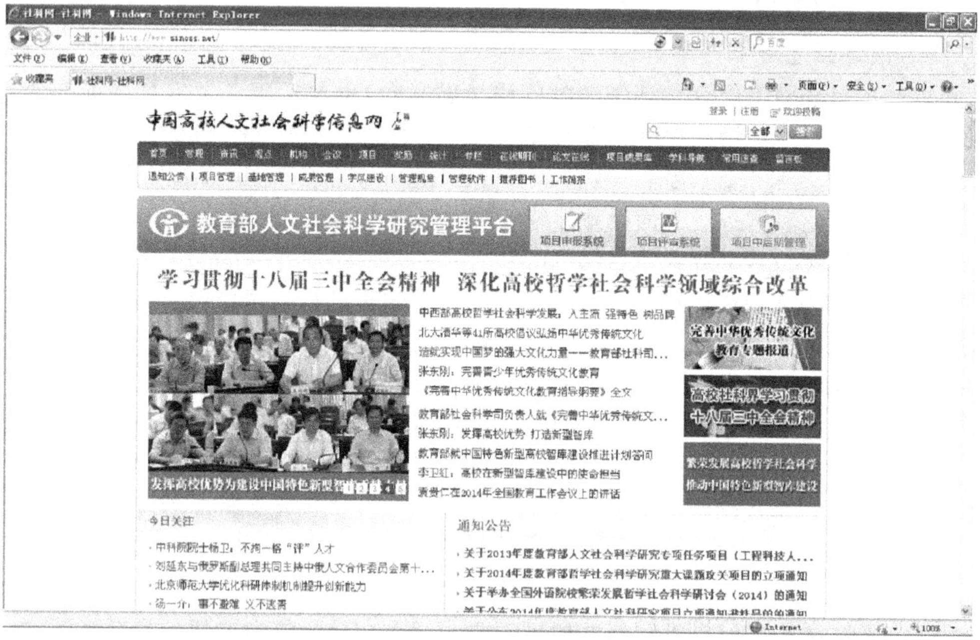

图 4-9 社科网界面

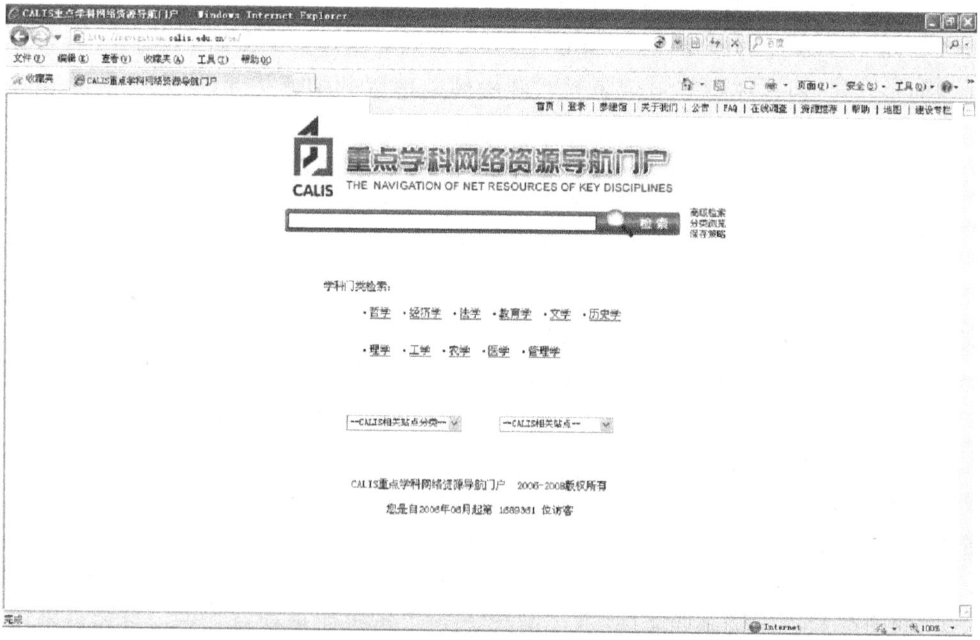

图 4-10 CALIS“十五”重点学科网络资源导航库界面

目前，我国高校图书馆正在纷纷开展学科导航系统建设工作，CALIS 的重点学科导航项目是其主体。各高校学科导航系统设置各不相同，主要有 3 种方式：以学科大类即一级学科为单元；以二级学科为单元；以重点学科为单元。CALIS 高校的导航系统就是以重点学科为建设对象的。就学科大类而言，经济学、生物学、化学化工、物理学等学科大类的导航库建设较多，医学相对较少。就具体学科而言，数学、材料科学、环境科学、哲学等学科是建设热点，这些大多是基础学科，是各类高校共同设有的学科。

在 CALIS“十五”重点学科网络资源导航库涵盖了人文社科七大类：哲学、经济学、法学、教育学、文学、历史学、管理学。在各学科导航系统下设有许多类别，读者可以按大类、二级类等层层深入查找所需要的相关资料。

（3）上海图书馆“网上联合知识导航站”系统（http://vrd.library.sh.cn/）

该系统于 2001 年推出，开创了国内合作化参考咨询服务的先河，是具有联合数字参考咨询服务和功能特征的合作化专家服务模式（见图 4-11）。导航站以各类图书馆和科研机构等的馆藏资源为基础，以因特网的丰富信息资源和各种信息搜寻技术为依托，以来自上海等全国各地及海外图情界的资深馆员和行业专家为网上知识导航员，通过加强特色馆藏资源和网络信息资源的开发和利用，实现各类图书馆网上参考咨询服务的优势互补，发挥图书馆在知识经济社会中为各行业服务的知识导航作用。

用户可以直接将问题通过电子表单方式发送给咨询专家，咨询专家在规定的时间内以 E-mail 方式回答用户的提问。

图 4-11　上海图书馆“网上联合知识导航站”系统界面

2. 网络参考工具书及百科网站

网络参考工具书①,或称"在线工具书",是以传统工具书为草本,以数据库为基本信息储存单位,将有关内容以数字化形式通过网络传递,供在线查检、查阅之用。网络参考工具书是传统工具书在环境下的新发展,具有内容丰富、使用方便、数据新颖的特点。

(1) 在线辞书

中华语文知识库(www. zhonghuayuwen. org)是两岸合作编纂中华语文工具书的大陆版网站,是目前最权威的汉典(www. zdic. net),所有内容来自龙维基。龙维基本着平等、协作、分享、自由的互联网精神,为所有人提供共同协作编写的在线汉语辞典。

① 中文字典网(www. zhongwen. com/zi. htm)汇集了多部网络中文辞书,包括:《国语辞典》《台语辞典》《中文字典》《中文字谱》《文塔》《佛教用语》《汉韩日》等。输入中文(简、繁),英文字词,可在上述辞书中查找,还可按偏旁查找。

② 中国语言网(www. chinalanguage. com)包含《网上汉英词典》《网上汉字词典》《网上客家话音汇》《拼音英语词典》等多部网上辞书。

③ 词典网(http://www. cidianwang. com/)内容丰富,包括:《汉语词典》《英汉词典》《汉英词典》《新华字典》《康熙字典》《古汉语词典》《中小学生作文》《国学典籍》《童话故事》《古今诗词》《近义词》《反义词》等。

④ 你的词典(http://www. yourdictionary. com/)。该网站创建于1999年,涉及90多个领域的英语专科词典、缩略词语词典、同义词词典等。被《福布斯》杂志誉为"Web 网上最佳的参考资源"。

⑤ 一站式检索(http://www. onelook. com/)。该网站到目前为止有1061部西文辞书,包括各类综合词典、俚语词典、科学词典技术词典、医学及其他学科词典。它把众多不同的辞书作为一个统一的数据库进行一站式检索。

⑥ Getty Vocabularies(http://www. getty. edu/research/tools/vocabularies/)。这是依托于盖蒂中心(http://www. getty. edu)的词典,可以查询艺术家、著名建筑、文物及世界地名详细内容。其中,世界地名大词典可以搜索全世界的地名,也能以地名的其他特征进行搜索,详细介绍了各城市和省市的地理位置和特征。

⑦ LibraryThing(https://www. librarything. com/)。LibraryThing 是一个非集成图书馆系统供应商,发现了一个为现有图书馆目录增加价值的利器。用户建立了属于自己的书架,对书进行标签等操作之后,LibraryThing 就会向你推荐你可能感兴趣的书籍,并且社会化网络功能也会起作用:使用"Members with your books"这个功能,LibraryThing会告诉你50位和你拥有相似书籍的用户;当你浏览别人的书架时,Libra-

---

① 陆宏弟.网络环境下的文科信息检索[M].上海:上海交通大学出版社,2009.

ryThing会告诉你他与你共同拥有哪些书籍。通过这些找朋友的方法,你可以方便地在 LibraryThing 上建立起你的书友网络。LibraryThing 作为一项协助用户创建书籍目录的服务,允许用户从任何地点访问自己的图书馆,包括移动电话。由于所有用户的目录集中在一起,LibraryThing 还将拥有同样书籍的用户联系起来,提供下一次阅读书籍建议。LibraryThing 不要求用户安装任何软件。LibraryThing 是功能全面的图书目录应用程序,用户可以在此搜索国会图书馆、亚马逊站点和 690 多个全球性图书馆。用户可以编辑自己的信息,进行搜索和筛选,还可以给自己的书籍目录添加标签,或者使用国会图书馆和杜威系统进行组织。

⑧ 中国知网的《中国大百科全书》全文数据库(http://ecph.cnki.net/)。其百科在线系统是一个向在线用户提供搜索的系统,读者可以通过百科在线系统搜索读者订购的知识库的内容,知识库门类齐全、内容丰富。读者可以通过本系统了解丰富的百科知识。

⑨ 百度百科(http://baike.baidu.com/)。百度百科是百度公司推出的一部内容开放、自由的网络百科全书。百度百科旨在创造一个涵盖各领域知识的中文信息收集平台。百度百科强调用户的参与和奉献精神,充分调动互联网用户的力量,汇聚上亿用户的头脑智慧,积极进行交流和分享。同时,百度百科实现与百度搜索、百度知道的结合,从不同的层次满足了用户对信息的需求。

⑩ 维基百科(http://zh.wikipedia.org)。维基百科(Wikipedia)是一个自由内容、公开编辑且多语言的网络百科全书协作项目,通过 Wiki 技术使得所有人都可以简单地使用网页浏览器修改其中的内容。维基百科一词取自于本网站核心技术"Wiki"以及具有百科全书之意的"encyclopedia"共同创造出来的新混成词"Wikipedia",当前维基百科是由维基媒体基金会负责营运。

维基百科主要是由网络上志愿者共同合作编写而成,任何使用互联网进入维基百科者都可以编写和修改里面的文章,但是在一些情况下为了避免扰乱或者破坏,可能会限制编辑功能。我们可以自由选择使用匿名、化名或者直接用真实身份来编辑维基百科。与传统的百科全书相比,在互联网上运作的维基百科其文字和绝大部分图片使用 GNU 自由文件许可协议和知识共享署名——相同方式共享 3.0 协议来提供每个人自由且免费的信息,任何人都可以成为条目的作者,以及在遵守协议并标示来源后直接复制、使用及发布这些内容。

3. 人文社科信息网络资源导航

Internet 上有无数个人文社科类学术网站,如中国经济信息网、中国法律网、中国新闻网、中国教育科研网、大英百科全书等,这类网站集中了大量丰富的学术研究相关资源,包括重要专业机构、学术团体、学科专家个人信息、开放获取期刊、会议信息和文件等,它们对学术研究也有很大的参考价值。我们在查找某一专题信息时首先应利用搜索引擎的分类检索或主题检索,一层层地浏览下去,直到找到自己所需要的信息。但是利用搜索引擎有时搜索出来的结果太多，需要花时间去筛选，因此参考使用图情机构和本专业领域专家收集整理的专业网络资源指南是一个捷径。本节主要介绍管理类、经济类、法学类、语言类、文学类、艺术类、历史类开放学术网络资源。由于 Internet 的动态特征，有的网址、网页内容处于不断变化之中，在查询时读者要注意更新或增减。

（1）管理学类网络资源

① 管理学免费文库（http://managementhelp.org/）

网站汇集了大量关于营利与非营利管理的文章及相关链接，所有内容以表格形式被分为 75 个主题类，涉及人员组织、战略规划、资金筹集、项目管理、交流沟通、财务管理、营销、职业发展等管理学的方方面面。

② 知识管理网（http://www.brint.com/km/）

该网站是虚拟图书馆的一部分，主要提供关于知识管理的免费论文、图书，知识管理的实例研究、知识管理的工具、技术及提供知识管理信息的网络链接。

③ 管理学课程网站（http://www.managementcourses.com/）

该网站是为高级管理人员提供管理课程信息的网站。其数据库中汇集了全球 65 个国家、地区 220 所教育机构的 2200 多项管理教育、培训、课程与专题研讨会信息。

④ 美国项目管理协会（http://www.pmi.org/）

全球最大的项目管理专业组织 PMI 官方网站。设有协会介绍、新闻、研讨会讯、PMI 标准、职业发展、认证、会员申请及会员社区等栏目。最著名的 PMP（项目管理专业人员资格认证）及 CAPM（项目管理专业经理认证资格）在其中均有详细介绍信息。

⑤ 亚太管理论坛（http://www.apmforum.com/）

包括亚太地区经济、市场、管理、商业的相关信息。其中联机版杂志《亚洲商业战略》通过向人们提供有关亚洲经济的专门分析及研究论文、资源链接等方式为人们展示了亚洲经济发展趋势的战略观点。

⑥ 管理联合会（http://www.aomonline.org/）

AOM 官方网站，致力于对管理及组织理论进行研究、教学与推广。内容涵盖该组织各方面的信息：组织介绍、新闻、职业发展、会讯、出版物介绍、如何获取论文等。

⑦ 中国管理科学学会（http://www.mss.org.cn/）

中国管理科学学会官方网站，报道管理科学学会的动态，管理学最新资讯动态、理论方法、案例实践、文摘书摘等。

（2）经济类网络资源

① RePEc（http://www.repec.org/）

这是由来自 49 个国家的 100 多名志愿者鼎力合作，共同致力于促进经济学研究成果的传播而建立的经济学论文网站。该站点拥有世界上最大的经济学文献数据资料库。文献类型包括研究论文、期刊文章和软件。该网站为免费网站。

② 网上经济学资源(http://rfe.org/)

这个由 Bill Goffe 建立、美国经济学会(American Economic Association)赞助的网站,对互联网上的经济学资源进行了科学的分类,列出了大量的网上经济学资源,学院派和非学院派的经济学家,甚至是业余爱好者,都可以在此找到有用的资料。每个仔细分类的链接项目,都附有相当详尽的介绍。最终被选中的网站,要么能够提供丰富的资料,要么专于某一特别领域。网站基本内容包括以下各类:新闻传媒、学术会议、组织协会、顾问咨询、经济预测、数据、学术交流、经济学系或研究院、应用软件、教学材料、职位、资助及学术建议、论坛、邮件列表、词典、词汇及百科全书、经济学家、其他网上索引等。另外,该网站的教学资料资源具有较高的实用性,非常适合经济学教师和学生使用。

③ 美国国家经济研究局(NBER)(http://www.nber.org/)

美国国家经济研究局创立于1920年,是一个民间的、非营利性、非党派性的研究机构,其宗旨是促进对经济运作的更深理解。该局致力于在公共政策制订者、商业执业人员及学术界之间发展和传播公正的经济研究。现在,该局已经成为美国最主要的非营利经济研究机构。目前,美国国家经济研究局拥有逾600名研究员,他们都是美国或其他国家知名大学的经济学或商学教授。这些研究人员主要进行4个方面的实证研究:开发新统计指标,估计经济行为的数量模型,评估公共政策对美国经济的影响以及设想其他政策建议的影响。美国国家经济研究局由来自美国一流大学和主要国民经济机构的代表所组成的主任委员会管理。该局委员会中也有来自商界、工会和学术界的杰出经济学家。

美国国家经济研究局有一个庞大的工作论文库,每周都有新增工作论文充实进来,可免费浏览或下载。《美国经济评论》《经济学季刊》《政治经济学杂志》《经济研究评论》等世界顶尖经济期刊上的论文很多来自 NBER。

④ 经济研究评论(http://www.restud.com/)

即将发表在顶尖经济学期刊《经济研究评论》上的文章,可全文下载。

⑤ 美国联邦贸易委员会(FTC)(http://www.ftc.gov/)

美国联邦贸易委员会经济局经济报告系列,1995年至今的报告可下载。

⑥ BigCharts 证券数据库(http://bigcharts.marketwatch.com/)

BigCharts 是世界上最全面易用的投资研究与资讯网站,它由美国 MarketWatch 公司创办,提供专业的研究信息和可自由定制的交互投资报表,包括股票报价、工业分析、市场信息及评论、行业研究报告等。部分资源可免费使用。

⑦ 中华人民共和国国家发展和改革委员会(http://www.sdpc.gov.cn/)

国家发改委是中国行使经济战略管理职能的主要机构,网站提供的资源主要有近期经济发展规划、年度计划,国民经济发展白皮书,经济与改革的政策法规,产业发展,能源交通,高技术产业,价格体系监控,社会事业发展,专题项目研究等内容。

⑧ 中华人民共和国国家统计局网站(http://www.stats.gov.cn/)

中华人民共和国国家统计局官方网站，是国家统计局对外发布信息，服务社会公众的唯一网络窗口。网站主要提供统计公报、统计数据、统计分析、统计法规、统计管理、统计直报、统计标准和统计制度等，并提供相关的数据库，可供用户免费查阅。

⑨ 中国经济学教育科研网(http://www.cenet.org.cn/)

中国经济学教育科研网(简称 CENET)于 1998 年 12 月由北京大学中国经济研究中心创办，现由中国经济学年会秘书处主办，是国内外经济学教育科研领域信息发布的大型专业网站，宗旨是为在中国从事经济学教育科研工作的学者、有关政府官员及相关专业学生提供一个综合信息平台，为经济学理论与实践研究提供支持。

(3) 法学类网络资源

① Findlaw(http://www.findlaw.com/)

Findlaw 是 1996 年由美国北加利福尼亚法律图书馆的一个工作小组开发的专业法律搜索引擎，主要为使用者提供法律信息的网络导航。

Findlaw 提供关键词检索和分类目录查询。Findlaw 的分类目录有别于通用型搜索引擎，它针对使用者的不同身份，不同的检索需求和检索方法、习惯，设计了不同的分类导航体系，具体分为：公众(For the Public)、律师(For the Legal Pro-fessionals)、商业人士(For Small Business)、社团律师(For Corporate Counsel)、学生(For Students)。

② 美国国会法律图书馆(http://www.loc.gov/law/)

美国国会法律图书馆于 150 年前通过立法设立法律图书馆部门，为美国国会、联邦法院和机构、公众提供学术研究的法律信息。外国法律的翻译亦由法律图书馆精于 50 种不同语言的法律专家分别担任。该馆收藏有美国和世界各国的法律文献 200 余万件，成立有“比较法律数据库”，收集数据 1200 余万条。建立“全球法律信息网”，将会员国的法律资料提供网上查询。同时收藏有世界上最全的官方公报。有些资源只有会员才可以查询使用。

③ 美国政府网站(http://www.firstgov.gov)

这是美国政府的官方网站，由 GSA 联邦公民信息服务(Federal Citizen Information Service)组织维护，内容为政府公开信息。其中“Law&Regulations”栏目提供总统行政命令、联邦行政决议、最高法院 1937 至 1975 年的判决、法庭记录、联邦和各州的法律法规等。

④ 澳大利亚法律信息协会(http://www.austlii.edu.au)

由悉尼大学法律系和新南威尔士大学合作创办，澳大利亚法律信息协会网是最大的法律资源之一。该网站收藏包括澳大利亚大部分判决和立法的数据库全文，还包括很多分类更细的数据库和澳大利亚网上法律索引。另外，世界法律数据库还提供超过50个国家立法的全文和20多个国家的判例法。

⑤ 北大法律信息网(http://www.chinalawinfo.com)

北大法律信息网是北大英华科技公司和北大法制信息中心共同创办的综合性法律网站。网站的主要内容有：法规中心、法学文献、天问咨询、法律动态、英华司考；该网站还提供《北大法律周刊》(PKU Law weekly)的免费订阅服务。

⑥ 中国法院网(http://www.chinacourt.org/index.shtml)

中国法院网是由最高人民法院支持的全国法院信息平台，可免费查该库，并提供《人民法院报》电子版全文。

(4) 语言类网络资源

① 中国英语教学研究会(http://www.elt-china.org/)

中国英语教学研究会(China English Language Education Association)成立于1981年6月，是由教育部高教司直接领导的，中国外语教学研究会(总会)领导下的全国性学术团体，属于二级学会。研究会采用以学校为单位的集体会员制，主要面向有英语专业的高等院校。

② 语言学研究所(http://www.ling.sinica.edu.tw/index.asp.htm)

台湾研究院基于"基础学科设所、跨学科研究设中心"的长期发展政策，为深入探讨人类语言的生物共性、数理共性与文化共性，以建立关于人类语言的科学性及系统性知识。该研究所以从事人类语言的科学研究为宗旨，长期致力于我国台湾本土与邻近相关语言的结构与类型研究，同时兼及跨学科研究。该研究在语言结构分析、语言计算模拟、语言典藏与跨学科研究方面已取得显著成绩。

③ 中国翻译协会网站(http://www.tac-online.org.cn/)

中国翻译协会(原名"中国翻译工作者协会"，简称"中国译协")成立于1982年，是由翻译及与翻译工作相关的企事业单位、社会团体及个人自愿结成的全国性、行业性、非营利社会组织，是翻译领域唯一的全国性社会团体，由分布在全国各省、市、区的单位会员和个人会员组成。网上有《中国翻译》的部分题录及一些与会员有关的部分信息。

④ 上海外国语大学语言文学研究所(http://ills.shisu.edu.cn/)

上海外国语大学语言文学研究所是教育部批准的校属科研单位，成立于20世纪80年代初，当时名称为"外国语言文学研究所"。随着学校的发展调整，曾并入该校的社会科学研究院，后于2004年12月重组复所。研究所主要在四大基础领域从事研究，但各有所侧重：① 外国语言学，以比较语言学研究为重点；② 外国文学，以美国文学和外国戏剧研究为重点；③ 比较文学，以翻译文学史研究和比较诗学研究为重点；④ 中国文学，以民国时期文学研究为重点。

⑤ 中国外语教育研究中心(http://sinotefl.fltr.ac.cn/)

中国外语教育研究中心所依托的北京外国语大学，是我国开办历史最长、开设语种最多的外语大学,设有我国第一批外国语言文学博士点和第一个博士后流动站,师资力量雄厚,学术成果丰富。2000 年 3 月,北外以外国语言研究所为基础,吸收英语系等院系的科研力量,组建了该中心。同年 9 月,该中心被教育部正式批准为“普通高等学校人文社会科学重点研究基地”。

⑥ 浙江大学外语教学研究所(http://www.sisins.zju.edu.cn/elt/)

浙江大学外语教学研究所始建于 2004 年 10 月 15 日。该研究所致力于外语教育理论和实践的研究,其范围主要包括:大中小学外语教学理论与实践、专门用途英语(ESP)、教学大纲设计和外语教材的设计与开发、外语学习理论和策略、现代教育技术与外语教学、教师发展理论与策略、外语研究方法、外语教育史和比较教育学及与相关学科(如语言学、心理学、文化学、文学等)交叉领域的研究。

(5) 文学类网络资源

① Luminarium(http://www.luminarium.org/)

该网站专长于中世纪到 17 世纪英国文学,它结合了始创于 1996 年的 3 个网站,为学生和英国文学热爱者提供一个出发点。虽然任何东西都不能代替一个高质量的图书馆,但该网站希望能满足那些无法去图书馆的人的需要。该网站还兼有检索功能。

② 英文文学资料库(http://www.eng.fju.edu.tw/English_Literature/el - main.htm)

该网站由我国台湾辅仁大学创办,目标是为了促进学生对英文文学作品的了解赏析、分类收集、触类旁通、深入研究。该网站介绍文学文本的主要构成,如主题、技巧、流派、历史背景等,以便台湾地区学生更好地了解与欣赏。同时鼓励学生对英国文学和台湾当时的文学进行比较研究。该网站还有前沿问题研究资料、作者的照片、相关艺术作品、相关链接与学术论文等。

③ 免费古典文学网站(http://www.classic - literature.co.uk/)

英国古典文学图书馆开放的电子图书网站,包括英国、美国、法国、爱尔兰及苏格兰部分作家的作品,有浪漫小说、剧作、诗歌、童话故事、演讲(如林肯的就职演说)、商业金融书籍和部分食谱。

④ 中国文学网(http://www.literature.net.cn/)

该网站由中国社会科学院文学研究所主办,含历代作家研究资料和当代各高校文学院(系)学者之介绍、论文著作等。

⑤ 中国民间故事网(http://www.6mj.com/)

该网站为读者提供了丰富的民间故事。内容包含民间故事、神话传说、传奇故事、现代故事、爱情故事、校园故事、诗联趣话等,为广大网民提供了丰富的中国民间故事精品。

⑥ 中国儿童文学网(http://www.61w.cn/)

这是一个针对儿童需求的文学网站,提供免费的儿童故事、童话故事、寓言故事、神话故事、诗歌散文等全文阅览，并有一批配图配乐故事。

⑦ 盛大文学（http://www.cloudary.com.cn/）

盛大文学全称盛大文学有限公司，是盛大集团旗下文学业务板块的运营和管理实体，2008 年 7 月宣布成立。盛大文学运营的原创网站包括起点中文网、红袖添香网、言情小说吧、晋江文学城、榕树下、小说阅读网、潇湘书院七大原创文学网站及天方听书网和悦读网。盛大文学拥有三家图书策划出版公司："华文天下""中智博文"和"聚石文华"。2010 年 12 月开卷数据显示：盛大文学已经成为国内最大的民营出版公司。

（6）艺术学类网络资源

① 亚洲艺术文献库（http://www.aaa.org.hk/）

该文献库于 2000 年成立，是香港地区首个专门收集亚洲当代艺术资料的非营利机构。文献库专注于收集中国内地、香港、台湾和澳门地区的艺术资料，既是一个重要的资源及信息中心，更可作为当代亚洲艺术的网络平台。目前，文献库电子编目已整理，如中国当代艺术书籍及文献资料，包括展览图录、参考书籍、杂志、邀请卡、传单、海报、幻灯片、计算机光盘、录像带及剪报等，持续征求书籍及文献资料。此外还有许多国际重要的艺术资源网站链接。

② 艺术百科（http://www.artcyclopedia.com/）

这是一个提供艺术作品的综合性网站，根据世界上百余个大型艺术展览馆和博物馆网站中的所有艺术家的信息、图像档案的实体制作而成的网络数据库，由现居住在加拿大 Calgary 信息技术专家 John Malyon 开发维护。该网站索引了 2900 多个艺术网站，提供 16 万多个链接，包括 9000 多个著名艺术家的作品。另外，这里还提供了多种检索途径，可以根据艺术家名、作品名、展览馆名称或地点去检索，也可根据主题、艺术流派或运动等途径检索。

③ 中央美术学院（http://www.cafa.edu.cn/）

中央美术学院是中华人民共和国教育部直属的唯一一所高等美术学校，设有中国画学院、造型学院、设计学院、建筑学院、人文学院、城市设计学院 6 个专业分院，并设有继续教育学院和附属中等美术学校。该高校致力于建设造型、设计、建筑、人文等学科群相互支撑、相互影响的现代形态美术教育学科结构，在构建新世纪中国特色的美术教育体系中发挥引领作用，成为中国高等美术教育领域具有代表性、引领性和示范性的美术院校，并在国际美术院校中享有重要地位。

④ 网络上的艺术（http://www.art.net/）

这是一个建立在因特网上的艺术家工作室，始建于 1994 年 6 月，现有 100 多位来自世界各地的艺术家在这里展示其作品、提供讨论园地等，这些艺术家包括诗人、音乐家、画家、雕塑家、数字艺术家、表演艺术家、动画艺术家等。

⑤ 因特网电影数据库（The Internet Movie Database）（http://www.imdb.com/）

这是一个综合性强、简单易用的电影参考网站。其中心数据库包括 225 万个电影记录，涉及18万部电影和56万个人物。其检索项目包括演员、导演、编剧、谱曲、摄影、编辑、背景、服装、制片等。另外还包括电影奖项、人物信息等。这是美国亚马逊电子商务公司的一个下属公司，故除提供检索信息之外，还提供与电影、电视相关的电子商务业务信息，是个信息容量较大、检索便利的电影网站。

⑥ 中国摄影（电子杂志）（http://www.cphoto.com.cn/ss/）

中国摄影（电子版）以《中国摄影》杂志为基础，设有电子期刊、周末下午茶、相关法律、摄影书籍、编辑推荐、器材与技术、读编往来等栏目，网站为摄影师、摄影爱好者、业界人士提供了一个展示和宣传自己作品的平台和窗口。

（7）历史学类网络资源

① 中华历史网（http://www.cn-history.net/）

这是一个信息比较全面的英文中国历史网站。

② 中国世界古代史研究网（http://www.cawhi.com/）

这是陈德正教授受中国世界古代史学会之托主持的非经营性网站，旨在通过互联网向上网用户无偿提供具有公开性、共享性的有关国内外世界古代史教学与研究的相关信息，主要受众为高校与科研院所的历史学及相关专业师生，以及世界古代史学的业余爱好者和研究者。

③ 历史资源网（http://www.fed.cuhk.edu.hk/history/）

这个网站是香港中文大学的历史资源网，提供世界及中国历史资料及教学资源，包括相片、视听教材等。

④ 铜雀中国历史网（http://www.tqxz.com）

该网有中国通史、中国历代帝王、中国各朝疆域、中国历代名人等栏目，尤其是民族边疆史内容最佳，界面精美，资源相对比较丰富。

⑤ 血铸中华（http://xzzh.china5000.cn/）

该网站由共青团中央和中国社科院主办。栏目有民族英烈、人民的反抗、不平等条约、历史资料、历史照片、历史遗迹、历史研究、侵华战事、忏悔录、海外评述等。

⑥ 中华文史网（http://www.qinghistory.cn/）

该网站发布以清史编纂为主的研究成果、研究动态、资料和各种信息，其范围涉及史学、文学、哲学等中华传统文化的各个领域。其中包括清史纂修、清史研究、中华文史、清史数字图书馆、文化社区、新闻中心、公告栏、网站地图、站内检索等。

⑦ 历史文化遗产保护网（http://www.wenbao.net/）

这是一个公益性的专业文物保护网站，其宗旨是宣传文物保护知识，弘扬中华文化。

⑧ 历史风云网（http://www.lsfyw.net/Index.html）

该网站各个专题收集有思想文化科技、历史的奥秘、中外通史、历史故事、历史文化遗产等历史知识，而战争专题史、民主专题史、社会经济生活等栏目则体现了一定的学术性和专题性，并且收有中学历史的教材教参电子版以供下载。

4.2 即时信息获取工具

随着计算机技术的发展，互联网信息的获取形式发生了重大的变化。获取信息的形式不限于个人计算机（PC）及通过 PC 接入互联网。目前信息时代已经进入了移动互联的新时代，称之为“后 PC 时代”，网络在人们生活中扮演重要角色。后 PC 时代是指将计算机、通信和消费产品的技术结合起来，以 3C 产品的形式（因为以上三者英文都是以“C”字母开头的）通过 Internet 进入家庭。未来网路使用者不一定要通过 PC 上网，手机、平板电脑亦可以提供上网功能，这是个人电脑功能被取代的例证之一，无线传输的方式，使人们无论走到哪里，都可上网并传输资料。信息的获取变得更加容易，形式更加多样。后 PC 时代的网络通信的两大特色为“无限”与“无线”。“无限”指的是上网的工具与应用将无所限制，“无线”代表的是人们将慢慢远离有线传输。

4.2.1 社交信息软件

1. 即时聊天

工具推荐：腾讯 QQ

腾讯 QQ（简称“QQ”）是腾讯公司开发的一款基于 Internet 的即时通信（IM）社交软件。标志是一只戴着红色围巾的小企鹅。腾讯 QQ 支持在线聊天、视频聊天以及语音聊天、点对点断点续传文件、共享文件、网络硬盘、自定义面板、远程控制、QQ 邮箱、传送离线文件等多种功能，并可与移动通信终端等多种通信方式相连。它是中国服务用户最多、最广的即时通讯软件。QQ 除了可以与自己熟悉的好友进行交流，还可以以加入群的方式寻找地域、爱好等相近的陌生人进行交流。如图 4-12 所示，我们以“社科”为关键词进行查找，可以得到数十个相关的群组，并且还可以以地域分类进一步缩小范围。方便交流与学习，并且加入群以后可以在群内的文件共享上发布文件或者下载其他群成员提供的材料。现在 QQ 不仅作为社交的工具，也可以查找课程，将慕课搬上了 QQ（见图 4-13）。

图 4-12　QQ 的“社科”查找

图 4-13　QQ 课程查找功能

2. 微信

微信是腾讯公司于2011年初推出的一款手机聊天软件，主要以APP的方式提供服务。以iOS平台为例，截止到2013年12月已经推出25个版本，在最初的即时通讯软件的基础上增加了诸多的拓展功能，最新版本的微信支持发送文字、图片、语音、视频以及视频通话、实时对讲等通讯功能及其他拓展功能。

作为自媒体时代的新兴产物，其具有诸多特性：① 支持跨通信运营商、跨操作系统平台。例如WiFi、2G、3G和4G数据网络，支持iOS、Android、塞班等多种操作系统平台。② 支持多种交流沟通方式。例如可发送语音、视频、图片和文字，支持多人群聊、实时对讲机等功能。③ 具备强大的社交功能。拥有"扫一扫""摇一摇"等功能，可以让微信用户迅速建立起一个庞大的人际关系网。

通过微信公共号查询关键词"图书馆"，可以找到大量的图书馆服务账号，这些图书馆公共服务号通过微信平台提供"订阅号"或"服务号"服务。

图4-14是南京大学图书馆微信界面，并能够提供图书的查询与借阅功能(图4-15a、图4-15b)。

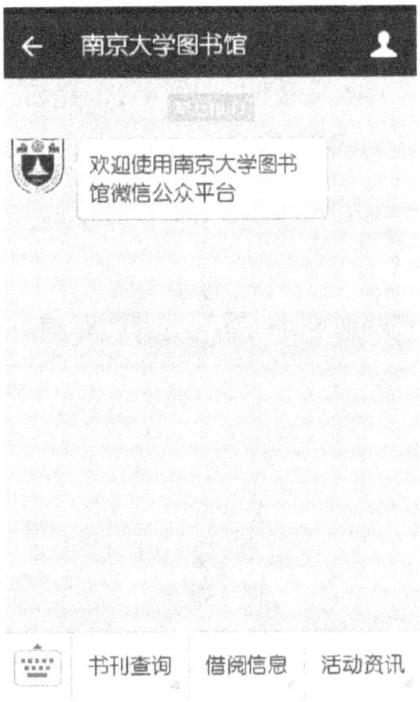

图4-14　南京大学图书馆微信界面

a　书刊查询功能　　b　借阅功能

图4-15　南京大学图书馆微信功能界面

3. 微博

微博，即微博客(Micro-blogging)的简称，是将博客与即时消息(IM)服务相结合的一种 Web2.0 形式，它是一个基于用户关系的信息分享、传播及获取平台，用户可以通过 WEB、WAP 以及各种客户端组件个人社区，以 140 字左右的文字更新信息，并实现即时分享。目前，在国内较为流行的微博主要有新浪微博、腾讯微博、网易微博、搜狐微博。图 4-16 是江苏大学图书馆微博界面，由此可以轻松地看到关于图书馆的各类信息。

图 4-16 江苏大学图书馆微博界面

4. 其他社交媒体客户端

社交媒体(SocialMedia)，也称为社会化媒体、社会性媒体，指允许人们撰写、分享、评价、讨论、相互沟通的网站和技术。社交媒体是人们彼此之间用来分享意见、见解、经验和观点的工具和平台，现阶段主要包括博客、论坛、播客等。近年来，社交媒体在互联网上蓬勃发展，爆发出令人炫目的能量。其传播的信息已成为人们浏览互联网的重要内容，不仅制造了人们社交生活中争相讨论的一个又一个热门话题，更进而吸引传统媒体争相跟进。许多知名的博客或者论坛开发了跨客户端，方便参与即时信息的获取与交流。例如，小木虫学术博客(http://emuch.net/)、科学网博客(http://blog.sciencenet.cn/)、人大经济论坛(http://bbs.pinggu.org/)均可在其网站上下载手机版。

4.2.2 RSS 网上信息订阅

1. RSS 简介

RSS①(简易信息聚合,也叫聚合内容)是一种描述和同步网站内容的格式。RSS 可以是以下 3 个解释的其中一个:Really Simple Syndication;RDF(Resource Description Framework)Site Summary;Rich Site Summary。RSS 是一种描述和同步网页内容的数据格式,是目前使用最广泛的 XML 应用。RSS 是站点用来和其他站点之间共享内容的一种简易方式,通常被用于新闻、博客和其他按时间先后顺序排列的网站。通过发布一个 RSS 文件,网站的内容就能直接被其他站点调用,或被用户有选择地订阅。

RSS 的联合(Syndication):发布一个 RSS Feed 后,这个 RSS Feed 中包含的信息就能直接被其他站点调用,而且由于这些数据都是标准的 XML 格式,所以也能在其他的终端和服务中使用,如 PDA、手机、邮件列表等,这就叫作 RSS 的联合。这种联合就导致一个站点的内容更新越及时、RSS Feed 被调用得越多,该站点的知名度就会越高,从而形成一种良性循环。

RSS 的聚合(Aggregation):就是通过软件工具的方法从网络上搜集各种 RSS Feed,并在一个界面中提供给读者进行阅读。网站提供 RSS 输出,使用户能够有效地构建自己的个性化内容流,同时有利于让用户发现网站内容的更新。从信息定制的角度,我们可以将 RSS 理解为一种由网站直接把信息送到用户桌面的技术。

可以这样描述 RSS 的基本应用:用户通过 RSS 订阅,从网站上获取最新的文章标题、内容提要及全文链接等基本信息,并据此进行可取舍的有针对性的快速阅读。

2. 使用 RSS 的优点

(1)个性化聚合

随着 Web2.0 技术广泛应用和 RSS 技术的进一步发展,提供 RSS Feeds 的站点越来越多,既有综合性网站,又有专业性网站,既有新闻站点、论坛、电子商务站点、企业站点,又有个人博客等。用户通过 RSS 可以轻松订阅自己喜爱的多个网站信息,借助 RSS 阅读器将需要的多个网站集成在一个浏览器中,实现多种信息源的"一站式"个性化服务,减少了"信息"爆炸带来的茫然。

(2)信息获取的高效性和易用性

使用 RSS 聚合器没有广告,不用点击多重目录,过滤无用的网页代码,不用被过多的页面信息所干扰,网站或者 blog 有无更新都一目了然。所有的内容都以熟悉的界面(聚合器)呈现,不会为普通页面上不同的网站结构和导航方式所困扰。通过 RSS 的聚合,可以组建一个属于自己的网络,所有需要的信息都能够通过聚合器查看

① 秦鸿. RSS 技术在图书馆中的应用[M]. 上海:上海交通大学出版社,2010.

到。相比之下,传统的页面浏览方式要获取同量的信息会辛苦很多。几乎所有的RSS聚合软件都可以设定刷新的频率。对于那些特别关心的热门话题,只要把刷新间隔改成5分钟或者10分钟,就可以获得最实时的消息了。

(3)知识积累与管理

由于RSS阅读器的功能越来越强大,通过分享、加星标等功能,用户可以对订阅的RSS内容做网摘收藏,也可以利用注解功能做笔记,记录下自己的感悟和评论,慢慢就形成了个人的知识库。对于下载到本地的内容,还可以离线阅读、存档保留、搜索排序、分类管理等。

(4)促进交流

根据RSS的种种优点,可以说RSS把信息以最快捷的方式传达到了关注和需要它们的人面前,是信息Push&Pull很好地结合。RSS的分享功能可以使信息在好友间方便地被共享和评论,通过一个好友分享,有价值的信息被快速地传播,有效地促进了交流与沟通。

3. RSS使用方法

(1)安装一个RSS阅读器

订阅RSS新闻内容要先安装一个RSS阅读器。我们以FeedDemon为例(图4-17),然后将提供RSS服务的网站加入到RSS阅读器的频道即可。

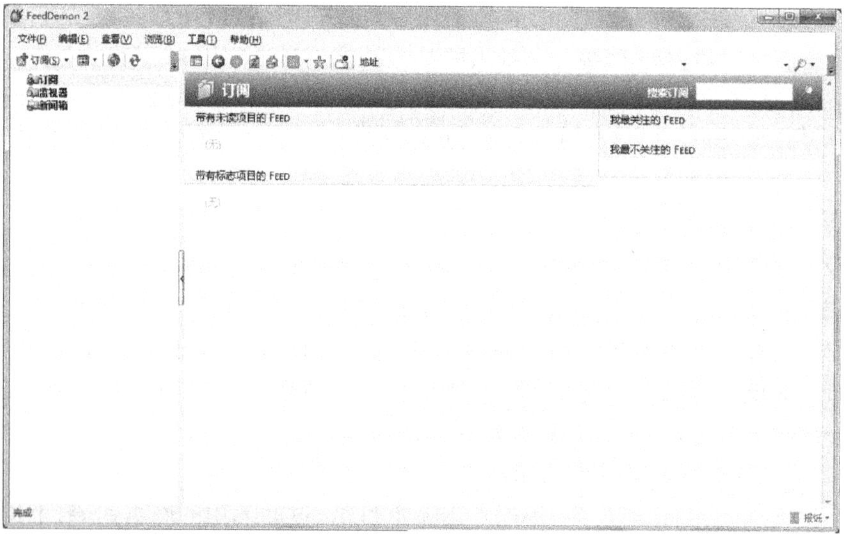

图4-17 FeedDemon 阅读器界面

(2)选择有价值的RSS信息源

中国知网提供了丰富的期刊导航功能,有最常用的期刊首字母导航,还有专辑导航、数据库刊源导航、核心期刊导航等,当然也可以用刊名或ISSN号、CN号进行检索。在导航或检索的结果中选择想订阅的期刊,这种期刊会形成一个RSS Feed(见

图 4-18）。

（3）启动 RSS 订阅程序，将信息源添加到自己的 RSS 阅读器或者在线 RSS。

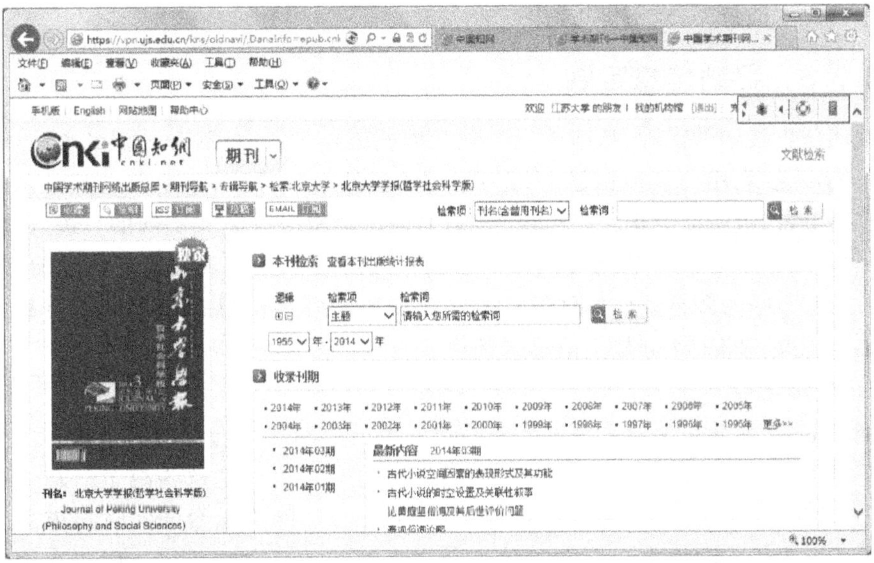

图 4-18　中国知网期刊的 RSS 订阅功能

（4）接收并获取定制的 RSS 信息

如图 4-19 所示，当点击订阅的标签时右侧内容栏就会出现所订阅具体内容，一目了然。

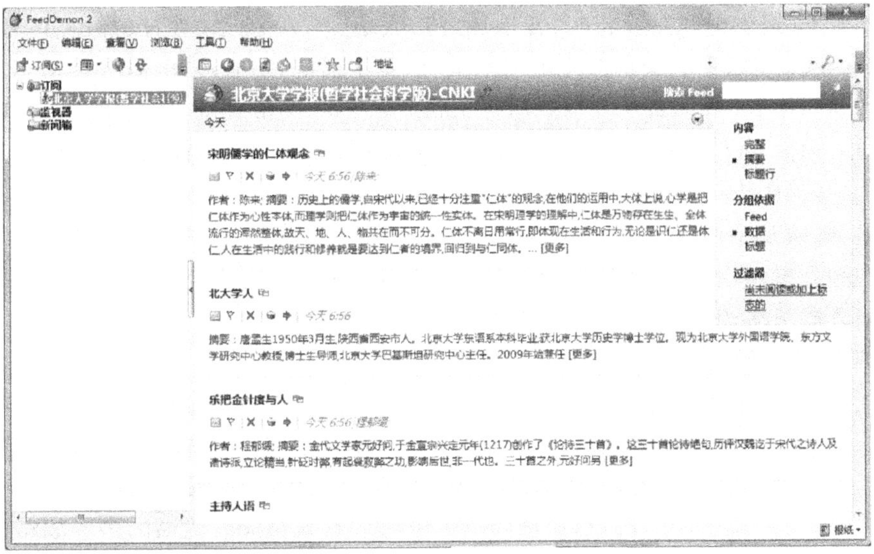

图 4-19　FeedDemon 阅读器订阅了知网北京大学学报（哲学社会科学版）

（5）取消定制的RSS信息

将鼠标指针放在图4-19中订阅标签北京大学学报（哲学社会科学版）上面，然后右键中含有取消订阅，点击即可。

4.2.3 移动信息定制

现代信息技术的出现，从根本上改变了传统信息生产、负载和传播的方式，也改变了人们接受、利用与交流信息的行为。在传统技术条件下，移动信息服务是通过无线广播电台、报贩流动销售报纸杂志、图书馆流动服务等方式实现的。进入21世纪，移动通信技术的发展及其与网络信息技术的融合催生了现代移动信息服务，突破了时间和空间的阻隔，为人们在移动环境下接受各类信息服务提供了全新的机会。本节主要介绍主流的移动信息服务：

1. 网络电台

网络电台，顾名思义就是在网络上搭建的电台。网络电台把传统意义上的电台搬到了网上，比起传统电台拥有海量信息，网络电台还可以把这些海量信息进行结构、分类，有用性更强，这是传统电台没法比的。而且，网络电台的实时报道能力远远胜过传统媒体。网络电台是一种传者与受者双向的互动式传播。用户在因特网上获得信息时可以有更多的自主权，即可以自己控制并选择何时、以何种方式获得信息，还可以随时就自己接收到的一则信息做出评价和反馈。这种反馈信息构成一个双向流动甚至多次反复的交互性文本。

推荐：蜻蜓fm

蜻蜓fm提供全球在线新闻、音乐、经济、娱乐、相声、外语、教育、都市、体育、小说、故事、戏曲、交通等3000多个电台频道，以及主播电台、有声读物、各类播客等点播内容，24小时不间断提供在线收听。支持3G、WiFi网络环境，并且免流量收听本地电台。蜻蜓fm的移动客户端包括ios和Android，可以直接从蜻蜓fm官网和官方微博下载（见图4-20a，图4-20b）。

2. 视频分享网站

视频分享，即不是由视频网站上传内容给大家分享，而是由网民自己拍摄上传到视频分享网站，供大家分享，是互联网发展的一种技术体现。

推荐：优酷网

优酷网是中国领先的视频分享网站，是中国网络视频行业的第一品牌。优酷不断实践"三网合一"的使命，现已覆盖互联网、电视、移动三大终端，兼具影视、综艺、资讯三大内容形态，贯通视频内容制作、播出、发行三大环节，成为真正意义的互联网电视媒体，深刻影响了视频行业格局及全媒时代的大格局。优酷的多屏战略首先在内容上打通了PC、平板、手机、TV之间的底层通道，而不是简单地将PC页面"迁移"到移动端，先进的底层融合机制保证了多屏化内容呈现的一致性，用户在不同屏幕上看到的优酷视频具有了统一性和延续性，屏幕间的转换更加流畅。

a　播放主界面　　　　　　b　内容界面

图 4-20　蜻蜓 fm

3. 移动阅读

移动阅读是指人们运用手中的手机、电子阅读器等数码产品，可以边走边读的阅读行为。

（1）kindle 阅读

Kindle 电纸书由 Amazon 生产的一系列电子书阅读器。在美国，我们可以很方便地用 kindle 在线购买大量书籍，免费查维基百科，下载各种视频和影音资料。Kindle 电纸书和平板价格相对低廉，原因在于 Amazon 公司以内容（如 kindle ebook 等）销售为主要收益来源。Kindle 电纸书是最接近纸质阅读体验的，中国亚马逊 Kindle 商城里已上线超过 6 万本书，其中包括了小说、文学、传记、艺术、少儿、经济、管理、生活等多种门类。

（2）手机阅读

随着智能手机的普及，以及智能终端网络信息服务的全面覆盖，使用手机等移动设备看小说早已成为一种新的阅读习惯。

推荐使用：iReader

iReader 是一款非常出名的手机阅读软件，也是很受人最喜欢的手机阅读器。iReader 支持 TXT，UMD，CHM，HTML，PDF 格式的电子书阅读，支持手势翻页，有多种翻页特效，并且支持书签、全屏、自定义看书文字等功能，以及白天与夜间看书模式、自定定缩放、自定义看书时的屏幕亮度，还能备份看书历史、自定义编码等，功能非常之强大。iReader 的 UI 设计非常棒，界面非常好看（见图 4-21）。

iReader 同时提供了在线书城，可以购买电子图书，同时也有些公版的经典图书与限免的图书可以下载阅读(见图 4-22)。

图 4-21 iReader 手机阅读器书架界面

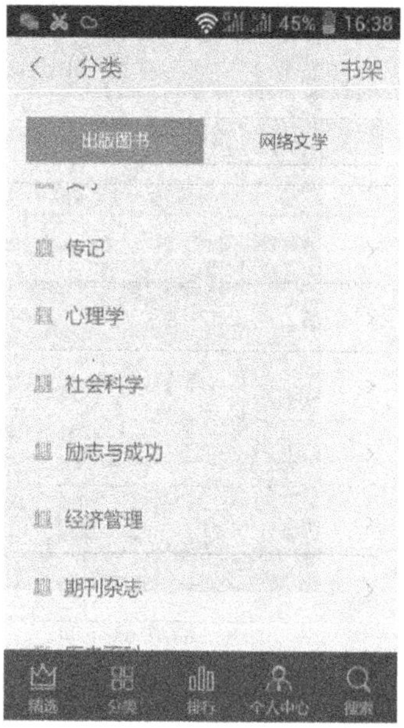

图 4-22 iReader 手机阅读器分类界面

4.2.4 移动图书馆使用

1. 移动图书馆简介

移动图书馆是未来数字图书馆的主流服务方式和发展方向，它依托目前比较成熟的移动通信技术、无线网络技术和多媒体技术，使读者可以不受时间、地点和空间的限制，通过各种便携移动设备(手机、PDA、手持阅读器、平板电脑、MP4 等)方便灵活地进行图书馆的信息查询、浏览阅读，它带给读者的是一种全新的移动阅读方式。①

2. 移动图书馆的特点

(1) 无时空限制

移动图书馆打破了传统图书馆、数字图书馆地域及时间上的服务限制，所有图书馆读者均可借助无线网络，随时随地、随心所欲、轻而易举地通过手中的便携设备上网登录移动图书馆，访问图书馆馆内数字资源。

① 殷长庆. 移动图书馆服务功能的现状及应对策略[J]. 图书馆理论与实践,2012(09):58－61.

(2) 方便快捷

移动图书馆是对图书馆管理系统、OPAC 系统、数字资源、一站式搜索系统、文献传递系统等应用系统服务的高度集成,因此,用户可以在移动终端上轻松地实现对数字资源的搜索、导航和获取。同时,移动图书馆的终端载体主要是手机、平板电脑等手持移动设备,体积小、重量轻,携带方便。

(3) 信息资源广泛

移动图书馆是传统图书馆的延伸,拥有海量的数字资源,涵盖了中外文图书、期刊、学位论文、会议论文、报纸等各个资源类,可以充分地弥补现有图书馆馆藏资源不足的现状。

(4) 个性化服务

移动图书馆使用户具有更大的自主性和随意性,不再被动地接受信息或知识,用户只需通过设置个人空间与图书馆 OPAC 系统的对接,就可实现馆藏查询、续借、预约、挂失、到期提醒等自助式移动服务,并可以自由选择咨询问答、新闻发布、新书推荐、预约取书通知等信息交流功能。

3. 移动图书馆的服务功能

(1) 短信服务功能

目前国内图书馆开通的手机短信息服务,服务项目有续借、到期提醒、预约到书通知、咨询、读者反馈、每周阅读提示等,深受读者青睐。功能主要包括短信提醒(图书到期、预约、催还、续借)、短信查询(馆藏目录查询、个人借阅信息查询、电子资源和数据库查询)、短信宣传(图书馆导引帮助、图书馆公告),其实现方式是基于手机短信,WAP 服务模式与短信服务互为补充。

(2) WAP 网站及数字移动图书馆服务

WAP(Wireless Applicalion Protocol)是一种向移动终端提供互联网内容和先进增值服务的全球统一的开放式协议标准,是简化了的无线 Internet 协议。从 2008 年开始,各高校图书馆相继推出了 WAP 方式的手机网站,国家图书馆在 2008 年底推出移动数字图书馆(mobile. nlc. gov. cn),上海图书馆在 2009 年也推出了自己的手机网站(www. library. sh. cn/mobile)。随着读者需求及技术的发展,WAP 形式的网站已经不能满足需求,近几年 WAP 2.0 方式的手机网站开始流行起来,特别是超星与书生两家电子资源厂商提供的手机网站解决方案已被不少图书馆采用。

(3) OPAC 服务(Online Public Access Catalogue)

OPAC 服务在图书馆学上被称作"联机公共目录查询系统",读者可以利用万维网实现图书的查找和借阅,使读者的查询结果覆盖范围更大。它的主要任务是为不能访问桌面网站的用户提供有价值的信息。国内外许多图书馆都开发了自己的 OPAC 移动版。

4. 移动图书馆的使用

在方正 Apabi 公司的中华数字书苑平台上，读者可以通过手机、平板电脑、手持阅读器等访问到“中华数字书苑”提供的各类电子图书、工具书、各种年鉴资料的检索访问。

（1）下载安装 Apabi Reader

移动阅读是以移动设备（手机、平板电脑、手持阅读器等）作为阅读载体，通过无线移动网络（WIFI、GPRS、3G）、互联网等多种网络信道随时随地获取各种数字资源的一种全新阅读方式。方正 Apabi 针对目前市场占有率较高的 ios、Android 操作系统（包括手机和平板电脑）开发了 Apabi Reader 阅读终端软件。

（2）使用 Apabi Reader

“中华数字书苑（500 种数字报纸）”资源由方正 Apabi 联合全国各大报社开发，以中国报纸资源为主体的数字化全文数据资源系统，是国内首个整报完整收录的报纸全文数据资源。该数据资源集当前现报及历史过报的收录为一体，截至目前，方正 Apabi 获得各级各类报纸运营授权 700 余种，已发布 532 种，其中江苏地区的报纸有 40 余种，包括《新华日报》《扬子晚报》《南京日报》《现代快报》《金陵晚报》《东方卫报》及各地市日报、晨报、晚报、专业报等政治、综合类报纸。

“方正 Apabi 数字图书馆”资源包括：方正电子图书、工具书、年鉴库，以及自行加工的外文图书、外文期刊、本校学位论文、篆刻文刻等数据。其中提供 3 万余种中国出版的电子新书，内容主要包括社会科学、计算机和精品畅销书籍，学科涉及文学艺术、语言、历史、经济法律、政治、哲学、计算机等多个类别，其重点是计算机、经济、外语。方正 Apabi 工具书资源全文数据库是以国内专业、权威工具书资源为主体的数据库产品。该产品目前精选国内各大出版社出版的精品工具书资源 1000 余种，用户能够通过该数据库高效、便捷地进行工具书知识及条目的查询检索。Apabi Reader 兼容 CEBX、PDF 和 TXT 等格式，并精心打造了独有的版面重排功能。

（3）使用移动图书馆功能

图 4-23 是 Apabi Reader 的书店列表，点击左上角“在线书库”，再点击右上角“ + ”添加需要使用的图书馆书库的地址。

通过密码和账号登录后可以进行图书借阅活动。登录成功，进入移动图书馆。使用“图书搜索”功能（见图 4-24 右下角），通过关键词快速定位到所需图书。

通过“最新排行”“精品推荐”“图书分类”等多种不同维度的导航方式进行图书的挑选。选定某本图书后，点击“借阅”按钮，下载所需图书（见图 4-25）。下载完成后，点击“阅读”按钮，即可开始精彩阅读。

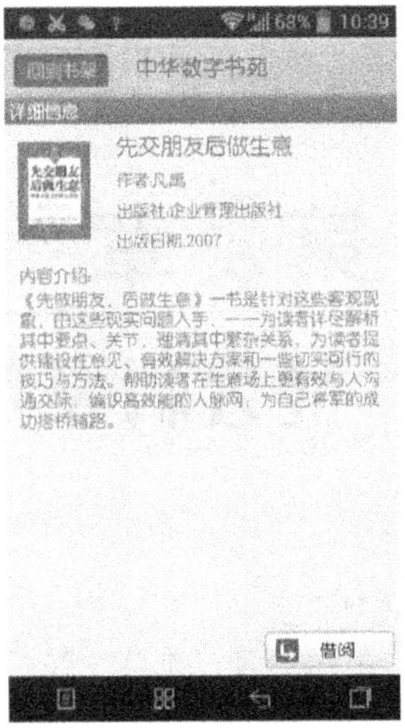

图 4-23　Apabi Reader 的书店列表　　图 4-24　中华数字书苑的界面　　图 4-25　中华数字书苑图书信息

练习与思考

1. 网络信息导航的功能有哪些?

2. 收集本专业门户网址,利用它们查找本学科发展最新动态或学术信息。

3. 获取网络信息资源的方法有很多,主要是通过哪几种方法获取的?

4. 简述慕课学习与传统学习的关系。

5. 简述使用 RSS 的优点。

6. 将自己所修学分课程在互联网上找出慕课课程,制订一份自己的慕课课程表。

7. 请通过 QQ 群组方式建立一个以中国古典文学为主题的讨论组。

参考文献

[1] 陆宏弟. 网络环境下的文科信息检索[M]. 上海:上海交通大学出版社,2009.

[2] 秦鸿. RSS 技术在图书馆中的应用[M]. 上海:上海交通大学出版社,2010.

第5章

社会科学综合性文献信息资源与利用

学习目标

⊙ 了解主要中文文献信息资源；
⊙ 了解主要外文文献信息资源；
⊙ 了解主要中外文发现系统。

开篇案例

信息检索是获取信息的捷径，是科学研究的向导

美国普林斯顿大学物理系一个年轻大学生名叫约翰·菲利普，在图书馆里借阅有关公开资料，仅用4个月时间，就画出一张制造原子弹的设计图。他设计的原子弹，体积小（棒球大小）、重量轻（7.5千克）、威力大（相当广岛原子弹3/4的威力），造价低（当时仅需两千美元），致使一些国家（法国、巴基斯坦等）纷纷致函美国大使馆，争相购买他的设计拷贝。

20世纪70年代，美国核专家泰勒收到一份题为《制造核弹的方法》的报告，他被报告精湛的技术设计所吸引，惊叹地说："至今我看到的报告中，它是最详细、最全面的一份。"但使他更为惊异的是，这份报告竟出于哈佛大学经济专业的青年学生之手，而这个400多页的技术报告的全部信息来源又都是从图书馆那些极为平常的、完全公开的图书资料中所获得的。

美国在实施"阿波罗登月计划"中，对阿波罗飞船的燃料箱进行压力实验时，发现甲醇会引起钛应力腐蚀，并为此付出了数百万美元来研究解决这一问题，事后查明，早在10多年前，就有人研究出解决方案，方法非常简单，只需在甲醇中加入2%的水即可，检索这篇文献的时间是10多分钟。在科研开发领域里，重复劳动在世界

各国都不同程度地存在。据统计,美国每年由于重复研究所造成的损失,约占全年研究经费的38%,达20亿美元之巨。日本有关化学化工方面的研究课题与国外重复的,大学占40%、民间占47%、国家研究机构占40%,平均重复率在40%以上;中国的重复率则更高。

5.1 中文文献信息资源与利用

随着网络的发展,当今社会人们的生活、学习与工作已经和网络紧密地结合在一起,Intenet已经成为世界上规模最大、用户最多、资源最丰富的网络互联系统,伴随着各种信息技术的逐步成熟,传统印刷型信息资源在数字化和网络化发展方面得到了更好的技术支持,许多网上期刊全文数据库、论文全文库、行业信息库相继出现,为用户创造了十分便利的信息获取条件,人们通过网络查找资料的方式成为必然。网络检索信息获取方法很多,主要通过搜索引擎、中英文网络数据库、主题指南、网络参考工具书、网络信息门户、开放存取、文献传递以及一些新的基于社区服务等方式取得。由于篇幅所限,本节仅对利用率较高、影响范围较广的几种工具进行介绍。

5.1.1 书目检索系统使用

1. 书目检索(Bibliographic Retrieval)

书目检索是以文献线索为检索对象的信息检索。检索系统存储的是以二次信息(目录、索引、文摘等)为对象的信息,它们是文献信息的外部特征与内容特征的描述集合体。信息用户通过检索获取的是原文的"替代物",也即有关某一问题的一系列相关文献线索,然后再根据检出的文献线索去获取原文。

2. 书目检索系统(OPAC)简介

书目检索系统(Online Public Access Catalogue ,简称OPAC),它是一种在因特网上对馆藏信息资源进行查询的工具,也就是说通过因特网,读者可在任何地方对提供OPAC服务的图书馆馆藏资源进行远程检索。

OPAC可满足读者通过网络检索馆藏图书、期刊等信息,并与系统中的相关模块,如采访、编目、期刊、流通等模块集成,提供实时信息服务。

其他子系统的数据一经修改,即在OPAC实时显示。编目子系统或流通子系统一旦建立了一个新的馆藏,OPAC立即能显示;文献一旦办理了归还手续,OPAC立即显示更新后的状态信息,并根据规定的时间,自动改变为"可供借阅"的流通状态。

允许读者自己执行某些流通功能,如:续借、预约、取消预约、申请馆际互借等。读者可浏览自己的流通记录,查看借阅的资料和了解过期、罚款、停借、违章等信息。

允许读者通过 OPAC 系统向图书馆推荐适合本校师生阅读的图书。

3. 图书馆公共书目查询系统(OPAC)

图书馆 OPAC 查询功能:

① 图书馆 OPAC 可满足一般读者和图书工作人员查询公共目录的要求,同时,为各系、分馆提供公共目录查询;可以与其他数据库连接,保持一致的检索界面,并与系统中的相关模块,如采访、编目、期刊、流体等模块集成;显示必要的文献订购、签到、加工和流通信息。

② 允许读者自己执行某些流通功能,如:续借、预约、取消预约、申请馆际互借等。读者可以浏览自己的流通记录,查看借阅的资料和了解过期、罚款、停借、违章等信息。

③ 图书馆 OPAC 提供实时信息服务。其他子系统的数据一经修改,即在 OPAC 实时显示。编目子系统或流通子系统一旦建立了一个新的馆藏,OPAC 立即能显示;文献一旦办理了归还手续,OPAC 立即显示更新后的状态信息,并根据规定的时间,自动改变为“可供借阅”的流通状态。

④ 图书馆 OPAC 提供的检索点:著者、题名、主题、分类、索书号、关键词等(见图 5-1)。既具有基本检索功能,也具有高级检索功能。

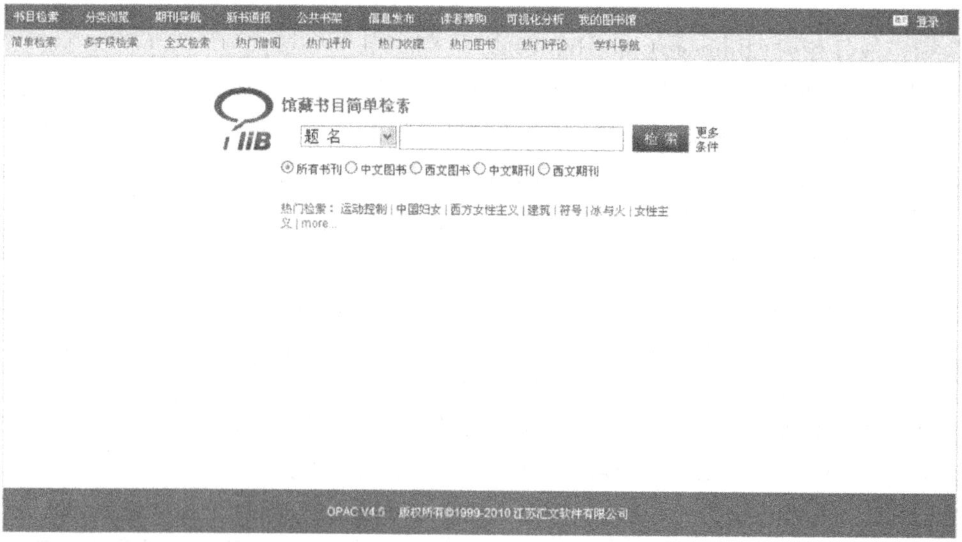

图 5-1 馆藏书目基本检索界面

图书馆 OPAC 主要有 9 个功能模块,分别是:书目检索、分类浏览、期刊导航、新书通报、公共书架、信息发布、读者荐购、可视化分析和我的图书馆(见图 5-2)。

图 5-2　馆藏书目分类检索界面

① 书目检索功能有简单检索、多字段检索、全文检索、热门借阅、热门评价、热门收藏、热门图书、热门评论、学科导航等子功能。简单检索(见图 5-3,图 5-4)增加检索词参考翻译功能,支持简体、繁体以及英汉互译。

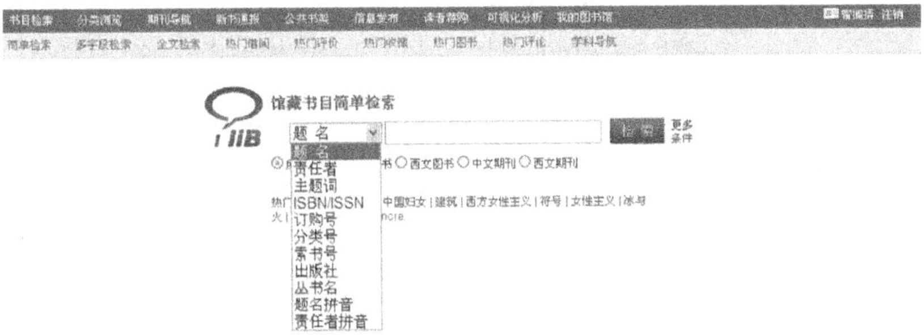

图 5-3　馆藏书目简单检索界面

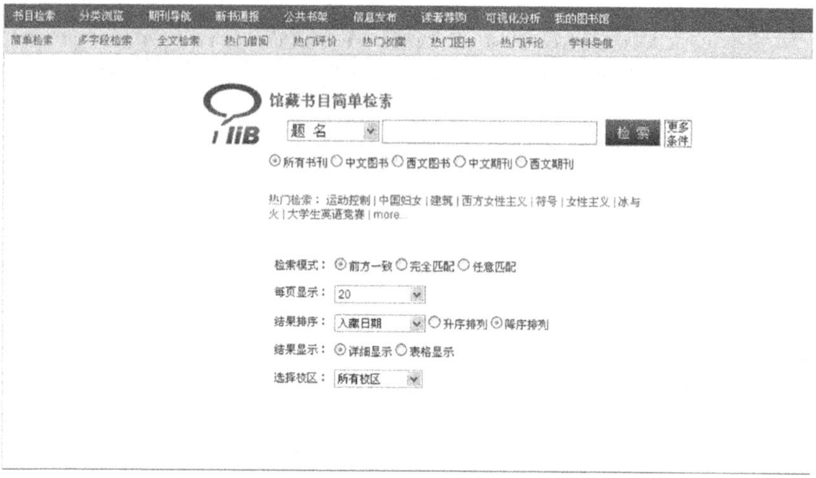

图 5-4　馆藏书目简单检索界面

② 分类浏览：提供按照中图分类法归类的书刊浏览（见图 5-5）。

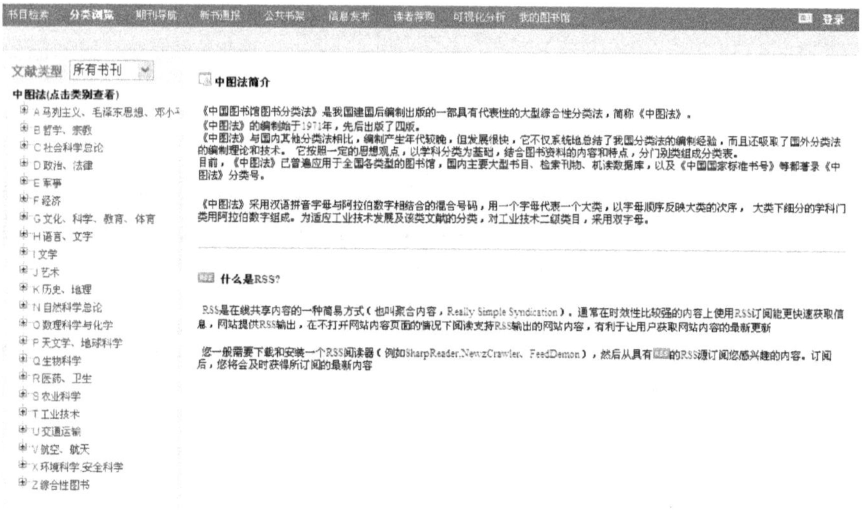

图 5-5　馆藏书目分类检索界面

③ 期刊导航：提供西文期刊字母导航、期刊学科导航及年度订购期刊查询。

④ 新书通报：提供限定时间、校区及限定文献类型的新书的查询。

⑤ 公共书架：展示图书馆馆员推荐给所有读者的阅读书目。

⑥ 信息发布：图书馆常规服务的信息，如预约到书：您预约的书现在已经到馆；委托到书：您委托的书现在已经到馆；超期欠款：您有欠款未缴纳，可能会影响您的下一次借阅；超期催还：您有书已经超期，请及时归还。

⑦ 读者荐购：读者可查询拟征订书目，进行推荐购买。

⑧ 可视化分析：将关联数据进行可视化展现，多层次、立体化揭示人与书、书与书之间的内在关系（见图 5-6）。以读者类型或者读者系别为起点，查看人与书、书与书之间的可视化分析结果；详细书目页面中直接点击链接图片即可查看书与书之间的可视化分析结果。

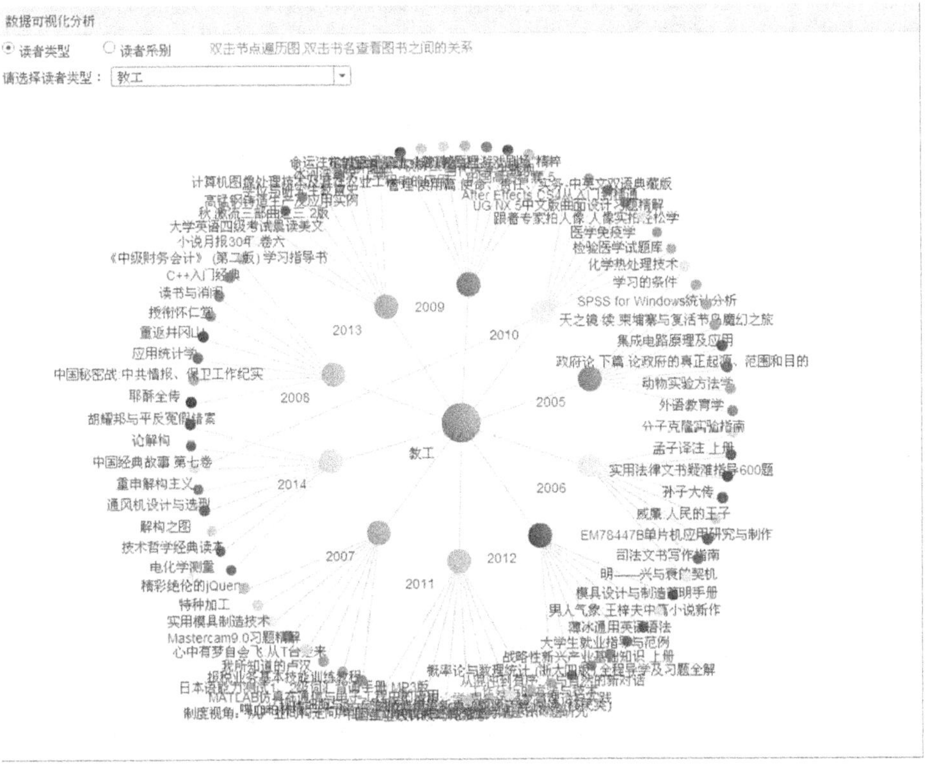

图 5-6　数据可视化分析界面

⑨ 我的图书馆："我的图书馆"可以按照证件号、条码号或 E-mail 3 种方式登录（见图 5-7）。

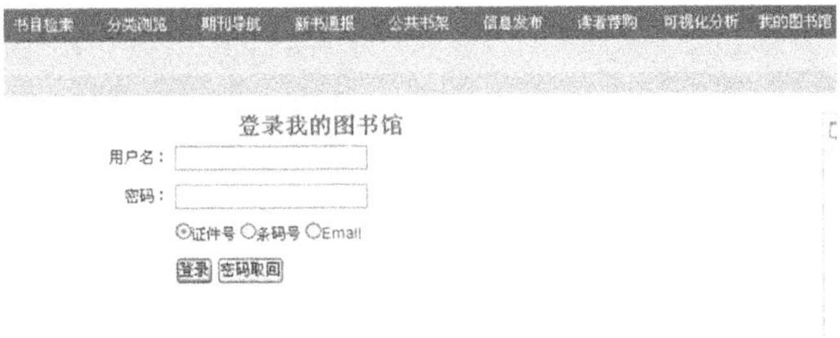

图 5-7　我的图书馆登录界面

登录后页面如下，各种功能如图 5-8 左侧所列。

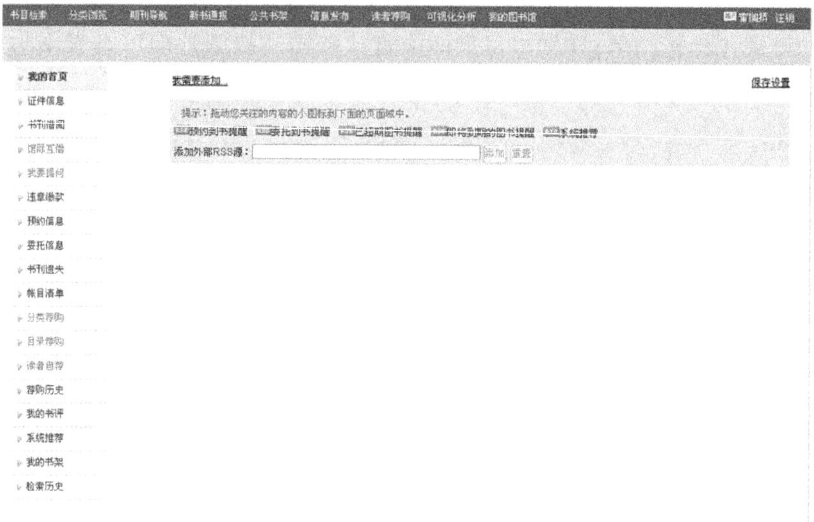

图 5-8　我的图书馆功能界面

右侧提供的添加个性化的 RSS 源。

RSS 是在线共享内容的一种简易方式（也叫聚合内容，Really Simple Syndication）。通常在时效性比较强的内容上使用 RSS 订阅能更快速获取信息。在网站提供 RSS 输出时，在不打开网站内容页面的情况下阅读支持 RSS 输出的网站内容，有利于让用户获取网站内容的最新更新（见图 5-9）。

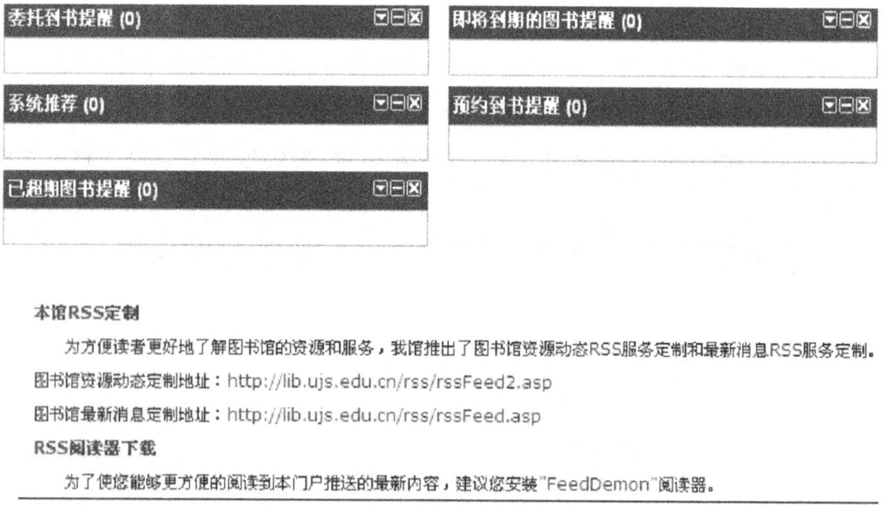

图 5-9　RSS 服务定制界面

打开 FeedDemon,选择“订阅”(见图 5-10)。

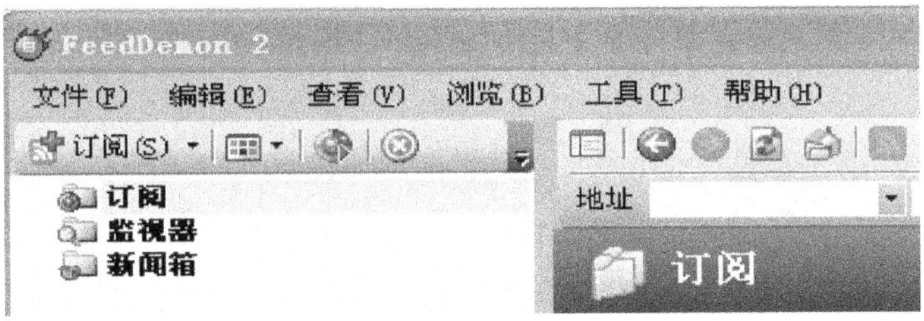

图 5-10　FeedDemon 界面

订阅一个 Feed 步骤一,选择“下一步”(见图 5-11)。

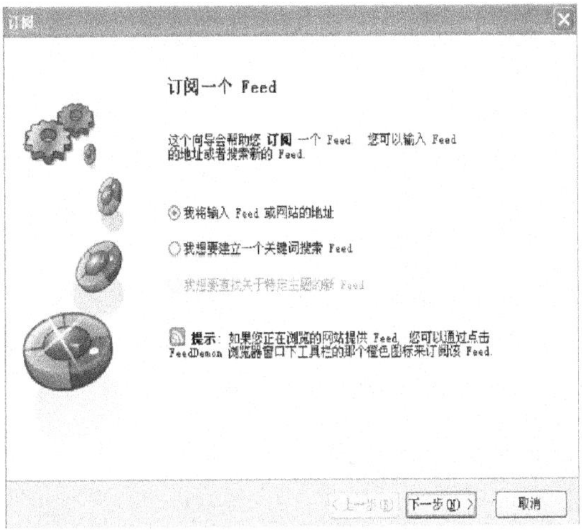

图 5-11　订阅界面

订阅一个 Feed 步骤二,选择“下一步”(见图 5-12)。

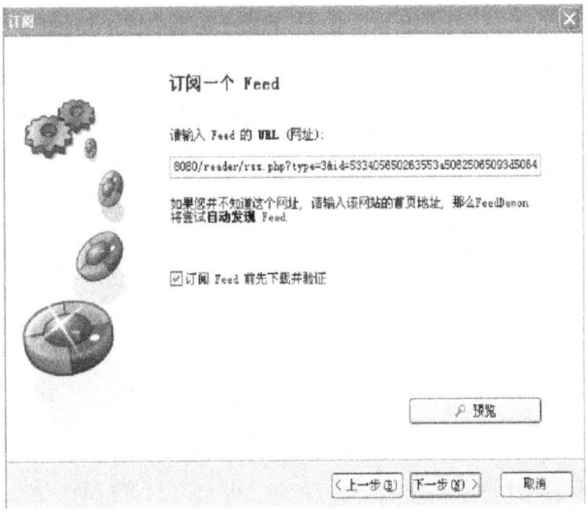

图 5-12　订阅界面

订阅一个 Feed 步骤三，选择“下一步”（见图 5-13）。

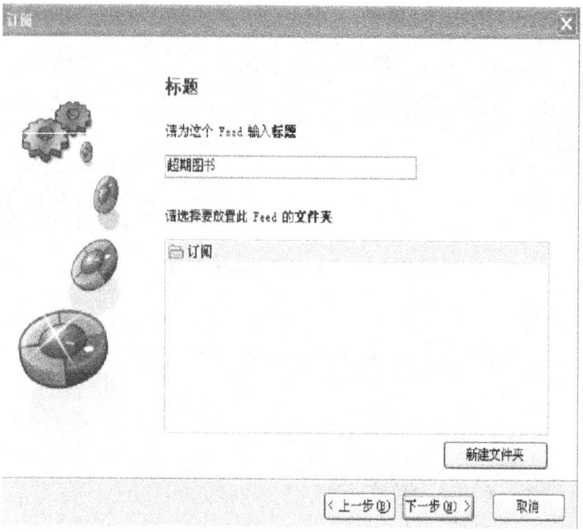

图 5-13　订阅界面

订阅成功：点击频道名即查阅随时更新的信息。

检索历史：将每次的检索操作保存，读者通过查看自己的检索历史，可以跟踪和分析自己的检索策略，减少检索的随机性。

5.1.2　CNKI 中国知网检索

1. CNKI 中国知网简介

CNKI 是中国国家知识基础设施（China National Knowledge Infrastructure）的英文缩写，是国内最大、最完整、最权威的连续出版资源库。它由清华大学、清华同方发起，始建于 1999 年 6 月。《中国学术文献网络出版总库》为同方知网（北京）技术有限公司所有，中国学术期刊（光盘版）电子杂志社出版，是以中国知网为网络出版与知识服务平台的目前世界上最大的、连续动态更新的中国学术文献全文数据库。该库深度集成整合了学术期刊、博硕士学位论文、会议论文、报纸、年鉴、专利、国内外标准、科技成果等中文资源及 Springer 等外文资源。以统一导航、统一元数据、统一检索方式和统一知网节为基础，打破单个数据库的局限，将各种类型数据库融合为一个有机整体，汇编为一个系统的总库产品，从而形成系统的知识网络。

CNKI 系列数据库中的《中国学术期刊网络出版总库》是世界上最大的连续动态更新的中国学术期刊全文数据库，出版内容以学术、技术、政策指导、高等科普及教育类期刊为主，内容覆盖自然科学、工程技术、农业、哲学、医学、人文社会科学等各个领域，收录自 1915 年至今出版的期刊，部分期刊回溯至创刊。截至 2014 年 8 月，收录国内学术期刊7959种，全文文献总量4000多万篇。

2. 数据库系统功能

CNKI提出了全新的资源使用理念、文献检索模式和信息服务体系，构建了以总库资源超市理念为框架，以统一导航、统一元数据、统一检索方式、统一知网节为基础的资源出版平台，一方面为大小资源出版商提供展示出版资源的空间，另一方面为个人用户提供定制资源、功能、服务平台，同时也为机构用户提供定制资源和功能，定制辅助机构生产、经营的情报服务平台。

总库内容统一导航数字出版平台中，每个文献出版总库根据资源特点提供了统一的内容导航。新纳入文献出版总库的数据库可以按统一的内容导航加入到总库中；基于规范、精细的导航，实现跨库统一检索，主题系统调研和精准查询。以《中国学术网络出版总库》为例，根据学术文献的特点，形成了包含10个专辑和168个学科主题的168个专辑导航，在此基础上，进行细分，分为近4000个学科专业。各类学术文献形成了一个分类清晰的汇编作品，可实现跨库统一检索、主题调研和精准查询。

统一的跨库检索平台在数字出版平台中，每一个文献出版总库根据文献的特点都提供了独立的、规范统一的跨库检索平台。首先，新的检索平台全面超越了以往单一的、面向单库的检索方式，在收录完整、出版更新及时、信息加工规范的文献资源的基础上，提供了面向不同检索需要、功能先进的多种跨库检索方式。这不仅全面地提高了系统的查全查准率，而且可靠地支持各类文献调研与情报分析等决策活动，并可支持各级各类文献检索课程和信息素养课程的教学与研究。

文献分析功能以《中国学术文献网络出版总库》为例，用户可以对检索到的文献，从不同的角度进行文献分析，然后按量自动排序。主要分析途径如按学科、关键词、研究层次、文献作者、作者单位、文献出版来源、研究获得资助、来源数据库、发表年度、发表时间、被引频次、下载频次，可以了解读者对该主题文献的使用情况，找到高使用率的文献。

平台提供了多种数据统计报表功能，帮助资源出版商和资源用户全局把握数字出版平台现有资源的状况以及出版发展状况。在总库平台中，提供了针对各个文献出版总库及其下级导航的文献出版统计报表，报表中显示有关文献数据库文献来源、来源完整率、文献收录完整率、当日出版情况的统计信息，使管理者站在宏观角度了解总库资源收录情况，支持情报统计分析工作和资源订购决策。在学术文献网络出版总库中，提供了针对各个学科数字图书馆的文献出版统计报表，帮助学者和研究者了解各个专业收录文献的概况信息。

个人数字图书馆个人用户可按需订制资源、检索平台、功能、情报服务，按需配置模板和显示方式。个人馆提供了超越一般的资源订阅方式，为用户提供了个性化、交互式学习研究的空间。用户可对馆内文献使用多种检索方式进行检索，并通过文献出版统计报表了解馆内各专业文献的出版现状和新增文献，还可根据自己的需要对检索平台的资源及检索方式做个性化配置。个人数字图书馆为用户提供了多种个性化服务栏目，用户可定制学者、机构、原版出版物、科研项目、检索式、学术热点、学术论坛等，个人馆根据用户的定制自动推送一系列相关的情报信息。

其他功能系统还提供相关辅助功能，如检索历史、词条在工具书中的解释、当前检索词的相似词、当前检索词的相关词、收藏检索式等。

3. CNKI 中国知网数据库检索

（1）《中国学术文献网络出版总库》平台首页

《中国学术文献网络出版总库》平台首页 http://www.cnki.net（如图 5-14 所示），各大文献出版总库都有自己独立的检索平台首页（如表 5-1 所示），针对各总库资源的特点提供统一检索，统一导航，同时将总库中的子数据库资源的出版和收录情况以统计报表的形式展示，为资源选购提供决策信息。

图 5-14　中国知网首页

表 5-1 各大文献出版总库检索平台

类别	平台
期刊	http://epub. cnki. net/kns/brief/result. aspx? dbprefix = CJFQ
博硕	http://epub. cnki. net/kns/brief/result. aspx? dbprefix = CDMD
会议	http://epub. cnki. net/kns/brief/result. aspx? dbPrefix = CIPD
报纸	http://epub. cnki. net/kns/brief/result. aspx? dbPrefix = CCND
年鉴	http://epub. cnki. net/kns/brief/result. aspx? dbPrefix = CSYD
统计年鉴分析	http://tongji. cnki. net/kns55/Dig/dig. aspx? p = &uid = WEEvREcwSlJH-SldTTEYzZlBWdkNVMzE1dVJuektxd2VVeUFIV242K09CNzhkTlZYVXI2SFJsYzBHbUUxMGFBPQ ==
工具书	http://epub. cnki. net/kns/brief/result. aspx? dbPrefix = CRFD
专利	http://epub. cnki. net/kns/brief/result. aspx? dbPrefix = SCOD
国标全文	http://epub. cnki. net/kns/brief/result. aspx? dbPrefix = SCSF
行标全文	http://epub. cnki. net/kns/brief/result. aspx? dbprefix = SCHF
成果	http://epub. cnki. net/kns/brief/result. aspx? dbPrefix = SNAD
学术图片	http://epub. cnki. net/kns/brief/result. aspx? dbPrefix = image

（2）CNKI 的使用方法基于学术文献的需求

平台提供了简单检索、高级检索、专业检索、引文检索、“知网节”检索、作者发文检索、科研基金检索、句子检索、知识元检索，面向不同需要的 9 种跨库检索方式，以及按文献来源检索方式，构成了功能先进、检索方式齐全的检索平台。

简单检索提供了类似搜索引擎的检索方式，用户只需要输入所要找的关键词，点击“简单检索”就可查到相关的文献。

在高级检索中，将检索过程规范为 3 个步骤，第一步：输入时间、支持基金、文献来源、作者等检索控制条件；第二步：输入文献全文、篇名、主题、关键词等检索内容条件；第三步：对检索结果进行分组分析和排序分析，反复筛选、修正检索式，得到最终结果。高级检索能提供更灵活、方便地构造检索式的检索方式。可进行扩展词检索、精确检索。

专业检索用于图书情报专业人员查新、信息分析等工作，使用逻辑运算符和关键词构造检索式进行检索。

作者发文检索通过学者姓名、单位、研究方向关键词等信息，查找学者发表的全部文献及被引下载等情况。通过学者知网节（细览页）可以全方位地了解学者的主要研究领域、研究成果等情况。对检索到的同名学者，用户可选择同名学者进行合并，合并后学者信息可以定制到个人馆中。

科研基金检索通过科研基金名称，查找科研基金资助的文献。通过对检索结果的分组筛选，还可全面了解科研基金资助学科范围、科研主题领域等信息。

句子检索通过用户输入的两个关键词,查找同时包含这两个词的句子。由于句子中包含了大量的事实信息,通过检索句子可以为用户提供有关事实的问题答案。

知识元检索将文献总库中的作者、学术术语、概念、数字、图形、表格等知识元信息抽取出来,为用户提供有关知识元的事实检索。

文献出版来源检索包括检索学术期刊、博士学位授予点、硕士学位授予点、会议论文集、报纸、年鉴和图书出版社。通过确定这些文献来源,可查找到其出版的所有文献,再利用分组、排序等工具,对这些文献进一步分析和调研,还可以利用统一导航功能控制检索范围检索文献来源,也可以使用检索筛选历史返回前次检索结果。

5.1.3 中文社会科学引文索引(CSSCI)检索

1. 中文社会科学引文索引简介

CSSCI 指的是中文社会科学引文索引,英文全称为"Chinese Social Sciences Citation Index",它是用来检索中文社会科学领域的论文收录和文献被引用情况。它是由南京大学中国社会科学研究评价中心开发研制的数据库。

引文索引是提供某一作者及其著作在别的作者的著作中被引用状况的一种索引,从文献之间相互引证的关系上,揭示文献之间的内在联系。引文索引以被引用文献即引文为目标,其下列出引用过该文献的全部文献,即来源文献。

CSSCI 索引的文献来自南京大学中国社会科学研究评价中心根据中文社会科学引文索引指导委员会确定的选刊原则和方法遴选并报教育部批准的来源期刊。来源期刊是根据期刊的影响因子、被引总次数等数量指标与各学科专家意见而确定的。确定之后,每年根据期刊质量的情况,增删、调整有关期刊。具体确定来源期刊的原则有:

① 入选的刊物应能反映当前我国社会科学界各个学科中最新研究成果,且学术水平较高、影响较大、编辑出版较为规范的学术刊物;

② 入选的刊物必须是正式公开出版发行,且具有 ISSN 或 CN 号;

③ 入选的刊物其所刊载的学术文章应多数列有参考文献;

④ 凡属索引、文摘等二次文献类的刊物不予收入;

⑤ 译丛和以发表译文为主的刊物,暂不收入;

⑥ 通俗刊物,以发表文艺作品为主的各类文艺刊物,暂不收入。

参照美国《科学引文索引》(SCI)选用期刊占世界科技期刊总量的比例与《中国科学引文数据库》(CSCD)选用期刊占我国科技期刊总量的比例,结合我国社科期刊出版发行的情况,确定 CSSCI 的来源期刊数量占我国正式刊行的社科期刊总数的 8% ~15% 。

2. 检索

中文社会科学引文索引如图 5-15 所示。

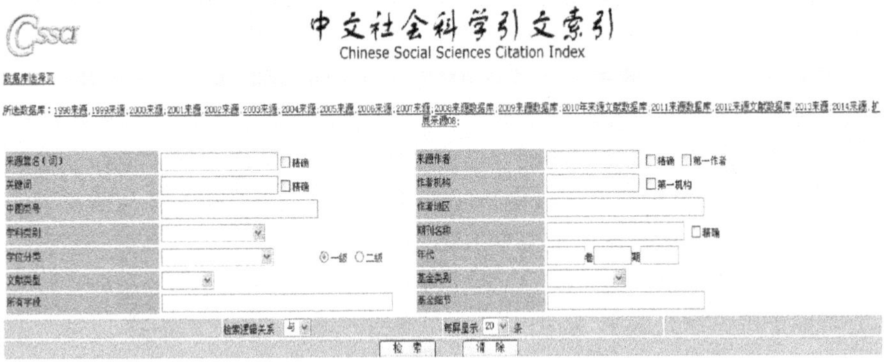

图 5-15　中文社会科学引文索引界面

5.1.4　方正 Apabi 数字图书馆

电子书是方正 Apabi 数字内容资源的核心部分，中华数字书苑电子书频道包括 250 万册可供全文阅读的电子图书、400 万册可供条目检索的电子图书，其中外文图书 5000 多种、民国期刊 20000 多期、中医古籍 2000 余册、国学要览 80000 余册，内容丰富的同时应用领域也非常广泛。

Apabi 独有的 CEBX 技术保留并改进了 CEB 的基本特性优点，并针对网络应用、移动阅读等新的阅读模式添加了许多新特性，包括：数据结构化、原版原式、设备自适应性、动态交互特性、全面的安全性支持、多样化的互联网应用等。

1. 电子书频道亮点功能

① 专题推荐：每周对读者感兴趣的话题、行业等提供各类专题栏目的书籍推荐，对焦时代脉搏，使得读者能第一时间全面掌握该主题的信息，比如三农、家庭装修、摄影爱好等。

② 大幅优化资源分类的便捷性：在书苑上加入了大幅优化后的七大类图书分类，使得读者在最短时间内锁定需要的书籍，同时在电子书频道的二级页面里延续主页上资源分类，鼠标放在分类上会自动向右弹出二级分类，使得分类更加直观。

③ 排行榜功能：分周、月、季度排行，按点击率进行排序，显示图书书名信息条，鼠标滑动到图书名称后会自动显示出图书封面、作者和出版社等图书信息，方便读者删选热门书籍的信息，并且还加入了热门出版社、热门作者的推荐。

④ 新书推荐功能：将时下最流行的新书做成新书推荐专栏，为那些喜欢尝鲜的读者提供服务，在新书推荐的模块里每页推荐 5 本新书，图书左右加入转向箭头，方便读者进行浏览。

⑤ 准确便捷的搜索定位功能：读者可以在主界面上统一进行搜索，在搜索结果

的下一级搜索条件中从数据来源、资源库、检索范围、出版时间、阅读范围等详细地将搜索结果分类，方便读者对结果进行定位。

⑥ 网络分享功能：在图书信息界面中，在图书封面的下方加入了网络分享功能（第一层为新浪微博、腾讯微博、人人网、开心网和朋友网），将 SNS 的思想完美融合进了电子书频道，增强了朋友之间的互动，使得阅读更有乐趣。分享网站的第 2 级显示了 14 个不同类型的网站，第 3 级包含了 115 个不同类型的网站供读者们选择，还可以自定义分享网站，做到真正地分享 DIY。

⑦ 支持各种媒介的移动阅读：对于市场上主流的 ios 产品、Android 产品均给予支持，非智能手机也没有关系，只要可以上网就能满足移动阅读的需求。

2. 电子书频道其他功能

（1）阅读功能

（2）收藏及推荐相关功能

在图书信息页面中，除了包含图书的基本信息（责任人、出版社、出版日期、ISBN 号和分类名称）之外，还包括了收藏、推荐等功能，值得一提的是浏览历史和书内检索功能，使得阅读更加立体。

（3）摘要及目录功能

在进入图书信息页面之后，提供图书摘要和目录，使读者在第一时间获取该书的主要信息，方便读者进行取舍。

每一本图书都会包含书评，让读者之间分享读书的感受，相互启发，相互影响，形成良好的读书氛围，另外还提供相关电子书的推荐。

5.1.5 读秀中文学术搜索

读秀学术搜索后台是一个海量全文数据及元数据组成的超大型数据库。它能够为读者提供 260 万种图书、6 亿页全文资料、5000 万条期刊元数据、2000 万条报纸元数据、100 万个人物简介、1000 万个词条解释等一系列海量学术资源的检索及使用。同时，通过读秀学术搜索，还能一站式检索馆藏纸质图书、电子图书、期刊等各种异构资源，几乎囊括了图书馆内的所有信息资源。不论是学习、研究、写论文、做课题，读秀都能够为读者提供最全面、最准确的学术资料。

1. 读秀学术搜索的登录方法

登录地址：http://www.duxiu.com/（校园网“IP 范围内”均可登陆）

阅读全文须下载超星 4.0 浏览器。

2. 操作指南

第一步：在拥有校园网的客户机上，登录 www.duxiu.com，进入读秀知识库主页（见图 5-16）。

图 5-16　读秀学术搜索首页

第二步：根据自己需求，进行个性化频道检索（全文、图书、期刊、报纸、学位及会议论文）。

第三步：检索出的结果可以进行二次检索，或者高级检索，同时还有年代、学科分布，以及相关的外文搜索结果、词条、中文期刊、报纸等，有利于读者全面选择所需资料（见图 5-17）。

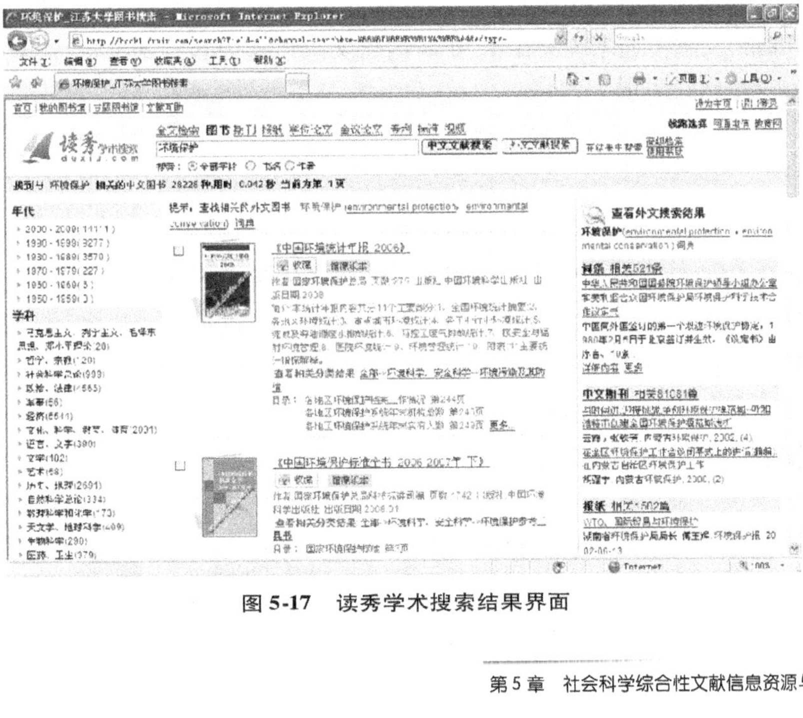

图 5-17　读秀学术搜索结果界面

第四步：点击某本图书的书名或封面，即可进入这本图书的详细信息、试读功能及馆藏信息页面状态，通过此操作可以深入了解这本书的内容(见图 5-18)。

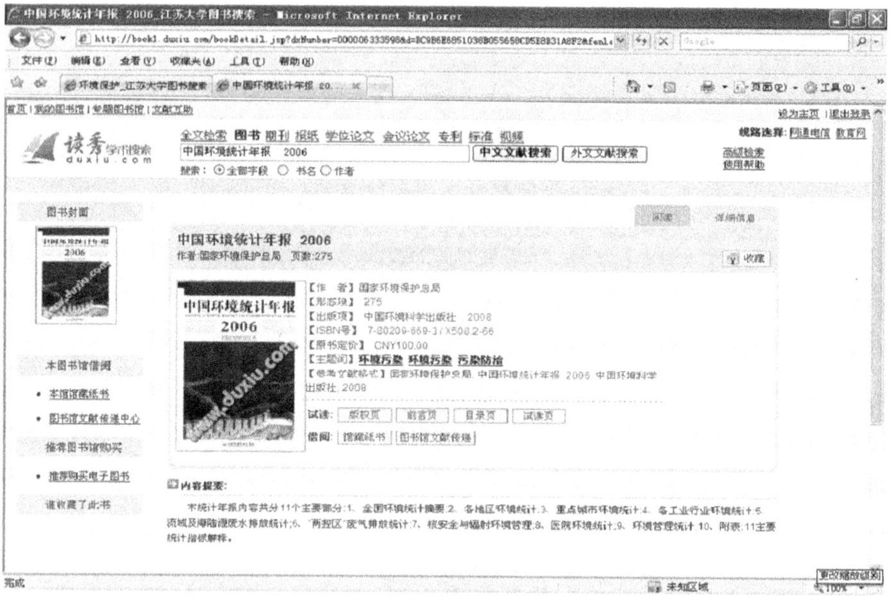

图 5-18　读秀学术搜索选中某种图书的界面

第五步：通过试读，了解书的结构与内容后，可以通过“馆藏纸书”，“本馆电子全文”来阅读所搜索到的图书，还可以通过“图书馆文献传递中心”来获得需要的文献资料。点击“图书馆文献传递中心”，进入参考咨询中心，根据试读，填写传递页码区间和个人邮箱，文献传递系统会在 12 小时内将文献传递内容发到邮箱，读者可以登录自己的邮箱查阅(见图 5-19)。

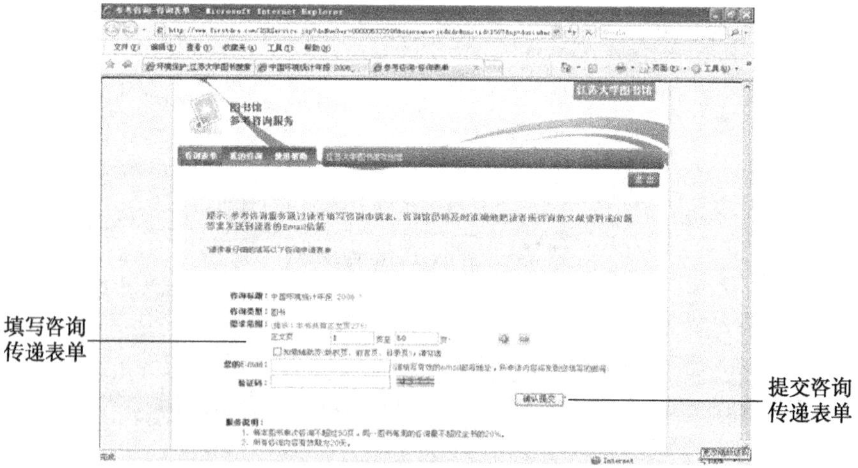

图 5-19　参考咨询服务平台

第六步：进入个人邮箱，获得参考服务中心的邮件，在邮件中点击提供的文献链接，便可在线阅读所需要的文献资料了（见图 5-20）。

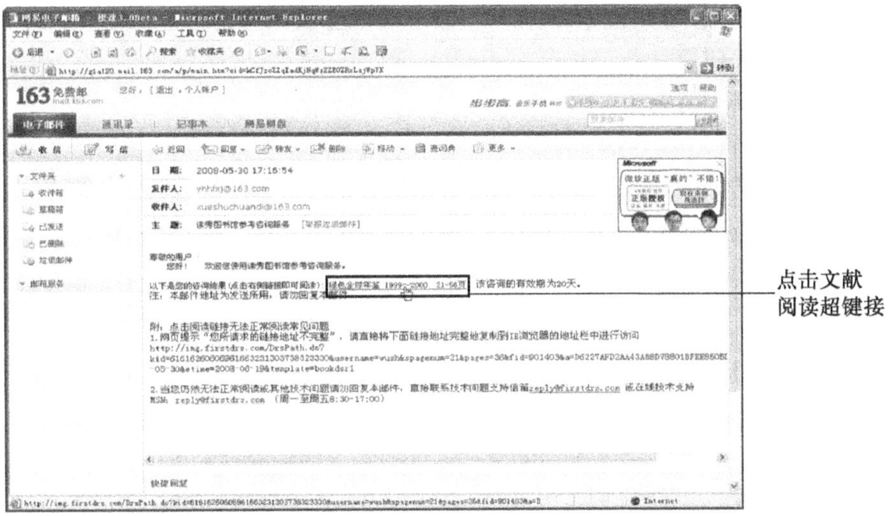

图 5-20　进入邮箱查看文献链接

5.1.6　E 读检索

1. E 读简介

中国高等教育文献保障系统（China Academic Library & Information System，简称 CALIS），是经国务院批准的我国高等教育“211 工程”“九五”“十五”总体规划中 3 个公共服务体系之一。E 读是由 CALIS 发布的一个学术搜索引擎，能在海量信息中实现高质量的检索。它集成高校所有资源，整合成员馆图书馆纸本馆藏、电子馆藏和相关网络资源，使读者在海量的图书馆资源中通过一站式检索，查找所需文献。

E 读包括 600 多家图书馆的丰富馆藏、数百万种图书、数千万篇中外文期刊论文和数十万篇中外文学位论文，以及古籍、拓片等特色资源。在尊重知识产权的基础上，为高校师生提供全文学术资源。

E 读嵌入了图书馆主页，故可直接在图书馆主页进行 E 读检索。

2. E 读使用说明

① E 读界面 http://www.yidu.edu.cn/。

② 快速检索界面上，可选择在全部字段、篇名、作者、出版社、主题、ISBN/ISSN 中检索，在检索栏中输入检索词，可选的文献类型有所有类型、中文图书、外文图书、中文期刊、外文期刊、学位论文，也可选择高级检索，将多个检索条件组合检索。

③ 在检索结果界面(见图 5-21),可通过左侧的作者、年代、语种、资源类型、学科、主题词等限制条件精确查找检索结果,还可在江苏大学、镇江市、江苏省、全国中选择资源的收藏范围,每条检索结果下方都有获取全文的信息,检索结果页的底部还有检索词的相关搜索。

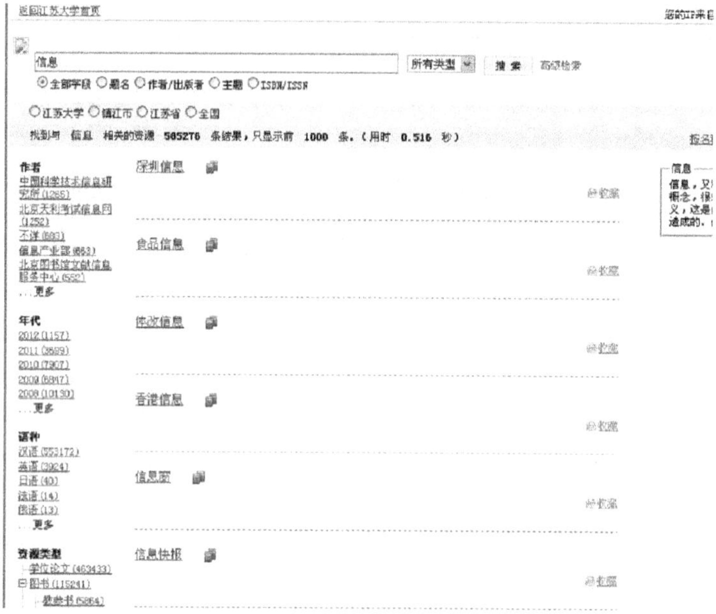

图 5-21　E 读检索结果页面

④ 点击某条结果(见图 5-22),除了图书(或论文)的题名、作者、来源或出版信息及内容摘要等信息外,还能看到该文献的电子全文链接、纸本文献和电子文献在本地及 CALIS 图书馆、其他图书馆的收藏情况、数据库收录情况及用户和豆瓣评论等,可链接到 CALIS 的电子全文、江苏大学图书馆未收藏的纸本和电子全文。

⑤ 若本馆、E 读都查不到所要文献馆藏,读者可通过图书馆主页登录进入“我的图书馆”,选择左侧的“馆际互借”,在申请管理中提交文献申请。

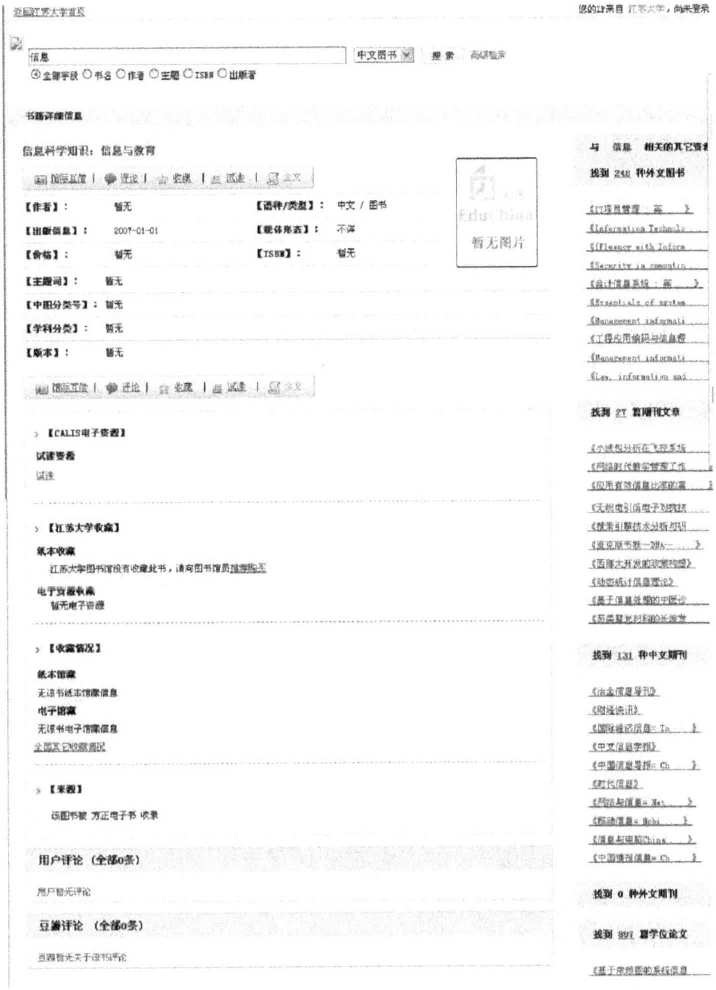

图 5-22　江苏大学检索结果界面

5.2　外文文献信息资源与利用

外文文献信息是科研教学人员获取国外最新科技发展信息的重要情报源，是高校图书馆文献资料的重要组成部分，作为交流信息、传递知识的重要机构，高校图书馆只有更加及时地掌握国外信息及科技发展动态，才能在激烈的国际竞争中占有优势。本节介绍几个比较重要的外文数据库。

5.2.1 SpringerLink 数据库

1. SpringerLink 数据库简介

德国施普林格(Springer-Verlag)是世界上著名的科技出版社,该社通过 Springer Link 系统发行电子图书并提供学术期刊检索服务。目前共出版有 530 余种期刊,其中 498 种已有电子版,其检索系统名称为 Link。

自 2004 年 Kluwer Academic Publishers(KAP)并入 Springer 后,目前 SpringerLink 中已包含 2000 多种全文学术期刊,全文访问年限为 1997 年至今,1997 年以前的过刊回溯数据将陆续添加。此外,原 Kluwer 出版集团出版的电子期刊也可通过该平台来访问。SpringerLink 电子期刊(全文)的学科覆盖有:生命科学 Life Sciences(134 种)、化学 Chemistry(52 种)、地球科学 Geoscience(61 种)、计算机科学 Computer Science(49 种)、数学 Mathematics(80 种)、医学 Medicine (221 种)、物理与天文学 Physics and Astronomy(58 种)、工程学 Engineering(61 种)、环境科学 Environmental Sciences(42 种)、经济学 Economics(32 种)和法律 Law(12 种)等(由于一些期刊内容在学科上的交叉,故存在同一种期刊被划分在多个学科的情况),其中大部分期刊是被 SCI、SSCI 和 EI 收录的核心期刊,是科研人员的重要信息源。

SpringerLink 服务系统实现了与重要的二次文献检索数据库的全文链接,目前已经与 SCI、EI 建立了从二次文献直接到 SpringerLink 全文的链接。通过其数据库平台 SpringerLink 提供电子期刊、丛书、图书、参考工具书的在线服务。

Springer 电子书数据库是首套根据研究人员及科学家需求而特别设计的在线图书数据库,目前已收录超过 37000 种 STM 书籍、丛书及参考工具书等电子图书,并且每年增加 3500 余本最新出版图书,供读者在线阅览。

2. SpringerLink 数据库系统功能

① Springer 电子书与电子期刊共同整合在 SpringerLink 平台上。提供 PDF 全文下载及 HTML 在线浏览,此外还提供 PDF 预览功能,读者可以快速浏览电子图书各个章节,在确认内容后再下载。

② 检索方式支持简单关键词检索和高级检索,例如作者名检索,检索结果可以列表查看、E-mail 发送、以 CSV 格式导出以及 RSS 推送。

③ Springer 电子书可以与 Springer 电子期刊等产品互相链接,并且可以提供 OPEN URL,进而和图书馆的自由馆藏进行链接。

④ 读者可以对 Springer 电子书进行个性化设置,保存检索结果、数目和关键词,设计书签、设置电子邮件提醒等。

⑤ 提供语义链接功能、“相关文献”功能。

3. SpringerLink 数据库检索

(1) URL 地址:link. springer. com。

(2) 主页分成 3 个部分:搜索功能、浏览功能、根据个人资料提供的相关内容(见图 5-23)。

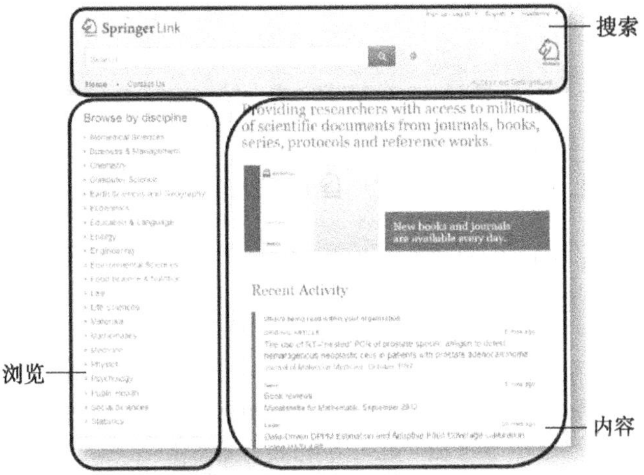

图 5-23　Springerlink 主页

① 检索功能。

在主页上快速搜索功能是最明显和最突出的,可通过搜索功能浏览内容。同时主页还提供高级搜索和搜索帮助。用户可以通过使用高级搜索选项进一步缩小搜索范围,用户也可以限定在该机构的访问权限内搜索。

检索以后,可以在页面右下角找到搜索结果列表。在默认情况下,将显示所有的搜索结果,如果只想看到权限范围内的搜索结果,取消黄色框上的勾选。

搜索结果页面的列表结构包含内容类型、内容标题、内容描述、所列内容的作者、在何处以何种产品形式出版、全文下载 PDF 或以 HTML 格式浏览。

在页面左方有聚类选项,以便优化搜索结果。聚类选项包括内容类型、学科、子学科、出版社、作者、语言。

预设情况下,搜索结果按相关性排序,也可以按时间顺序由新到旧排序以及由旧到新排序。

在搜索结果页面(见图 5-24),还可以按出版年限搜索,可以精确定位到某出版年限;也可以输入页码跳转到任何页面;在页码右上方,点击箭头可以下载 CSV 格式文件。

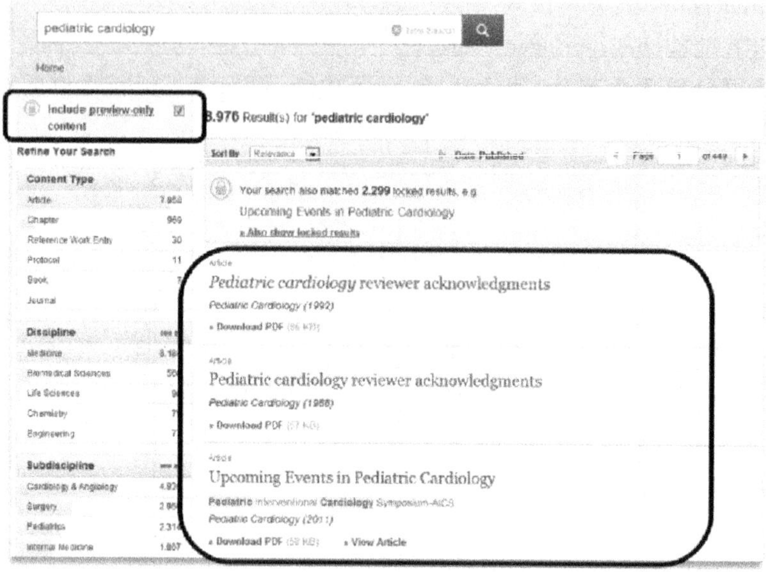

图 5-24　SpringerLink 检索页面

② 浏览功能。

在页面左方的框中，浏览功能按学科分类。点击某个学科，就将会进入到该学科的新页面浏览；也可以按内容的类型来浏览，在学科导航框的下方，可以找到详细的内容类型：（期刊）论文、参考文献、（图书）章节、实验室指南。

③ 内容显示。

浏览卷和期：在该主页内容描述的下方蓝色框中，可以搜索到具体的卷和期；如果您要浏览所有的卷和期，可以按下“All Volumes and Issues”选项；也可以使用主页上方的链接，浏览卷和期“Browse Volumes & Issues”。

在此期刊内搜索：如果想要搜索相关论文，可以在该期刊内搜索，结果将以列表形式显示，跳转到新的页面。

此处，还显示期刊标题、期刊 ISSN、期刊描述、卷和期的导航、最新论文列表、期刊封面、查看内容（见图 5-25）。

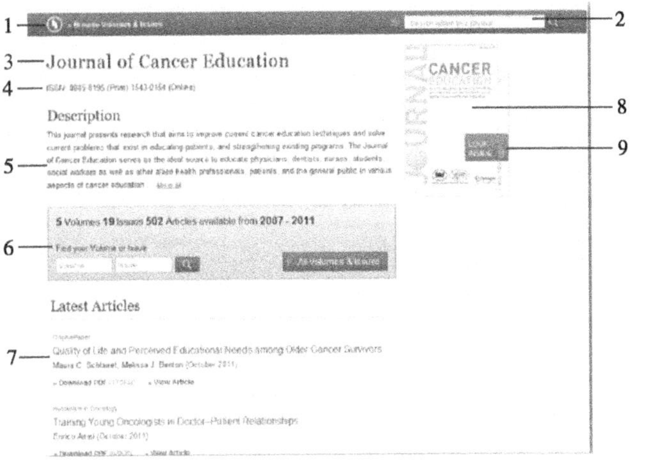

1—浏览卷和期,2—在此期刊内搜索,3—期刊标题,4—期刊 ISSN,5—期刊描述

6—卷和期的导航,7—最新文章列表,8—期刊封面,9—查看内容

图 5-25　Springerlink 内容显示页面

5.2.2　ScienceDirect 数据库

1. ScienceDirect 数据库简介

Elsevier 是荷兰一家全球著名的学术期刊出版商,每年出版大量的农业和生物科学、化学和化工、临床医学、生命科学、计算机科学、地球科学、工程、能源和技术、环境科学、材料科学、航空航天、天文学、物理、数学、经济、商业、管理、社会科学、艺术和人文科学类的学术图书和期刊,大部分期刊是被 SCI、SSCI、EI 收录的核心期刊,是世界上公认的高品位学术期刊。

Elsevier 电子期刊(全文)的学科覆盖有:农业和生物科学、数学、化学、化学工程学、物理学和天文学、生物化学、遗传学和分子生物学、土木工程、计算机科学、决策科学、地球科学、能源和动力、工程和技术、环境科学、免疫学和微生物学、材料科学、医学、神经系统科学、药理学、毒理学和药物学、经济学、计量经济学和金融、商业、管理和财会、心理学、人文科学、社会科学等学科 1800 多种高品质全文学术期刊,涵盖 21 个学科领域。其中 SCI、SSCI 收录期刊 1221 种,EI 收录期刊 515 种,社科类期刊数量为 255 种(SCI、SSCI 收录期刊 152 种)、科技类期刊数量 1302 种(SCI 收录期刊 1069 种),是科研人员重要的信息源。

Elsevier 服务系统实现了与重要的二次文献检索数据库的全文链接,目前已经与 SCI、EI 建立了从二次文献直接到 Elsevier 全文的链接。

2. ScienceDirect 数据库检索

具体查询的方法如下:

（1）在授权 IP 范围内登陆 SD 数据库 www. scienceDirect. com（见图 5-26）

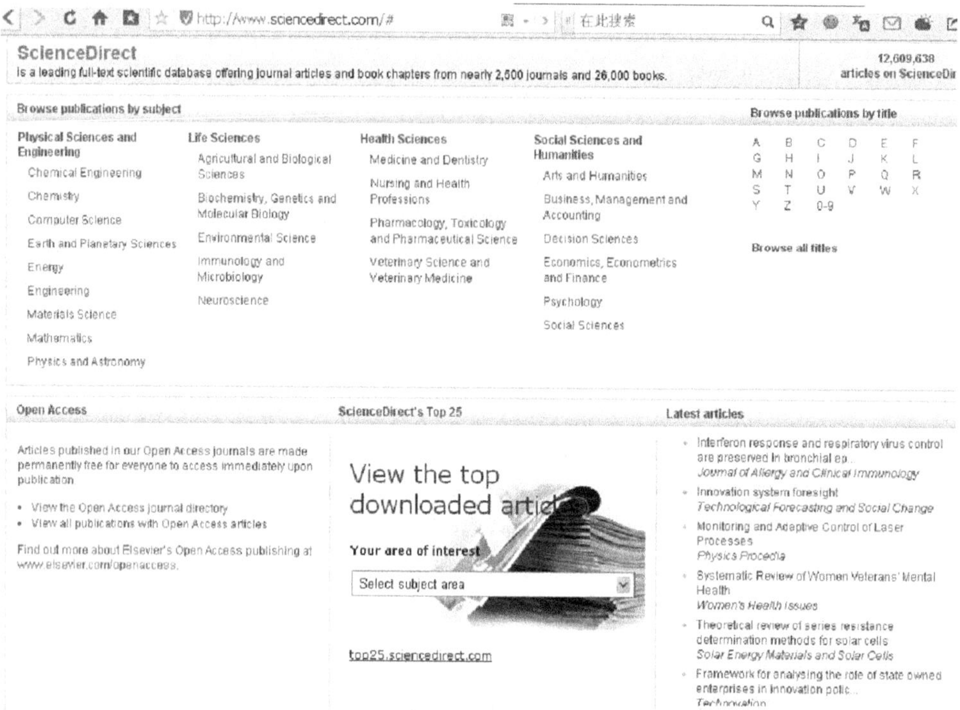

图 5-26　ScienceDirect 首页

（2）简单检索（Simple Search）

单击页面左侧的“Search”按钮，进入简单检索界面。

简单检索界面分为上下两个区，即检索策略输入区和检索结果的限定区。检索策略可在输入区中选择“Search in any field（所有字段）”、“Search in title only（文章标题）”、“Search in abstract field（文摘）”、“Author's Name（作者）”、“Journal Title（期刊名）”等字段输入，再利用限定区，限定检索结果的出版时间、命中结果数及排序方式，而后点击“Search the Collections”按钮，开始检索。

检索结果有两类信息。一类是期刊题名，在题名下有该刊目次页（table of contents）的超链接和搜寻相关文件按钮；另一类是期刊论文题录，排在靠后的部分为论文标题、出处、作者、相关度和搜寻相关文件按钮，通过搜寻相关文件按钮可检索到与该文内容类似的文章。

单击期刊题名下的“table of contents”按钮，可浏览目次信息；单击论文题录下的“Abstract”按钮，可浏览该文章的标题、作者、作者单位、关键词、文摘等进一步信息；单击“Article Full Text PDF ”按钮，即可看到论文全文（PDF 格式）。

(3) 高级检索(Expanded Search)

如果需要进行更详细的检索,在简单检索的界面或检索结果的界面中,点击左侧的"Expanded" 或"Expanded search Form"进入高级检索界面。

高级检索除增加了"ISSN(国际标准刊号)""PII(Published Item Identifier,出版物识别码)""Search in author keywords(作者关键词)""Search in text only(正文检索)"等检索字段外,还增加了学科分类、文章类型、语种等限定条件,可进行更精确的检索。"正文检索"(Search in text only)指的是在正文中检索而不是在参考文献中进行检索。"论文类型"(Article type)的限定中,"Article"表示只显示论文;"Contents"表示只显示期刊题名;"Miscellaneous"表示只显示其他题材的论文。

系统默认各检索字段间为"AND(与)"的关系;默认的显示结果数为 50 个,且按相关度排列,用户也可以自选;作者姓名的输入方法为:姓在前用首字母,名在后用首字母,例:smith m;在同一检索字段中,可以用布尔逻辑算符 AND(与)、OR(或)、NOT(非)来确定检索词之间的关系(布尔逻辑算符要求大写);截词符" * "表示检索同输入词起始部分一致的词 。

(4) 浏览途径

系统提供按字顺(Alphabetical List of Journals)和按分类(Category List of Journals)排列的期刊目录,分别组成期刊索引页或期刊浏览页界面。用户可在期刊索引页中选择浏览的途径(字顺或分类),在期刊浏览页中选择自己所需的刊名。

选中刊名后,单击刊名,进入该刊所有卷期的列表,进而逐期浏览。单击目次页页面右侧的期刊封面图标,可连接到 Elsevier Science 出版公司网站上该期刊的主页(此为国外站点)。

在期刊索引页或期刊浏览页上方设有一个检索区,可进行快速检索。

用户可在左侧检索框中输入检索词,再利用右侧下拉菜单选择检索字段。检索字段包括:"All Fields(所有字段)""Citation & Abstract(题录和文摘)""Author Name(作者)""Article Title (文章标题)""Abstract(文摘)"等。在期刊浏览页上方的检索区中,还可利用另一下拉菜单选择"All of Electronic Journals(所有电子期刊)""Just This Category(某一学科分类)"或"Just This Journal(某种期刊)"检索字段,进行期刊种类的限定。检索策略确定后,点击"Search" 按钮,进行检索。

(5) 全文获取

单击 Acrobat Reader 命令菜单上的打印机图标,可直接打印该文章。

若利用 Acrobat Reader 4.0 版本浏览全文,可直接使用命令菜单按钮保存该文件(PDF 格式)。否则需返回期刊的目次页,在欲保存的论文题名下,选中"Article Full Text PDF "按钮,单击鼠标右键,从弹出的菜单中选择"目标另存为",保存该论文(PDF 格式)。

保存检索结果的题录:对欲保存的期刊或论文的题录,选中其题名前的小框,而后单击"Save Checked"按钮,即可生成一个新的题录列表。从浏览器的文件菜单,选择“另存为”,可按“. txt”格式或“. html”格式保存题录。

5.2.3 ProQuest 博硕士论文数据库

1. ProQuest 学位论文全文数据库简介

学位论文(博硕士论文)全文是不同于期刊或书本的一种高水平的全文资料,对于研究和跟踪世界最新科学前沿有不可替代的作用,受到世界各国科研人员的高度重视和欢迎。

ProQuest®学位论文全文数据库(PDF 格式),是将 ProQuest 公司的 PQDT 文摘库中适合中国科研人员科研和教学使用的论文全文建设而成,并向全国数百家科研教学单位的读者提供全文服务,是目前国内最完备、高质量、唯一的可以综合查询国外学位论文全文的数据库。

ProQuest®学位论文全文数据库覆盖了大部分北美地区高等院校以及世界其他地区数千个高等院校每年获得通过的博硕士论文。Harvard University、Massachusetts Institute of Technology、Cambridge University、Stanford University、Hong Kong University of Science and Technology 等知名院校每年都有大量论文被收录。

该数据库中收录的 1980 年 7 月以后出版的所有博士论文信息中均包含有作者撰写的 350 字摘要,1988 年以后出版的硕士论文信息中均包含有作者撰写的 150 字摘要。

该数据库是一个覆盖学科范围十分全面的数据库,包含了自然科学、社会科学和生命科学在内的 11 个大的学科,下辖 31 个一级学科和 268 个二级学科。包括:Biological Sciences、Earth and Environmental Sciences、Health Sciences、Pure Sciences、Applied Sciences、Psychology、Communications and the Arts、Education、Language, Literature, and Linguistics、Social Sciences、Philosophy, Religion, and Theology 等。

该数据库的授权用户可以方便地从互联网上检索 1926 年至今的 35 万多篇博硕士论文全文文献。ProQuest®博硕士论文全文数据库每年新收录的论文数量至少有 5 万多篇。

2. ProQuest 学位论文全文数据库访问

(1) 使用者可依据自身需求选择服务器,ProQuest 学位论文全文数据库一共有 3 个镜像站点(见图 5-28):CALIS 站点:http://pqdt. calis. edu. cn/;上交大站点:http://pqdt. lib. sjtu. edu. cn/;中信所站点:http://pqdt. bjzhongke. com. cn/。

(2) 使用者可依据自身需求对界面语言设定

(3) 检索方式有基本检索、高级检索、以学科模式进行检索

① 基本检索(见图 5-27 ~5-31)。

图 5-27　ProQuest 学位论文管理系统界面

图 5-28　ProQuest 学位论文基本检索界面

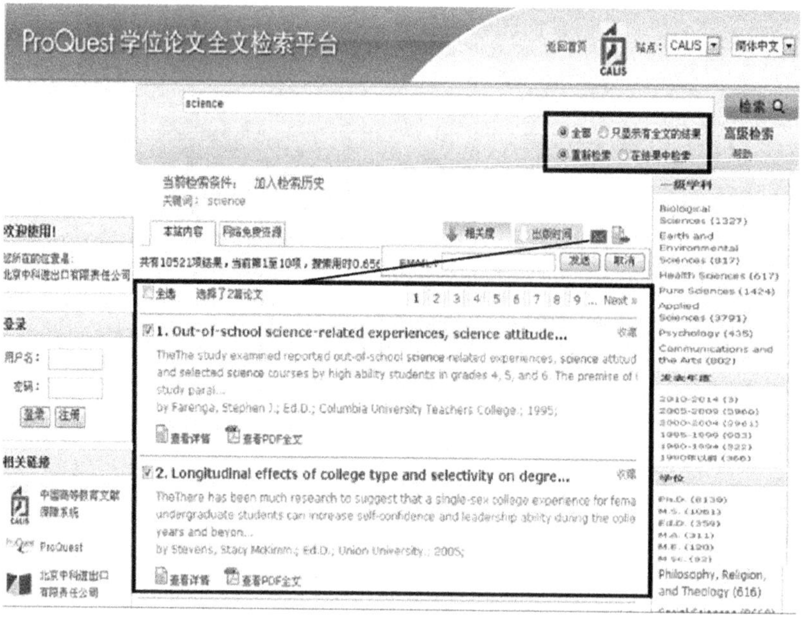

图 5-29 ProQuest 学位论文基本检索界面

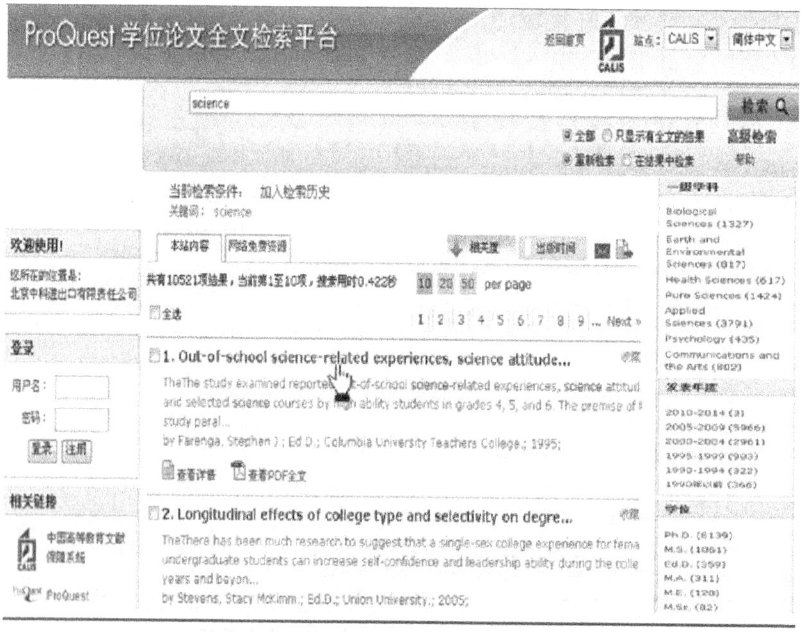

图 5-30 ProQuest 学位论文基本检索界面

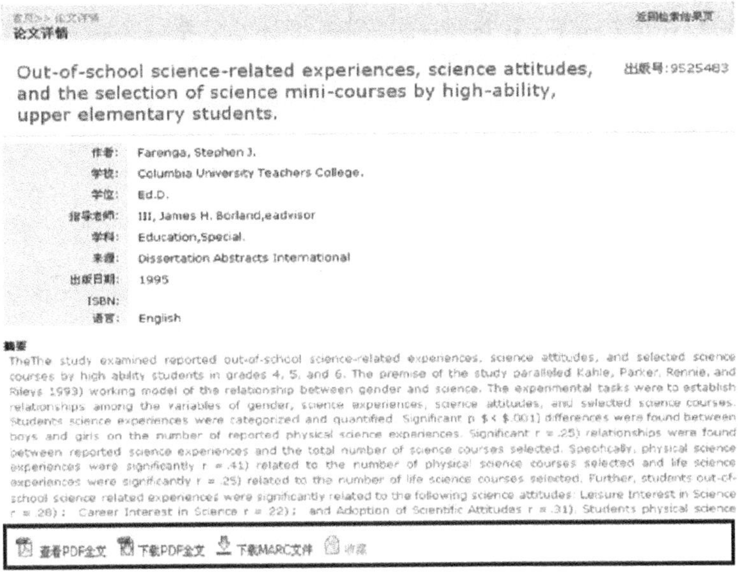

图 5-31　ProQuest 学位论文基本检索界面

② 高级检索(见图 5-32 ~5-33)。

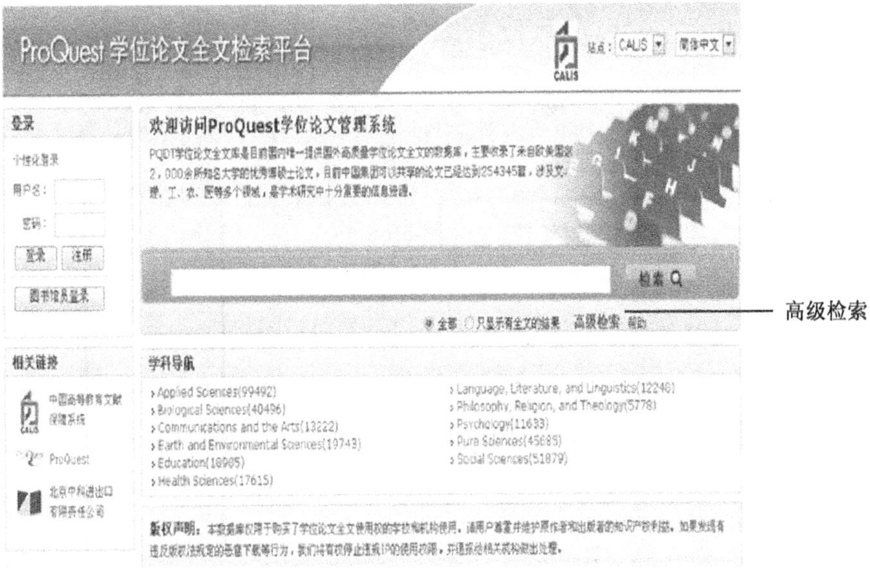

图 5-32　ProQuest 学位论文高级检索界面

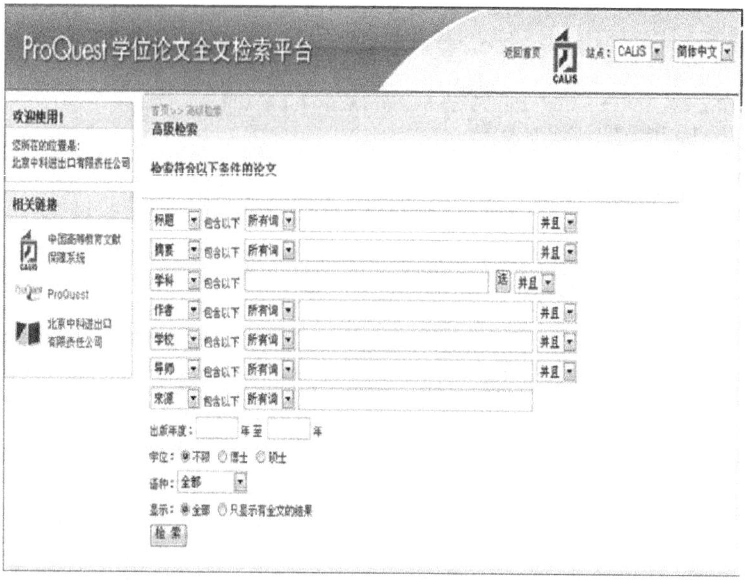

图 5-33 ProQuest 学位论文高级检索界面

③ 以学科模式进行检索(见图 5-34 ~ 图 5-35)。

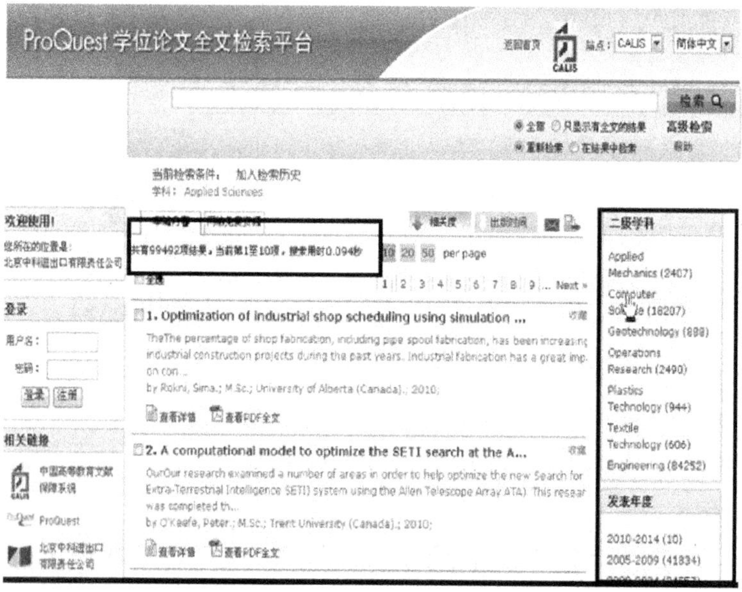

图 5-34 ProQuest 学位论文以学科模式进行检索

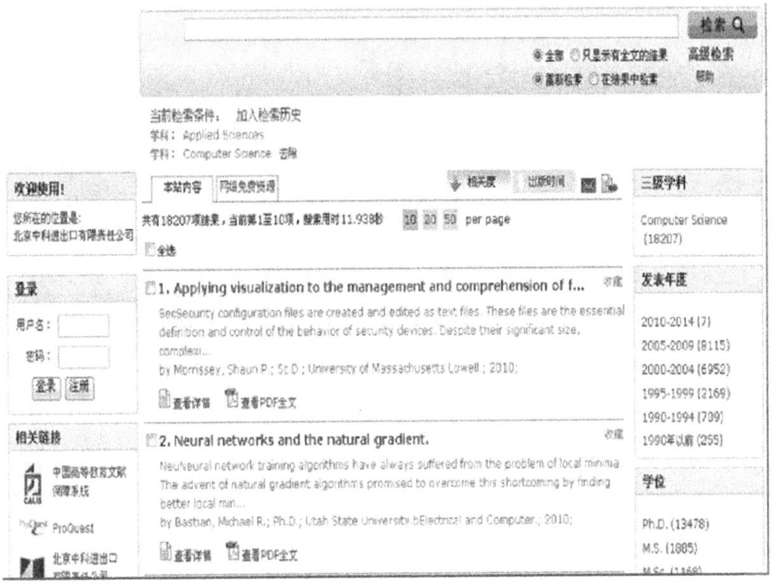

图 5-35 ProQuest 学位论文以学科模式进行检索

④ 个性化功能(见图 5-36 ~ 图 5-37)

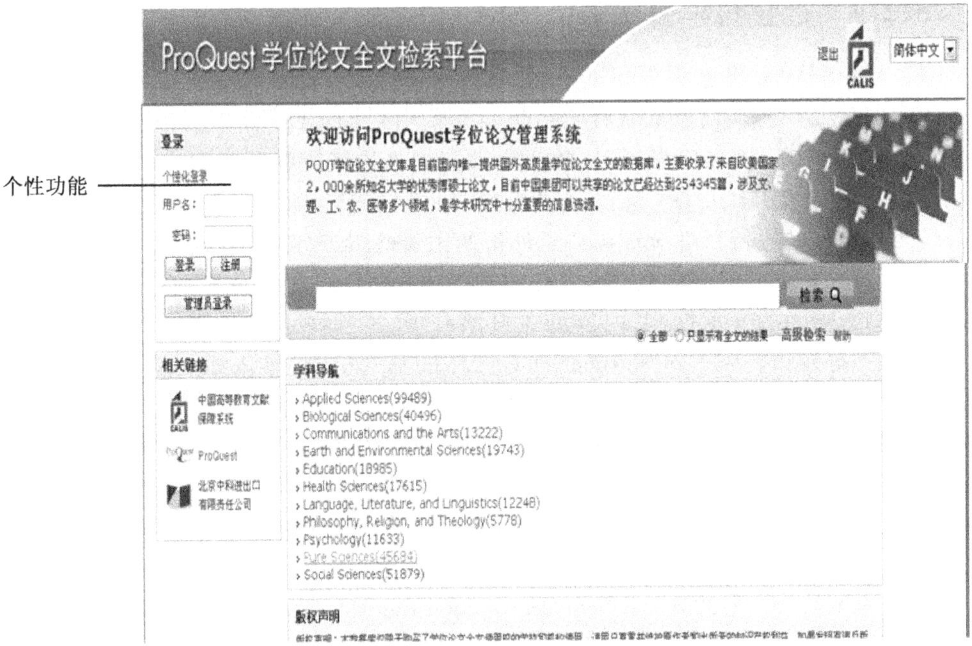

图 5-36 ProQuest 学位论文个性化检索界面

图 5-37 ProQuest 学位论文个性化检索界面

5.2.4 社会科学引文索引(SSCI)检索

1. 社会科学引文索引(SSCI)检索介绍

SCI(科学引文索引)、SSCI(社会科学引文索引)、AHCI(艺术与人文科学引文索引)、EI(工程索引)、IM(医学索引)被称为国际五大检索刊物。其中,SCI(科学引文索引)、EI(工程索引)、ISTP(科技会议录索引)是世界著名的三大科技文献检索系统,是国际公认的进行科学统计与科学评价的主要检索工具。

Web of Science®是获取全球学术信息的重要数据库,它收录了全球 12400 多种权威的、高影响力的学术期刊,内容涵盖自然科学、工程技术、生物医学、社会科学、艺术与人文等领域。Web of Science®拥有严格的筛选机制,其依据文献计量学中的布拉德福定律,只收录各学科领域中的重要学术期刊。选择过程毫无偏见,且已历经半个多世纪的考验。Web of Science®还收录了论文中所引用的参考文献,通过独特的引文索引,用户可以用一篇文章、一个专利号、一篇会议文献、一本期刊或者一本书作为检索词,检索它们的被引用情况,轻松回溯某一研究文献的起源与历史,或者追踪其最新进展,进而越查越广、越查越新、越查越深。

Web of Science®中的 Social Sciences Citation Index™,即社会科学引文索引,是一个涵盖了社会科学领域的多学科综合数据库,其资源追溯深度达 1900 年,共收录 3000 多种社会科学领域的世界权威期刊,覆盖了 56 个学科领域。

2. 社会科学引文索引(SSCI)检索

(1) 登录主页面

由于 SSCI 与 SCI、AHCI 等其他资源都在同一个平台 ISI web of knowledge 上,所以单库检索的时候要先圈选出来。

登录平台 www. webofknowledge. com,在“更多设置”下选择 SSCI,如图 5-38 所示。

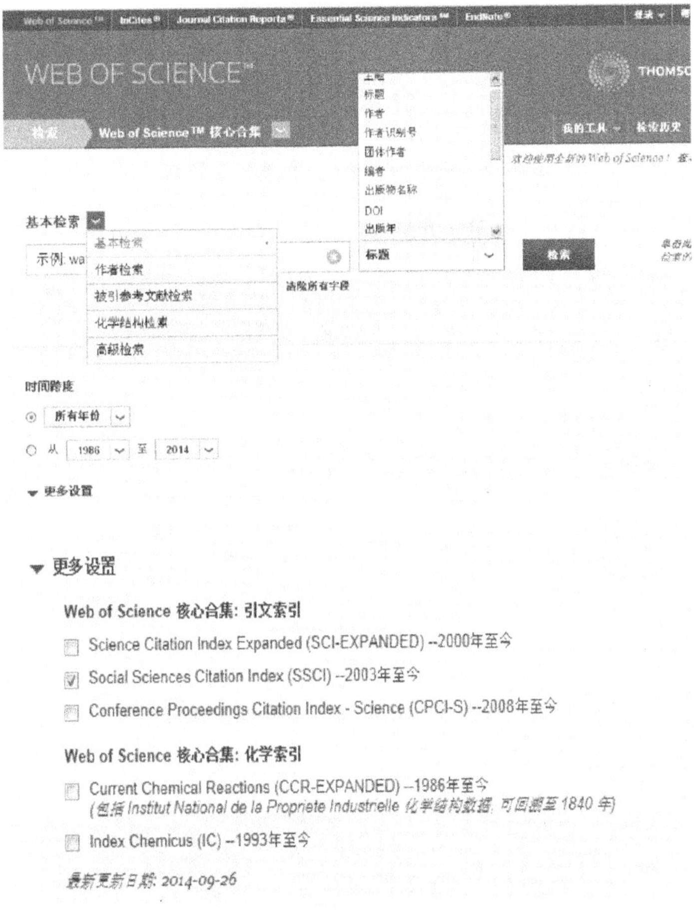

图 5-38 Web of Science 检索页面

(2) 检索

① 基本检索。基本检索共有 9 个检索入口,即:主题、标题、作者、作者编号、编者、团体作者、出版物名称、DOI、出版年(见图 5-39)。

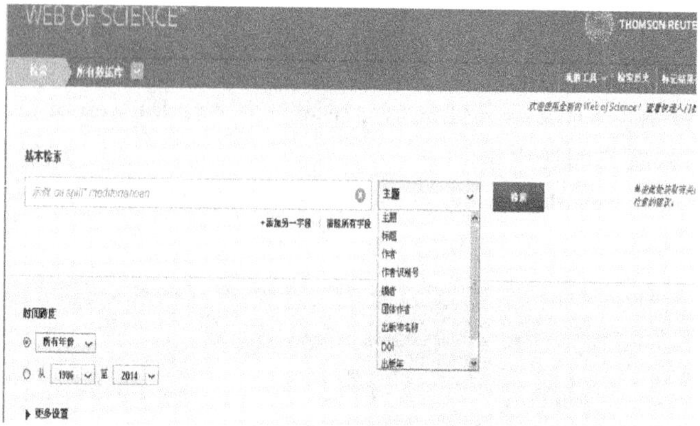

图 5-39　Web of Science 基本检索页面

② 被引参考文献检索(见图 5-40)。

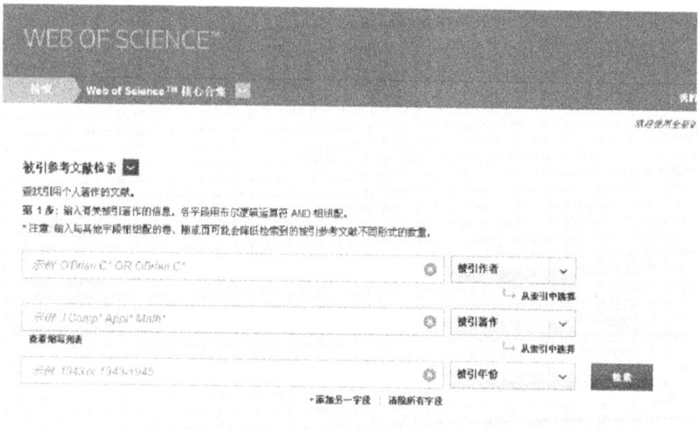

图 5-40　Web of Science 被引参考文献检索页面

③ 高级检索(见图 5-41)。

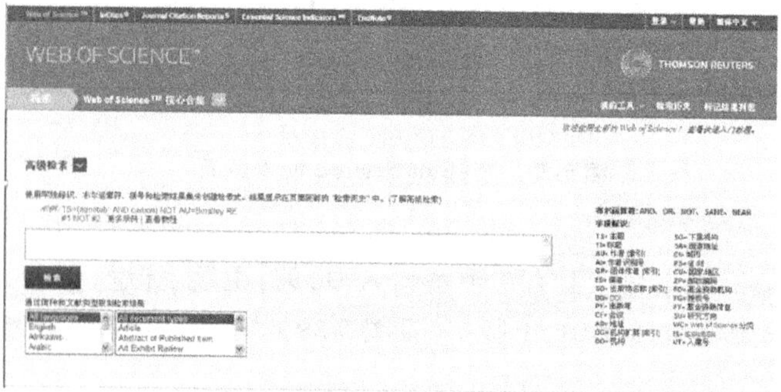

图 5-41　Web of Science 高级检索页面

④ 作者检索(见图5-42)。

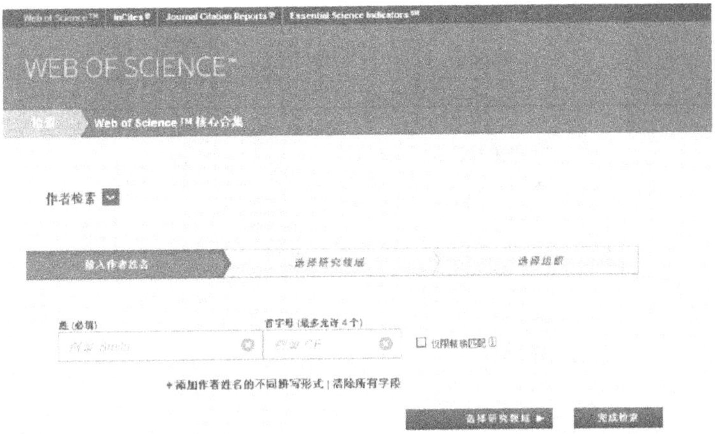

图5-42　Web of Science 作者检索页面

检索注意事项：

注1：与绝大多数机检数据库一样，Web of Science 也提供逻辑与、或、非的检索，此外，该数据库检索组配符中还有一个字段限制符为 SAME，将该符号两边的检索词限制在篇名及关键词字段，以及文摘字段的同一语句中。这4个检索符的优先顺序为：SAME，NOR，AND，OR。

注2：Web of Science 的截词检索允许右截断和中间截断，星号"＊"为无限截断符，表示0～任意数的字符截断，如 SUL＊UR＊，可表示 sulfur，sulphur，sulphuric，sulphurous；问号"？"为有限截断符，一个"？"表示一个字符截断，两个"？"则表示两个字符截断。

注3：以主题检索时，不必输入文章的全名，只需输入1～3个词即可，输入越多，检索效果反而不一定好，且一定要保证输入词的正确性。

注4：以著者检索时，只需输入著者姓的全拼及名字的首字母，例如：作者王海军，检索时输入"Wang HJ"。

注5：以刊名检索时，如果想知道自己发表的刊物是否被 SSCI 收录，可用 full source titles list 来检索。

注6：以著者单位检索时，在"ADDRESS"中，"光华管理学院"正确的输入词为："guanghua sch management"。

注7：为提高检索效率，最好进行组合检索，例如：主题＋著者，著者＋刊名，主题＋著者＋著者单位等方法，一种途径查不到，可从其他途径再检索，以免遗漏。

（3）分析

检索结果的左面，提供精炼分析，即二次检索分析，按照 Web of Science 类别、文献类型、研究方向、作者、编者、来源出版物名称、丛书名称、会议名称、出版年、机构扩展、基金资助机构、语种、国家/地区、开放获取等进行聚类分析（见图5-43）。

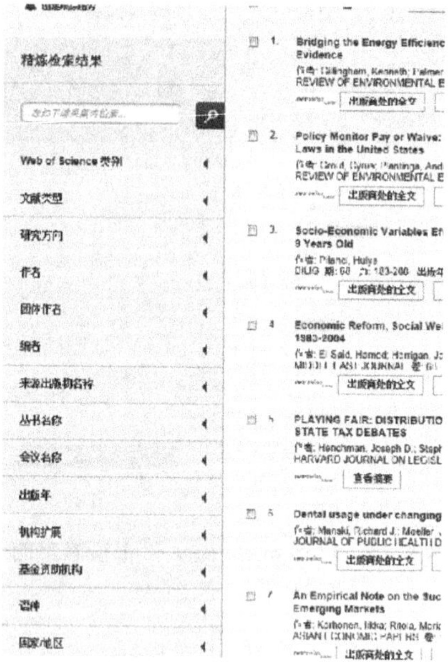

图 5-43 Web of Science 检索结果分析

检索结果可按照出版日期、最近添加、被引频次、相关性、第一作者、来源出版物等多种形式进行排序分析（见图5-44）。

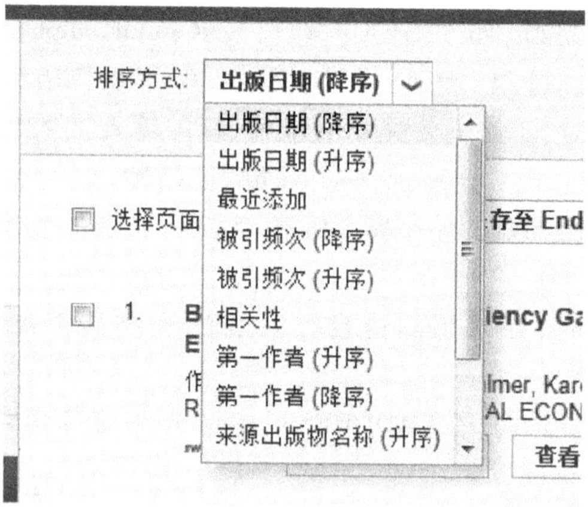

图 5-44 Web of Science 检索结果排序分析

（4）管理

检索的结果可以以邮件形式、打印方式输出，也可以被输出到 endnote online 或 endnote 文献管理软件，也可以添加到标记结果列表。

检索结果有全文下载链接及“查看摘要”链接。

“检索的历史”里记录历次检索策略记录，可以被编辑和再次检索。

5.3 知识发现系统

截止到2011年，全球信息总量已经突破1.8千万兆亿，这超过了人类过去5000年信息量的总和，并且不断以惊人的速度膨胀变大，新的科学技术知识大约每2年翻一番，这意味着“大数据”时代已经降临。哈佛大学知名学者提出：“这是一场革命，庞大的数据资源使得各个领域开始了量化进程，无论学术界、商界还是政府，所有领域都将开始这种进程。”针对这样的一个变化，大数据时代最大的转变就是放弃对因果关系的渴求，而取而代之的是关注相关关系。也就是说只要知道“是什么”，而不需要知道“为什么”。这就颠覆了千百年来人类的思维惯例，对人类的认知和与世界交流的方式提出了全新的挑战。

随着全球信息迅速膨胀带来的数字资源的快速发展，如何有效利用大量结构化、半结构化和非结构化的复杂数据逐渐成为图书馆的主旋律。随着大数据时代的来临以及网络数字化环境的日益成熟，读者迫切需要一个可以简便、快速获得所有知识的理想平台。

5.3.1 中文知识发现系统

中文知识发现系统目前主流的有超星发现系统、维普和清华同方3家。这里重点介绍超星发现系统。

1. 超星发现系统简介

超星发现系统以10亿条文献资源元数据为基础，利用数据仓储、资源整合、知识挖掘、数据分析等相关技术，较好地解决了复杂异构数据库群的集成整合问题。超星发现系统具有分面聚类分析、引文分析、知识关联分析、学术趋势分析等核心功能，能在海量文献资源中发现高价值的学术文献、深入分析各类文献之间的相互引证关系以及可视化展示文献之间全方位的知识关联。网址为：http://ss.zhizhen.com。

2. 功能模块

超星发现系统主要由以下功能模块组成：引文分析、学术源流、智能辅助、趋势分析系统、知识关联与生长分析、分面统计、可视化、精准搜索。

（1）引文分析

系统利用各种数学及统计学的方法进行比较、归纳、抽象、概况等逻辑方法，对图书、期刊、论文、著者等分析对象的引用和被引用现象进行分析。系统通过引文分析（见图5-45）实现期刊与期刊的引证，同时实现不同文献类型、不同文献信息要素之间的相互引证关系，最终实现一个立体的引用分析。方便读者和图书馆全面掌握文献信息的被引和施引关系。提供期刊与期刊、图书与图书、图书与期刊、期刊与图书等文献类型的前向与后向引证关系；提供被引和施引文献列表与链接，方便反向分析研究；提供图书、期刊、学位论文、会议论文等不同文献之间相互引用的立体引用分析，即引文链状分析；提供作者、出版社、刊名、作者单位、主题词、分类等信息的引文网状分析。

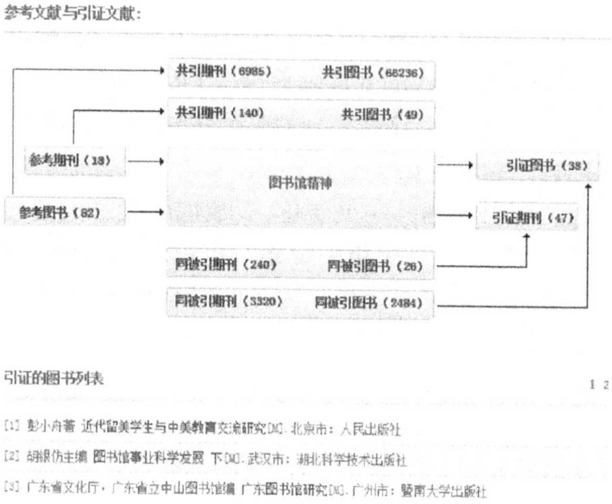

图 5-45　引文分析界面

（2）学术源流

学术源流可以把文献资源的研究单位从单一的文献深化到文献中存在的知识关联中，通过学术源流可以按照知识概念形成知识相关链，这些关联就是知识关联的基础。系统通过单向或双向线性知识关联构成的链状结构，从而延展开来，直到我们获得解决问题的正确信息。通过学术源流可以按照作者形成学者相关联，针对文献的基本要求，详细分析出文献学科领域与文献作者信息间的关系；通过作者机构可以按照机构形式同研究机构相关联，建立作者机构关联后检索作者所在机构可以研究该机构领域内的文献，使读者能够更清楚地了解作者的研究方向及作者机构的研究方向。提供知识、作者、作者机构等要素之间的立体关联信息，方便追溯与挖掘学科与文献信息的研究领域和研究方向；提供学术关联关系与文献信息的反向链接，便于再次学习查找。

（3）趋势分析

趋势分析是通过对搜索主题的年代和篇数的相关数字资料，将多个连续的相同指标进行对比，得出它们的增减变动方向变化趋势的一种分析方法。

读者通过搜索查找主题，得到该主题的趋势曲线分析，并对其查找出的内容结果根据年代进行分析，可快速了解搜索主题的学术趋势。另外，还可以查看不同年代该学术主题的数据研究，无论是在上升或下滑趋势曲线（见图 5-46）中，当曲线在某一阶段处于上升或者处于波峰阶段时，即是在该时间段内学术研究兴盛的时段，当曲线在某一阶段处于下滑或者处于波谷阶段时，即是在该时间段内学术研究低迷的时段，同时也具有学术趋势发展的预判分析，为预测该学术未来发展的趋势提供帮助。

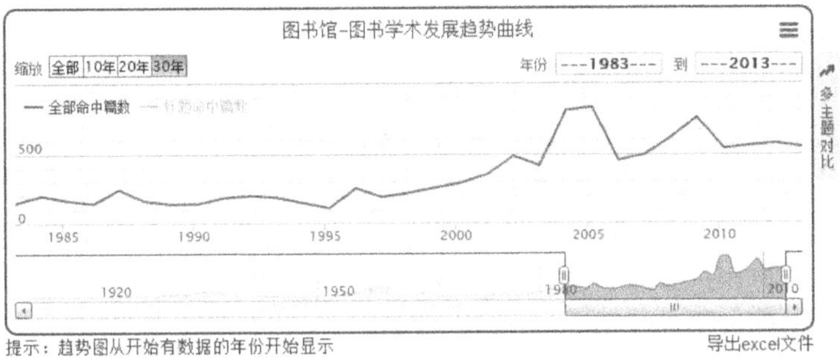

图 5-46　图书馆学术发展趋势曲线

（4）知识关联与生长方向分析

知识关联是知识发现和知识创造的起点，揭示知识载体之间存在的各种关联。可以从触发一个知识点，从而带动另一个知识点由平稳过渡到加速发展的过程，同时支持多个主题或同类主题的学术产出等方面的对比与生长趋势；可以对比同一领域发展相关性分析将来的发展趋势，通过知识关联对生长方向进行分析，发现这些行为之间的关联性、连续性，再以某一中介为纽带，能建立起具备参考价值的趋势曲线（见图 5-47）。

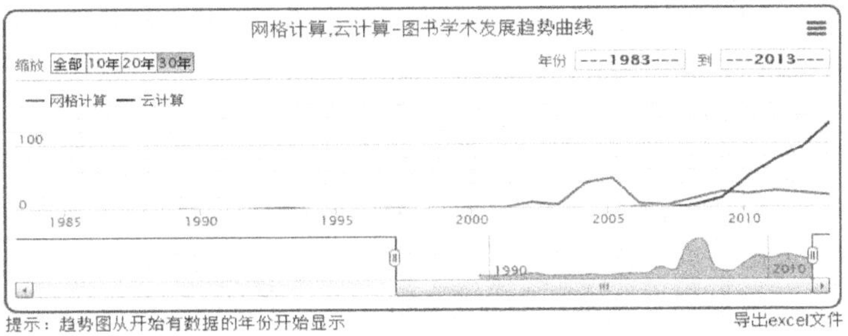

图 5-47　网格计算、云计算发展趋势曲线

（5）可视化

通过计算机可视化技术，对统一结构化的文献信息字段进行深度比对分析，继而根据检索关键词的类型、时间、作者、学术价值等基本要素实现数量统计学方面的分析报告，并以可视化的图表形式展现；同时，也可对相关研究主题进行对比分析研究，并生成相关对比分析图表。可视化技术还可以帮助读者了解相关学科热门程度，合理选择研究、开题方向，为科研人员宏观研究数据提供了参考信息等；同时帮助图书馆以直观的方式直接查看图书馆信息资源的相关统计与发展趋势信息。读者可根据检索关键词的类型、时间、作者、学科、学术价值等要素，对得到的检索结果进行统计分析聚合后，查看图表统计结果，提供图书、期刊等学术发展趋势曲线图表、研究主题、学科的关联对比分析曲线图表、图书馆各文献信息现状与发展趋势曲线图表。

（6）智能辅助

传统的信息检索系统中，用户通过输入检索词提交给系统，得到检索结果并从中查找所需要的信息。超星发现系统在此基础上加入智能辅助系统，主要方式是主动推送信息给用户，在输入检索词时系统自动判断用户所输入的检索词是要找到什么，并将用户所需要的相关信息推送给用户。比如检索是一个作者时，系统会主动推送作者的简历与相关文章。使用智能辅助时，系统提供检索关键词的相关词条解释；提供图书、期刊等导航推送；分析用户搜索行为，提供用户常用检索词、常用学科的推送；提供搜索作者的简历、发表文章、学术研究产出等推送；通过用户的搜索习惯，发现读者的潜在搜索需求，并进行主动推送。

（7）分面统计

超星发现系统通过采用分面分析法将整个资源领域按不同的属性分解为不同的分面，然后通过分面标记制，把文献资源标记成各个主题领域，使每个主题都能够代表一个独立的核心，来达到文献资源的最优化组配。然后通过对这些资源的属性不断筛选、过滤搜索结果，从而深层次、多方位、全面化的挖掘知识资源，然后将最全面、最核心、最有价值的资源展现给读者。分面统计能提供精炼检索、文献类型、关键词、年代、重要期刊等多个分面搜索；提供图书、期刊的作者、作者机构的分面搜索；用户可以根据自己的需要，自主选取不同的分面进行删选；用户可以通过分面，随时扩大和缩小结果范围；同一分面中，以及不同分面之间，可以通过分面内容复选来控制结果范围。

（8）精准搜索

传统的搜索是基于关键词的检索方式，由于忽视了关键词本身所蕴含的语义信息，只能得到较低的查全率和查准率，变得越来越不适应搜索的要求。超星发现系统采用分布式计算与索引方式，为读者提供更为精确的查找结果与关键词相关信息的揭示功能，通过提供空字段检索，将数据的全部信息呈现给读者。精准搜索能提供基于相关度，出版年代及学术价值排序等方式，对所有检索关键词，其图书、期刊、论文、专利、标准等信息的集合显示，各种资源的年代分布，重要索引收录信息，馆藏分面等内容，为学术发展动态、学术成果查询、学术价值评估都提供重要依据。所有数据之间建立了二次文献的关联性标签，所有可关联数据可扩展的时间跨度一般均超过 30 年的滚动数据集。其他还支持中文繁体和简体的转换、支持不同文献类型混合排序、支持全文检索和高级精确检索、支持专业检索、支持基于布尔表达式的逻辑检索。

（9）结果输出

超星发现系统根据用户的不同需要，为读者提供结果输出功能，方便获取结果的再次使用。检索结果可以发送到读者邮箱、文本输出、打印、以 EndNote 格式输出等，还可以选择需要输出的信息、信息输出顺序等。

(10) 社会化分享与学习空间

超星发现系统提供所有文献的分享与收藏功能（见图 5-48），全面支持包括微博、即时通信工具、云存储服务等各种丰富的交流分享平台，使用户针对资源可以迅速展开社会化分享，同时为每个读者提供个人的学习空间，用于收藏、分类整理、记录所有学习历史。

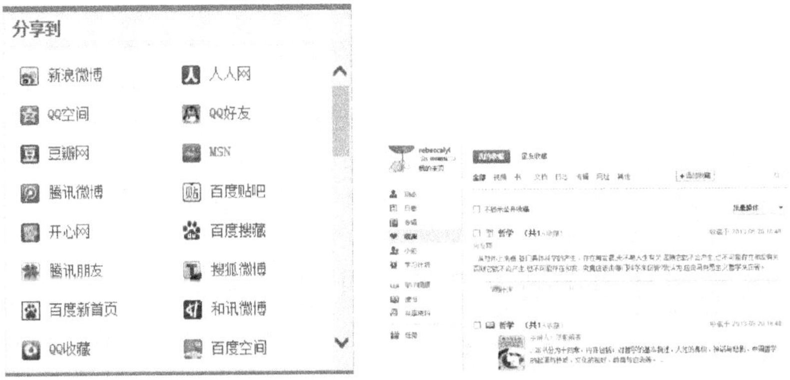

图 5-48　超星发现系统分享与收藏界面

3. 后台流量统计与分析

记录用户数量及用户浏览网页的数量指标，主要包括系统访问统计、访问文献类型统计、数据商统计、馆藏文献访问统计等指标。

(1) 统计不同文献类型的网页浏览数量（见图 5-49），统计文献类型包括图书、期刊、报纸、学位论文、会议论文、专利、标准、视频、网页等。

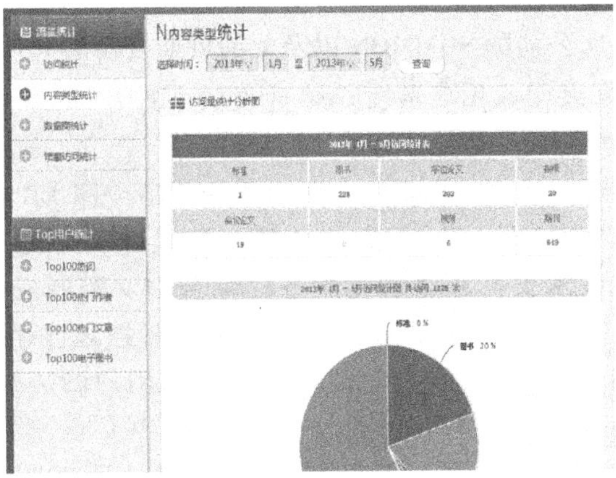

图 5-49　内容类型统计界面

（2）热门访问统计

记录分析用户在平台的行为指标，主要是以热门访问排行的方式体现。统计内容主要包括：Top100 热词、热门文章、热门作者、热门电子图书等。Top100 电子图书如图 5-50 所示。

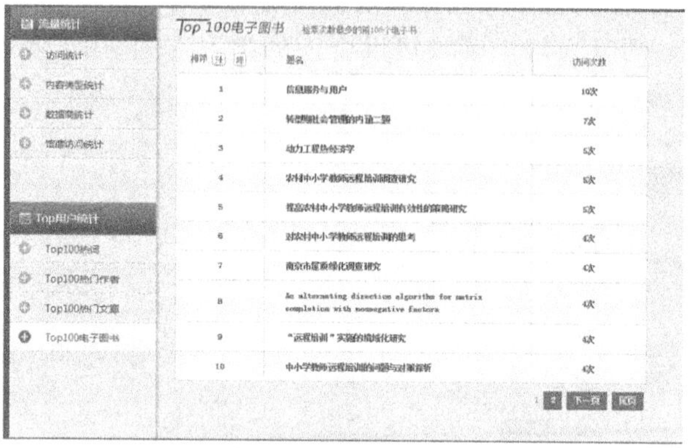

图 5-50　超星 Top100 电子图书界面

5.3.2　英文知识发现系统

2004 年 10 月 Google Scholar 推出学术搜索，很快受到广大的网络用户，尤其是对于学术信息资源的检索和获取有着迫切需求的教育和科研机构的用户的关注和广泛使用。

随着 Google Scholar 学术搜索的榜样效应和开放获取理念的不断深入人心，基于海量元数据的元数据仓储技术成为追捧热点，元数据索引服务开始进入图书馆界视野，基于元数据仓储的网络级发现服务面世并得到迅速而广泛的应用。

目前主流的英文知识发现系统有 3 家：EbSCO 和南京大学数图实验室工体开发的 FIND + PREQUESTt 公司的 SUMMON 以及艾利贝斯公司的 PRIMO。

1. Ebsco 和南京大学数图实验室工体开发的 FIND +

（1）FIND + 中文资源发现系统简介

FIND + 中文资源发现系统（以下简称 FIND + ）是美国 EBSCO 公司与南大数图实验室合作的中国地区本地化产品，系统整合馆藏目录发现、全文导航、学科发现等，并提供本地化技术支持和客制化服务的综合中文资源发现系统；FIND + 包含国外出版商授权提供的中文元数据和先进的多语种搜索技术，结合上述本地化功能和服务，搭建国内领先的、适合中国地区图书馆用户的一站式中文检索服务平台。

中文资源总量达到 1 亿多条，期刊论文篇目数据达到 8000 万，书目信息资源 800 万，电子书资源 300 万；图书超过 1200 万种，同时 FIND + 也扩展了期刊导航、学科导航、数据库期刊浏览、期刊检索、参考引文检索等功能。在元数据版权支持方面，目前 CNKI 知网、维普、方正 Apabi、CSSCI 数据，由 EBSCO 和数据库商签约获取，其他中文数据库正在签约中，通过上载 MARC、导入镜像数据解决。

系统包含中文资源发现、馆藏资源发现、全文导航三大模块，中文资源发现采用不属于中国的元数据仓储和检索技术，内容涵盖所有主流中文数据库。馆藏目录在揭示 OPAC 信息的基础上，扩展提供封面、目录、简介、评论、图书馆导购等多种书目增值服务信息。系统为读者提供统一的检索界面和检索方式，使读者能对图书馆所拥有的各种资源系统，如电子期刊、电子图书、馆藏书目、机构典藏、开放存取数据库等资源进行一站式整合检索。

系统可以覆盖图书馆自建数据库等特色资源。对于本机构没有全文的资源，提供文献传递和参考咨询等服务，以及其他协助获取全文的服务。

系统可以为图书馆用户提供高质量、低成本的学术资源发现和共享服务。系统针对读者给予一个简单易用、功能强大且容易客制化的整合平台，通过一个统一的检索界面，帮助读者迅速获取所需的文献。所有不同类型和来源的数据和检索结果将被统一且完全整合在检索结果清单中。更重要的是，系统通过独特的相关性排序（Relevancy Ranking），将这些海量数据汇编成序，方便读者用最短的时间找到所需的研究文献。

基于云计算原理，FIND + 可以实现无须在本地安装部署服务器，无须馆员维护。系统可以提供云、本地、云 + 本地三种灵活选择的部署模式。

通过 FIND + 中文资源发现系统，可以整合揭示图书馆 95% 以上的学术资源，并提供远超已有资源的海量未购学术资源元数据，是性价比很高的资源发现系统。

（2）FIND + 中文资源发现系统检索简介

① 系统检索页面。系统检索页面如图 5-51 所示。

图 5-51　系统检索页面

② 系统检索结果列表页面。系统检索结果列表页面如图 5-52 所示。

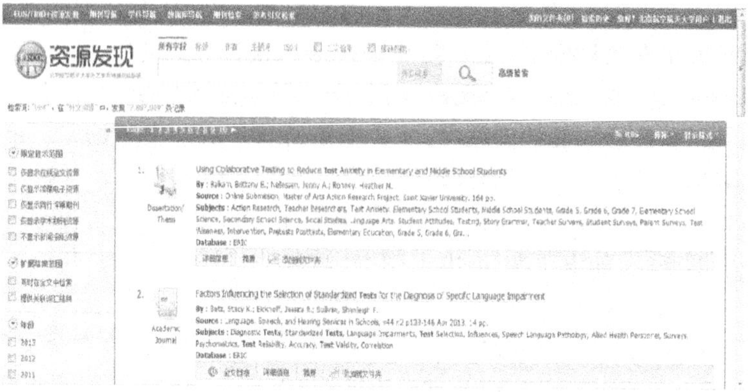

图 5-52 系统检索结果列表页面

③ 文献数据详细页面。文献数据详细页面如图 5-53 所示。

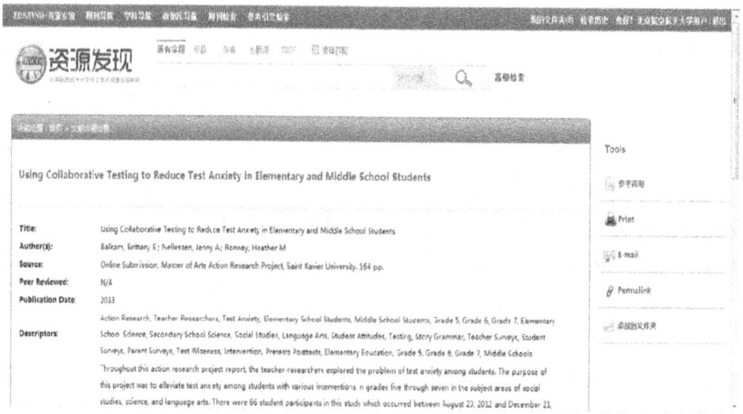

图 5-53 系统检索文献数据详细页面

（3）FIND + 包含 6 个重要模块

① 中文资源发现——配置 FIND + 中文资源发现系统。FIND + 数据库支持包括所有中文数据库、自建中文数据库的集成检索，包括：中国知网（CNKI）、万方学术期刊、维普期刊、读秀、超星电子书、书生电子书、方正电子书等。该数据库可以将元数据仓未能覆盖的资源内容完全整合在 EDS/FIND + 平台下，利用该平台下强大的“结果浓缩（内容聚合）”工具和各种其他功能，让读者统一筛选和挑选他们需要的检索结果。

② 馆藏目录发现——馆藏书目发现 OPAC +。该模块可自动整合图书馆的 OPAC 数据库，读者在检索时，在结果列表中可实时显示馆藏的动态结果，也可整合图书馆的机构典藏或自建数据库。此外馆藏书目还提供整合电子资源方面的资讯，

以及其他本地化服务、馆际互借和参考咨询服务等。基于1200万条书目数据库，为OPAC内容提供扩展信息，包括图书封面、简介、目录、评论、导购等内容。自动集成到馆藏目录检索结果页面中显示。

③ 谷歌学术搜索全文资源发现。当用户使用发现服务检索到本地图书馆没有全文的资源时，如果谷歌学术搜索有该全文资源，系统会为用户提供直接的全文链接，扩展本地区图书馆可以提供的全文资源。

④ 独有全文资源发现。该模块功能包括：CADAL 260万电子书资源发现；用户可以检索并阅读CADAL 260万种电子书的全文资源。

中国科学院科学数据库资源发现：用户可以检索并浏览中国科学院500TB科学数据的元数据资源，并可通过购买全文数据库的方式获得最终的科学数据资源。

CSSCI中文社会科学引文索引资源发现：用户可以检索教育部唯一认可的中文人文社科引文索引评价系统。

⑤ AtoZ期刊导航——电子期刊导航服务。由EBSCO公司产品AtoZ提供中文馆藏电子期刊的导航服务，支持按字母浏览、按学科浏览、按数据库浏览、按关键词检索、参考引文检索等多种期刊发现服务，提供期刊的刊名、ISSN、出版者、主题、资源类型、被索引数据库名称、在各个数据库的收录URL、收录年代等信息导览服务。

⑥ LinkSource链接解析器服务。平台基于链接解析器技术，为用户提供大量中文数据库的链接解析规则，为本项目量身定制全文链接服务，让用户可以直达全文所在页面。

2. 艾利贝斯公司的学术资源发现与获取系统Primo

（1）学术资源发现与获取系统Primo简介

Primo是基于网络级发现服务的学术资源发现与获取系统，是图书馆软件国际厂商Ex Libris开发的图书馆统一资源发现与获取门户系统，旨在帮助图书馆为读者提供统一资源的发现与获取服务。以类似Google式的检索方式帮助读者一站式发现与获取图书馆自身的物理、数字馆藏，以及图书馆订购的各类远程数据库、电子资源。所有的发现与获取服务均基于Web2.0标准构造。

Primo的特色功能介绍：

① 无缝融合OPAC服务。Primo可以实现与图书馆的现有OPAC平台无缝集成。不仅可以在Primo界面实现对馆藏书刊的查询还可以查看馆藏及单册实时流通状态，可以在Primo界面预约续借图书。在登录后，还可以查看自己的当前借阅、当前预约、当前罚款、历史借阅，并可以进行续借、取消预约等常规OPAC操作，还可实现在一个页面内完成所有的查看、预约、续借、馆际互借等操作。

② bX学术论文推荐服务。Primo资源发现与获取系统采用先进的数据挖掘技术，挖掘全球数以百万计的科研人员的基于SFX开放链接系统的实际使用日志数据和使用模式，以及主题、作者、论文间的关联性，提供跨期刊、跨平台、跨出版商、跨机

构的学术文章推荐服务，帮助找到高度相关的论文，提供意外的资源发现，为跨学科研究等提供更多价值，并节约时间，提供真正的知识发现。bX 学术推荐服务是目前全球唯一提供论文级的学术推荐服务的系统平台。在检索文章时，如果看到检索结果下方的标签中有五角星标志，则说明有相关论文推荐，点击即可看到论文推荐，点击文章标题或者"s"这个 SFX 标记，即可获取论文的下载链接。

③ 定制检索结果排序。Primo 资源发现与获取系统采用独有的相关性排序技术 ScholarRank™。ScholarRank™是 Primo 用来计算资料与特定查询以及特定读者信息需要相关性的一项技术。ScholarRank™技术基于资料与查询的匹配程度（Query）、资料学术价值（Item）、读者背景信息（User）这 3 个因素决定资料在结果列表中的位置。

在登录后，输入个人的教育水平和专业，即可对检索结果的排序定制，使检索结果的排序按照与专业相关性更高的排在前面，方便更快地找到所需要的文献。

④ FRB 及题名归组。Primo 支持 FRBR（Functional Requirements for Bibliographic Records，书目记录功能需求），聚类显示不同版本/分册、不同来源的记录。

当文献在图书馆有多种获取方式的时候，Primo 能够有效地对不同来源的数据进行去重合并展示，并在合并记录下列出所有可用获取方式。

当一本期刊既有纸本又有电子版时，点击"馆藏地"查看纸本期刊所在书库或阅览区，点击"在线查看"可以直接访问电子版电子期刊。

当一本图书既有电子书又有纸本书时，点击"馆藏信息"可以查看纸本书的所在位置和索书号及可借阅状态，点击"网络版"可以直接查看电子版图书的在线获取途径。

通过 FRBR 及题名归组，使检索结果的呈现更佳，将同一篇文章及图书的不同版本通过 FRBR 以及题名归组聚类在一起，使检索结果看起来一目了然。

⑤ 丰富的分面。Primo 按出版日期、数据库、期刊、主题、作者、文献类型、语种等进行分面，通过 Primo 丰富的分面可以帮助精简检索结果，更快地找到所需要的文献。

⑥ 丰富的 Web2.0 服务。Primo 资源发现与获取系统提供完整的 Web 2.0 服务。登录后可以发表评论，贴标签。Primo 资源发现与获取系统可以在一个页面内将不同来源的内容通过混搭方式展示，包括当前检索词对应的 WIKI 词条，记录对应的封面、网摘目次、网络评论、标签、网络分享等。

⑦ 开放链接服务。Primo 通过内嵌广受好评的 SFX 服务，可以实现对于不同来源、不同表现形式的资源类型提供包含中英文界面的中外文电子期刊、OA 期刊等在内的各种动态导航和检索服务，以及包括各种中外文核心期刊查询、OA 期刊查询、NSTL 订购期刊查询等在内的各种增值服务。

另外，可以通过 SFX 获取各种服务，包括：直接全文获取、馆际互借、文献传递、参考咨询等。

（2）学术资源发现与获取系统 Primo 检索简介

① 首先进入平台检索首页（见图 5-54）。Primo 云界面平台网址：http://hosted.cceu.org.cn/primo_library/libweb/action/search.do。

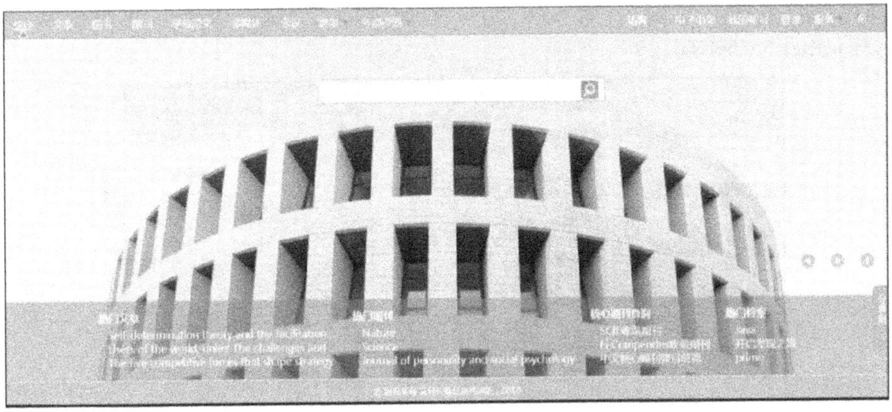

图 5-54　Primo 检索首页

平台首页包括检索栏，页面的上方可以选择检索的文献类型，也可以选择一些外部资源如读秀、万方、NSTL、国家书目的检索。页面的右上角为电子书架、我的账号、登录及其他的一些服务链接，如电子期刊导航、数据库导航及中外文核心期刊查询。下方可以查看热门文章、热门期刊及热门检索。

默认检索范围是图书馆全部资源的检索，如果希望检索特定的文献类型，可以通过选择页面上面的文献类型，然后在检索框中输入检索词即可。Primo 提供的检索文献类型为“综合”“文章”“图书”“期刊”“学位论文”“多媒体”“会议”“报纸”“图片”“法律文件”“参考条目”“地图”“网站”。

“综合”为检索图书馆的所有资源，包括馆藏图书、订购的各类电子数据库、学位论文等所有图书馆的海量资源。“文章”为检索各类电子数据库文章。“图书”为检索图书馆的馆藏纸本图书以及电子图书。“期刊”为检索图书馆的馆藏期刊及电子期刊。“学位论文”为检索图书馆的学位论文库及各类电子数据库的学位论文。“多媒体”为检索各类图书馆本地多媒体资源及网络多媒体资源。“会议”为检索来自各类电子数据库的会议论文。“报纸”为检索各种报刊文章。“图片”为检索各种图片资源。“法律文件”为检索各种法律文件文献。“参考条目”为检索参考条目信息。“地图”为检索各种地图文献。“网站”为检索各种网站文献。

在输入检索词之后，选择检索文献类型后点击检索框最右边的标签即可检索。检索可以使用 AND、OR、NOT 进行逻辑检索，逻辑词必须大写。可使用半角双引号进行精确匹配。可使用通配符，“ * ”替代词尾多个字符；“?”替代一个字符。不同检索条件间逻辑以 AND 逻辑连接。

② 查找馆藏图书。

假如想找《苏菲的世界》这本图书。

方法一：在检索框中直接输入“苏菲的世界”即可检索。

方法二：在检索框中输入“苏菲的世界”，在页面上方选择“图书”检索。

这里选择方法二来检索，输入检索词，选择页面上方的“图书”，点击检索，可以看到页面如图 5-55 所示。

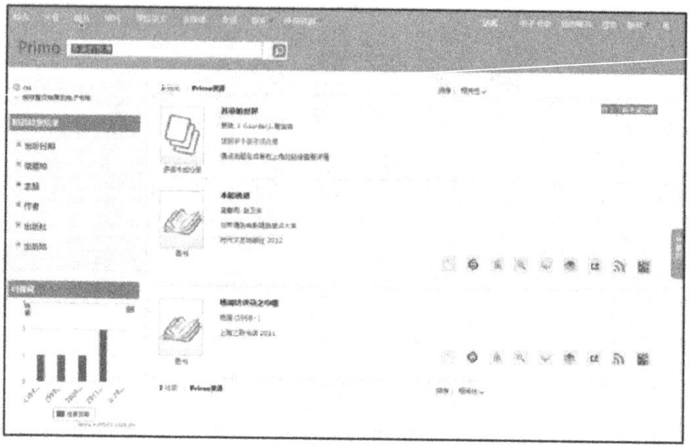

图 5-55　查找馆藏书目页面

前面也提到了 Primo 提供了非常丰富的 Web 2.0 应用，包括维基百科、评论、标签、网摘目次。评论中会收到来自豆瓣的书评，同时在登录后，也可以发表自己的评论；网摘目次方便查看图书的介绍。点击检索结果右下方的标签可以看到图书的相关评论、网摘目次等详细信息。另外，可以直接在 Primo 中实现预约、续借图书，在登录后，点击右上角的“我的账号”或者“电子书架”，可以查看借阅的图书信息及罚款等信息。在“苏菲的世界”检索结果中能看到 3 个结果，第一个检索结果即需要的结果。在这个检索结果中有提示“找到多个版本或分册”，再点击一下题名或者检索结果右边的“有 3 个版本或分册”，即可查看该图书的详细信息。打开版本或分册的页面后可以通过点击“馆藏信息”来查看该图书的馆藏地及是否可以预约。如果可以预约，在登录后即可预约该图书。当前界面中，可以看到这本图书目前在架上，可以预约。点击预约即可预约图书，还可点击检索结果右下方的其他的标签来查看如评论、网摘目次、二维码等信息。通过扫描二维码可以获得图书的馆藏信息及实时的馆藏状态。

③ 查找论文。

两位美国科学家罗伯特·莱夫科维茨（Robert J. Lefkowitz）和布莱恩·克比尔卡（Brian K. Kobilka）因“G 蛋白偶联受体研究”获得 2012 年诺贝尔化学奖。假如需要在图书馆的海量资源中找关于“G protein-coupled receptor kinases（G 蛋白偶联受体激酶）”的相关文章，有两种方法。

方法一：在检索框中输入“G protein-coupled receptor kinases”，点击检索即可。

方法二：选择页面左上方的“文章”，在检索框中输入“G protein-coupled receptor kinases”，点击检索即可（见图 5-56）。

在此采用方法二来检索。

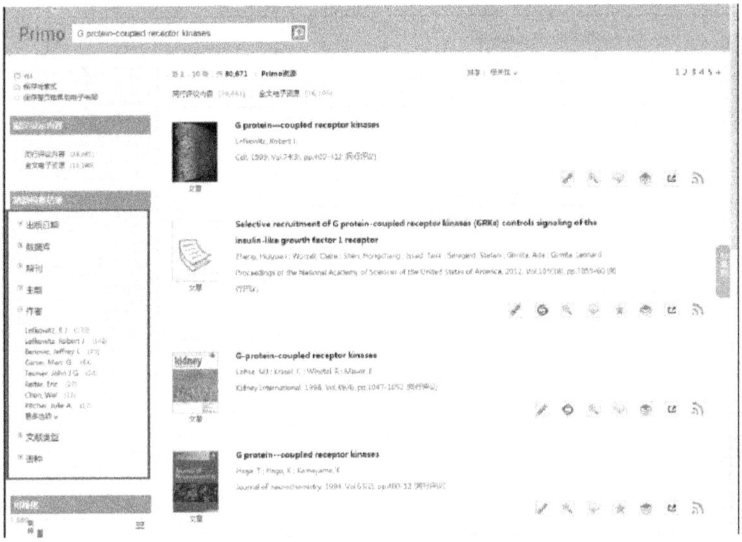

图 5-56　查找文章界面

检索后发现找到有 3 万多篇论文,如何在如此多的论文中找到符合我们需求的高质量的论文呢？这时需要精简检索结果。那么如何精简检索结果呢？

方法一:检索结果上方都会有“同行评议内容”标签,点击可以将检索结果中不是同行评议期刊的文章去除。

方法二:如果上述精简后结果还太多,没有找到需要的论文,那么可以通过页面左边栏中的分面来精简检索结果,Primo 提供“出版日期”“主题”“数据库”“期刊”“主题”“作者”“文献类型”“语种”等分面,并且分面可多选,进行组合。“主题”和“数据库”是很好的精简检索结果的分面。

例如:我们想找的是 Robert J. Lefkowitz 写的相关的论文,那么我们可以在左边栏的分面作者栏中来进行选择,点开作者栏后,可以看到第一个和第二个都是 Robert J. Lefkowitz。在包含中选择第一个和第二个作者,然后下拉点击继续,可以看到选择好后检索结果页面。

可以看到检索结果目前剩下 223 篇,已经比较少了,如果觉得还很多,还可以选择其他的分面来进一步精简检索结果(见图 5-57),如可以选择来自一些特定数据库的文章。在之前介绍 Primo 的特色功能的同时也介绍了 Primo 的 bX 学术推荐服务,在检索完后,可以看到有些论文右下方有五角星的标签,此即为有 bX 为您推荐的文章,点开推荐后,可以看到与这篇文章相关的一些其他的文章。

确定好需要的论文后,点击检索结果右下方的在线查看标签即可获取下载的链接(见图 5-58)。

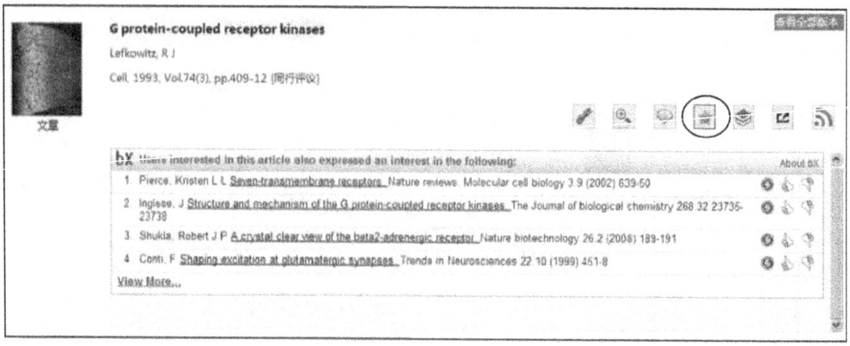

图 5-57 筛选论文界面

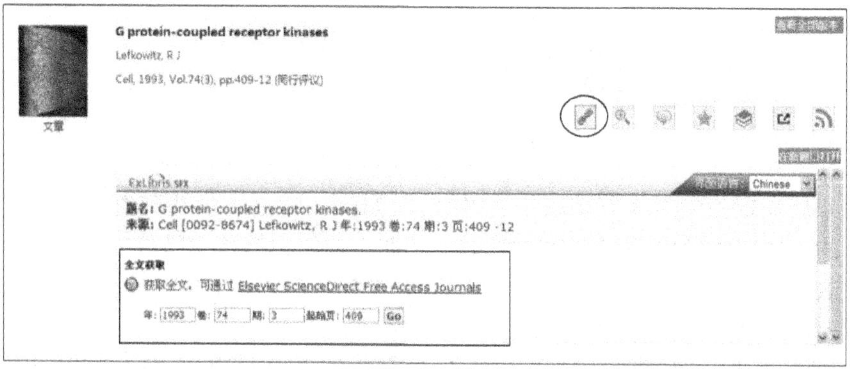

图 5-58 选择论文下载链接界面

选择一个下载源，点击 GO，即可到数据库界面去下载该篇文章。也可以点击 SFX 的文章下载链接及获取更多的文章获取方式，如果文章没有下载权限或者没有下载链接，可以点击 SFX 来申请文献传递（见图 5-59）。

图 5-59 申请文献传递界面

④ 外部资源检索。Primo 除了提供 6 亿多的论文、图书等文献检索外，还提供一些外部中文资源的检索，以补充中文资源收录的不足，目前提供的外部资源有读秀、

万方及 NSTL。通过读秀可以查找到 99% 以上的中文期刊论文，以及超星的电子图书、学术视频资料。通过万方可以检索来自万方的期刊文章及学位论文。NSTL 可以查找 NSTL 订购的外文文献。

首先在页面的左上方点选“外部资源”（见图 5-60），鼠标移动到这里后会出现外部资源的下拉框，选择您要检索的外部资源即可，例如分别选择“读秀”和“万方”，来查看一下可以检索到的文献。

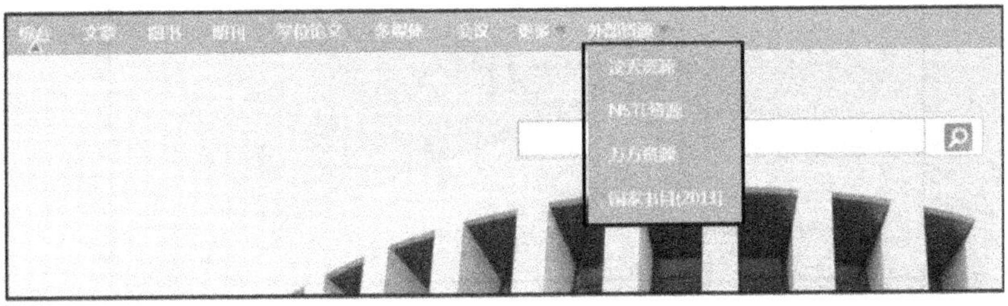

图 5-60　外部资源检索界面

例如选择“读秀”，输入检索词“地方债务”，点击检索标签后可以看到页面如图 5-61 所示。“读秀”页面的检索结果既有论文也有音频、视频资料及电子图书。而选择“万方”，并输入相同检索词后，页面中有来自万方的会议论文、学位论文及期刊文章（如图 5-62 所示）。

图 5-61　检索读秀资源

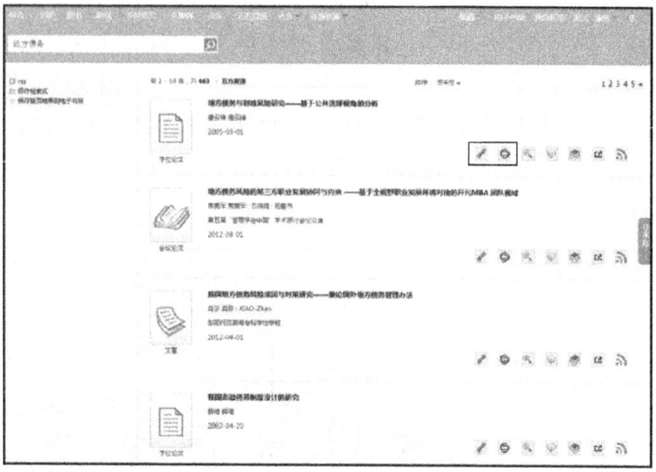

图 5-62 检索万方资源

直接点击文献下载链接标签或者 SFX 标签都可获得文章的下载链接。

(3) 定制检索结果排序

在 Primo 中,登录并选择背景信息(教育水平和专业背景)后,Primo 就可以根据提供的背景信息,将与专业相关的文章排在靠前的位置。该项功能仅对电子资源的检索有效,即只能在选择"论文"检索时有效。

(4) bX 学术推荐服务

正当云计算、云服务风起云涌之际,人们便不知不觉已进入到大数据时代。基于读者使用数据,采用创新数据挖掘技术,为读者提供高度相关的学术文献推荐和学科服务,成为智慧图书馆的重要建设内容。Ex Libris 的 bX 学术推荐服务正是为满足读者的这一需求而推出的创新应用。

bX 学术服务是通过抓取全球数百万读者的跨期刊、跨平台、跨出版商、跨机构的学术文献的使用数据,针对全球 2000 多家 SFX 用户的实际使用数据进行分析与挖掘,提供动态、高度相关的学术文献推荐及相关服务。bX 是目前全球唯一提供指向具体学术文章的推荐服务。

目前 bX 学术服务包括 3 项服务,独有的 bX 学术文章推荐、bX 热门文章和 bX 欢迎度报告。

(5) 更多的 Web2.0 应用

Primo 资源发现与获取系统可以在一个页面内将不同来源的内容通过混搭方式展示给读者,包括当前检索词对应的 WIKI 词条,记录对应的封面、网摘、读者评论、标签、豆瓣、Amazon 网摘、网络分享等。

(6) 电子书架

Primo 的电子书架,不仅可以查看保存的检索结果、检索式,还可以查看读者的图书借阅信息、预约、续借、罚款、违规信息、个人设置。登录后点击页面右上角的电子书架，即可查看。如果想要查看自己的借阅信息，点击右上角的“我的账号”即可查看。

（7）其他服务

除了以上介绍的 Primo 的功能外，Primo 学术资源发现与获取系统还提供了广受好评的中外文核心期刊查询系统的链接以及提供图书馆的期刊导航系统。期刊导航系统提供给查询期刊、浏览以及单篇文章的快速查找功能。点击页面右上角的“服务”可以看到“期刊导航”“数据库导航”“中外文核心期刊导航”的链接。

练习与思考

1. 中国知网文献数据库一般有哪些常用检索方式？
2. 如何查找有科研基金项目支持的社科学术论文？
3. 常用知识发现系统包括哪些？
4. 方正 Apabi 数字图书馆的电子书亮点功能包括哪些？
5. 如何检索国外的硕博士的学位论文？
6. 读秀学术搜索如何进行二次检索？
7. SpringerLink 数据库的数字信息资源包括哪些类型？
8. ScienceDirect 数据库检索的高级检索中可设定哪些检索条件？
9. 如何利用超星发现系统进行社科文献引文趋势分析？

参考文献

[1] 东方权，王琼，李翠霞. 现代图书馆及数字资源利用[M]. 北京：中国书籍出版社，2013.

[2] 杨海蛟. 书法文献检索举要[M]. 郑州：中州古籍出版社，2012.

[3] 高飞. 网络信息实用检索[M]. 北京：中国计量出版社，2010.

[4] 郎峻，张利平. 信息素养与计算机信息检索[M]. 北京：北京航空航天大学出版社，2011.

第6章 社会科学专业文献信息资源与利用

学习目标

- ⊙ 掌握本学科主要文献信息类型；
- ⊙ 掌握针对一个课题如何检索所需文献信息；
- ⊙ 了解相关学科的信息资源及其特点。

开篇案例

关于《老子》其人其书

社会科学是以社会客体为研究对象，研究社会事物的本质及其规律的系统性科学。文献不仅是社会科学研究的主要成果，也是社会科学研究的重要原料，发挥着重要的作用，在某些学科中甚至扮演着至关重要的角色。20世纪初，诸子学勃兴，老子其人其书再度成为学术界关注的中心，特别是二三十年代疑古思潮，更是起了推波助澜的作用。名家大师纷纷加入这场讨论，结果形成两种不同的观点：一派是以胡适、唐兰为代表的“早出论”，认为《老子》在春秋末年或战国早期就已形成；一派是以梁启超、钱穆、冯友兰为代表的“晚出论”，认为《老子》成书于战国中晚期，顾颉刚甚至持秦汉间说，他说：“《吕氏春秋》……的作者是很肯引用书的，所引的书是不惮举出它的名目的。……《吕氏春秋》的作者用了《老子》的文词和大义这等多，简直把五千言的三分之二都吸收进去了，但始终不曾吐出这是取材于《老子》的。……于是我们可以作一个大胆的假设：在《吕氏春秋》著作时代，还没有今本《老子》存在。”钱穆意识到老子其人其书的重要性，他说：“余尝谓老子之伪迹不影，真相不白，则先秦诸子学术思想之系统条贯终不明，其源流派别终无可言。”但他考证后说：“据其书思想议论及文体风格，盖断在孔子之后。当自庄周之学既盛，乃始有之。”并认为老子可能是楚人詹何，《老子》产生于《庄子》之后，《荀子》之前。双方针锋相对，互相辩驳，成为现代学术史上的一桩公案。

胡适早在1931年就指出钱穆在考订《老子》成书年代方法上的错误，他说："依此推断，老庄出世之后，便不应有人重为天命天志之说了吗？难道这二千年中天命天志之说，自董仲舒、班彪以下，都应该排在老庄以前吗？"这样的推断，何异于说，"几千年来人皆说老在庄前，钱穆先生不应说老在庄后。何者？思想上之线索不如此也？"因为思想线索最不容易捉摸，一个人自身的思想也往往不一致，不能依一定的线索去寻求。

学术研究的突破，只有依赖于王国维所说的"纸上之材料"与"地下之新材料"互相印证而形成的"二重证据法"。随着考古学的迅速发展，许多埋藏于地下的文献古籍相继出土，为研究中国古代的学术文化提供了珍贵的实物资料，也为《老子》一书的争论带来一线曙光。1973年，长沙马王堆三号汉墓出土的帛书中，有《老子》甲乙两本，均抄写于秦汉之际，这使得《老子》成书文景之世说不攻自破，但仍不足以动摇"晚出论"所持战国中期说。

1993年，湖北荆门郭店一座楚墓中出土了一批竹简，其中有《老子》甲乙丙三组，这是迄今所见最早的抄本。简本不分道经、德经，文句与传世本、帛书本各有异同，编次也判然有别，写作年代应当更早。一般来说，竹书的抄写年代应早于楚墓下葬时间。裘锡圭据此认为："把《老子》形成的时代定在战国早期，还是比较合理的。如果《老子》确为老聃的弟子或再传弟子所编成，其成书年代很可能在公元前五世纪中叶或稍晚一些的时候，下距郭店《老子》简的时代一百几十年。"这就推翻了《老子》成书于战国中晚期的说法，可见老子确实是与孔子同时代的人物，他所创立的道家学说也应与儒家、墨家同时，在春秋晚期即已形成，这一判断现已成为学术界的共识。①

6.1 社会科学专题文献信息检索基本步骤

文献信息检索无论是被定义为一种技术还是一种方法，文献信息检索都表现为一种过程，一种始于检索提问，止于结果输出的过程。为了提高检索效率，并获得满意的检索结果，必须遵循检索的基本步骤和方法。

文献信息检索一般包括以下几个步骤：需求分析、选择检索工具、确定检索途径、选择检索方法、记录线索或获取原始文献。

1. 需求分析

针对不同的文献信息需求，检索工具、方法和技巧也有所不同，明确把握检索需求是成功取得满意检索结果的一半，信息需求一般可以简单分为如下3种。

---

① 吴少珉，赵金昭主编；张京华等撰著. 二十世纪疑古思潮[M]. 北京：学苑出版社，2003：527－529.

知识类信息需求：这里指为学习等需要而获取某些一般性知识，目标文献相对明确，如人物、词汇、事件或某类知识系统介绍等。信息源以图书为主，检索相对简单。

事实、数据类信息需求：目的是获取某些直接、确定的数值和事实，一般通过检索参考工具书来解决，或检索相应的事实和数据信息源。

课题研究类文献信息需求：为了研究某个专门课题，或围绕某项专题进行探索性、研究性学习而获取文献信息。课题研究类文献需求相对较为繁杂，需进一步深度分析：① 分析、确定课题所需的实质性文献内容。抓住课题内容的实质，找出课题是否存在隐性的主题概念。② 具体化课题的核心概念。从学科角度分析研究范围，明确研究主题，并用具体概念表达出来，排除无关概念及重复概念，确定反映课题本质的检索词。③ 明确检索词之间的逻辑关系及结果范围限定。明确检索词之间的布尔逻辑关系，以及哪些是可用于扩检的上位检索词，哪些是可用于缩检的下位检索词，哪些是主要检索词，哪些是可用来作限制用的次要检索词等。根据研究背景，确定所需文献的时间范围、地理范围。

2. 选择检索工具

根据所需文献信息的文献类型、文种及学科、专业的特点选择检索工具。选择检索工具的基本原则包括：

① 检索工具收录的文献信息是否涵盖文献需求的主题内容；

② 文献类型、语种是否满足检索要求；

③ 使用是否方便、经济；

④ 收录文献信息是否广泛全面、质量可靠，有利于查全、查准；

⑤ 检索途径是否完善；

⑥ 对检索工具熟练程度。

3. 确定检索途径

利用各种检索工具查找文献信息，主要是依靠检索工具各类检索字段的索引实现快速检索。每种索引形成文献信息的检索途径，一般来说，每种检索工具都为用户提供几种检索途径，归纳起来一般可以分为：分类途径、主题途径、作者途径、题名途径、号码途径等。根据自身文献信息需求所掌握内容，结合检索工具，确定恰当的检索途径。

4. 选择检索方法

根据初步检索结果，结合自身需要，对检索结果进行研判，发现不足或遗漏，根据所学的检索方法，适当调整运用上位检索词、下位检索词或检索词之间的逻辑关系，扩大或缩小检索结果，提高查全率和查准率；另一方面也可借助检索结果，补充遗漏的所需重要文献。

5. 记录线索或获取原始文献

获取原始文献一般是文献信息检索的最终目标;全文型检索工具(系统)可直接获取原文,较为方便;但题录型检索工具(系统)只提供文献的基本信息,这就需要记录下相关基本信息为进一步获取原文做准备;如利用 OPAC 系统检索,需记录下索书号以备到图书馆借阅;利用"中文社会科学引文索引"检索,需记录下作者、题名、期刊名及其卷期等信息,以备借助其他检索工具进一步检索并获取全文。

6.2 哲学类信息检索

6.2.1 哲学类文献概述

哲学的任务在于探究世界最根本、最普遍的规律,研究的内容十分广泛,它涉及世界的本原及存在形式问题,对世界的认识问题,人和整个世界的关系问题,人的形体与精神的关系问题,人类社会发展的规律和动因问题,人的伦理关系、审美关系及正确思维的形式问题,等等。总体可归纳为 3 类,形而上学(metaphysics)、知识论(Epistemology)及伦理学(Ethics),其研究成果构成哲学的基础学科文献。

哲学作为理论化、系统化的世界观,研究自然、社会、人类思维中纷繁的现象和形式,对各门具体学科都有着世界观和方法论的指导作用;哲学涉及的诸范畴又超越了各种不同专业的特殊性,并不局限于专业知识,而是意味着与人们思维的普遍性相联系。而以这样一些范畴所构成的哲学理论文献,无法按领域进行划分——以专业作为衔接点——而是一种把一般性的世界观、人生观等诸多学说的现实状态从普遍的观点出发进行考察①,最后的归宿是要探明世界的本原;这些以专门学科为研究对象的研究成果构成专门学科哲学文献,例如:科学技术哲学、经济哲学、生物哲学等。

哲学是人类的一门很古老的学问,其产生和发展经历了一个漫长的历史过程。哲学思想的产生、发展规律以及主要流派、主要思想家已被广泛研究,形成诸多哲学史及其研究文献,其中包括古代哲学家、近代哲学家和现代哲学家的哲学著作及其研究著作。

从哲学学科专业角度,以上构成哲学文献的基本范围。随着社会的发展,围绕哲学的学习、研究、教育、宣传等,哲学的专著、教材、论文、会议等以不同形式出版;加之考古发掘的发展,以及新媒体的推波助澜,哲学文献载体种类更加繁多,内容也更加丰富。现代信息技术的广泛应用更进一步加速了哲学文献形式的多样化。

① 村濑裕也,李雪梅,孙晶. 哲学的课题和表现形态[J]. 哲学研究,1999(01):11-16.

6.2.2 哲学类文献类型

根据哲学的发展,及其不同属性,哲学文献可以划分为不同类型。结合一般研究需要及文献利用情况,大致可做如下分类:

1. 根据政治观点分

所谓政治观点,就是从一定的阶级利益出发,对观察事物、处理问题所采取的态度。哲学根据政治观点,可分为马克思主义哲学和非马克思主义哲学。

2. 根据哲学流派分

根据哲学流派,可以大致分为唯物主义和唯心主义两大流派。它们体现了两种根本不同的世界观,两条根本不同的认识路线。认为自然界是本原的,属于唯物主义学派;认为精神是自然界本原的,则属于唯心主义学派。唯物主义哲学根据其发展阶段又可分为3种形态:朴素唯物主义、形而上学的唯物主义、辩证唯物主义和历史唯物主义。唯心主义有两种基本形式:客观唯心义和主观唯心主义。哲学流派还可分为实证论、唯意志论、新康德主义、新黑格尔主义、新实在论、逻辑实证论、存在主义、实用主义、新托马斯主义、分析哲学、现象哲学、结构主义哲学、后现代主义等。

3. 根据地域分

根据约定俗成的观念,把植根于欧洲、美洲地区的哲学称为西方哲学,把地中海以东的亚洲及至北非地区的哲学称为东方哲学。具体说,东方哲学主要包括中国、阿拉伯、印度、日本、朝鲜等民族的哲学。

古埃及、古巴比伦、中国、印度是世界四大文明古国。早在公元前3000年左右,人类最早的哲学在这里孕育形成了。东方哲学文献数量浩繁,内容博大精深,是人类的思想文化宝库。

西方哲学主要包括欧美各国哲学。古希腊历来被认为是欧洲文明的摇篮,也是欧洲乃至整个西方哲学的发源地。西方哲学从神话中脱胎而出之后,在马克思主义哲学形成以前,大约经历了古希腊罗马哲学、中世纪哲学和近代哲学3个时期。现代西方哲学主要是指西方资产阶级哲学,它的流派很多,学说内容各自不同。

另外,根据自然区域,哲学可分为亚洲哲学、非洲哲学、欧洲哲学、大洋洲哲学、美洲哲学等;根据国家,可分为中国哲学、日本哲学、印度哲学、英国哲学、德国哲学、法国哲学、意大利哲学、俄国哲学、美国哲学等。

4. 根据时代分

哲学从发生到发展,跨越了一个漫长的历史时期。每个时代的哲学发展都受到该时代的政治、社会的制约和影响。因此,产生针对不同时代哲学研究、编纂的文献:古代哲学、中世纪哲学、近代哲学、现代哲学。中国哲学根据朝代分为先秦哲学、秦代哲学、汉代哲学、三国哲学、隋代哲学、唐代哲学、宋代哲学、元代哲学、明代哲学、清代哲学等。外国哲学文献一般根据世纪或年代进行划分。

哲学文献还可以根据哲学家、哲学学派、哲学的范围、研究对象、学科分支、研究方法等进行划分和归类。

6.2.3 哲学类文献信息检索

1. 哲学文献检索实例

本节结合常用检索工具，以中外科技伦理比较研究课题为例，针对研究需求进行一般性检索分析，并制定基本的检索步骤和策略，为大家在以后的学习、研究过程中进行信息检索提供基本参考。

（1）检索要求及主题分析

无论出于何种目的，人们都希望全面了解课题相关知识，而不希望遗漏重要文献，呈现片面、甚至错误结论的现象。因此，必须认真、全面分析课题，罗列出同义、相近、相关的检索词，以确保获得较为全面的信息。

结合课题名称，我们知道“科技伦理”是中心，“中外”是范围，“比较研究”是方法，检索主要围绕这 3 个方面展开。借助搜索引擎或读秀知识发现系统等检索工具初步检索，发现与“科技伦理”相关的关键词还有“科学伦理”“技术伦理”“工程伦理”等，因此检索关键词可以基本确定为：科技伦理、科学伦理、技术伦理、工程伦理等，对应英文检索词为：Science and Technology Ethics、Science Ethics、Technology Ethics、Engineering Ethics 等；与“中外”相近的词有“国内外”“中西方”等，与“比较研究”相近的词有“对比研究”以及“比较”“对比”等；同时通过主题和需求还可以对所属学科范围做出限定，本课题应属于哲学、宗教大类下的伦理学（中图法分类号 B82）和科学哲学（中图法分类号 N02）范畴。

（2）选择检索工具

本课题需要收集科技伦理视点下的有关专著、论文。

中文检索工具可选择读秀、中国知网（CNKI）等（参见第 5 章，下同）。

外文检索工具可选择 ScienceDirect、Springer、EBSCO 等。

（3）制定检索策略

为提高检索效率并兼顾查全率和查准率，可适当使用高级检索或专业检索，即使用布尔逻辑算符进行组合检索。组合检索时，可先用“OR”算符建立几个概念块，并分别用括号括起来，然后用“AND”算符组配各个概念块。再复杂些的课题，可同时使用 3 种布尔逻辑算符组合，如果查全率低，可以用上位词或减少用逻辑与关系的限定词。就本课题而言，编制基本检索式如下。

① 中文检索式为：

主题 =（科技伦理 OR 科学伦理 OR 技术伦理 OR 工程伦理）AND 主题 =（比较 OR 对比）AND 分类 =（B82 OR N02）

② 外文检索式为：

TITLE(Science Ethics) or TITLE(Technology Ethics)

（4）检索过程及结果

检索过程如图 6-1 ~6-3 所示。

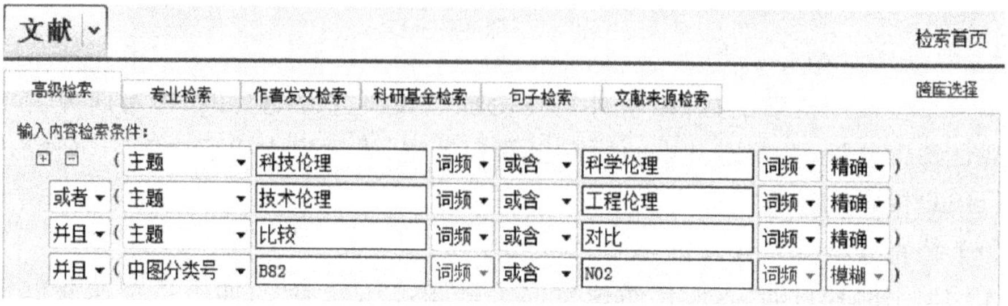

图 6-1　中国知网全文库检索示例

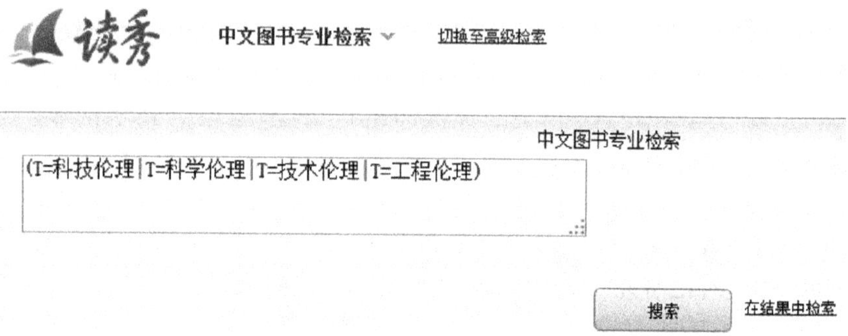

图 6-2　读秀中文图书检索示例

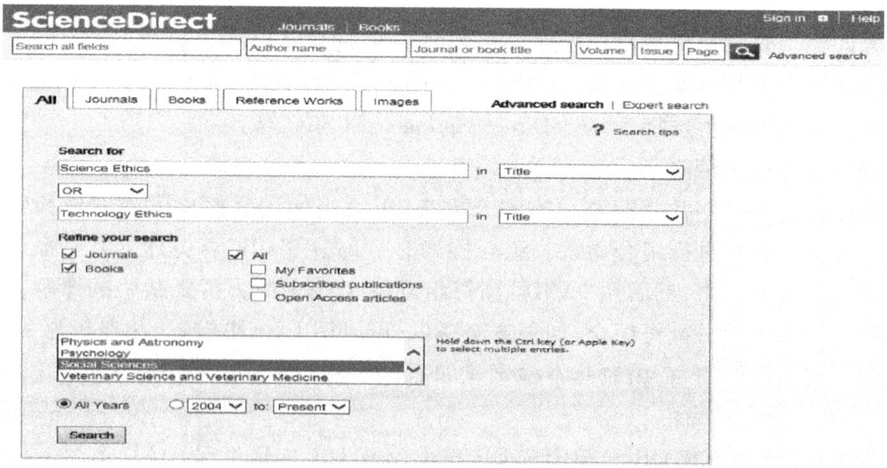

图 6-3　ScienceDirect 高级检索示例

说明：读秀的学科只能通过对检出结果利用左侧工具栏限定，为增加查全率省略地理范围和研究方法的限定。

部分检索结果如下：

[1] 张松. 国内工程伦理研究综述[J]. 湖南工程学院学报(社会科学版)，2005(4)：87－89.

[2] 仲伟佳，丛杭青. 美国工程伦理的历史与启示[J]. 高等工程教育研究，2008(4)：33－37.

[3] 刘国云. 中外科学伦理发展比较研究[J]. 自然辩证法研究，2013(2)：59－64.

[4] 熊志军. 论科学伦理与工程伦理[J]. 科技管理研究，2011(23)：184－197.

[5] 唐丽. 美国工程伦理研究[M]. 沈阳：东北大学出版社，2007.

[6] 肖平. 工程伦理导论[M]. 北京：北京大学出版社，2010.

[7] 陈万求. 中国传统科技伦理思想研究[M]. 长沙：湖南大学出版社，2008.

[8] R. E. Spier. Science and Engineering Ethics，Overview，In Encyclopedia of Applied Ethics (Second Edition). edited by Ruth Chadwick，Academic Press，San Diego，2012，Pages 14－31.

2. 哲学类信息资源补充

专业的数据库是重要的学术性信息源，是获取学术型文献的首选；随着网络的发展，一些专业性网站也为我们提供了一部分重要信息，如学术会议动态、投稿，以及在线教育、研讨等。以下介绍部分相关专业网站，以供参考。

(1) 哲学中国网(http://www.philosophy.org.cn/)

哲学中国网由中国社会科学院哲学研究所主办，面向哲学专业人士和对哲学感兴趣人士的大型学术类公益网站，它旨在搭建5个平台：中国社会科学院哲学研究所科研情况展示平台、中国哲学界学术成果展示平台、国内学术界信息交流及发布平台、对外学术交流平台、学术批评及评价平台。

(2) 中国哲学史学会(http://www.zgscph.com/)

中国哲学史学会旨在发展学术研究，促进学术交流，推动学术发展，公开出版《中国哲学史》。

(3) 美国哲学学会(http://www.amphilsoc.org/)

美国哲学学会(American Philosophical Society，APS)，又称作美国哲学会，是美国历史最悠久的学术团体；网站旨在促进知识利用，展示学会相关出版物，及相关奖项评选等。

(4) 哲学在线(http://www.philosophyol.com/)

哲学在线是由中国人民大学哲学院主办的中文哲学专业网站，属于"十五""211"工程信息资源系统之哲学信息资源系统，提供哲学相关的动态、教育、研究类资源,及专业学术论坛。

(5) 孔子在线(http://confucian.ruc.edu.cn/)

孔子在线网站是由中国人民大学孔子研究院主办的国学类网站,用于推广孔子研究院的学术研究、文化推广活动。网站的宗旨是继承优秀传统文化,弘扬孔子思想精华,提高国民人文素质。

(6) 哲学与思想(http://bbs.sxzww.com/portal.php)

这是一个较为全面介绍哲学相关文献、人物及哲学思想的论坛。

(7) 马克思主义研究网(http://myy.cass.cn/)

马克思主义研究网由中国社会科学院马克思主义研究学部、马克思主义研究院主办。该网页主要内容包括:围绕马克思主义经典著作和基本原理;马克思主义发展史和国外马克思主义;中国化的马克思主义——毛泽东思想和中国特色社会主义理论体系;国际共产主义运动历史经验和教训;当代世界社会主义运动和思潮开展研究和宣传。

(8) 美学研究网(http://www.aesthetics.com.cn)

美学研究网是美学专业学术网站,专注于美学专业的学术资料搜集与前沿学术交流,是一个美学学术研究交流的网上平台。主要栏目有美学动态、美学原理、美学史、审美文化、审美教育、学人介绍等。

(9) 斯坦福哲学百科全书(http://plato.stanford.edu/)

斯坦福哲学百科全书(SEP)是一个支持开放存取的哲学学术网站,网站每个条目都由专家或专家组编辑,并经过编委会审核后才可公开,条目质量较高,是一个重要的网络哲学资源网站。

(10) 国家哲学社会科学学术期刊数据库(http://www.nssd.org/)

国家哲学社会科学学术期刊数据库由全国哲学社会科学规划领导小组批准建设,中国社会科学院承建的国家级、开放型、公益性的哲学社会科学信息平台,具体责任单位为中国社会科学院图书馆(调查与数据信息中心),其涵盖论文检索、期刊导航、作者介绍和机构索引等栏目,可进行高级检索。

6.3 法律文献信息检索

6.3.1 法律文献概述

法律文献主要由法规和条约构成。法规指国家机关制定的规范性文件,是法令、条例、规则、章程等法定文件的总称;条约指国际法主体之间签订的有关其权利义务的受国际法管辖的书面协定,广义上包括有关政治、经济、军事与文化等各种协定。它们都是在社会科学研究领域经常需要查阅的重要文献。

法律文献作为法律的展现形式,必然呈现法律的内在、固有属性;法律的严肃性必然要求法律文献规范化，法律的社会性导致法律文献分散化，法律的实践性促进了法律文献多样化。

法律文献的规范化表现在两个方面，即法律文本的规范和法律文书程式的规范。法律文本是法律文献的核心，它不同于一般的文献，法律文本文献具有极其庄重的色彩。通过外在的规范充分体现法律内容的严肃和庄重，反映法律的神圣和权威。

法律文献走过了一个由简到繁、由单纯到复杂的历程。社会越发展，法律越完备，法律文献的种类就越丰富，法律文献涉及的范围就越宽广，内容越庞杂，法律文献必然呈现分散化的特征。

法律渗透社会生活的方方面面，随着法律的制定，围绕法律的补充、解释、应用、学习、研究、教育、宣传的开展，法律文献的出版样式也不断地增多，以便更广泛地适应不同的需求。伴随着法学教育、研究开展，新的司法制度推行，出现了法学专著、教材、论文、报告、询问笔录、起诉书、公诉词、抗诉书等多种形式。另外考古发现、实物档案更增加了甲骨、金石、简牍、卷帛等古代法律文献；进入现代，缩微胶卷、照片、音像资料、电子邮件、光盘、网络数据库的广泛应用也促进各类载体法律文献多样化呈现。

6.3.2 法律文献类型

根据法律信息的不同特点，法律文献可以划分为不同的类型。

1. 从法学的内容上区分

法律文献可以分为立法文献、司法文献和法理文献。

（1）立法文献

立法文献即法律文本文献，法律文本文献分狭义和广义两种。狭义的文本文献仅指通过一定程序公布的法律范本，先秦以前称“刑”，秦至清称“律”，现代称“法”，这是法律的精髓。广义的文本文献除指法律范本外，还具有法律效力的注释、解释、决定、规章及行政机关的法规都可以算是法律文献，因为它们具有法律文本所要求的行文规范。古代的誓、诰命、训等，也是立法文献的重要组成部分。

（2）司法文献

狭义的司法文献仅指与案件有关的司法活动形成的文书资料，这是司法文献最珍贵的文书积聚。广义的司法文献包括古代上疏、奏折、契约，现代的合同、公证书、婚姻证明等，这是由司法活动的特点决定的。

（3）法理文献

法理，即法律理论。法律理论是对立法、司法活动的诠释。这其中有对法律文本和司法活动、法律文书研究的资料、图书，更有在西学影响下全面展开的法学思想、原则、程序、模式探讨的论著、论文及报纸、杂志等出版物。

2. 从法律文献的应用上区分

法律文献可以分为法律思想、法律文本、法律文书、法律典志、法律评论、法律工具书、法律档案和法律资料汇编等。

（1）法律思想

法律思想文献是法律制定和实施的动因，是法律文献最重要的基础文献，它集中反映了不同历史阶段法律思想的基本面貌。

（2）法律文本

法律文本文献指狭义的法律文本，它是法律文献最有代表性的、最核心的法律文献类型。一般来说，法律文本在国家政治生活中具有最高的权威，行使着最高的法律效力。它是维系一个国家政治、经济、社会稳定的重要基石。因而法律文本文献是法律文献最重要的内容。法律文本文献具有本源性、主导性的特点，与其他法律文献的派生性、依附性特点形成鲜明的对比，构成了法律文献的基本骨架。

（3）法律文书

法律文书文献是以司法文书为主的法律文献类型。古今大量的法律活动的实践形成了各种各样的文书式样。法律文书文献是反映司法活动的原始凭据，是法律实施的最直接的结果记载，具有珍贵的历史价值。它包括契约、诉状、笔录、判词等最基本的法律文书的内容。在司法活动中，法律文书文献具有极其广泛的应用性。

（4）法律典志

法律典志是古今法律制定、实施中各个侧面、各种活动的全面记录。它真实地反映了法律演变的足迹和法律活动的脉络。法律典志以历朝历代刑法志为主体，融汇了“十通”“会要”等政书，附带包括了大量法律内容，与法律有关的典志，如职官志、食货志、选举志、礼志、艺文志，为今人了解法律的发生、发展提供资料依据。

（5）法律评论

法律评论文献是人们对法律文本、法律思想、法律原则、法律体系的科学评价和阐释形成的各种文籍。法律评论文献包括法律文本阐释、法律思想研究、法律原则探讨、法律体系构建等方面，也可以说是法律评说和法律论著的综合。法律评说主要是围绕法律文本展开的阐述或对法律内容的新诠释，法律论著是有关法律指导思想、立法原则以及立法和司法实践中遇到的问题的理论探讨。通过探讨，使人们得以深入到法律文字表象背后了解法律的本质，加深人们对法律精神的把握，推动法学向前发展。

（6）法律工具书

法律工具书是查找有关法律知识的窗口，是人们学习法律、应用法律的基础。法律工具书包括法律类或与法律有关的词典、年鉴、公报、手册等文献资料。这些工具书各有侧重。词典注重法律的知识性，年鉴和公报是上年度或近期法律法规的发布和搜集，手册一般是法律学习的普及性读物，主要为日常工作服务。这类工具书对于法律知识的普及和应用作用较大，符合普通百姓的需要。

（7）法律档案

法律档案文献保存了历史上各个时期不同文献载体留传下来的有关法律内容的第一手资料，它从一个侧面佐证了已知的历史上不同朝代法律资料的真实性和可靠性，它以最原始的面貌提供了最有力的证据。法律档案文献主要指甲骨、钟鼎、石刻、竹简、串书、写卷以及缩微、音像、电子光盘等载体上的法律知识的记载。

（8）法律资料汇编

法律资料汇编是有关律令、法规、条约及有关法律资料的辑录。这种汇集跨越时代，超越时空，为人们学习、运用古今法律、法规寻觅到一条便道。内容丰富，容量大是法律资料汇编的最大特色。法律资料汇编是近代由西方传入我国的一种文献编辑样式，它为我们收集整理法律文本、法律资料提供了一个重要方法和途径，为法律的推广应用开启了一扇方便之门。

6.3.3 法律文献信息检索

1. 法律文献检索实例

这里以我国惩治恐怖活动犯罪立法及其完善研究课题为例来说明法律文献信息检索方法。

（1）检索主题分析

该题不仅涉及法律的制定，还涉及现有法律的完善，要求了解立法的环境、背景及相关理论，以及现有相关法律、法规的知识，检索结果要求全面、完整。

检索词：恐怖活动、恐怖主义、反恐、法律、刑法、立法。

（2）选择检索工具

① 选择专业数据库检索现有法律、法规、司法解释等，如北大法意网的“法律资源”，北大法律信息网选择“法律法规”检索途径检索。

② 选择读秀、CNKI 及外文一些综合性数据库，如 EBSCO Host、Springer 等检索已有研究成果。

（3）制订检索策略

检索法律、法规，因可限定在法律、法规条文中检索，选用检索词时可用恐怖活动、恐怖主义、反恐的上位词“恐怖”进行检索，以提高检索效率。

利用读秀、CNKI 数据库查询该题已有研究成果，如使用 CNKI，选择法律库，利用高级检索通过主题、关键词等途径进行检索，检索式为：

主题 =（恐怖主义 OR 恐怖活动 OR 反恐）AND 主题 =（立法 OR 刑法 OR 法律）

（4）检索过程及结果

检查过程如图 6-4 ~ 6-5 所示。

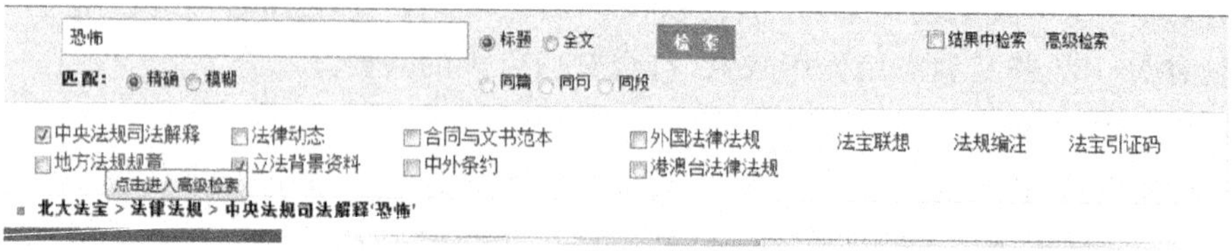

图 6-4　北大法律信息网检索示例

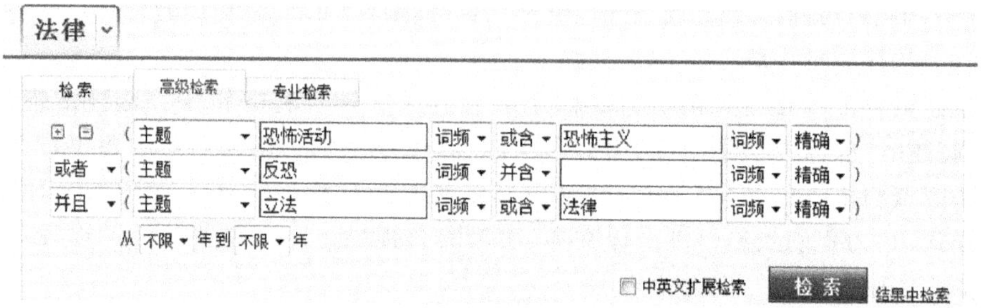

图 6-5　CNKI 法律库检索示例

部分检索结果：

[1] 高铭暄，陈冉. 全球化视野下我国惩治恐怖活动犯罪立法研究[J]. 法治研究，2013(6)：19－25.

[2] 孙章季. 中国打击恐怖活动犯罪的刑事立法完善[J]. 战略决策研究，2014(3)：73－84.

[3] 余凯. 恐怖主义犯罪的概念与我国立法现状研究[J]. 公民与法(法学版)，2014(3)：52－64.

[4] 黄风. 我国创建中的涉恐资产冻结制度[J]. 国家检察官学院学报，2014(4)：3－13.

[5] 全国人大常委会关于加强反恐怖工作有关问题的决定.

[6] 涉及恐怖活动资产冻结管理办法.

2. 法律类信息资源补充

(1) 法律图书馆(http://www.law－lib.com/)

法律图书馆是一个综合性的法律门户网站，内容丰富、资料全面，提供法律数据库、法学论文、裁判文书、律师黄页、法治动态、司法考试资料、图书信息、书刊目录、法律书摘、著者介绍、出版社介绍，以及法律相关网站导航资料。

(2) 法律界(http://www.mylegist.com)

法律界法律门户网站，每天不间断法律信息更新；设立了案例解析、维权联盟、文书范本、合同专家及法律法规等栏目，分别针对不同的法律问题提供解决方案；比较有特色的栏目有“法律百科”，该栏目汇集海量中英文法律词语解释，中英文的法律法规对照，其专业的法律英语翻译有利于学习法律英语和从事英文法务工作。

(3) 全球法律信息网(http://www.glin.gov/)

全球法律信息网(Global Legal Information Network,简称 GLIN)是由美国国会图书馆维护,免费向公众开放的法律、法规文本数据库,以及来自成员国家政府机构和国际组织提供的原文司法判决案例,及其他配套法律;同时每个文档都随附英文摘要,大部分可获取全文,可以实现高级检索,并支持中文。

(4) 中国证据法网(http://www.evidencelaw.net/)

中国证据法网由中国人民大学法学院证据学研究所、中国人民大学法学院证据学教研室、中国人民大学物证技术鉴定中心主办,网站设有学术研究、法学教育、鉴定实务等栏目。

(5) 中国法律资源网(http://www.lawbase.com.cn/)

中国法律资源网设有法律咨询、法律法规、法律案例、法律知识、法律在线咨询、法律案例分析等栏目。

(6) 中国政府网(http://www.gov.cn/)

中华人民共和国中央人民政府门户网站,是政府面向社会的窗口,是公众与政府互动的渠道,是国务院和国务院各部门,以及各省、自治区、直辖市人民政府在国际互联网上发布政府信息和提供在线服务的综合平台。现有国务院、新闻、专题、政策、服务、问政、数据、国情等 8 个栏目。其中,法律法规栏目(http://www.gov.cn/zhengce/zc_flfg.htm)包含现行法律、行政法规、部门规章等,可实现对人大法规库的检索和查询。

(7) 中华人民共和国最高人民法院(http://www.court.gov.cn/)

新版最高人民法院网设置了新闻、机构职责、权威发布、审判业务、法院建设、办事服务和公众互动等 7 大版块、60 余个栏目,其中权威发布包含司法解释、司法文件、司法数据、裁判文书等。

(8) 中华人民共和国最高人民检察院(http://www.spp.gov.cn/)

最高人民检察院网站(高检网)是中国最高检察机关的门户网站,是由最高人民检察院主办,检察日报社具体承办,围绕检察工作主题,打造的“最具代表性与权威性的政法门户网站”,有司法改革、检察技术、检务保障、高检公报、法律法规数据库、法律援助,以及行贿犯罪档案查询等栏目。

(9) 中华人民共和国国家知识产权局(http://www.sipo.gov.cn/)

国家知识产权局网站设有政务、服务、互动 3 个大板块,含有政策法规、专利代理管理、专利管理、专利查询与检索、专利工作统计、教育培训等内容,是了解和查询知识产权领域文献信息的重要渠道。

6.4 经济、管理信息检索

6.4.1 经济、管理类文献信息概述

经济学是研究商品和服务的生产、分配及消费规律的社会科学，包括经济学理论、经济史、经济地理、经济计划、各国经济概况、各部门经济及其分支学科。经济类文献是记录在各种载体上的经济信息与经济知识，它是人们对经济事物认识的结晶，反映了不同时代、不同地区的经济形态、发展水平及对经济活动的认识。经济文献与其他社会科学文献既有区别又有联系。在研究经济学时，除了学习经济文献外，也离不开对其他社科文献的学习和借鉴。与此同时，经济文献与其他学科文献之间既有区别又有联系。经济文献常反映一个时代的政治、经济和文化活动，反映了那个时代的政策、法规；其他社会科学文献也会从不同侧面记载相关的经济信息，因而经济文献信息内容非常丰富，范围极其广泛，形式复杂多样，正确掌握经济文献信息的内涵和外延，了解不同文献的性质和特征，有助于更好利用各类经济文献信息资源。

管理学是社会化大生产的产物，是系统研究管理活动基本规律、方法及其应用的科学。管理学是建立在自然科学和社会科学交叉点上的综合性交叉学科，涉及数学（概率论、统计学、运筹学等），社会科学（政治学、经济学、社会学、心理学、人类学、生理学、伦理学、哲学、法学），技术科学（计算机科学、工业技术等），新兴科学（系统论、信息科学、控制论、耗散结构论、协同论、突变论），以及领导学、决策科学、未来学、预测学、创造学、战略学、科学学等。由于管理科学的应用范围不断扩大，加之与其他学科的相互渗透、交叉，管理文献的范围也在不断扩大。

6.4.2 经济、管理类文献类型

1. 经济类文献

经济学主要有两方面内容：一是人们研究物质资料的生产、流通、分配和消费等经济关系和经济活动及其应用的理论知识；二是用于指导经济理论研究和各项经济活动的有关信息。作为记载经济学知识的文献，也主要依据学科内容分类。除了学科内容，还可从涉及范围及区域、年代来划分文献类型。

（1）从信息的内容性质上分

从内容论述主旨层面，经济类文献信息也有不同的分类，这里主要从如下角度划分为三大类。

① 理论性经济学文献信息

这部分文献包含对生产力和生产关系的论述，商品生产、交换与再生产理论，经

济规律与社会生产、社会分配，经济形态等的理论研究性文献信息，包含各种经济理论、学说、方法论等，如政治经济学、宏观经济学、微观经济学及各类专科经济学等。该类文献理论上有一定深度，是经济理论发展与研究的基础，多数以专著的形式出版。

理论性经济学文献从其论述的范围又可以分为3类，即综合性经济文献、专业性经济文献、边缘经济理论文献。

综合性经济文献，论述的问题不是针对某一分支学科，而是针对某一经济现象和经济问题的综合性论述。它是从大经济视角来分析研究有关经济问题。综合性经济文献许多论述与政治紧密结合，是研究经济学理论、经济现象、社会经济发展等方面工作的重要参考资料。

专业性经济文献内容主要是对经济学科的相关分支进行专门论述和研究，如会计学、财政学、税务学、统计学等各种专业学科进行研究、分析、论述的文献都属于专业性经济文献。专业性经济文献较为全面、深入涉及某一专业的分析研究，是研究经济学各专业学科的重要文献资料。

边缘经济理论文献主要是对一些非经济类专业中的经济问题研究讨论的文献。这类文献往往在某些问题的研究上有着交叉学科的应用，具有突破性的意义。内容一般以相关学科为主，兼论经济问题，反映着其他学科与经济学之间的联系和相互渗透。如“信息经济学”“教育经济学”“不确定性经济学”等。

② 应用性经济文献信息

应用性经济文献信息指各行各业进行经济活动产生的各种文献信息。此类文献信息是社会经济活动与实践的客观反映，包括金融信息、财务信息、商品信息、市场信息、企业信息以及与经济统计等相关的指标、数据，为了解、研究社会经济活动提供切实的、不可或缺的信息基础。受当前经济活动影响，此类文献信息产量较为丰富。

③ 经济史、经济思想史文献信息

经济史和经济思想史主要是对经济理论和经济思想的发展沿革及发展规律进行研究的学科，一般分为古代、近代、现当代3个部分。这类文献史料性强，与历史上的政治制度的变迁发展息息相关。

（2）从信息内容的涵盖范围分

① 世界经济文献信息

这部分经济文献信息主要是从全局角度来论述全球、大洲、多国之间经济活动的问题或信息。这部分文献包括世界经济和区域经济的信息，具有世界性的特点，无论是从一个专门的学科出发，还是综合性的论述，文献的内容往往从全球、全人类的经济活动角度提出和探讨问题。

② 各国经济文献信息

各国经济文献主要是反映某个具体国家的经济发展、经济建设、经济生产等问题。每个国家的经济发展，都具有世界性的共性特点，同时也具有各国的国情特点。

各国经济文献结合本国的实际较多，提出的问题和研究的内容也较繁多，其中许多观点比较新颖，而且具有各国的国情特点，如国民经济发展规划、国家经济方针政策、对外经济关系、国家经济统计、国家标准等。

③ 地方经济和部门经济文献信息

地方经济文献是指某一个国家内某个地区、某个省或某个县市的反映当地经济发展、经济建设及经济活动的文献。这类经济文献的一个突出特点就是更具体且结合各地的经济特点。该类信息常由地方机构组织整理并发布，是了解一个地区、一个省、一个城市的经济发展情况的文献资料。

部门或行业经济文献信息，主要指专门阐述相关经济部门或行业经济活动的文献。例如工业经济文献、农业经济文献、交通运输经济文献、行业经济分析、行业标准等。这类文献重点是阐述一个部门或行业的经济发展情况，同时也涉及与本部门相关的各类经济问题，所论述的内容密切结合本部门、本行业的经济工作特点。

④ 企业经济文献信息

企业经济文献信息主要指阐述有关企业经济活动产生的相关信息，包括企业的人事管理、生产服务、市场、财务、专利、标准等，是了解相关企业运行、经营状况等的重要资料。

（3）从历史年代上区分

① 古代经济文献信息

按照我国历史年代区分的惯例，古代经济文献是指自有文献记载以来到 1840 年鸦片战争之前的各种有关古代经济发展状况的文献资料。古代经济文献的另一个显著特点就是，有关经济方面的论述往往不是独立成篇，而是夹杂于政论之间和史论之中，有些专论经济的文献，往往也是从商贸谈及。

② 近代经济文献信息

近代经济文献主要指鸦片战争至五四运动前的近代经济文献资料。这部分文献数量比较少，但能够结合时代论述经济问题，对人们了解近代的经济状况、政治与经济的相互关系、经济对近代社会的影响等都是非常有益的。

③ 现当代经济文献信息

现当代经济文献可大致分为民国时期的经济文献和新中国成立以来的经济文献。这部分经济文献数量多，内容丰富，涉及面广泛。尤其是改革开放以来，更是出现了大量的经济文献，从各个方面对经济学科进行了深入而广泛的讨论。这一时期产生的大量经济文献是我国现存经济文献中最重要的一部分。

2. 管理类文献

管理学研究主要涉及 3 个重要领域：管理学基础理论与方法论、管理技术与方法和应用管理学。管理学类文献从内容上主要分为这三大类。当然管理类文献也可从研究对象及应用领域、发展阶段等进行划分。

（1）从研究内容划分

① 管理基础理论及方法论类文献：基础理论文献内容主要包括管理哲学、管理学方法论、管理学与其他学科关系、管理学学派及其研究、管理学史等。

② 管理技术与方法类文献：包括管理的预测、评价、优化等基本技术，也包括企业重建、战略制定、成本控制等基本方法，还包括管理信息系统、决策支持系统等基本手段。

③ 应用管理类文献：包括各种专门研究各类企业、工商业的管理内容的文献；事业单位管理文献主要指我国专门涉及科技、教育、文化、卫生、体育等事业单位的管理理论、方法、评价等内容的文献，以及国家与地方事务的管理、公共管理、公共政策为研究内容的文献。

（2）从研究对象划分

① 以企业、机构的活动，以及参与开展这些活动的人与组织为研究对象的管理学类文献；涉及机构的管理、行政、企划、市场销售、物资分配、生产、研究与发展、财会、人力资源、机构关系的理论、方法文献及专门管理文献，如营销管理、工业企业管理、人力资源管理、行政管理等。

② 以管理及管理活动的技术与组织方法为研究对象的管理学类文献：如管理科学、运筹学、统计学、管理数学、信息科学（管理信息系统）等。

③ 以直接影响企业与机构及其构成个体的环境因素为研究对象管理学类文献：如行为科学、系统理论等。

社会经济快速发展，经济学、管理学成为社会科学研究热点领域，经济学、管理学文献呈现出文献量大、出版分散、知识老化快的特点，这为经济、管理类文献的检索与利用带来了一定的挑战。

6.4.3 经济、管理类文献信息检索

1. 管理、经济类文献检索实例

这里以中国汽车行业发展分析课题为例来说明该类文献的检索方法。

（1）检索要求及主题分析

由于分析报告的目标主要是为满足决策参考所需的动态信息，要求检索的结果准确、新颖和权威。本题应收集和整理汽车行业的特点、发展趋势、市场、竞争者状况、价格等相关信息及相关研究文献。检索应该覆盖到目前主要经济信息、市场及行业信息、金融信息、企业发展信息以及相关企业动向、市场营销方面的统计及研究文献。检索的关键词，应该包含“汽车”“汽车行业”“汽车工业”“汽车市场”“生产”“销售”等词。如果搜索到的结果范围太广时，可以增加相关汽车企业名称或品牌关键词来缩小检索范围。

（2）选择检索工具

数据、信息收集：相关统计年鉴、CNKI 的中国经济与社会发展统计数据库、中经网产业数据库等。

文献参考：读秀、CNKI、EBSCO、百度数据研究中心等。

（3）制订检索策略

行业发展分析涉及数据、信息较多，研究者要从不同分析角度，以主题为中心，如本课题以“汽车行业”或“汽车产业”，为扩大查全率也可用上位词“汽车”，然后结合需求角度检索词，如“产量”“出口”等进行检索。相关参考文献可结合检索词“报告”或“分析”检索，检索外文数据库可用“China”加“Auto”检索。

检索式为

主题 = 汽车行业 and(报告 or 分析)

（4）检索过程及结果

检索过程如同 6-6 ~6-8 所示。

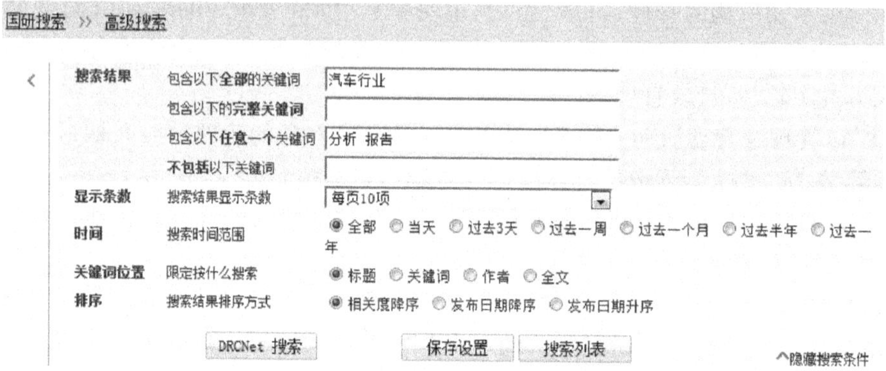

图 6-6 国研网高级检索示例

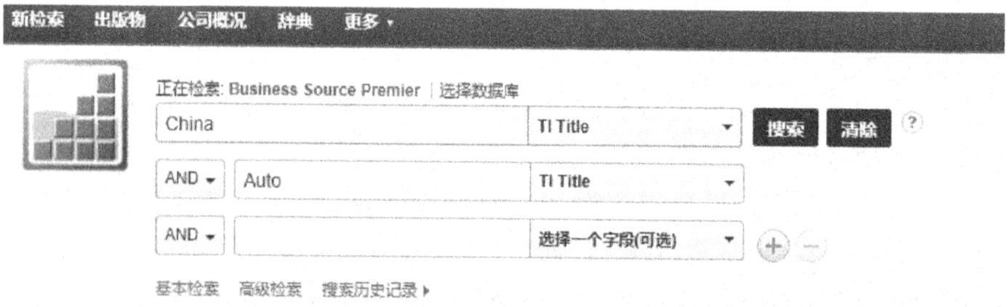

图 6-7 EBSCO 数据库商管财经类资源高级检索示例

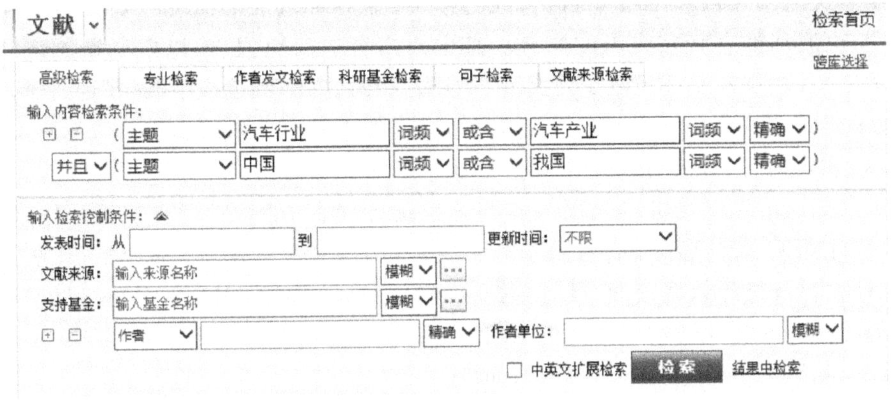

图 6-8　CNKI 高级检索示例

部分检索结果如下：

[1] 国研网行业研究部. 2011 年 4 季度汽车行业分析报告[R]. ……

[2] 国研网行业研究部. 2011 年 1 季度汽车行业发展环境分析[R]. ……

[3] China auto sales cool further. Investors Business Daily. 8/11/2014, pA02.

[4] 王连芬. 中国汽车产业竞争力研究[D]. 吉林大学, 2005.

[5] 张伟. 中国汽车产业市场结构与市场绩效研究[D]. 辽宁大学, 2013.

2. 经济、管理类信息资源补充

(1) 中国经济学教育科研网(http://www.cenet.org.cn/)

中国经济学教育科研网(简称 CENET)是大型经济学门户网站，拥有目前国内规模最大的经济学教学科研信息及经济学相关数据。其宗旨是为经济学教育科研工作者和经济学师生、政府官员、企事业单位相关工作人员及其他经济学相关人士提供一个经济学的网络平台，通过网络推动中国经济学的教学和研究发展。

资源数据库分经济数据库、图书教材、论文下载、讲义课件、软件下载、学术期刊等栏目，并按照经济学的学科体系进行详细分类。其中的经济学数据库包含全国年度统计数据、分地区年度统计数据、主要城市年度统计数据、行业进展统计数据、金融统计数据、世界经济统计数据等丰富内容。

(2) 中国统计科学研究网(http://www.nssc.stats.gov.cn/)

中国统计科学研究网由中国统计学会、中国统计学研究所主办；开展统计学基础理论、统计制度方法改革、数理统计与抽样技术等应用方面的研究；围绕社会经济中的重大问题，针对社会经济中的热点难点问题进行调查研究，开展宏观经济运行情况的监测和预警分析；负责统计学科研究的组织、指导、管理，定期发布研究课题指南，受理课题备案和结案审查，组织评选成果奖。

(3) 中国金融学术研究网(http://www.cfrn.com.cn/)

中国金融学术研究网由清华大学中国金融研究中心制作并维护，是中国金融研究和学术交流的非营利网络平台，旨在为学界、业界和政府的研究人员提供一个广泛发布、交流和推广研究成果的媒介。其主要内容有研究报告、以电子杂志形式发布学术论文，并收入 CFRN 电子论文库，供用户检索、在线阅读或下载，还通过学术交流、人才交流等栏目及时介绍金融领域学术、应用和政策各方面的信息。

（4）中国统计信息网（http://www.stats.gov.cn/）

中国统计信息网是中华人民共和国国家统计局官方网站，设有统计数据、统计工作、统计知识、统计服务、信息公开等主要栏目，含有统计法规、统计年报、统计科研、统计教育及统计数据查询；具有数据检索站内高级检索功能；同时还提供了各级统计部门及各国统计网站和政府机构网站等链接。

（5）和讯网（http://www.hexun.com/）

和讯网是中国一个财经门户网站，较为全方位提供财经资讯及全球金融市场行情，覆盖股票、基金、期货、股指期货、外汇、债券、保险、银行、黄金、理财、股吧、博客等财经综合信息。

（6）MBA 智库（http://www.mbalib.com/）

MBA 智库专注于经济管理领域，设有可检索的经济、管理、商业、培训、资讯、企业管理、管理咨询、广告营销、广告监测、市场数据、新闻监测、文档搜索、MBA 百科、管理百科、经管百科等栏目；同时提供管理、营销、金融、经济、财经网站的相关链接。

（7）世界经理人（http://www.icxo.com/）

世界经理人网站是世界经理人集团旗下专为企业家和经理人而设的商业门户，既为高端商务人士提供管理实务、营销策略、经理文库等工具型的文章文案，又能快速报道财经消息、企业动态、商业领袖等经过加工的商业资讯，特别是还设立了商业博客、管理社区、商务沙龙、电子名片等实用型的商务互动平台；另外，还专门为高端经理人设立了经理测评、猎头部落、经理黄页等个性化、专业化的人力资本服务平台。

（8）麦肯锡（http://www.mckinsey.com.cn/；http://www.mckinsey.com/（英文））

麦肯锡公司是一家全球性管理咨询公司，为企业和公共机构提供有关战略、组织、运营和技术方面的咨询，旨在帮助本土领先企业改善管理技能和提升全球竞争力，同时还积极参与中国公共政策咨询和公共事业建设。该网站还发布麦肯锡季刊、麦肯锡科学研究院的报告、评论，麦肯锡经济管理介绍及相关信息。

（9）普华永道（http://www.pwc.com）

普华永道为上市公司及私人企业提供审计、税务及咨询服务，网站特色是收录汽车、银行及资本市场、能源、公用事业及采矿、工程建筑、娱乐及媒体、金融服务、政府及公共服务、医疗保健、工业产品、电信、保险、医药、科技、运输与物流等行业的分析报告及相关出版物。

6.5 教育类文献信息检索

6.5.1 教育类文献信息概述

教育学是以教育相关的现象、问题为研究对象，探索解决教育活动产生、发展过程中遇到的现实问题，揭示一般教育规律的一门独立学科。教育学是在总结人类教育实践经验中逐步形成，并经过长期积累而发展起来的。教育活动广泛存在于人类社会生活中，其活动成果构成了教育类文献信息。教育类文献信息是指记载教育科学有关的信息、知识的载体，是人们从事教育活动、教育科学研究的成果。西汉时期成文的《学记》是我国最早专门论述教育问题的著作。

教育学文献信息不仅是教育活动的产物，也是教育科学研究、教育实践的基础。了解、掌握教育学已有成果，为教育科研与实践提供科学的论据和方法，有助于教育研究工作者继往开来，进一步发现问题、解决问题，确立科研立项的选题和研究方法。了解教育学已有文献信息，通过分析、扬弃，一方面能够时刻把握教育学研究的前沿动态，另一方面能够减少重复的不必要的研究，提高科学研究效率。随着教育和学习是终生历程理念的普及与实践，特别是社会信息化程度大幅提高，教育信息资源更为丰富，呈现出信息分布网络化、信息形式多样化、信息获取便捷化等特点，为教学和科研提供了极大的便利。特别是网络教育文献资源涉及层次、方面更为广泛，主要涉及内容包括培训资料、教学课件等。

6.5.2 教育类文献信息类型

1. 教育学文献信息类型

教育学类文献信息繁杂多样，既包括教、学的相关文献，又与其他学科文献有着千丝万缕的联系，一般从其涵盖内容上大致可作如下分类。

(1) 教育学理论

教育学理论包括教育理论及其职能研究，教育学史、教育思想史，教育哲学、教育科学研究方法论、教育科学研究方法、教育学派研究等。

(2) 专门教育学

专门教育学包括各类分支教育，如：德、智、体、美、劳，等；以及各级、各类教育等。

(3) 教育技术、教育心理研究

教育技术、教育心理研究包括教学理论、教育信息化、教育心理学等。

(4) 教育制度与管理

教育制度与管理包括教育制度、教学管理、教育事业等，如：教育名录、教育年鉴、调查报告等。

2. 教育资源类

一方面指为教学有效开展而提供的各种可被利用素材资源，通常包括教材、案例、影视、图片、课件等文献信息资源。有效地了解并获取相关资源，有助于提高教、学效率。另一方面指与教育相关的信息资源，包括教育机构信息、招生信息等。

6.5.3 教育类文献信息检索

1. 教育类文献检索实例

对教育资源类文献信息的获取，目标一般比较明确、具体，可直接通过网络搜索引擎查找相关信息内容，或直接输入相关网址，进入相关网站即可找到具体信息。例如，想了解 MOOC 学院是否开设教育相关的课程，可直接找到 MOOC 学院网址 http://mooc.guokr.com/，然后按照网页导航，找到课程分类然后浏览即可。

而对教育类相关专业文献的查找，要遵循文献检索的一般规律和要求。

这里以中外教育交流史研究课题为例来说明教育类文献信息的检索方法。

（1）检索要求及主题分析

此课题研究中国与中国以外的国家和地区之间教育交流历史，从经验或初步检索结果看，可供参考的具体文献可能是中国与具体国家或地区的教育交流，或教育作为子项的文化交流。因此检索词可定位“教育交流”“中外教育”“交流史”或者扩大查全率用“教育交流”的上位词“文化交流”，“交流史”的上位词“历史”，具体根据检索结果扩大或缩小检索范围。

（2）选择检索工具

中文检索工具可选择读秀、万方、CNKI 等，外文检索工具可选择 EBSCO、ProQuest、JSTOR 等。

（3）制订检索策略

结合检索工具的特点，兼顾查全率与查准率，充分发挥检索工具的功能，以提高检索效率。一般情况下，初步检索时充分利用检索工具“在结果中检索”功能，逐步提高查准率，并通过检索结果及时调整检索词保证查全率。

这里仍以高级检索或专业检索为例，编制检索式如下：

主题 =（教育交流 OR 中外教育）AND（交流史 OR 历史）

或主题 = ti:(Education) AND ti:(Exchange) AND abs:(China) History China

（4）检索过程及结果

检索过程如图 6-9 ~ 6-11 所示。

图 6-9　读秀专业检索示例

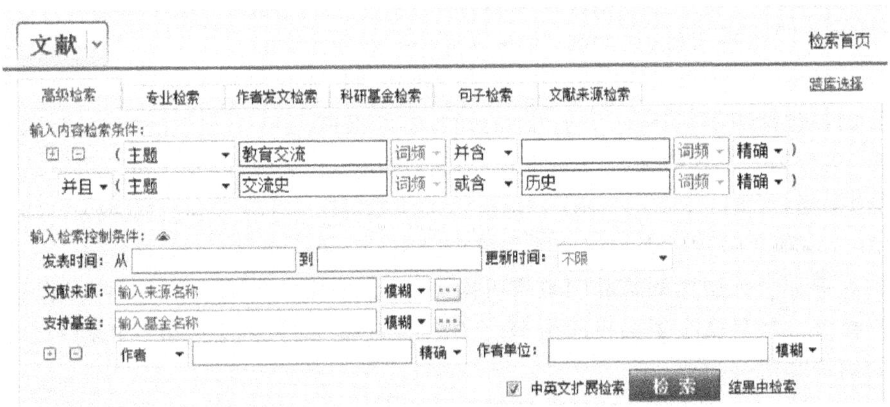

图 6-10　CNKI 文献高级检索示例

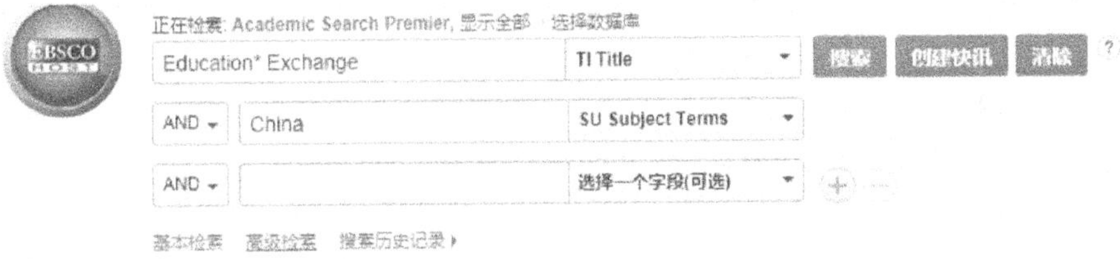

图 6-11　EBSCO 高级检索示例

部分检索结果如下：

[1] 卫道治. 中外教育交流史[M]. 长沙:湖南教育出版社,1998.

[2] 田正平. 中外教育交流史[M]. 广州:广东教育出版社,2004.

[3] 张士伟. 近代中法高等教育交流史研究[D]. 河北大学,2010.

[4] 齐平. 中非教育交流与合作的历史进程与发展研究(1949—2006)[D]. 浙江师范大学,2013.

[5] 包青春. 中日数学教育交流史研究(1978—2008)[D]. 内蒙古师范大学,2010.

[6] 刘红. 近30年中外教育交流史研究的回顾与展望[J]. 江汉论坛,2013(4):137－140.

[7] Long, K. U. S. －China Educational Exchange: State, Society, and Intercultural Relations, 1905—1950. Journal of American History, 2008, 95(3): 880－881.

2. 教育类信息资源补充

(1) 教育相关政府机构与组织网站

① 中华人民共和国教育部(http://www.moe.gov.cn/)

主要栏目包括政务之窗、服务大厅和互动平台。内容有教育相关政策法规,统计数据,学历、学位查询、认证,专家答疑等。

② 联合国教科文组织(http://www.unesco.org/new/zh)

通过教育、科学、文化、传播与信息,为不同文明、文化和民族之间开展对话创造条件。内容包括组织结构及活动,相关新闻、事件报道,200个国家的相关统计数据,涵盖自1945年以来教科文组织的所有主管领域编写的文件,以及大量可供下载的出版物、档案等。

③ 中国联合国教科文组织全国委员会(http://www.unesco.org.cn/)

由教育部牵头领导的跨部门政府机构,归口负责中国与联合国教科文组织之间的合作事务。教科文全委会目前由28个国务院职能部门、国家级公共机构和全国性非政府组织和机构组成。

④ 美国教育统计中心(NCES)(http://nces.ed.gov/)

是美国教育部教育研究与发展办公室所属的教育数据统计分析机构,定期发表反映美国教育发展现状与趋势的资料。其中包括了美国和其他国家的教育统计数据。

(2) 教育相关学会网站

① 中国高等教育改革与发展网(http://www.hie.edu.cn/)

由中华人民共和国教育部主管,中国高等教育学会主办。网站以“提供完善的信息服务、繁荣科学的高教研究、促进高教的改革发展”为宗旨,广泛联络全国各高校及高教科研机构,促进学校之间及学校与社会各界之间的信息交流。网站特色内容是成员单位有关高等教育的研究成果。

② 中国教育学会(http://www.cse.edu.cn/)

中国教育学会是全国性的群众学术团体,开展教育教学改革试验与学术交流活动,提供和组织教育评价与成果鉴定服务;特色栏目是教育学术出版物《中国教育学刊》《未来教育家》《中小学数学》等。

③ 中国教育教学研究学会(http://www.kcyj.org/)

中国教育教学研究学会是全国性的基础教育课程研究机构,业务上受国家基础教育课程研究中心领导。网站普及教育科学知识,介绍国内外教育科学研究动向、优秀成果和教育教学改革经验；组织教育科学研究成果和教育教学改革实验成果的鉴定与推广；组织教育评价活动，组织开展对外教育学术交流与合作。

④ 美国教育研究会(http://www.aera.net/)

美国教育研究会致力于推动知识教育，鼓励和资助有关教育学术探索，并推广应用研究，改善公共教育和服务，展示相关研究报告。

(3) 教育资源网站

① 高等教育数字图书馆(CALIS)(http://www.calis.edu.cn/)

该网站致力于中国高等教育文献保障研究与建设，整合高校丰富的文献资源和人力资源，建设以中国高等教育数字图书馆为核心的教育文献联合保障体系，实现信息资源共建、共知、共享，以发挥最大的社会效益和经济效益，为中国的高等教育服务。目前网站已是综合专业文献资源检索的门户网站。

② 中国教育与科研计算机网(http://www.edu.cn/)

该网站是中国最权威的教育门户网站，是了解中国教育的对内、对外窗口。网站提供关于中国教育、科研发展、教育信息化、CERNET 等新闻动态、最新政策，并提供教师招聘、高考信息、考研信息、教育资源、教育博客、教育黄页等全面多样的教育服务。

③ 中国基础教育网(http://www.cbe21.com/)

该网站由教育部基础教育课程教材发展中心与北京师范大学共同创建的，面向全国基础教育工作者、学生、家长的专业服务平台，是中国基础教育领域的综合性网站。中国基础教育网重点在基础教育改革发展、教育观念、素质教育方面的导向性，着重增强涵盖基础教育改革方方面面的导向性，坚持访问对象全面参与的网际开放性。现已完成语文、数学、物理、化学、英语、政治、生物、历史、地理、体育、艺术教育11 个学科频道和“教育新闻”“地区教育”“教坛之声”“教育用品”“教育社区”“博客”“原创”等主要栏目，建立了课程标准库、课程资源库、软件素材库、教研论文库等资源数据库。

④ 国家精品课程资源网(http://www.jingpinke.com)

该网站是由国家教育部主导推动的国家级精品课程集中展示平台；是全国高校依照“资源共建、成果共用、信息共通、效益共享”的原则合作建设，服务于全国广大高校教师和学生的课程资源交流、共享平台。国家精品课程资源网汇集了海量国内外优质教学资源，目前已形成国内覆盖学科、专业最完整，课程资源数量最大的教学资源库，并初步建成了适合各类优质教学资源存储、检索、运营的共享服务平台。

⑤ 中国教育统计网(http://www.stats.edu.cn/)

该网站对高等学校实验室信息、基础教育技术装备、全国教育基建进行了专项统计。网站提供统计公报、统计标准及统计软件下载，并关注教育统计动态。

⑥ 中国高等教育研究数据库(http://www.hedb.xmu.edu.cn/)

该网站由厦门大学教育研究院高等教育发展研究中心负责组织建立，是有关中国高等教育调查与统计资料的全国性数据库，数据库主要包括以院校为本位的资料

(institution-based data),如财政、人事编制、校园软硬件设备、课程及活动等;以学生为本位的资料(student-based data),包括家庭与父母的资料、学生意愿、态度、能力、学习状况、课程参与程度、身心状况、家庭环境、学习成果等;以教职员为本位的资料(faculty and administrative and support staff),如教课时数、薪资福利、研究成果、学校及学生相关的服务项目、论著及专业成长等。

⑦ MOOC 学院网(http://mooc.guokr.com/)

MOOC 学院网是中文互联网内最大的 MOOC 学习社区,由北京果壳互动科技传媒有限公司创立。用户可以通过大家的评分和笔记来筛选最需要的优质课程,还可以加入围绕课程设立的学习小组,用中文讨论学习问题。网站通过组织翻译国外课程协助 MOOC 中文用户跨越语言障碍,通过"社会化学习"提升 MOOC 中文用户的学习质量。

⑧ MOOC 中国(http://www.mooc.cn/)

该网站是国内专业的慕课公开课在线教育类新媒体,其目标是搭建一个大规模在线课程分享平台。

⑨ Coursera(https://www.coursera.org/)

该网站是免费大型公开在线课程项目,由美国斯坦福大学两名计算机科学教授吴恩达(Andrew Ng)和达芙妮·科勒(Daphne Koller)创办,旨在同世界顶尖大学合作,在线提供免费的网络公开课程。Coursera 的首批合作院校包括斯坦福大学、密歇根大学、普林斯顿大学、宾夕法尼亚大学等美国名校,目前课程约有 180 门。

以上只是列举一些代表性的教育资源网站,大量各具特色教育类资源网站或综合性开放存取(OA)资源网站,有待读者根据需要、借助搜索引擎检索或以上门户网站上的链接去访问、发掘。

练习与思考

1. 简述社科文献专题信息检索的基本步骤。
2. 简述接到一个课题如何检索相关文献。
3. 在实际检索过程中,根据检索结果思考一下怎样扩大或缩小检索范围?
4. 查找本学科的专业网站,浏览相关最新学术动态及学科发展信息。
5. 哲学类文献信息检索的检索主题词应当如何限定?
6. 法学文献根据内容可分为哪些类型?
7. 经济、管理类文献信息检索应选择何种社科文献信息数据库?

参考文献

[1] 村濑裕也,李雪梅,孙晶. 哲学的课题和表现形态[J]. 哲学研究,1999(01):11-16.

[2] 维基百科. http://zh.wikipedia.org/wiki/

[3] 徐昌明. 哲学文献检索与利用[M]. 成都:四川大学出版社,1990.

[4] 卫忠海,罗庆华. 哲学文献检索方法[M]. 西安:陕西人民出版社,1991.

[5] 蒋永新. 人文社会科学信息检索教程[M]. 第3版. 上海:上海大学出版社,2007.

[6] 夏南强. 人文社会科学信息检索[M]. 北京:清华大学出版社,2012.

[7] 詹华清. 人文社会科学信息检索教程[M]. 上海:上海大学出版社,2012.

[8] 王胜利,袁锡宏. 经济信息检索与利用[M]. 北京:海洋出版社,2008.

[9] 黎文. 经济管理文献与信息检索[M]. 广州:华南理工大学出版社,2008.

[10] 葛怀东. 文献检索与利用人文社科[M]. 上海:上海交通大学出版社,2010.

[11] 金白杨. 文献检索课中"研究性学习"与"接受性学习"的整合[J],图书馆杂志,2007(2):65-75.

[12] 颜瑜,杨海鸥. 文献检索课在网络时代的改革[J]. 图书馆理论与实践,2005(2):93-95.

[13] 胡自玲,韦岳璋,欧云. 论信息社会中文献检索课的作用[J]. 玉林师范学院学报,2004(2):137-140.

[14] 李东业. 经济文献检索课程建设构想[J]. 贵州大学学报(社会科学版),2003(4):135-137.

[15] 龚国伟. 分析检索课题的方法与技巧研究[J]. 图书馆工作与研究,2006(4):49-50.

[16] 张晨. 浅议检索策略的制定与实施[J]. 西昌学院学报(自然科学版),2014(1):154-156.

[17] 沙振江,张晓阳. 人文社科信息检索与利用教程[M]. 镇江:江苏大学出版社,2007.

[18] 肖学斌. 检索策略的质量评价方法[J]. 现代情报,2006(10):153-157.

[19] 王桂玲. 网络信息资源检索策略和技巧[J]. 现代情报,2005(6):62-139.

[20] 罗山. 基于互联网的海量信息检索系统检索策略模式研究[J]. 情报理论与实践,2010(2):97-101.

[21] 华薇娜. 网络信息检索策略的设计与实施的探讨——基于网络数据库信息检索各环节的实例分析[J]. 图书馆论坛,2008(6):111-178.

[22] 王莹莹. 借助公开搜索服务实现的学术文献检索策略[D]. 吉林大学,2009.

[23] 鄢百其. 信息检索策略优化分析[J]. 武汉科技大学学报(社会科学版),2011(2):237-248.

第7章

社会科学信息的搜集、整理与利用

学习目标

⊙了解信息资源的搜集原则、方法和获取途径，信息资源的鉴别和筛选，信息的分析与研究，熟练使用文献管理软件 NoteFirst，了解 EndNote Web 的使用方法；

⊙掌握科研课题的选题原则、方法，学位论文的写作方法，参考文献引用规范，学会向核心期刊投稿；

⊙了解学术失范的危害，弘扬学术道德。

开篇案例

车洪才与《普什图语汉语词典》

《人物》杂志 2014 年第 2 期刊登了王天挺的一篇文章:《国家任务》，讲述中国传媒大学特聘教授车洪才花了 36 年，只为完成一项被遗忘的“国家任务”——编写《普什图语汉语词典》①。其后，又有多家媒体包括央视也报道了车洪才的事迹。车洪才，1936 年生，黑龙江海伦人，中国传媒大学教授。1959 年，被选派去阿富汗学习普什图语。1975 年，国务院召开全国辞书工作会议，规划编辑出版 160 种中外语文词典，其中包括《普什图语汉语词典》。1978 年，受命的商务印书馆将编写《普什图语汉语词典》的任务委托给当时正在北京广播学院外语系工作的车洪才。车洪才毫不犹豫地接受了，和他的学生宋强民一起，在没有任何经费的情况下，以一本俄普词典为蓝本，用一台借来的普什图语打字机和从印刷厂找来的下脚料，开始了国内第一

① 王天挺，天宇(摄影). 国家任务[J]. 人物，2014(2):108－112.

本普什图语汉语词典的编写工作。由于俄语翻译导致不少词汇意思发生变化，为了让释义尽可能准确，车洪才又找来普什图语原文、普什图语波斯语、波斯语英语等多种版本的词典互校。到1981年，他们已经积攒了10万张卡片，编纂工作完成了70%。这时，车洪才被借调为新设的专业开展全国调研，编纂工作被迫中断。1984年，又奉命筹办全国广播电视系统函授教育。待函授教育走上正轨后，1989年，车洪才又被外交部借调，先后派驻巴基斯坦、阿富汗大使馆。2000年，已到退休年龄的他又被学校返聘，培养普什图语本科生。编写词典的工作只能断断续续。为了录入电脑，在没有普什图语软件的情况下，只能先输入中文；打印后，再用打字机把普什图语补上去。后来，有了波斯语软件，但波斯语比普什图语少8个字母。他就先用波斯语打，再补上缺失的部分。这样一次次倒手，直至2003年普什图语软件问世。2008年，已经72岁的车洪才终于不再教书，他才叫上张敏一起继续进行普汉词典的编写（宋强民已于2000年去世）。2012年，普汉词典初稿终于完成，然而当他带着打印材料去商务印书馆时，却没有人能想起来这是一项"国家任务"，后来经过查询档案才确定。据悉，这部有着5.2万个词条，200多万字的《普什图语汉语词典》将在2014年年底由商务印书馆出版①。

《法制周报》特约评论员耿银平评论道：这是一个"沉重的人生承诺，庄严的研究目标，广阔的科研胸怀"，是一种"源自精神体系、信仰内部的力量"，也是"最有穿透力的力量，支撑他坚持36年而从未衰竭"。当下，在"SCI崇拜"满天飞，论文抄袭、科研成果造假屡见不鲜的时代背景下，所谓的"高大上科研"已经蜕变成了"敲门砖科研"，研究目的就是为了赚钱、评职称等个人功利，再就是为了谋求更多的科研基金、装扮学术门楣、粉饰学术泡沫等，甚至恶意套取国家科研基金。因为动机不够纯粹，精神力量不够厚重，境界不够高远，科研人士"怎能取得骄傲的科研成果，怎么能有凛然不凡的国家信仰、不懈不怠的科研使命感呢？"②多学学车洪才教授的科研精神、国家情怀吧！

7.1 社会科学信息的搜集、整理与分析

信息搜集是有针对性地对海量的信息进行筛选的过程。社会科学研究是在获取、占有信息的基础上进行的，信息搜集工作是其中必不可少的重要环节。

按照科学研究的进程，信息的搜集可以分成调研准备与重点深化两个阶段。调研准备阶段主要针对特定问题，进行有目的的信息调研，搜集相关研究成果。重点深化阶段主要根据问题研究进程中出现的理论和研究方法方面的难点，有针对性地

① 李雪. 车洪才36年编词典只为一个承诺[J]. 环球人物，2014(14)：76－77.

② 耿银平. 科研学者的国家情怀[N]. 法制周报. 2014－04－10(002).

搜集有关的信息。

7.1.1 社会科学信息的搜集与获取

1. 社会科学信息的搜集原则

为了完整、准确、高效地搜集信息，使搜集工作做到位，应当遵循一定的原则。

（1）目的性原则

我们面对的信息资源是庞大、冗杂的，并且是不断膨胀、增长的。搜集工作如果漫无边际、盲目进行，就会被大量的信息所牵绊和淹没，最终只能是事倍功半。所以搜集工作应是目的明确，有所偏重的。为此，在实际开展搜集工作之前，首先必须理清信息需求的思路，明确主要需要解决哪些问题，重点何在，对时间、地域有哪些限制，需要何种载体的信息等。这样，搜集工作就有了明确的指向，有了取舍的尺度，也就不会为客观信息所左右。

（2）关联性原则

不少信息之间往往有着复杂的、各种各样的内在联系。围绕相关课题搜集信息，同时需要注意避免教条化、绝对化、简单化倾向，对信息要作具体分析，分清哪些与学习和研究工作直接相关，哪些部分相关，哪些与学习和研究对象相近似等。这样可以使搜集的信息相对完整，能够满足实际需要。

（3）可靠性原则

原始信息产生以后，由于加工者的选取角度、认识水平及对信息本质认识程度的不同，经过加工的信息会与原始信息产生一定的误差，这种误差的大小会对信息的真实可靠程度产生决定性的影响。还有一种情况是信息产生的背景情况复杂，信息所显示的恰恰与真实事物的状况相反，是一种虚假信息。为了保证信息服务的质量，必须对所搜集的信息进行鉴别，以保证信息的真实可靠。这一原则就是信息搜集中的可靠性原则。① 一般说来，由信息源直接产生的原始信息可靠性较高，而在流通过程中看到的信息则可能会有较多的误差成分。

（4）灵活性原则

由于信息资源的形式、载体形态各式各样，所以，要想使信息搜集到位，满足需要，就不能局限于某种检索途径、手段和载体形态，必须灵活地运用多种手段和工具，搜集符合自己需要的各种载体形态的信息；既包括搜集印刷型，也包括电子型等；既可以亲临图书馆手工翻检，也可在网上信手点击。如此多管齐下，游刃有余地进行搜集，必定能网罗到最实用的信息。

（5）经济性原则

信息资源作为商品被生产或利用，要耗费一定的人力、物力、财力。这种投入或

① 关学智. 信息搜集原则浅述[J]. 辽宁经济管理干部学院学报，2000(1)：36－37.

消耗，是信息生产和管理过程产生的费用。信息搜集是信息管理过程的一部分，自然存在经济费用的问题。经济性原则就是要求在信息搜集的过程中，尽可能少地减少经费投入，并使搜集的信息具有最优效果。

2. 社会科学信息的搜集渠道

信息搜集有许多渠道，各种渠道有不同的作用。归纳起来，社会科学信息搜集的渠道可以分为正式渠道和非正式渠道两种。①

（1）正式渠道

通过正式渠道搜集信息，即指从信息源中搜集信息。这是搜集信息的主要途径。

通过正式渠道搜集信息，往往首先通过三次文献，如百科全书、年鉴、手册、指南、名人录等，弄清课题涉及概念的内涵，明确检索范围、目的等。其次，根据所研究的特定问题，通过目录、题录、文摘、索引等检索工具全面了解相关文献的信息。在此基础上，利用检索工具查得的线索，直接查找各种类型的原始文献，如图书、期刊、学位论文、会议文献和报纸等。

（2）非正式渠道

通过非正式渠道搜集信息，指通过非主要信息源搜集信息。这是搜集信息的辅助手段和途径，是对正式搜集渠道的补充。

非正式搜集渠道很宽泛，形式灵活。利用参加各类学术会议、参观展览会、实地调查研究、对话交流、信函来往等方式，均可获取到与课题相关的口头信息、实物信息和数据。有些可能还是通过主要信息源难以搜集到的有价值的信息。但要注意这种搜集方式易产生信息失真等。所以在使用非正式渠道搜集来的信息时应注意尽量查核其来源的可靠性，以确保其真实性。

3. 社会科学信息的搜集方法

社会科学信息的搜集方法主要有以下几种：

（1）信息检索方法

简单地说就是利用手工检索工具和计算机检索系统，查找已公开发布的信息。这是一种省力省时且能获得较为系统完整的信息资料的方法。通过对研究课题涉及的学科范围、主题词、机构人物、文献类型、语种、出版年代、地域、时代背景的分析，选择对口的检索工具、检索系统和参考工具书，查找与研究课题内容相关的文献信息，再通过查得的信息线索去获取原始资料；或者直接检索有关全文数据库获得相关的文献资料。检索时注意扩充符合新思路的有关新信息、新文献，调整信息搜集的重点、范围等，以便更好地为课题研究和学习服务。要善于利用追溯法，充分利用参考文献的信息功能，通过文后参考文献追踪查找、补充与课题相关的重要文献和信息。

---

① 沙振江，张晓阳. 人文社科信息检索与利用教程[M]. 镇江：江苏大学出版社，2007.

(2) 调查法

调查法一般分为普查和抽样调查两大类。① 普查是调查有限总体中每个个体的有关指标值。抽样调查是按照一定的科学原理和方法,对从事物的总体中抽取部分称为样本(Sample)的个体进行调查,用所得到的调查数据推断总体。抽样调查的关键是样本抽样方法、样本量大小的确定等。样本抽样方法,决定样本集合的选择方式,直接影响信息收集的质量。抽样方法一般分为非随机抽样、随机抽样和综合抽样。对于样本的调查,若是涉及人,则主要采用两种调查方式:访问调查法和问卷调查法。

① 访问调查法。访问调查法又叫采访法,是通过收集访问对象信息,与之直接交谈而获得有关信息的方法。它又分为座谈采访、会议采访及电话采访和信函采访等方式。采访需做好充分准备,认真选择调查对象,了解调查对象,收集有关业务资料和相关背景资料。采用访问调查时,受访问者要具有代表性,采访者的语言交际素质要高。

② 问卷调查法。这是一种包含统计调查和定量分析的信息收集方法。这种方法主要考虑的问题是:所收集信息的内容范围和数量,所选定的调查对象的代表性和数量,问卷的精心设计,问卷的回收率控制等。问卷调查法具有调查面广、费用低的特点,但对调查对象无法控制,问卷有效回收率难以保证,受访者的态度对该调查方法的实际效果具有决定性影响。

③ 观察法。该方法通过开会,深入现场,参加生产和经营,实地采样,进行现场观察并准确记录(包括测绘、录音、录像、拍照、笔录等)调研情况等收集信息。观察内容主要包括两个方面:一是对人的行为的观察;二是对客观事物的观察。观察法应用很广泛,常和询问法、收集实物结合使用,以提高所收集信息的可靠性。

4. 社会科学信息的获取

用户对检索到的文献线索经过研究和筛选,若确认所得线索有一定参考价值,就需要进一步了解并详细查阅原始文献资料。社会科学信息的获取方法主要有以下几种:

(1) 查找纸本文献

纸本文献即传统的印刷版文献,图书馆是传统纸质文献的收集和保存之地,包含丰富的历年纸本期刊、图书、会议录、学位论文、专利、报告以及标准、年鉴、手册、图谱、百科全书等。用户掌握文献线索后,可就近在图书馆进行馆藏查询,借助图书馆联机馆藏目录查询系统,用书名、刊名等出版物名称检索,继而借阅或复印。

对于无法就近获取的纸本文献,可以借助馆际互借系统。所谓馆际互借,是图书馆之间根据事前订立并保证共同遵守的互借规则,相互利用对方藏书,以满足读

---

① 韩卫民,杨莹. 信息收集的方法及注意事项[J]. 河南科技:上半月,2011(6):25-26.

者需要的一种服务方式。它只能满足读者的特殊需要，不解决一般读者的阅读要求。表面上看这是馆与馆之间相互借书，实际上是一个馆代替它的读者向另一馆借书。它是馆际之间合作的一种形式，可以弥补各自馆藏资源不足，是图书流通工作的深入与扩展，也是图书文献资源共享的一种传统方式。国内著名的馆际互借系统有 CALIS（中国高等教育文献保障系统，http://opac.calis.edu.cn/opac/simpleSearch.do），其联合目录提供全国 1000 余所高校的图书馆目录查询，可检索的书目记录有 6051507 条。读者检索到所需要的图书和馆藏信息之后，再通过 CALIS 的馆际互借系统办理，是高效获得纸本文献的捷径。

此外，国家图书馆（http://www.nlc.gov.cn/）是国家总书库和国家书目中心，截至 2007 年底，馆藏文献已达 2631 万册（件），并以每年 60 万册～70 万册的数目迅速增长，其馆藏文献数量居世界第五位。读者也可利用国家图书馆联机公共目录查询系统检索书目，并通过其馆际互借与文献传递系统（http://202.96.31.83/gateway/index.jsf）获取全文文献。

（2）利用全文数据库

全文数据库是近年发展较快的一类信息资源，如 CNKI 中文期刊全文数据库、维普中文科技期刊全文数据库、万方数字化期刊等，它们共包含上万种中文期刊全文。外文期刊全文数据库如 Elsevier ScienceDirect、EBSCO、SpringerLink、Wiley 等，囊括了国外知名出版商出版发行的数千种电子期刊论文全文。电子图书还可在超星、方正中检索。另外还有专门的学位论文、会议论文等类型的全文数据库。它们是获得全文的最便捷工具，只要用户所在的工作或学习单位已订购，就能够很方便使用；有些全文数据库也向个人用户提供服务，如出售用户卡等。

（3）搜索网上免费资源

除了收费的网络全文数据库外，在 Internet 网上还存在大量免费的全文文献，其中不乏高水平学术论文，许多个人或团体自愿将自己拥有的各种学术论文在网上发布，供网民免费浏览使用。这些成果很多得益于开放获取运动的发展。所谓开放获取（Open Access），是指用户把经过同行评议的学术论文放到互联网上，任何人都可以免费下载使用，方便学术成果的快速传播。

著名的开放获取资源有：

DOAJ（Directory of Open Access Journals，http://doaj.org），由瑞典 Lund University 建立，目前收录期刊 9959 种，文章 1706534 篇，覆盖 134 个国家和地区。

SSRN（Social Science Research Network，http://www.ssrn.com/en/），社会科学研究网络，成立于 1994 年，是一个拥有 258800 位作者和 1700000 位用户的协同组织，致力于社会科学在世界范围的广泛传播，其电子图书馆（SSRN eLibrary）包括 557500 篇文摘，其中全文 460300 篇。

国内的开放获取网站 Socolar（http://www.socolar.com/），由中国教育图书进出口公司主办，收录 OA 期刊 11739 种，OA 仓储 1048 个，文章总计 23894558 篇，涵盖自然科学和社会科学，如艺术建筑、商业经济、政治法律、历史考古、语言文学等学科。

另外，搜索学术论文全文还可以通过一些专门从事学术信息收集的搜索引擎，如谷歌学术搜索（http://scholar.google.com）、雅虎搜索（https://www.yahoo.com/）、百度学术（http://xueshu.baidu.com/）等。

（4）图书馆原文传递服务

如果以上获取全文的方法都没有奏效，那么还可以通过图书馆的原文传递服务获取。原文传递也称文献传递，是将文献机构缺藏而其用户又需要的原始文献通过其他的途径获取并提供给用户的一种服务。具体来说，是对用户特定的已知的文献需求，由文献服务机构以适当的方式在一定的时间内将用户需要的文献或替代品以有效的方式和合理的费用传递给用户的一种服务。它从馆际互借发展而来，满足了用户个性化文献信息需求，提高了文献资源利用效率，是促进资源共享的重要服务方式。

与馆际互借相比，文献传递不提供原件，只提供复制件的文献，它是一种非返还式的馆际互借，是馆际互借的延伸，具有返还式馆际互借难以比拟的优点，是资源占有量较少的信息机构获得文献的重要途径之一。目前，国内大部分高校图书馆都为用户提供这一服务，用户只需将文献的篇名、作者、出处等必要的信息提供给本单位图书馆的相关部门即可。

国内原文传递系统主要有 CASHL（China Academic Humanities and Social Sciences Library，中国高校人文社会科学文献中心，http://www.cashl.edu.cn/portal/），由教育部统一领导，为高校哲学社会科学教学和研究建设的文献保障服务体系，是全国唯一的人文社会科学文献收藏和服务中心，其最终目标是成为“国家哲学社会科学资源平台”。读者注册后可通过本馆原文传递服务或自行要求传递文献。

CALIS 的 e 得文献获取（http://www.yide.calis.edu.cn/index.jsp? linkid=1），既可以借阅纸本文献，也可以传递电子文献。e 得（易得）是为读者提供“一个账号、全国获取”“可查可得、一查即得”一站式服务的原文文献获取门户，集成了电子原文下载、文献传递、馆际借书、单篇订购、电子书租借等多种原文获取服务。结合专业馆员提供的代查代检，可在 CALIS 各类检索工具覆盖的文献资源之外，帮助读者在全国乃至全世界范围查找并索取中外文的图书、期刊、学位论文、会议论文、专利标准等类型的电子或纸本资源全文。

国家科技图书文献中心（National Science Technology Library，简称 NSTL）的文献检索和原文传递系统，面向互联网为个人、集体用户提供期刊、会议、学位论文、科技报告、标准、专利等全文文献的检索与网络传递服务。

（5）从著者获取原文

如果通过以上方法都不能获得全文，那么直接向论文的著者索取全文也是一种有效的方法。目前，给国外的论文著者写信索取论文复制件已是国际上通行的学术交流方式。据统计，全世界每年向著者索取抽印本达数百万件。索取抽印本要在论文发表后较短时间内进行，函索时，附上一些有价值的文献作为个人赠送或单位赠送也不失为一种礼貌而有效的方法。

7.1.2 社会科学信息的鉴别与筛选

1. 信息的鉴别

在信息收集阶段,人们一般是尽其所能,追求信息收集的全面、广泛和完整。但由于在收集过程中,不可能及时进行很细致、周全的分析,难免其中夹杂许多与所研究课题无实质性关联的假性信息。所以在收集工作告一段落后,一个十分重要的任务就是对收集到的信息进行鉴别,以保证研究工作不受无用信息的干扰。

对收集到的信息应按照可靠性、先进性、适用性和新颖性的要求,进行质量高低和有用程度的判断。剔除信息质量低劣、内容不可靠、不符合需要及重复的资料。

(1) 可靠性鉴别

信息的可靠性主要指所收集信息的真实性和准确性。真实和准确的信息是有效利用信息的基础。反之,虚假和错误的信息将使人们利用信息的努力落入歧途,产生事与愿违的后果。因此,判断信息是否可靠,是信息鉴别工作的第一步,也是前提性条件。

信息的可靠性鉴别,通常可以从信息的内容和外部形式两个方面进行考察。

从内容角度考察,主要看文章的逻辑推理是否严谨;提供的各类调查和实验数据是否正确,与其他文献提供的同类数据是否一致;所持的观点和结论是否有充分的理论和实践依据。一般说来,立论科学、论据充分、数据准确、内容达到一定深度的文献,可靠性较高,参考价值较大。

从外部形式考察,主要从文献的作者、出版单位、来源、类型等方面做出判断。一般来说,在本领域有影响的出版机构出版的文献、核心期刊发表的文献、知名作者发表的文献、官方机构提供的资料数据及被引用文献可靠性相对较高。

(2) 新颖性鉴别

信息的新颖性主要指信息的创新属性。信息是否具有新颖性,也可以从信息的内容和形式两方面加以判断。

从内容的角度判断新颖性,主要看所收集的信息是否在原有知识的基础上提出了新的理论、假说、观点和方法,在原有技术方法的基础上是否提出了新的方案、思路和措施,原有的理论和方法是否在新的领域中得到了应用并取得了突破。

形式方面,主要从信息的来源、发表的时间、产生的社会影响等方面做出鉴别。刊登在国内外核心期刊上的文献信息、社会评价高的文献信息往往新颖性较高。是否得到科研基金资助也是考察信息新颖性的一个标准,一般来说受各级各类科研基金资助的研究成果信息具有一定的先进性。

(3) 适用性鉴别

信息的适用性是指信息适合用户需要的程度与范围。

从适合的程度进行考察，主要看文献信息所反映出来的理论和技术方法是否适合相关课题研究的需要。进一步考量，要看其是适合近期研究的要求，还是更加符合远期研究的需要。与近期研究的需要吻合的文献信息，适用性程度往往更高。

从适用范围考察，就是根据课题研究的目的、要求等，来判断所收集、整理的信息资料适用于课题研究的局部还是整体，适用于课题研究的某一个阶段还是整个研究过程，以使它们能在最恰当的时间和地方，发挥应有的参考价值。

鉴别信息的适用性，要考虑多方面的因素。不能采取简单做法，必须具体情况具体分析，综合各种因素，根据研究课题的需要进行判断。

2. 信息的筛选

（1）前沿性选择

与研究课题有关的信息很多，时间跨度也可能很长，由远到近或是由近到远地掌握课题信息，对于整个课题研究过程是十分必要的。但由于时间点最近的信息直接关系到课题研究的走向，所以，在选择信息时，应对最新的信息给予高度的重视。同时要瞄准课题研究的前沿信息，以牢牢把握住研究工作的主动权。

（2）佐证性选择

在研究工作中，引用相关文献证明研究者所提出的观点，是常见的必不可少的重要手段，是研究思路具有科学、缜密的逻辑性的重要体现。这就需要我们注意把那些能够对自己提出的某种见地形成有力注脚和支撑的信息挑选出来。在选择佐证性信息时，要注重所用信息的权威性，这样可大大增强说服力。权威性主要指来自于权威机构、权威学者的研究成果。

（3）紧密性选择

如前所述，与课题有关的信息众多，关联程度也各不相同。对收集到的信息，在进行整理的同时，可按与课题内在联系的紧密程度，做出层级划分，将与所研究的课题关联度最紧密的信息置于优先考虑采用的范围，依此类推。这样，一方面可以使研究者在利用信息时能够胸有成竹，信手拈来，把握轻重缓急；另一方面，可以充分发挥相关信息在课题研究中的不同作用。

7.1.3 社会科学信息的分析与研究

1. 信息分析

信息分析就是根据特定课题的需要，对被检索的大量文献信息资料和其他多种有关的信息进行研究，通过分析、对比、综合、推理等逻辑思维过程和必要的数学处理，形成满足需要的新信息的过程。信息分析研究是一项综合性很强的科学工作。它的内容既有自然科学，又有社会科学，并和决策学、预测学、科学学、管理学、系统工程等边缘科学互相联系与交叉。

信息分析的方法主要有定性分析方法、定量分析方法、定性与定量结合的方法

3 种。

(1) 定性分析方法

定性分析方法是指获得关于研究对象的质的规定性方法，包括定性的比较、分类、类比、分析、综合、归纳和演绎等方法。常用的定性分析方法有综合法、对比法、相关关系法和因果法。① 综合法。它把与研究对象有关的情况、数据、素材进行归纳与综合，把事物的各个部分、各个方面和各种因素联系起来综合考虑，从错综复杂的现象中，探索它们之间的相互关系，以达到从整体的角度通观事物发展的全貌和全过程，获得新的知识、新的结论。② 对比法。它是指根据两种以上同类事物各自的相关信息来辨别它们的异同或优劣的方法。③ 相关关系法。事物之间或者事物内部各个组成部分之间经常存在着某种关系，例如现象与本质、原因与结果、目标与途径、事物与条件等关系，通过分析这些关系，可以从一种或几种已知的事物来判断未知的事物。④ 因果法。它是指根据事物之间固有的因果关系，利用已有的信息，由原因推导出结果或由结果探究其原因的方法。

(2) 定量分析方法

定量分析方法是指运用数学方法对研究对象的本质特征进行量化描述与分析的方法。常用的定量分析方法有：① 文献计量法。这是用定量化方法对文献特征进行分析处理的现代科学方法，采用了情报学与数学、统计学相结合的研究手段。通过采集和处理数据，深刻、准确地观察和描述各种现象及规律。② 插值法。包括内插法和外推法。这是一种研究由已知数据构成的特定函数的变化规律，在其变化过程的内涵上(内插)或变化过程的外延上(外推)，取某函数近似值以代替无法求得的实际数据的方法。③ 回归法。通过处理已知数据来探寻这些数据的变化规律，并以此建立相应的回归方程式，再根据该方程式来预测发展的一种数理统计方法。回归法具体可分为一元、二元和多元线性及非线性回归法等。④ 预测分析法。它是以概率论为其主要理论基础、对客观世界大量的随机事件进行探索的一种方法。

(3) 定性与定量相结合的分析方法

定性分析是定量分析的基础和前提，定量分析则是定性分析的精确和具体化。两者存在对立统一的关系，在实际工作中，定性分析的终点常常是定量分析的起点。定性分析与定量分析方法的结合，使得信息分析更加符合实际需要，得出的结论更加准确和可靠。例如层次分析法，由于充分运用人的判断能力，将定性分析和定量分析有机地结合起来，因此，在社会、政治、经济和管理领域的规划、决策、评价中得到了广泛的运用。

2. 信息研究

根据需要收集信息，然后进行科学的整理、鉴别和选择，这就为有效利用信息奠定了基础，扫清了障碍。

信息研究的具体内容，可因课题不同而不同，从需要研究的信息所反映出来的内容性质来看，大致有以下一些种类。

（1）学术创见

社会科学文献中所反映的学者独特的、最新的学术创见，是社会科学信息研究的一个重要方面。此时要根据课题研究的需要，对相关文献报道的国内外社会科学各学派的学术观点及新理论、新思想、新观点、新成果等原生信息进行广泛收集、分析和综合，及时、准确地将已有的学术成果反映到相关研究中，把握住课题研究的阶段特征、代表性成果、发展历程、当前具有的水平、未来发展趋势。在此基础上，力争有新的发现、新的创见。

（2）方针政策

在社会科学信息研究工作中，国家的一些方针、政策是研究的重要内容，在某种程度上决定着研究的方向，或者它们本身就是研究的基础和对象。因此，要注意了解、研究与相关课题有内在联系的国家有关方针、政策，以便使研究工作切合社会的需要，推动社会进步和发展，具有强大的社会功利性。对有关方针、政策的把握，可通过阅读、研究政府出版物、文件、有关会议透露出来的信息来实现。

（3）相关知识、事实、数据

课题研究会涉及一些概念、事物等知识性内容，需要准确地予以澄清和阐释。对研究者所提出的观点，需要搜寻能起到佐证作用的事实、数据等第一手材料，进行判断、推理，在此基础上做出相应的结论。这些看起来微不足道的繁琐事务，关系到研究工作的基础是否扎实可靠、产生的成果是否有说服力，不能轻视这个环节。可通过百科全书、辞典、手册、年鉴等三次文献及权威部门发布的相关文献获取这类信息，并加以筛选、分析、综合。

7.1.4 文献管理软件

文献管理软件（Bibliographic Software）是一种计算机应用软件，核心功能是用来建立、管理、存储和输出个人用户的参考文献题录资料，帮助使用者更好地利用参考文献进行学术研究。① 科研工作者从早期的卡片记录，到使用资源管理器和 Excel、Access 等非专业化软件，现已逐步过渡到专业化的文献管理软件。目前，在我国使用较广的文献管理软件是 EndNote，NoteExpress 和 NoteFirst。

1. EndNote 与 EndNote Web

20 世纪 80 年代末，美国 Niles & Associates 公司率先推出基于苹果电脑 Macintosh 的参考文献邮件定制服务，此为个人文献目录管理工具的雏形。1991 年，Niles 公司发布首款基于苹果个人电脑的桌面文献管理软件 EndNote，开创 EndNote 系列。随后陆续推出若干中间版本，支持 IBM 兼容个人电脑的操作系统 DOS、Windows 各版

① 谢群．文献管理软件的功能层次划分理论研究［J］．现代情报，2008（4）：113－117.

本及文字处理软件如 Microsoft Word 等。1995 年发布 EndNote Plus 2。1999 年,在推出 EndNote 3 之后,Thomson 集团旗下的科学信息研究所(ISI)兼并 Niles 公司,同时组建 ISI ResearchSoft 公司,专门从事科技软件开发。EndNote 成为该公司的招牌产品,随后得到了快速发展,基本上每年推出一个重要更新版本。2007 年 6 月 4 日,EndNote 最新版 X1 版正式发布,目前 EndNote 最新版本为 X7。从第 1 版到 X7 版,每次新版本的推出都伴随着软件功能的突破和创新。很多功能如内嵌式在线搜索,即引即插等功能都是 EndNote 首创。

作为一种工具型软件,EndNote 具有以下四大功能:① 核心功能。建立、存储、管理、输出参考文献信息。② 基本功能。即引即插、集成搜索、批量导入、格式输出。③ 扩展功能。网络共享、写作模板、多对象管理、多语言平台、多系统兼容、用户定制。④ 附加功能。文献分析、知识管理、资源整合。

EndNote Web 是 EndNote 的网络版,具备 EndNote 的核心功能和基本功能。EndNote Web 被整合到 ISI Web of Science 平台,只要本单位购买了 Web of Science 数据库,读者就可免费使用 EndNote Web。目前,EndNote Web 能以 3300 书目格式格式化参考文献,对国外期刊的参考文献格式支持较好。EndNote Web 基本使用步骤如下:

(1) 在 Web of Science 平台免费注册,并下载安装 Cite While You Write 插件。

EndNote Web 的入口在 Web of Science 平台"我的工具"的下拉菜单里。

(2) 建立分组

分组类似文件夹,以存放检索到的文献题录。途径:在 EndNote Web 界面下选择格式化—管理我的组—新建组(见图 7-1)。

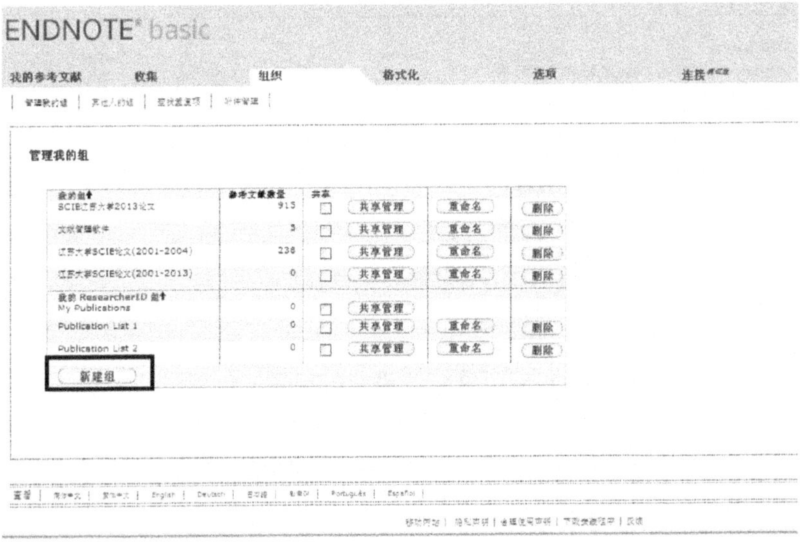

图 7-1　EndNote Web 的"组织"页面

(3) 收集文献信息,有 3 种方式:

① 在线检索。在 EndNote Web 菜单"收集"下,选择"在线检索",然后选择 EndNote Web 整合的数据库,点击"连接"。例如,要检索 SSCI 数据库,可选"选择收藏夹"中的"Web of Science SSCI (TR)",然后输入检索词,EndNote Web 自动在此数据库中检索(见图 7-2)。

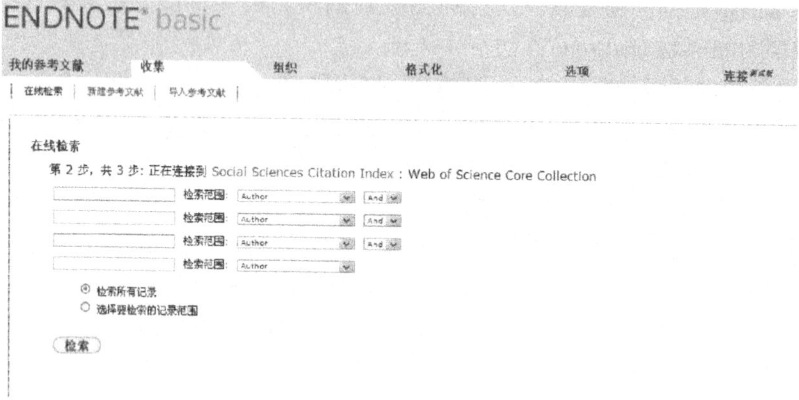

图 7-2 EndNote Web 的"在线检索"页面

在检索结果中选择"添加到组……"(见图 7-3),选择事先已经建立好的分组,如"文献管理软件"分组。

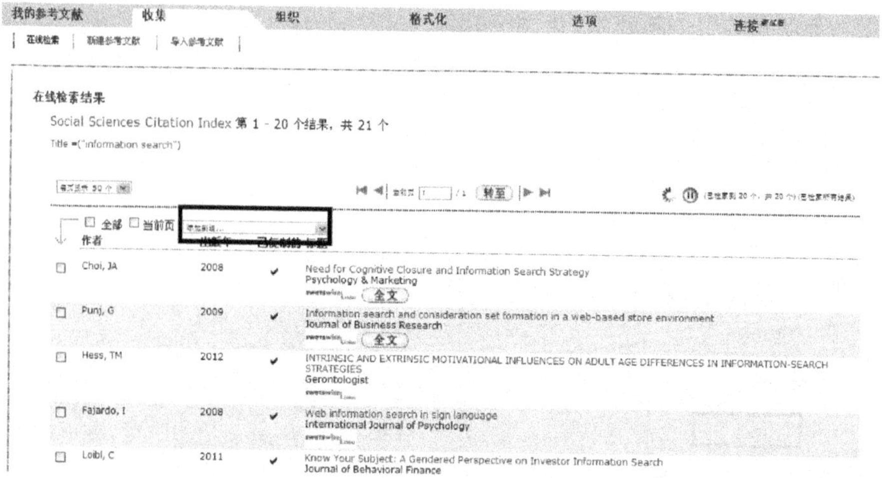

图 7-3 EndNote Web 的"在线检索结果"列表

选中检索结果,将其添加至指定分组下(见图 7-4)。

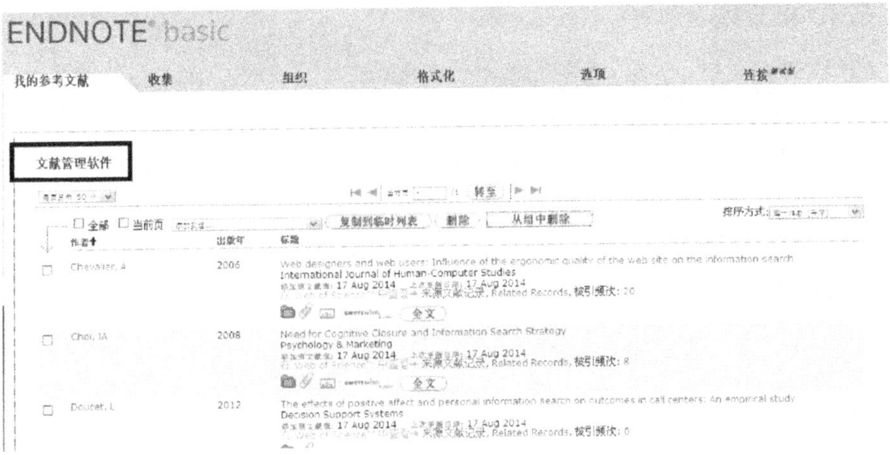

图 7-4　将 EndNote Web 的检索结果添加至指定分组

② 导入参考文献。可从外部数据库中导入文献题录，例如，从中国知网导入时，首先将在中国知网的检索结果输出选择“EndNote”格式(见图 7-5)。

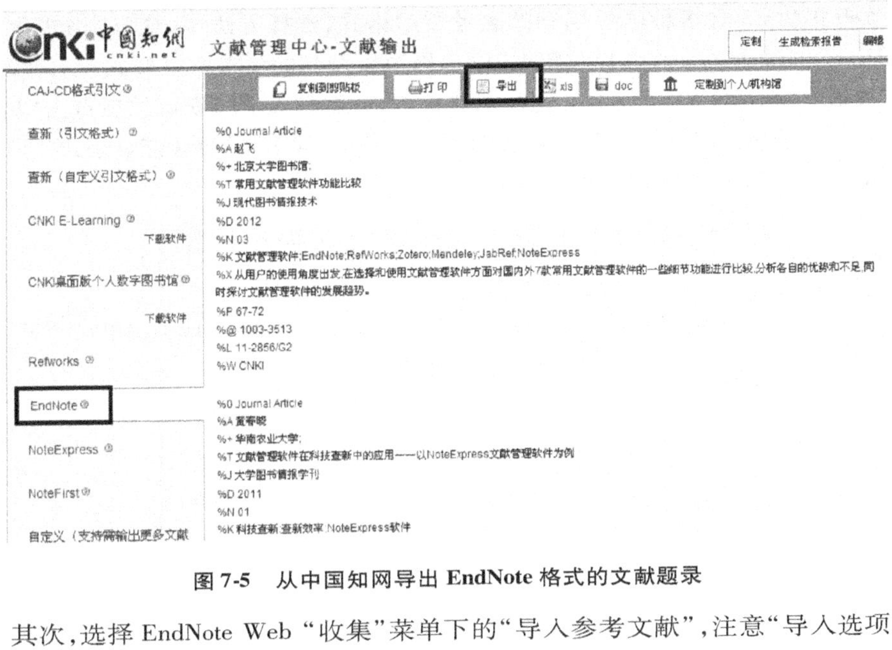

图 7-5　从中国知网导出 EndNote 格式的文献题录

其次，选择 EndNote Web“收集”菜单下的“导入参考文献”，注意“导入选项”应选择与检索到的题录相匹配的过滤器，本例中过滤器为“EndNote Import”(见图 7-6)；若检索到的题录保存为“RefWorks”格式，则 EndNote Web 导入时应选择“RefWorks Import”过滤器。

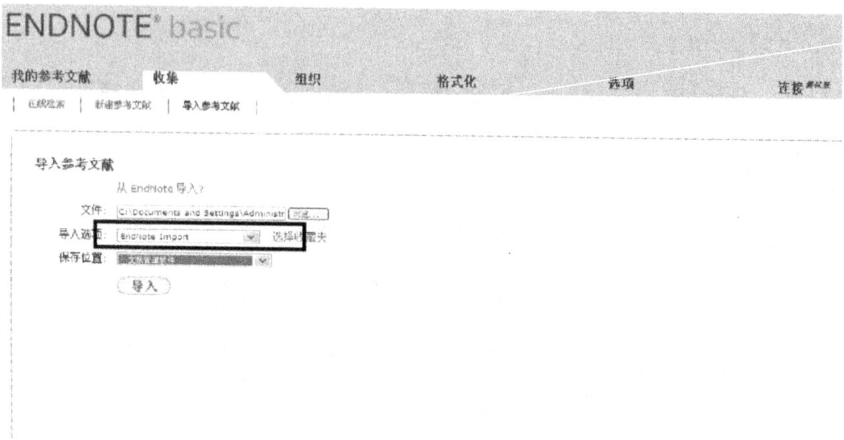

图 7-6　EndNote Web 的“导入参考文献”页面

③ 新建参考文献，需要作者手动输入文献各项信息。

(4) 边写作边引用

要实现 EndNote Web 的边写作边引用，需要安装 Cite While You Cite 插件。EndNote Web 提供 3300 多种国外期刊的参考文献格式，选择方法：从菜单“格式化”—“书目”—“书目样式”—“选择收藏夹”中选择拟投期刊的参考文献样式。写作时在 Word 界面“EndNote Web”菜单下先检索要插入的题录(见图 7-7)，然后点击“Insert Citations”即可(见图 7-8)。当然，Word 中的“EndNote Web”需要认证登录，账号和密码同 Web of Science 的注册信息一致。

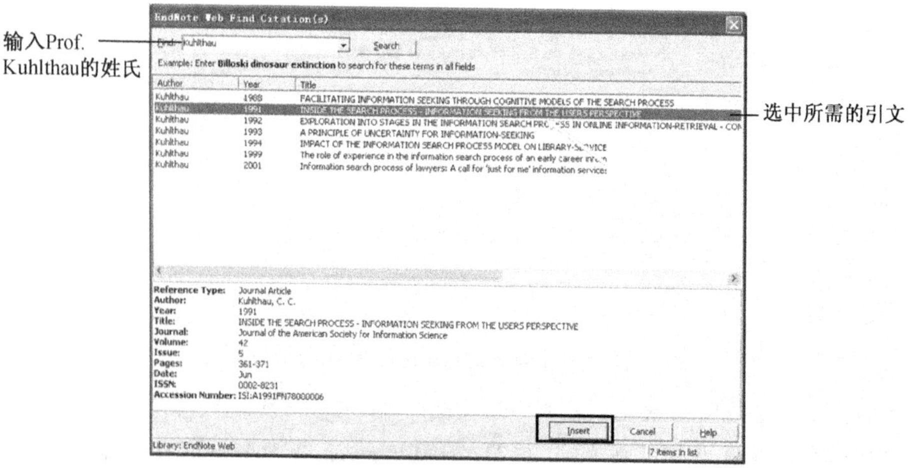

图 7-7　EndNote Web 的题录查找页面

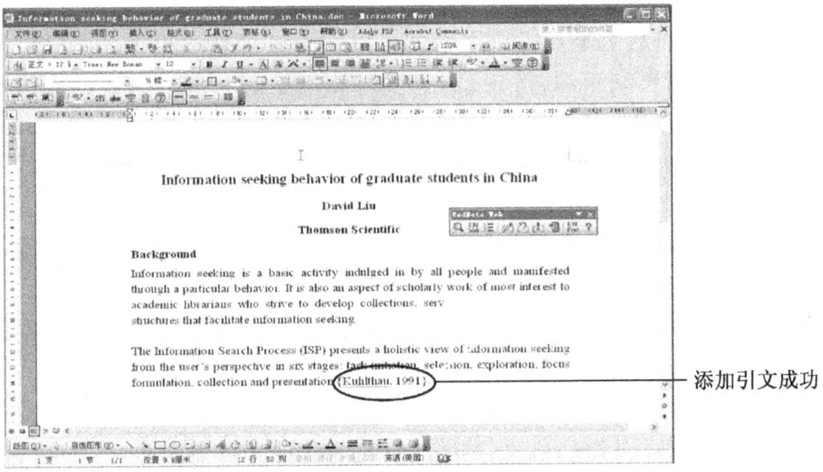

图 7-8　使用 EndNote Web 的引文插入功能

2. NoteFirst

NoteFirst 是西安知先信息技术有限公司开发的一款文献管理软件，它是国内文献管理软件中的后起之秀，也是国内首款基于 Science 2.0 理念的网络版知识管理工具，包括文献订阅、文献管理、知识卡片、团队协作四大模块。与传统单机版个人文献管理软件相比，NoteFirst 基于互联网，可以实现数据自动备份及多台电脑之间数据的自动同步，全面支持国家标准，目前已经在全国近 400 家高等院校、科研机构、研发型企业使用或试用。

NoteFirst 版本有公网版和单位定制版。公网版可在网上免费下载使用，但使用功能有限；单位定制版可视为“高级版”，功能较为完善。例如江苏大学定制版客户端下载地址：http://libgroup.ujs.edu.cn/default.aspx，安装时需要关闭 Word 程序，安装成功后会在 Word 建立有专门的“NoteFirst”菜单。NoteFirst 需要用户注册后才能使用。注册方式：江苏大学定制版采用一卡通账号和密码注册登录，注册入口可选择 Web 网页或客户端。

在使用文献订阅、文献管理、知识卡片模块之前，建议首先在根目录下建立分组或文件夹，以便不同文献题录信息归类，方便查找阅览。本书仅介绍 NoteFirst 的文献订阅、文献管理、知识卡片功能，团队协作功能略去。

(1) 文献订阅

文献订阅分为 RSS 订阅和主题订阅。通过 RSS 订阅，用户可以订阅学术期刊、学者博客、产品通报、科研机构、时政生活等最新的文章和动态。RSS 源可以从 NoteFirst 提供的 RSS 源中选取，也可以将其他网站提供的 RSS 源拷贝添加。目前 NoteFirst 可供订阅的 RSS 源多达 23786 个。

通过主题订阅，用户可以在 NoteFirst 整合的数据库中按标题、作者、来源、作者机构检索，然后点击“保存为订阅”，将检索结果添加至事先建立的订阅分组中，即建立了一个主题订阅，以后登录点击该主题就可以查看其最新成果了。主题订阅方便用户对感兴趣的主题长期跟踪，发现最新进展，而不需要每次都到数据库检索。目前，NoteFirst 提供的可检索的数据库有中国知网、万方、Engineering Village、SCI、PubMed、ScienceDirect、IEEE、Proquest、SpringerLink。

（2）文献管理

文献管理是 NoteFirst 的核心功能，通过收集文献题录，可以有效管理文献、批量下载全文，实现论文的边写作边引用。

① 题录收集。题录是 NoteFirst 的管理对象，是后续工作开展的基础。题录收集有以下几种途径。

从数据库导入。这是题录获取的主要途径。以中国知网为例，将中国知网的检索结果导出成 NoteFirst 支持的格式（NoteFirst 目前支持的过滤器格式：NoteFirst、BibTex、Ris、EndNote、Biblioscape Tag File、NoteExpress、RefManager、RefWorks、Proquest Excel），如图 7-9 所示，然后复制到剪贴板或者导出文件保存在本地硬盘。

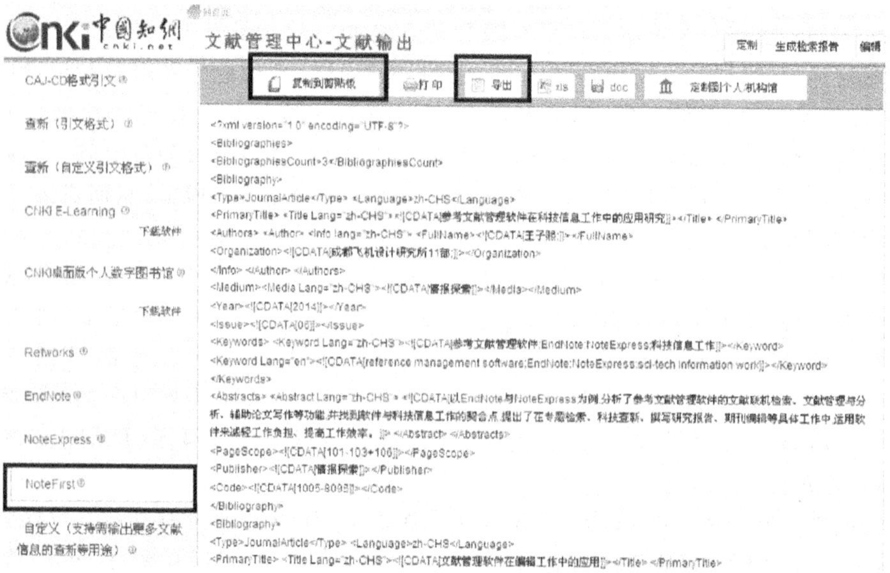

图 7-9　从中国知网导出“NoteFirst”格式的题录

然后跳转到 NoteFirst 界面，选择事先建立的文件夹，在工具栏选择“导入题录”按钮，在弹出的对话框中选择“开始导入”，完成后选择“接受选定题录”，这样数据库题录就导入到指定文件夹下（见图 7-10）。此时应注意，导入时样式过滤器的选择。当导入来自剪贴板的信息时，NoteFirst 会自动识别其题录格式从而选择合适的样式过滤器；当导入的信息来自文件时，则要自己手动选择样式过滤器。

从本地电脑导入。在 NoteFirst 工具栏选择，可以将电脑中已存的文件导入既定目录下，实现统一管理。

“添加目录”，可以批量导入文件，甚至文件下的子目录。

“添加文件”，是指导入单个的文件。需先注意区分所导入的文献类型，是期刊、会议、学位论文、报纸文章，还是标准、专利、汇编等，这是因为 NoteFirst 对不同类型文献的参考文献管理模式不同。

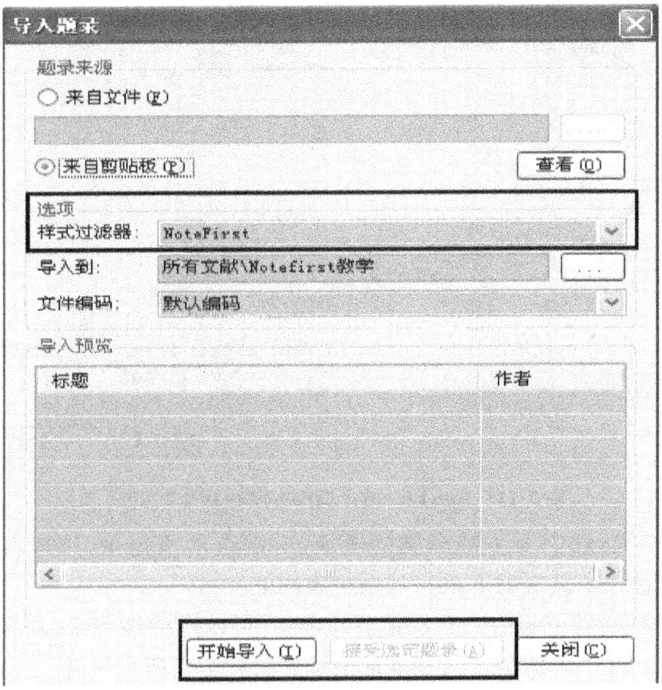

图 7-10　NoteFirst 的“导入题录”页面

新建题录，即手动添加题录，可以通过点击工具栏来实现。各项数据输入数据完毕之后点击“保存并关闭”，即完成了一条题录的手动加工。

“新建题录”中有一个“自有版权文献”，若勾选，系统即会认为这篇论文是该 NoteFirst 账户所有，会自动加入个人“成果报表”中，实现个人成果的一次性输出。

文献订阅转移。在文献订阅功能下，题录不断进行更新。我们可以把自己感兴趣的或者感到有意义的转移到“文献管理”的特定文件夹下，然后下载全文阅读。

② 全文获取。除了从本地电脑“导入文件”时获得的全文文献，可以利用“全文自动下载”对从数据库导入的题录在后台批量下载，还可以对电脑里已有全文的题录单个添加全文。

批量下载全文：选中所要导入全文的目标文件夹，点击右键菜单中的“全文自动下载”,在弹出的“选择在线数据库”对话框(见图 7-11),选择题录信息所在的数据库,“添加”至“已选数据库”,然后点击“任务提交”,系统即在后台自动地为该文件夹下的所有题录下载全文。

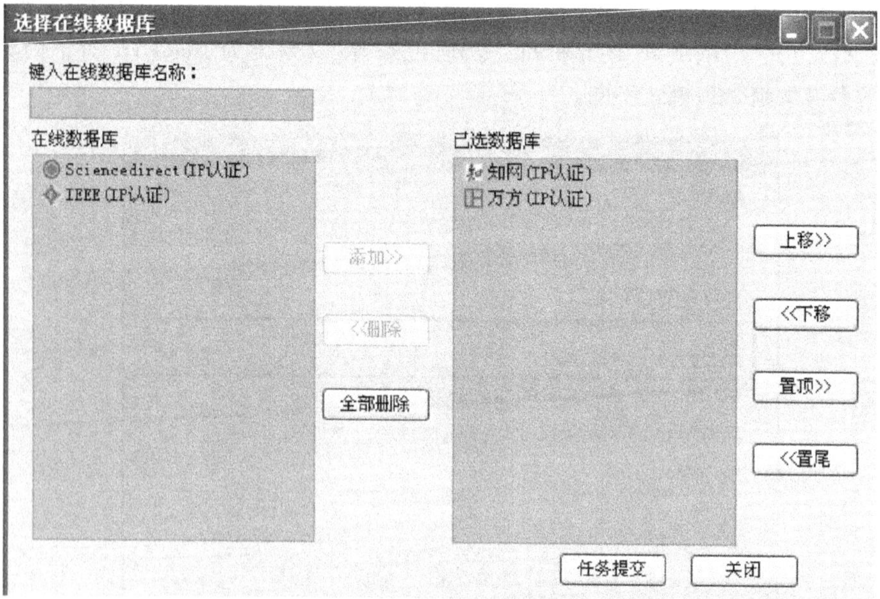

图 7-11 NoteFirst 的“选择在线数据库”页面

单篇下载全文:选中要下载全文的题录,右键点击该题录,选择右键菜单中的“全文”,然后选择“全文自动下载”,其余步骤同上。

添加单篇全文:若电脑中已有某题录的全文,可以选中该题录,选择右键菜单中的“全文”,然后选择“添加全文”,在本地电脑中找到全文所在位置,添加。此时应注意,从本地电脑添加题录或全文后最好点击“题录自动更新”,“更新规则”栏选择“自动更新(原题录和官方数据库都有数据时,用官方数据代替原数据)”(见图 7-12),以便保持数据一致。

③ 题录去重。题录去重在 NoteFirst 菜单“工具”下,是对 NoteFirst 文献管理模块下的所有文件按作者、标题、年度、媒体进行查重,若四者完全相同则被视为重复题录,加深颜色标注,提示是否删除(见图 7-13)。删除的标准是优先保留有全文的题录,有笔记的次之,然后保留元数据最完整的题录。不过删除仍需慎重,因为同一题录可能位于不同文件夹下,删除后只能保留在一个文件夹下。

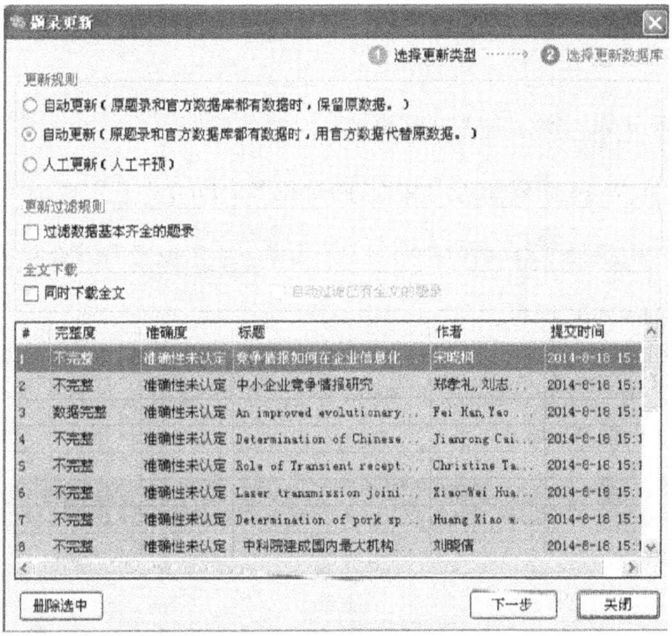

图 7-12　NoteFirst 的“题录更新”页面

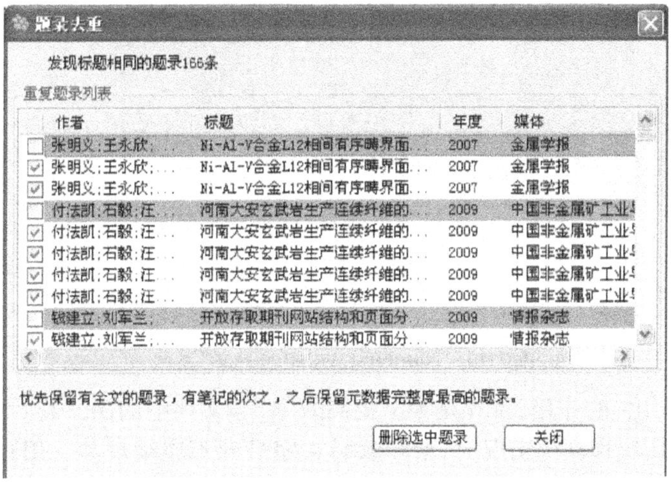

图 7-13　NoteFirst 的“题录去重”页面

④ 利用 NoteFirst 边写作边引用。目前，NoteFirst 已经支持 5395 种中外期刊的参考文献格式，与其他文献管理软件相比：较好地支持中国参考文献标准；支持双语参考文献格式，特别是 EI、SCI 收录的中文期刊的双语参考文献；提供编校报告，对自动形成的参考文献给予警示，提醒用户留心参考文献的完整性。

NoteFirst 默认的参考文献格式是 GB7714－2005 顺序编码制，这也是我国国家标准推荐的参考文献格式。

引文插入步骤如下：

a. 选择 Word 

，确定参考文献格式；

b. 光标放在 Word 需要插入引文处，同时在 NoteFirst 中选定要插入的题录；

c. 在 Word 中选择 

，或者在 NoteFirst 选择 

，或者右键查看所要插入的题录，选择“插入到 Word”即可。

当需要对引文进行修改时，不能在参考文献中直接修改，而是要将光标放在引文上标或文后参考文献处，然后点击 Word 中的“引文编辑”，进行“编辑”“删除”或“更新”等操作（见图 7-14）。

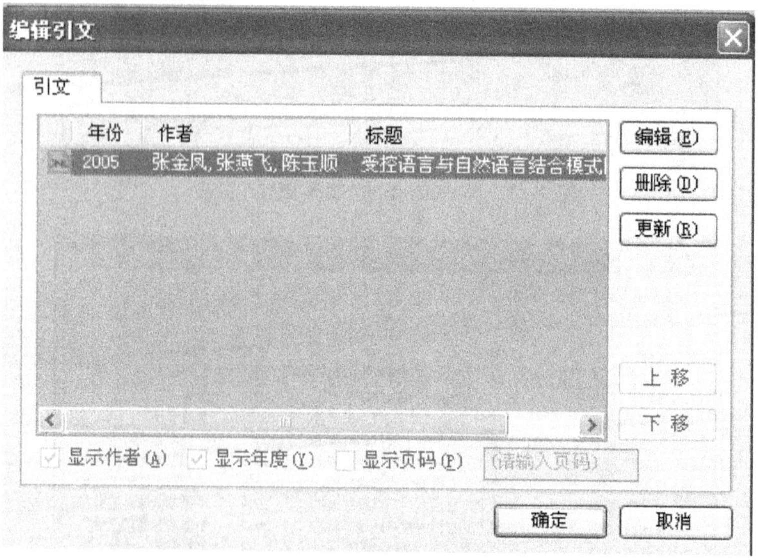

图 7-14　NoteFirst 的“编辑引文”页面

“引文格式化”的作用，首先是为了提高效率，当文档中的引文超过一定量，进行块复制、块删除、块移动等情况时，会导致引文序号的不连续现象。用户在最后定稿时，可以通过引文格式化来消除。其次，当用户需要把论文从一个期刊转投另外一个期刊时，应选择新的期刊引文样式，这时采用“引文格式化”，可轻松实现引文格式转变。再次，如果在 NoteFirst 修改了已经插入到 Word 文档的题录，这时点击“引文格式化”，可对已经插入的引文进行更新。

（3）知识卡片

NoteFirst 提供网页保存和图片抓取功能。用户在浏览、阅读过程中若发现任何有价值、感兴趣的内容，都可以方便地将其保存为知识卡片。用户可以对知识卡片进行命名，按目录分类存储。这项功能有助于用户在日常学习过程中建立起庞大的个人参考资料库。

① 网页保存。在 NoteFirst“知识卡片”模块，首先建立文件夹；其次，在 Web 网页右键选择“NoteFirst 保存网页”，或者在 NoteFirst 客户端下，点击“显示/隐藏悬浮工具”上的 IE 浏览器标志。

② 图片获取。选择悬浮工具的，进行屏幕截图，然后保存在事先选定的知识卡片文件夹下；也可以从本地电脑选择导入已有图片，在 NoteFirst 导入按钮下，选择“导入文件”或“导入文件夹”，可以单个或批量导入电脑中的图片，支持 html，mht，html，htm，jpj，gif，bmp，png，txt 等文件格式。

③ 形成电子书。点击形成电子书，可以将保存的网页或图片制作成 CHM 格式的电子书，方便携带使用。

3．NoteExpress

NoteExpress 是北京爱琴海软件公司开发的文献检索与管理系统，其核心功能涵盖知识采集、管理、应用挖掘等知识管理的所有环节，是科研人员从事学术研究、知识管理、发表论文的帮手。NoteExpress 具备文献信息检索与下载功能，可以用来管理参考文献的题录，以附件方式管理参考文献全文或者任何格式的文件、文档。数据挖掘功能可以帮助用户快速了解某研究方向的最新进展等。在编辑器（如 Word）中，NoteExpress 可以按照各种期刊的要求自动完成参考文献引用的格式化。笔记功能可以为正在阅读的题录添加笔记，并把笔记和题录通过链接关联起来，方便以后阅读使用，独有的数据共享功能可以方便用户之间的交流和探讨①。NoteExpress 在国内拥有超过 30 万个人用户和 200 多家集团客户，范围涵盖高等院校、科研院所、公共图书馆和医院。NoteExpress 分为标准版、学生版和永久版，各版本功能一致，但价格不同，享受的升级服务也不同。机构用户的授权方式是通过机构提供的 IP 范围进行授权，IP 范围之外不能使用。对于个人用户，NoteExpress 提供 60 天全功能的免费试用和评测期，60 天后若要继续使用，必须通过注册码对软件进行授权注册。个人用户购买的注册码仅能同时注册两台电脑。

7.2 科研课题选题及学术论文写作

科研课题的选题和学术论文写作属于信息利用范畴。选题是科学研究的起点，在占有大量资料的基础上，通过信息搜集和阅读吸收，确定某领域的研究盲点，作为

① 袁玉花. NoteExpress 文献管理软件在科技查新中的应用[J]，图书馆工作与研究，2011(12)：41－43.

研究的选题，开启科研之旅。学术论文则是“选题”经过科学研究后的产出形式，是最主要的科学研究成果。

7.2.1 选题

选题是信息利用过程中具有决定意义的一步。选题恰当与否，直接影响到研究工作的价值与信息利用的效果。英国科学家J·D·贝尔纳也曾说过，一个选题的形成和选择，无论是作为外部的经济要求，抑或作为科学本身的要求，都是研究工作中最复杂的一个阶段。一般来说，提出选题比解决选题更为困难。选题在科学研究中为什么具有这么重要的地位，爱因斯坦给出了很好的解释：解决问题也许仅是一个数学上或实验上的技能而已，而提出新的问题、新的可能性，从新的角度去看旧的问题，却需要有创造性的想象力，而且标志着科学的真正进步①。选题需要遵循一定的原则和方法。

1．选题原则

（1）创新性原则

何谓创新？对于创新概念的理解一般有狭义理解和广义理解两个层次。狭义理解的创新：立足于把技术和经济结合起来，即创新是一个从新思想的产生到产品设计、试制、生产、营销和市场化的一系列行动。广义理解的创新：力求将科学、技术、教育等与经济融汇起来，即创新表现为不同参与者和机构（包括企业、政府、大学、科研机构等）之间交互作用的网络。②

创新是科研课题选题的灵魂，可以说科学研究就是不断创新。创新对提高各国的科技实力、综合国力和国际竞争力，加快经济建设的进程具有重大意义。中国科学院院士邹承鲁先生认为科学研究贵在创新，高层次的创新是指学术思想上的创新。一个新思想的建立有时能开辟一个全新的研究系列，甚至全新的研究领域。此类课题通常称之为开创性研究，例如双螺旋结构的确立开创了分子生物学新学科，从而改变了整个生物学的面貌，这无疑是世纪最具创新的研究工作之一。

当前，世界科学技术在飞跃发展，新思想、新方法、新技术、新产品日新月异，因此在选题中必须充分收集本领域中国内外的研究资料，选择那些尚未认识而又需要探讨的问题作为研究对象。创新不但不能重复别人已做过并且已取得成果的课题，还要保证选题在研究的过程中始终具有前沿性，也就是课题的先进性。

（2）可行性原则

科研工作是认识世界、改造世界的一种探索性、创造性活动，总要受到一定条件的限制。正如恩格斯说的，我们只能在我们时代条件下进行认识，而这些条件达到什么程度，我们便认识到什么程度。完成一项科研课题，往往需要3个基本条件和3

---

① 赵勇．当前哲学社会科学研究选题中的问题及对策[J]．菏泽学院学报，2014(1)：123－126．

② 姜清奎，王贯中．科研选题的原则与方法[J]．云南科技管理，2007(3)：43－44．

个基本要素。① 3 个条件是理论条件、物质条件和能力条件;3 个基本要素是人、财、物。如果所需的基本条件经过努力后还是难以达到和不可能达到,那么,不管某个研究课题多么需要,多么具有科学性、创造性,也是不能成功的。

社会科学重在探索社会现象的发展规律、本质、特征、结构,从而发现新的研究领域,提出新的理论,推动社会、经济协调发展,它关系到社会、经济发展的方方面面。但在进行具体的研究工作时,由于时间、条件等方面的限制和影响,科研人员不可能对此做出比较系统的、全面的研究和探索,而必须根据自己的研究专长和学术优势,选择一个方面或一个领域去展开研究,即选题要考虑客观条件的可行性。一方面要求选题与研究人员的基础理论和专业知识相适应,另一方面要求所在机构具备开展此课题研究所必需的人力、物力、资金、时间等条件。选题时应注意结合自身优势,在拓宽思路、加强合作、利用别人的优势充实和发展自己的基础上,选择一个有发展前景的研究领域、研究方向和切实可行的题目。

(3) 科学性原则

科学性原则主要是指所选课题必须符合最基本的科学原理,遵循客观规律,具有科学性。科学性原则主要包含 3 个方面的含义:一是要求选题必须有依据,其中包括前人的经验总结和个人研究工作的实践,这是选题的理论基础;二是科研选题要符合客观规律,违背客观规律的课题就不是实事求是,就没有科学性;三是科研设计必须科学,符合逻辑性。科研设计包括专业设计和统计学设计两个方面。前者主要保证研究结果的先进性和实用性,后者主要保证研究结果的科学性和可重复性。

社会科学科研选题要以辩证唯物主义基本原理为指南,始终坚持唯物主义的基本立场,保持分析的头脑,以客观事实为依据,按照被科学实践反复证实的客观规律办事。如果不尊重唯物主义的基本原则,不尊重科学事实和科学理论,就可能使我们的研究工作成为“虚狂的挣扎”。

科学选题既要尊重事实,又不能拘泥于事实。创造性的新发现和新发明,往往发端于敢于对已有的事实和理论的真实性、科学性进行批判性的重新审查。因此,选题既要接受已有理论的指导,又要敢于突破传统观念的束缚。这才是辩证的有分析的科学态度。

(4) 需要性原则

需要性原则是指从社会需要或科学技术本身的需要出发,优先选择那些亟待解决的问题。恩格斯有句名言:“社会一旦有技术上的需要,则这种需要就会比十所大学更能把科学推向前进。”一般来说,需要是科学技术发展的动力,离开社会需要,研究工作得不到支持,取得成果也难以推广。因此,有志于科学事业的人,

---

① 朱益上,陈伟.论新建区域性高校人文社会科学科研课题的选题原则[J].湘南学院学报,2007(3):113-116.

一定要从人类生产和生活需要出发，在人类基本社会需要领域中，选定自己的研究方向和课题。

社会科学的科研选题同时也要兼顾学科自身建设的需要。社会科学是一个以人类社会及其发展为研究对象的庞大的学科群，它以文、史、哲为基础，涵盖历史学、政治学、经济法、法学、社会学、文化学、人类学等学科。每一个学科都有继承与发展的需要，每一个门类都有综合与创新的需要，学科之间有相互渗透、交叉研究的需要。

2. 选题方法

掌握选题的方法将有助于研究者更好地选定适合自己的科研课题，对于科研工作者来说至关重要。选题的方法有多种，现列举以下 5 种。

（1）从社会生产和现实生活需要中寻找课题

农业发展的需要提出了要消灭病虫害、防风治沙、培育新品种、水果保鲜等一系列问题；医疗卫生的需要提出了治理环境污染、预防艾滋病、绘制人体基因图等一系列问题。这些问题都是从社会生产和实践中提炼出来的，都被有关部门列入了科研计划，这些问题经过研究有的已经得到了解决和应用，有的正在研究中，有的还需要从新的角度拟出新的研究课题。

法国是一个最早生产葡萄酒的国家，但在生产实践中葡萄酒很容易变质，一度给法国的葡萄酒业造成巨大的损失。法国的生物学家巴斯德，通过几年的研究，发现葡萄酒变质的主要原因是由空气中的微生物进入酒中发酵所致，于是他通过采取灭菌和在酒桶上加密封盖的措施解决了这一难题，实践上解决了葡萄酒的“发酵变质”，理论上创立了“生源说”，在应用上发明了“高温消毒灭菌法”，还应用到食品保鲜及预防流行病蔓延等方面。

（2）从交叉学科中寻找课题

当前，科学发展的趋势是交叉和渗透。不仅自然科学和自然科学之间存在着交叉和渗透，如地球学与物理学的交叉和渗透形成地球物理学，生物学与化学的交叉和渗透形成了生物化学；而且还出现了自然科学和人文社会科学之间的交叉和渗透，如医学与法学交叉和渗透形成医学法学，医学与经济学交叉和渗透形成卫生经济学；甚至出现了多门学科之间的交叉和渗透形成的综合性学科，如新兴的环境科学，它是以生态学和地球化学为理论，又有化学、生物学、物理学、地学、工程学及社会学交叉渗透形成的学科。在这些交叉学科中，在他们的交叉点和边缘部都留下了许多“空白区”，这些空白区是科学研究中还没有开垦的“处女地”，那里问题最多，最容易提出研究的科研课题。

长江大学的一批学者在微生物采油这一研究领域开展了一些卓有成效的工作，他们通过系统研究发现可以通过一些微生物在地下的分布初步判明石油在地下的分布情况，还可以通过培养嗜油微生物来分解地下的重油使其变为可开采油。科学家们通过系统研究，使微生物学在石油行业逐步渗透和扩展，并形成了微生物采油这门新兴学科。

（3）从对已有的理论、传统观点和结论的怀疑中寻找课题

蔡德诚教授在《关于六要素》一书中对科学的本质阐述很有新意：科学是人类世世代代以每一个人有限的认识能力去探索、去探知外在的客观存在的一个永无止境的过程，在这一过程中，科学又总是以后人不断发现前人认识中的缺陷、不足，并予以修正补充，乃至推翻其中某些错误结论而前进、而发展的。这一对科学本质的阐述对我们研究科研课题的来源很有启示作用。已有的理论、传统的观点和过去的结论，都是前代人的认识，随着时代的发展、科学的进步，可能会暴露出前人认识中的不足和缺陷，因此，对已有的理论、传统的观点和过去的结论要有一种理性怀疑精神。

（4）在新领域的经验事实和科学实验中寻找课题

科学研究的直接任务是建立科学理论，揭示一定范围内的经验事实之间的联系并做出统一的解释。随着观察实验仪器的改进，人们科学认知领域不断扩大，层次不断加深，新的经验事实不断进入人们的认识领域，它们是一定历史时期已有科学理论解释之外的新现象、新事物，需要用新的理论揭示其本质和规律，因此，它们就成为科研课题的来源。黄鳝的性转变是其中的一个普通例子。黄鳝在自然界中存在"性"转变现象，在个体达到50克以前为雌性，个体达到50克以后一般由雌性转变为雄性。但有研究者在实验中发现达到400克仍保持雌性不变的个体。黄鳝的这种性不变是由什么因素引起的？如何控制黄鳝的性转变？这些都是在不断认知过程中出现的新现象、新事实，提出的新问题，期待科研工作者去揭示其本质和规律。

（5）从学术争论中寻找课题

在科学研究过程中，由于人们的认识能力不同、依据的科学事实材料不同或者对事实材料的着眼点不同，对同一对象、现象或过程，形成不同的观点，提出不同的假说，并在学术上进行争论，有利于推动科学理论的研究和发展。学术问题的争论主要包括两个方面：学术观点和学术理论的争论；不同的科学假说之间的争论，如生物学中"物种不变"与"进化论"之争论；物理学中"热质说"与"分子运动说"之争论。许多科研工作者对一些问题的研究，常常是从有争论的问题或假说开始的，因此，在文献调查时，留心不同学术观点和假说的争论，发现有研究价值的问题，是科学研究课题的一个重要来源。

7.2.2 学位论文写作

1. 学位论文及基本要求

2007年5月1日开始实施的《学位论文编写规则》（GB/T 7713.1－2006），定

义了学位论文是“标明作者从事科学研究取得的创造性成果和创新见解，并以此为内容撰写的、作为提出申请授予相应的学位评审用的学术论文”。1981 年 1 月 1 日起，我国正式施行《中华人民共和国学位条例》，1982 年 5 月 20 日国务院颁发《中华人民共和国学位条例暂行实施办法》，明确规定我国的学位分为学士、硕士、博士三级。

学士学位论文侧重于科学研究规范的基本训练，综合考查学生运用所学本专业理论、知识、技能分析和解决实际问题的能力。根据《中华人民共和国学位条例》第四条规定：“高等学校本科毕业生，成绩优良，达到下述水平者，授予学士学位：（一）较好地掌握本门学科的基础理论，专门知识和基本技能；（二）具有从事科学研究工作或担负专门技术工作的初步能力。”

硕士学位论文的学术水平高于学士学位论文，要求对研究课题有新的见解。根据《中华人民共和国学位条例》第五条规定：“高等学校和科学研究机构的研究生，或具有研究生毕业同等学历的人员，通过硕士学位的课程考试和论文答辩，成绩合格，达到下列学术水平者，授予硕士学位：（一）在本门学科上掌握坚实的基础理论和系统的专门知识；（二）具有从事科学研究工作或独立担负专门技术工作的能力。”

博士学位论文要求有更高的学术水平，必须在某一学科领域或专门性技术上做出创造性的研究成果。根据《中华人民共和国学位条例》第六条规定：“高等学校和科学研究机构的研究生，或具有研究生毕业同等学力的人员，通过博士学位的课程考试和论文答辩，成绩合格，达到下述学术水平者，授予博士学位：（一）在本门学科上掌握坚实宽广的基础理论和系统深入的专门知识；（二）具有独立从事科学研究工作的能力；（三）在科学或专门技术上做出创造性的成果。”

3 种学位论文在篇幅上也有不同的要求，一般来说，学士学位论文通常在 1 万字左右，硕士学位论文在 3 万 ~5 万字左右，博士学位论文通常在 5 万字以上，有的达到 10 万 ~20 万字。

2. 学位论文的基本格式

国家标准 GB/T 7713.1 –2006《学位论文编写规则》中规定了学位论文的结构分为前置、主体和结尾 3 个部分，各部分层次如图 7-15 所示。

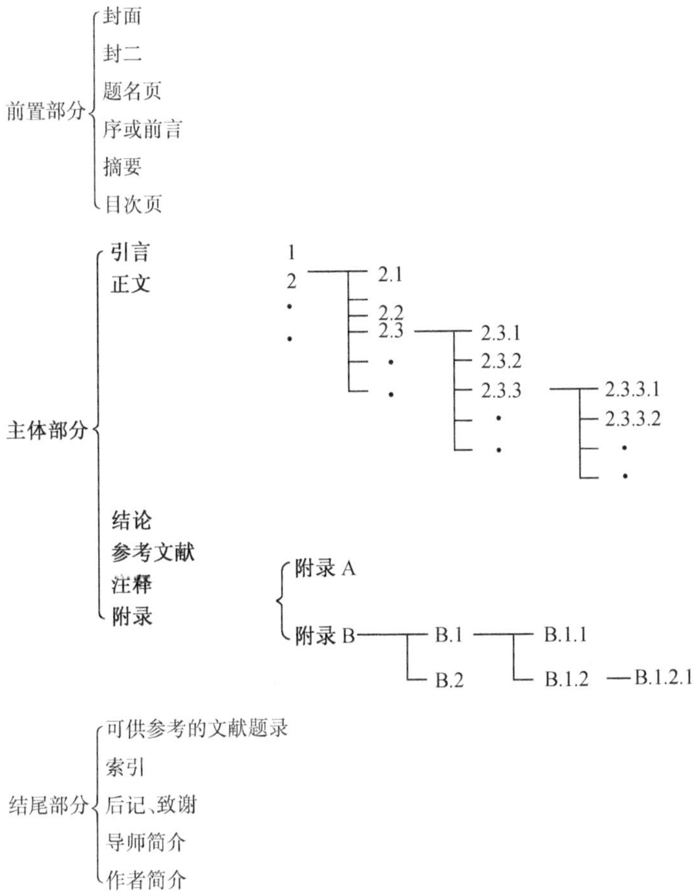

图 7-15　学位论文的结构、层次

3. 学位论文的写作要求

（1）题名（Title，Topic）

题名又称题目或标题，是以最恰当、最简明的词语反映论文中最重要的特定内容的逻辑组合。① 论文题目是一篇论文给出的涉及论文范围与水平的一个重要信息。对论文题目的要求是：准确得体、简短精练、规范、醒目。题目必须紧扣论文内容，字数要少，用词要精，一般一篇论文的题目不要超出 20 个字。论文题目应符合有关规定，避免使用生僻的缩略语、缩写词、字符代号或公式。

（2）摘要（Abstract）

摘要是论文内容不加注释和评论的简短陈述，具有独立性。摘要要求以十分简练的语言概括论文的精华，不要简单浓缩全文，更不可三言两语草草了事。摘要最

① 袁润，刘红光．理工科信息检索与利用教程[M]．镇江：江苏大学出版社，2008.

好是在全文完成以后再写，这样可以概括得更为准确。摘要能使读者不用阅读全文就能获得必要的信息。为了国际交流，还应有外文（多用英文）摘要。

摘要一般包括以下内容：① 研究目的和重要性；② 研究的主要内容，完成了哪些工作；③ 获得的基本结论和研究成果，突出论文的新见解；④ 结论或结果及其意义。

（3）关键词（KeyWord）

关键词是为了文献标引工作从论文中选取出来以表示全文主题内容信息款目的单词或术语。关键词要求精选能反映本文主要特点、具有实际意义的词或术语。每篇论文可选取 3 ~ 8 个关键词。

（4）引言（Introduction）

引言又称前言，属于整篇论文的引论部分。其写作内容包括：研究背景、前人的研究成果与分析、课题研究的目的和意义、研究方法和途径、关键的研究成果。引言应言简意赅，不要与摘要雷同，不要成为摘要的注释。引言的篇幅应视论文篇幅的大小及论文内容的需要来确定，一般在 1000 字左右。

（5）正文（Mainbody）

正文是一篇论文的本论，是论文的主体。正文部分表述的主要内容是作者详细地阐述个人的研究成果，特别是详细地阐述作者提出的新颖的、独创性的东西。由于研究工作涉及的学科、选题、研究方法、工作进程、结果表达方式等有很大的差异，对正文内容不能做统一安排，但正文的结构安排却有一定的形式。

论文的结构主要概括为 4 类：纵贯式、并列式、递进式、综合式。纵贯式是以时间的先后为顺序，或以事物发展变化的前后为顺序，或以人们认识事物的发展规律为顺序来安排结构；并列式以不同事例的不同侧面论证中心意图；递进式以层层递进的关系，或以因果关系来安排结构，逐步深入地表现事理之间的分析综合的逻辑关系，逐层深入，环环相扣；综合式就是以综合需要为顺序，把纵贯式、并列式、递进式结合运用。论文的结构具体选择哪种形式，一定要视情况需要而定。

（6）结论（Conclusion）

论文的结论部分是最终的、总体的结论，不是正文中各段小结之间的简单重复。结论应该准确、完整、精练。如果不可能导出应有的结论，也可以没有结论而进行必要的讨论。

结论部分的内容一般包括以下几个方面：① 本文研究结果说明了什么问题，得出了什么规律，解决了什么理论或实际的问题；② 对前人有关的看法做了哪些修正、补充、发展、证实或否定；③ 本文研究的不足之处或遗留未予解决的问题，以及对解决这些问题的可能关键点和方向。

结论部分的写作要求是：措辞严谨，逻辑严密，文字具体，对尚不能完全肯定的内容注意留有余地。

（7）致谢（Acknowledgment）

必要时可在文末以简短的语言对给研究工作或论文写作给予资助、帮助、指导等的组织或个人致以谢意。

（8）参考文献（Reference）

学位论文文后列出参考文献的目的是：① 反映论文作者的研究基础及相关的科学依据；② 有助于知识产权的保护；③ 尊重别人的学术成果；④ 指明引用资料的出处，便于检索利用等。

对于论文正文中引文的标注及文后参考文献的著录，现行的国家标准为2005年10月1日实施的《文后参考文献著录规则》（GB/T 7714－2005），详见7.2.3节。

4. 学位论文写作的基本步骤

学位论文写作的基本步骤包括：选题、材料的收集与整理、确定主题、拟订写作提纲、撰写初稿、修改定稿、写作答辩简要报告①。

（1）选题

学位论文选题是指确定科学研究和论文写作的方向和目标，既包括科学研究的课题选择和确定，也包括论文题目的选择和确定。

学位论文选题需遵循科研选题的一般性原则。除此之外，学位论文的题目宜小不宜大，提倡"小题大做"。选择小一点的课题，特别是重要的小课题，如学科专业中的关键问题，经过深入研究，抓住其本质和核心，多方面、多层次进行挖掘，有理有据地阐述自己的新观点、新见解，把一个重要的小问题彻底解决，论文就会有分量、有价值。

（2）材料的收集、整理与分析

材料是构成论文的一个重要因素，论文的质量如何，取决于材料是否充实、准确、可靠。写作前，材料是形成论文观点的基础，写作中，材料是表达观点的支柱。材料的搜集、获取、鉴别、筛选等在7.1节已有论述。

（3）确定主题

主题是作者在一篇论文中提出的基本观点或中心论点，在一篇论文中只能有一个主题，该主题必须贯穿论文的始终。

主题并非现成的，需要经过提炼后才能确立。提炼主题，要善于从大量的现象或材料中，揭示事物的本质，抓住其主要矛盾，同时，还要注意抓住事物的特点，发现事物发生、发展的规律，逐步使自己的印象和认识升华，形成一种学术思想。

（4）拟订写作提纲

写作提纲是论文写作的设计图，是全篇论文的骨架，它起疏通思路、安排材料、形成结构的作用。提纲的内容包括3项：标题、总纲和细目。总纲是全文的中心论点，细目是总纲下的具有一定序列性的从各部分材料中概括出来的若干款项，细目由大小项目构成。总纲之下有若干并列的大项目，每一个大项目之下，又有若干并

① 袁润，刘红光. 理工科信息探索与利用教程[M]. 镇江，江苏大学出版社，2008.

列的小项目,小项目之下,还可以有若干更小的子项目。

(5)安排论文结构

从总体上讲,论文的结构要围绕中心,逻辑性强,表达准确。不论是简单列举,还是按类归纳,不论是循时空经纬发展顺序,还是夹叙夹议去安排,都要注意逻辑上的循序渐进,使读者易于接受,要注意反映事物本身的发展规律,使文中各部分的相互关系协调。安排论文结构具体应做好以下几点:划分好层次段落、注意过渡照应、斟酌开头结尾。

(6)撰写初稿

撰写初稿,就是要按照拟订好的写作提纲的思路,运用语言文字,把学位论文中的研究成果和逐步形成的思想、观点表达出来。在论文写作中如何运用材料来表现主题,是关系论文成败的重要问题。用来表现主题的材料必须要真实、典型、集中,在运用材料表现主题时要紧扣主题,一切材料都要围绕论文的主题来选取。

(7)修改定稿

修改定稿是学位论文写作的最后一道工序,是写好文章必不可少的重要步骤。写出初稿,最多只是完成了一半的任务。学位论文需要修改的地方很多,具体地说,可以从控制篇幅、订正论点、调整结构、更动材料、锤炼语言、推敲题目、规划文面等几个方面对论文进行修改。论文的修改方法主要有热改法、冷改法、他改法和诵改法等。热改法是指初稿完成后,趁热打铁,立即进行修改的方法;冷改法是指初稿完成后,放上一段时间再修改的方法;他改法是指初稿完成后,请他人帮助修改的方法;诵改法是指初稿完成后,诵读多遍,发现问题并及时修改的方法。在实际写作中,往往是这几种方法的综合应用。

(8)写作答辩简要报告

论文修改完毕,要抓紧时间,认真准备答辩。答辩的准备工作包括多个方面,其中最重要的是敲定一份毕业论文答辩的简要报告,其中的主要内容包括:① 选题的动机、缘由、目的、依据,其理论意义和实际意义;② 选题已有的研究成果、尚有争议的主要意见、自己的观点、主要研究途径和研究方法、论文从哪方面入手;③ 论文立论的理论依据和事实依据,论证、论点的主要论据,列出可靠、典型的材料、数据和重要引文及其出处;④ 论文中的新见解、新观点,研究获得的主要创新成果及其学术价值;⑤ 存在的问题和继续研究的打算,论文中没有论述清楚的地方,最重要的薄弱环节;⑥ 意外的发现和处理的想法;⑦ 论文中涉及的重要引文、概念、定义、定理、定律和典故是否清楚,还有哪些需要说明的地方;⑧ 写作论文的收获和体会。

答辩简要报告既是对原文的阐述,更是对原文的提炼、概括和充实。写作答辩简要报告,要简明清晰,抓住论文的关键内容和主要结论,做简明扼要的描述,突出重点,特别是对独创见解及新颖点,应突出介绍。

7.2.3 参考文献引用规范

参考文献是科技期刊论文著述的一个重要组成部分。参考文献按常规列于文末,不同于文中的注释文献,故又称为文后参考文献(Bibliographic References)。《GB/T 7714－2005 文后参考文献著录规则》将其定义为"撰写或编辑论文和著作而引用的有关文献信息资源"。

1. 参考文献的功能

(1) 诚信功能。作者据实引用参考文献,并将其明确地标注在相关信息之后,表明他无浮夸、不掠美的诚信态度。(2) 链接功能。参考文献可以取他人之精华充实、增强自己的论著,无形中扩展了论著的信息量,使之成为论著的重要组成部分;简洁的参考文献著录信息是检索、链接相关文献的关键。(3)审验功能。参考文献的引用程度、层次、范围往往是审阅、编辑、评价人员与读者鉴别该论著价值、水平的重要参考。(4) 承续功能。参考文献为进一步研究提供直接参阅、利用文献的清单与相关的信息线索;它可以反映研究的某些概况,便于共享信息资源和减轻再研究者的盲目性或重复性。(5) 评价功能。进行学科、文献、人员等评估、预测重要手段之一的文献计量学,在相当大程度上需依赖对参考文献的统计、分析。(6) 集约功能。参考文献的著录规则将关键性信息提取出来,通过统一、简洁、隐含一定意义的格式、标识符号进行著录后展示,这种协作不仅可以节省版面,而且可以大大提高作者、编辑、读者、研究者等多方面的利用效率。①

2. 参考文献引用应遵循的原则

参考文献引用需遵循一定的原则:(1) 公开性原则。即被引文献就其属性而言,应是公开发表的文献,未公开发表的文献不应作为参考文献引用。公开性原则是一项基础性原则。(2) 原始性原则。参考文献应是作者亲自阅读过的、最经典、具有代表意义且发表在正式出版物上的文献,即要引用公开发表的原始文献,原始文献才能保证真实。(3) 必要性原则。参考文献的引用应注意文献在文中的必要性,即引用的是与论著中的方法、结果和讨论内容密切相关、必须参照和引用的文献,强调被引文献与论著内容的相关性。② 凡与选题密切相关的文献应尽量加以引用,不能漏引;无关或关系不大的不予引用,不能多引;无特殊需要不必罗列一般知识性的内容。(4) 准确性原则,也称引用无误差原则。即引用者必须保持被引文献内容的引述和著录项目的准确和完整。(5) 适当性原则。适当性原则的依据来源于我国著作权法,其第 22 条规定:为介绍、评论某一作品或者说明某一问题,在作品中适当引用他人已发表的作品。《著作权法实施条例》第 27 条对适当引用条件作了解释:① 引

---

① 文榕生.对文后参考文献若干问题的认识——文后参考文献著录格式商榷之一[J].大学图书馆学报,2004(3):70－74,77.

② 陶范.参考文献引用原则辨析[J].编辑学报,2006(4):252－254.

用的目的仅限于介绍、评论某一作品或说明某一问题；② 所引用部分不能构成引用人作品的主要部分或实质部分；③ 不得损害被引用作品著作权人的利益。(6) 标准化原则。即参考文献引用和著录应遵循一定标准。目前，我国推荐使用的标准是《文后参考文献著录规则(GB/T 7714－2005)》。

3. 参考文献著录体系

我国参考文献著录主要有两种体系：一是顺序编码制，国内大多数期刊和学位论文都使用这一种参考文献著录体系，也是较为广泛的一种；二是著者-出版年制。采用何种著录体系，各刊可根据其学科专业特点和期刊传统自由选择，但作为一种刊物，应力求统一，即在一文或一刊中两种著录体系同时混用是不允许的。① 两种体系均需要在正文和文后做标注，其中文后的参考文献列表称为参考文献表。

参考文献使用下列规定的标志符号：

“.”用于题名项、析出文献题名项、题名、其他责任者、析出文献其他责任者、连续出版物的“卷、期、年、月或其他标志”项、版本项、出版项、出处项、专利文献的“公告日期或公开日期”项、获取和访问路径以及“著者-出版年”制中的出版年前。每一条参考文献的结尾可用“.”号。

“:”用于其他题名信息、出版者、引文页码、析出文献的页码、专利国别前。

“,”用于同一著作方式的责任者、“等”或“译”字样、出版年、期刊年卷期标志中的年或卷号、专利号、科技报告号前。

“;”用于期刊后续的年卷期标志与页码及同一责任者的合订题名前。

“//”用于专著中的析出文献的出处项前。

“()”用于期刊年卷期标志中的期号、报纸的版次、电子文献更新或修改日期及非公元纪年。

“[ ]”用于文献序号、文献类型标志、电子文献的引用日期及自拟的信息。

“/”用于合期的期号间及文献载体标志前。

“－”用于起讫序号和起讫页码间。

(1) 著者-出版年制

① 正文中的标注规则。正文中的标引内容由著者姓名与出版年构成，并置于“()”内；如引用多著者文献时，对欧美著者标注第一个著者的姓，其后附“et al”；对中国著者应标注第一著者姓名，其后附“等”字。多次引用同一著者的同一文献，在正文中标注著者与出版年，并在“()”外以角标形式著录引文页码。

② 参考文献表的标注规则。文后参考文献的编排首先按文种中、日、西、俄、其他5部分集中，然后一般按著者姓氏或汉语拼音顺序排列，亦可按引用文献的重要程度排列。若在参考文献表中著录同一著者在同一年出版的多篇文献时，出版年后应

---

① 张积玉.注释、参考文献著录中若干规范问题再探[J].吉林大学社会科学学报,2006(6):140－147.

用小写字母 a,b,c 区别。

示例：

主编靠编辑思想指挥全局已是编辑界的共识（张忠智,1997）,然而对编辑思想至今没有一个明确的界定,故不妨提出一个构架……参与讨论。由于“思想”的内涵是“客观存在反映在人的意识中经过思维活动而产生的结果”（中国社会科学院语言研究所词典编辑室,1996）[1194],所以“编辑思想”的内涵就是编辑实践反映在编辑工作者的意识中,“经过思维活动而产生的结果”。……《中国青年》杂志创办人追求的高格调——理性的成熟与热点的凝聚（刘彻东,1998）,表明其读者群文化品位的高层次……“方针”指“引导事业前进的方向和目标”（中国社会科学院语言研究所词典编辑室,1996）[354]。……对编辑方针,1981 年中国科协副主席裴丽生曾有过科学的论断——“自然科学学术期刊必须坚持以马列主义、毛泽东思想为指导,贯彻为国民经济发展服务,理论与实践相结合,普及与提高相结合,‘百花齐放,百家争鸣’的方针。”（裴丽生,1981）它完整地回答了为谁服务,怎样服务,如何服务得更好的问题。

…………

参考文献：

裴丽生. 1981. 在中国科协学术期刊编辑工作经验交流会上的讲话[C]//中国科协学术期刊编辑工作经验交流会资料选. 北京：中国科学技术协会学会工作部：2 – 10.

刘彻东. 1998. 中国的青年刊物：个性特色为本[J]. 中国出版(5)：38 – 39.

张忠智. 1997. 科技书刊的总编（主编）的角色要求[C]//中国科学技术期刊编辑学会建会十周年学术研讨会论文汇编. 北京：中国科学技术期刊编辑学会学术委员会：33 – 34.

中国社会科学院语言研究所词典编辑室. 1996. 现代汉语词典[M]. 修订本. 北京：商务印书馆.

…………

（2）顺序编码制

① 正文中的标注规则。顺序编码制是按正文中引用的文献出现的先后顺序连续编码,并将序号置于方括号中,如果同一处引用多篇文献时,将各篇文献的序号在方括号内全部列出,序号间用“,”隔开,如遇序号连续可标注起讫号；多次引用同一著者的同一文献时,在正文中标注首次引用的文献序号,并在“[]”中著录引文页码。

示例一：引用单篇文献

……研究生教育作为国民教育的顶端是高层次人才的主要来源和科学研究潜力的重要标志[1]……

示例二：引用多篇文献

杨玉圣[11,17]提出……

著名的科学家爱因斯坦说：“大多数人说,是才智造就了伟大的科学家,但其实是人格。”[2-3]……

示例三：多次引用同一著者的同一文献

由于“思想”的内涵是“客观存在反映在人的意识中经过思维活动而产生的结果”[2]194，……表明其读者群的文化的品位的高层次……“方针”指“引导事业前进的方向和目标”[2]354。

② 参考文献表的标注规则。文后参考文献表的顺序应与正文标引顺序一一对应，序号写在“[ ]”内。参考文献的责任者不超过3个时，全部照录。超过3个时，只著录前3个责任者，其后加“，等”、欧美著者采用“et al”表示省略。个人著者采用姓在前、名在后的著录形式。欧美著者的名可以用缩写字母，缩写名后省略缩写点。欧美著者的中译名可以只著录其姓；同姓不同名的欧美著者，其中译名不仅要著录其姓，还需著录其名。用汉语拼音书写的中国著者姓名不得缩写。文后参考文献的具体著录格式如下。

a. 专著（包括会议文集、学位论文、技术报告、汇编）。著录格式为：

主要责任者. 题名：其他题名信息[文献类型标志]. 其他责任者. 版本项. 出版地：出版者，出版年：引文页码.

其中，文献类型标志为：专著[M]，会议文集[C]，学位论文[D]，技术报告[R]，汇编[G]。

例如：

[1] 余敏. 出版集团研究[M]. 北京：中国书籍出版社，2001：179－193.

[2] 辛希孟. 信息技术与信息服务国际研讨会论文集：A集[C]. 北京：中国社会科学出版社，1994.

[3] 孟富仙. 大学生信息道德研究[D]. 上海：上海师范大学，2007.

[4] World Health Organization. Factors regulating the immune response：report of WHO Scientific Group[R]. Geneva：WHO，1977.

[5] PEEBLES P Z，Jr. Probability，random variable，and random signal principles[M]. 4th ed. New York：McGraw Hill，2001.

b. 专著中的析出文献（析出文献指从整本文献中析出的具有独立篇名的文献）。著录格式为：

析出文献主要责任者. 析出文献题名[文献类型标志]//专著主要责任者. 专著题名：其他题名信息. 版本项. 出版地：出版者，出版年：析出文献的页码.

例如：

[6] 程根伟. 1998年长江洪水的成因与减灾对策[M]//许厚泽，赵其国. 长江流域洪涝灾害与科技对策. 北京：科学出版社，1999：32－36.

[7] 钟文发. 非线性规划在可燃毒物配置中的应用[C]//赵玮. 运筹学的理论与应用中国运筹学会第五届大会论文集. 西安：西安电子科技大学出版社，1996：468－471.

c. 连续出版物。著录格式为：

主要责任者. 题名：其他题名信息[文献类型标志]. 年，卷(期) - 年，卷(期) 出版地：出版者，出版年.

连续出版物的文献类型标志为[J]。

例如：

[8] 中国地质学会. 地质论评[J]. 1936，1(1) - . 北京：地质出版社，1936 - .

[9] 中国图书馆学会. 图书馆学通讯[J]. 1957(1) - 1990(4). 北京：北京图书馆，1957 - 1990.

d. 连续出版物中的析出文献。著录格式为：

析出文献主要责任者. 析出文献题名[文献类型标志]. 连续出版物题名：其他题名信息，年，卷(期)：页码.

例如：

[10] 李晓东，张庆红，叶瑾琳. 气候学研究的若干理论问题[J]. 北京大学学报：自然科学版，1999，35(1)：101 - 106.

e. 专利文献。著录格式为：

专利申请者或所有者. 专利题名：专利国别，专利号[文献类型标志]. 公告日期或公开日期.

例如：

[11] 姜锡洲. 一种温热外敷药制备方案：中国，88105607.3[P]. 1989 - 07 - 26.

f. 标准文献。著录格式为：

标准编号 标准名称[文献类型标志]. 出版地：出版者，出版年.

标准的文献类型标志为[S]。

例如：

[12] GB/ T 7714 - 2005 文后参考文献著录规则[S]. 北京：中国标准出版社，2005.

g. 报纸中的析出文献。著录格式为：

主要责任者. 文献题名[文献类型标志]. 报纸名，出版日期(版次).

报纸的文献类型标志为[N]。

例如：

[13] 张田勤. 罪犯 DNA 库与生命伦理学计划[N]. 大众科技报，2000 - 11 - 12 (7).

h. 电子文献。电子版的专著、连续出版物、报纸、专利及其析出文献的著录格式与以上介绍的基本相同，不同之处在于要在最后一项著录项目之后加上“引用日期”与“获取和访问路径”。除此之外的电子文献著录格式为：

主要责任者. 题名：其他题名信息[文献类型标志/文献载体标志]. 出版地：出版者，出版年(更新或修改日期)[引用日期]. 获取和访问路径.

其中,电子文献类型标志为:数据库[DB],计算机程序[CP],电子公告[EB];文献载体标志代码为:磁带[MT],磁盘[DK],光盘[CD],联机网络[OL]。

例如:

[14] 江向东.互联网环境下的信息处理与图书管理系统解决方案[J/OL].情报学报 1999,18(2):4. [2000 - 01 - 18]. http://www. chinainfo. gov. cn/periodical/gbxb/gbxb99/gbxb990203.

[15] 萧钰.出版业信息化迈入快车道[EB/OL].(2001 - 12 - 19)[2002 - 04 - 15]. http://www. creader. com/news/20011219/200112190019. html.

[16] TURCOTTE D L. Fractals and chaos in geology and geophysics[M/OL]. New York:Cambridge University Press,1992. [1998 - 09 - 23]. http://www. seg. org/reviews/mccorm30. html.

[17] Scitor Corporation. Project scheduler[CP/DK]. Sunnyvale, Calif.:Scitor Corporation,c1983.

7.2.4 向核心期刊投稿

1. 了解核心期刊

核心期刊是一个相对概念,是指某学科领域的核心期刊,即"发表该学科论文数量较多,文摘率、引文率、读者利用率相对较高,在本学科学术水平较高、影响力较大的那些期刊"。①

核心期刊(Core Journals)的概念产生于英国,发展于美国。20 世纪 30 年代,面对不断增多的科技期刊,英国化学家和文献学家布拉德福(S. C. Brad-ford)以应用地球物理学和润滑学期刊为统计源,每天对到馆的 490 种期刊上的 1724 篇论文进行逐册逐篇统计,按其发表论文数量的多少排出序列,于 1934 年在《工程》(EI)杂志上发表了《关于特定主题的情报源》,首次提出文献集中与离散规律。1948 年布拉福德在其专著《文献工作》(Documentation)中,提出了定量描述文献分布的经验定律,认为某一学科的文献相对地集中在一定数量的杂志上,而剩余部分的文献则依次分散在其他大量相关杂志上,这就形成了核心期刊与非核心期刊的思想。1969 年,高夫曼(W. Goffman)等人通过统计分析,证实按期刊流通量数据的分布近似服从布拉德福文献分散规律,存在核心期刊效应。

1971 年,《科学引文索引》(SCI)创始人加菲尔德(E. Garfield)在统计了 2000 种期刊中的 100 万篇参考文献后,证明被引文章在期刊的分布上也有一个较为集中的核心区与广为分散的相关区,只要掌握各学科这些"少量的期刊"即核心期刊,那么该学科中相当部分的最有价值信息就能获取。在该理论的指导下,世界著名的《科

① 戴龙基,蔡蓉华.中文核心期刊要目总览[M].2004 年版(第四版).北京:北京大学出版社,2004:1 - 7.

学引文索引》(SCI)、《社会科学引文索引》(SSCI)和《艺术与人文科学引文索引》(A&HCI)被研制成功。几十年来,这些索引在国际科技界、人文社科界、图书情报界、期刊界、教育和科研管理部门均产生了重要影响。

20 世纪 60 年代至 70 年代我国开始了核心期刊的研究,到了 80 年代,随着我国期刊业的迅猛发展,加上物价上涨导致的期刊涨价,如何使有限的订阅经费和有限的馆藏空间发挥最大效益,如何指导读者在浩瀚的期刊海洋中便捷地获取更有价值的信息等问题成为图书馆工作亟待解决的问题。在这种背景下,中文核心期刊的遴选工作应运而生,核心期刊研究成为热点问题,许多核心期刊研制成果出现①。由北京大学出版社出版的《中文核心期刊要目总览》,以其系统性、科学性和实用性,获得了社会的认可,成为具有一定影响力的参考工具。

2. 确定核心期刊目录

(1) 利用《中文核心期刊要目总览》

1990 年底,北京地区高等院校图书馆期刊工作研究会和北京大学图书馆共同发起研究和编制《中文核心期刊要目总览》。1992 年,首版《中文核心期刊要目总览》正式出版,被认为是"我国第一次大规模使用文献计量学方法对中文期刊进行统计分析的研究,具有较高的学术水平和使用价值,为各类型图书情报部门的中文期刊采购和读者服务提供了较重要的参考工具。"②鉴于业界的良好反应,根据期刊兼具连续性和动态变化发展的特点,《中文核心期刊要目总览》每 4 年更新研究和编制出版一次,每版都根据当时的实际情况在研制方法上不断调整和完善,以求研究成果能更科学合理地反映客观实际。已经出版的研究成果有:《中文核心期刊要目总览》(1992),《中文核心期刊要目总览》(第二版,1996)、《中文核心期刊要目总览》(2000 年版)、《中文核心期刊要目总览》(2004 年版)、《中文核心期刊要目总览》(2008 年版)和《中文核心期刊要目总览》(2011 年版)。

以《中文核心期刊要目总览》(2011 年版)为例,该书刊载了 73 个学科的核心期刊表,按《中国图书馆分类法》(第五版)类目系列分为七编:第一编,哲学、社会学、政治、法律;第二编,经济;第三编,文化、教育、历史;第四编,自然科学;第五编,医药、卫生;第六编,农业科学;第七编,工业技术。

正文为按学科顺序排列的 73 个核心期刊表,每一核心期刊表之前,均有该表的研究报告;按刊名汉语拼音顺序排列的核心期刊简介,著录每种核心期刊的相关书目信息及内容简介。著录示例如图 7-16 所示。

① 周向华. 核心期刊概念的演变及影响[J]. 大学图书情报学刊,2008(1):87-90.

② 朱强,蔡蓉华,何峻. 中文核心期刊要目总览[M]. 2011 年版(第六版),北京:北京大学出版社,2011:1-18.

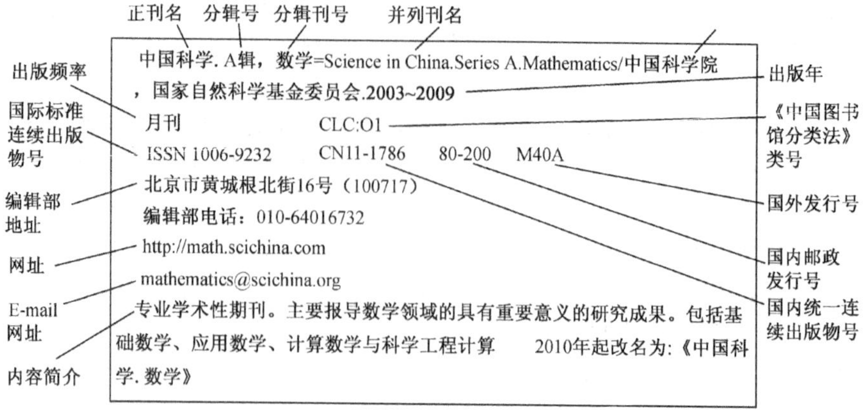

图 7-16 《中文核心期刊要目总览》核心期刊著录示例

附录有：

① 各学科专业期刊一览表(包括核心期刊在内)，表内按刊名汉语拼音排序。

② 检索性期刊一览表，按刊名汉语拼音排序。

③ 国内出版的外文期刊一览表(我国港、澳、台地区出版的外文刊暂不收入)，按刊名拉丁字母排序。

④ 部分有国家统一书号的连续出版物一览表，按刊名汉语拼音排序。

⑤《中文核心期刊要目总览》各版核心期刊索引，按刊名汉语拼音排序。刊名后列出该刊入选《总览》的版次。

⑥ 刊名索引(检索性期刊、国内版外文期刊、有国家统一书号的连续出版物不作索引)，按刊名汉语拼音排序。

其中附录⑤ 可以查看某一期刊的核心期刊变化情况，如：

大学图书馆学报　1992　1996　2000　2004　2008　2011

表示该刊被 1992，1996，2000，2004，2008，2011 版《中文核心期刊要目总览》认定为核心期刊，而

现代情报(2004)

表示《现代情报》仅在 2004 版《中文核心期刊要目总览》被认定为核心期刊，其核心期刊年限为 2004—2007 年，在其他年份出版的《现代情报》已经不被视为核心期刊。

在向核心期刊投稿之前可以先查阅最新版的《中文核心期刊要目总览》，明确该学科的核心期刊都有哪些，然后有针对性地向其投稿。

(2) 利用学术期刊全文数据库的期刊导航

目前，国内著名的学术期刊全文数据库有中国知网学术期刊网络出版总库(CAJD)、中文科技期刊数据库(CSTJ，又称维普期刊数据库)及中国学术期刊数据库(CSPD，又称万方数字化期刊群)。中国知网学术期刊网络出版总库目前收录期刊

8081种，中文科技期刊数据库收录期刊12000余种，涵盖了绝大多数国内学术期刊，且该两种数据库以《中文核心期刊要目总览》为依据，开通核心期刊导航功能，利用此功能可以快速寻找到某学科的核心期刊。其中，中国知网学术期刊网络出版总库目前能查看1992年版以来的核心期刊，中文科技期刊数据库能查看2004年版以来的核心期刊。

方法：以中国知网学术期刊网络出版总库为例，在IP地址允许范围内，登录中国知网（http://www.cnki.net）网站，选择"期刊"频道，点击页面右上角的"期刊导航"，在打开页面选择"核心期刊导航"，可以看到中国知网将收录期刊分为七编：第一编 哲学、社会学、政治、法律（271种期刊）；第二编 经济（153种期刊）；第三编 文化、教育、历史（281种期刊）；第四编 自然科学（347种期刊）；第五编 医药、卫生（248种期刊）；第六编 农业科学（141种期刊）；第七编 工业技术（496种期刊）。每一编下又分为若干学科，读者可以根据论文性质选择相应学科，从而确定该学科的核心期刊；也可以根据刊名、ISSN、CN号在检索框中搜索特定期刊。选定核心期刊后点击刊名即进入该刊在中国知网的主页，其简介下会列有该刊属于哪个版本的核心期刊。例如对于《中国图书馆学报》，介绍有：

该刊被以下数据库收录：

CSSCI 中文社会科学引文索引（2012—2013）来源期刊（含扩展版）

核心期刊：

中文核心期刊（2011）

中文核心期刊（2008）

中文核心期刊（2004）

中文核心期刊（2000）

中文核心期刊（1996）

中文核心期刊（1992）

需要注意的是，有时学术期刊全文数据库的核心期刊信息更新会滞后，这时读者应自行查找最新版本的《中文核心期刊要目总览》来确定学科的最新核心期刊。

3. 根据影响因子选定核心期刊

论文撰写完毕，也明确了该学科有哪些核心期刊，这时就要着手投稿事宜了。在投稿之前要对拟投刊物有一个大致了解，如期刊定位、学术影响力、出版周期、版面费、编读是否友好等，然后确定要投的核心期刊。

期刊的学术影响力往往通过期刊影响因子来体现。期刊影响因子（Impact Factor，简称IF）的概念是1955年由著名情报学家、美国科技信息研究所（ISI，Institute for Scientific Information）所长E. Garfield首次阐明，并在1963年出版的"1961年度科学引文索引"中正式提出和使用。自1975年开始，ISI在科学引文索引（SCI）的基础上每年发行上一年度世界范围的《期刊引证报告》（Journal Citation Reports），使期刊的定量评价成为可能。① 期刊影响因子的计算方法：某刊当年的影响因子等于前两年发表的论文在当年的被引频次总和除以该刊前两年发表的论文总数。例如期刊 SOCIAL STUDIES OF SCIENCE，2013 年的影响因子计算方法：

已知该刊 2012 年发表论文在 2013 年的被引次数为 61，2011 年发表论文在 2013 年的被引次数为 96；2012 年的发表论文总数为 35，2011 年发表的论文总数为 38。

则该刊 2013 年影响因子 $IF = (61 + 96)/(35 + 38) = 2.151$

中国知网提出了针对中文期刊的复合影响因子概念，即以期刊、博士学位论文、硕士学位论文、会议论文为复合统计源文献，计算被评价期刊前 2 年发表的可被引文献在统计年的被引用总次数与该期刊在前 2 年内发表的可被引文献总量之比。② 复合影响因子可以作为选择核心期刊的参考。

国外社会科学期刊影响因子的查看可通过 Web of Science 平台上 Journal Citation Reports 数据库的社会科学版（JCR Social Science Edition）来实现，国内中文期刊的复合影响因子可通过中国知网学术网络出版总库的期刊导航来查找。

4. 投稿方式

据调查，我国科技核心期刊的投稿方式主要有：纸质文稿式、电子邮件式、网络投稿式、纸质稿与电子邮件结合式、纸质稿和电子邮件并列式、纸质稿和网络投稿并列式以及纸质稿、电子邮件稿及网络投稿三并列式 7 种情况。③ 随着计算机技术的发展，网络投稿成为主流。目前，很多学术期刊都开通了在线投稿系统，实现作者—编辑—审稿专家三位一体的协作化、网络化、角色化的编辑稿件业务处理平台。通过该平台，编辑、作者、专家不受地域限制，可在各自权限范围内在线操作，使工作更为方便、效率更高。

核心期刊编辑网站可以借助谷歌、百度、YAHOO！等搜索引擎查找其官网。在投稿之前还要注意查看该刊的“投稿指南”“作者须知”等类似文献。一般来说，核心期刊对稿件类型、稿件形式、图表、引文标注、参考文献、投稿方式等都有一定的规范和要求。用户应仔细阅读，并确保论文符合该刊要求，方能增大发表概率。

在线投稿系统往往设有针对作者的投稿系统，作者投稿前按提示注册即可。作者投稿后可能会得到退稿、退修、接收等结果。应注意，在得到“退稿”结果后方能改投其他刊物，不能如天女散花般一稿多投。在稿件“退修”阶段，作者应按编辑或同行评审专家的意见修改后再行上传。

---

① 任胜利，王宝庆，郭志明，等. 应慎重使用期刊的影响因子评价科研成果[J]. 科学通报，2000(2)：218－222.

② 伍军红. 复合影响因子与期刊影响力评价[J]. 编辑学报，2011(6)：552－554.

③ 马爱芳，林桂娜. 我国科技核心期刊投稿方式浅析[J]. 中国科技期刊研究，2007(3)：438－440.

7.3 学术道德与规范

自20世纪90年代以来，在政治腐败和社会腐败等丑恶现象的熏染下，学术界各色丑闻也接连不断："掂人之美，弄虚作假，剽窃抄袭等侵犯他人知识产权的现象屡见不鲜；东拼西凑，胡编乱造，改头换面，瞒天过海，以捞取外快、沽名钓誉为目的的'写手'和'编书匠'如过江之鲫……。"①凡此种种，不一而足。规模空前的学术腐败现象在我国的出现绝非偶然，而是社会历史与现实、政治经济与文化、学术共同体与学术人自身等诸多影响因素交互作用的结果，更是学术道德弱化的结果。

学术道德，是指从事学术性研究活动的主体，在进行创造性研究活动的整个过程中，处理个人与他人、个人与社会、个人与自然之间的关系时所应遵循的原则和规范。② 学术规范是学术道德的具体化，是指从事学术活动的行为规范，也是学术共同体成员必须遵循的准则。学术规范从学术活动中约定俗成地产生，成为相对独立的规范系统，是保证学术共同体科学、高效、公正运行的条件③。一旦不遵循学术规范，学术道德滑坡，将对科学研究和社会发展造成极大危害。

7.3.1 学术失范危害

学术失范，是在特定的学术制度环境下，学术人在从事学术研究中为了实现自己的利益目标而违背学术共同体所公认的学术规范的行为与结果。学术失范可分为理念性失范、技术性失范和道德性失范④，其危害主要表现在影响大学社会功能的发挥、阻滞科教兴国战略的实施和加剧社会风气的腐败。

1. 学术失范的主要表现

（1）学术活动的理念性失范

① 缺乏学术问题意识。提出问题、分析问题、解决问题是学术研究的基本要求，但是问题意识在如今的诸多"研究"中难觅其踪。突出表现为：学术课题的设计一味迎合权力部门、领导喜好、大众口味或者课题（经费）审批体制、发表（出版）体制、职称评定体制等利益因素，以对个人"有用"为价值追求，"成果"却空洞无物，满纸官腔套话。② 缺乏学术创新意识。学术创新是学术活力的源泉，但是目前普遍存在学术研究的低水平重复与学术泡沫化。各种形式外衣下的老调重弹、新瓶旧酒制造了一

---

① 佚名."学术规范与学风建设笔谈"编后语[J].自然辩证法通讯,2001(4):12－15.

② 江新华,李红桃.论学术道德失范[J].思想·理论·教育,2002(Z1):71－74.

③ 教育部科学技术委员会学风建设委员会组.高等学校科学技术学术规范指南[M].北京:中国人民大学出版社,2010.

④ 魏琴,蒋德瑋.近年来我国社会科学学术失范的表现和原因分析[J].甘肃高师学报,2007(1):128－132.

种虚假的学术繁荣，虽然看上去眼花缭乱，实则罕见新的成果和新的信息。③ 缺乏开阔的学术视野，学术水准难与国际接轨。学术研究的故步自封、自言自语使学术水准低下，学术视野狭窄、学养不足导致学术传承稀薄而"学阀"林立。

（2）学术活动的技术性失范

① 学术管理行政化、权力化。"立项靠关系，评奖靠运作"，由此导致的"计划学术"、遵命文章披着学术的外衣大量占用课题资源、学术经费和出版资源，却不具备相应的学术价值，是一种被管理异化的学术失范典型。② 学术成果生产化、模式化。不科学的学术评价机制导致部分学者无心向学，出现学术失学现象。一些人东拼西凑攒教材、出文选、做合集，论文"枪手"泛滥，甚至明码标价。③ 学术出版等级化、关系化。目前我国高校等学术机构的评价标准，使学术期刊逐渐成为论文发表的主要平台和学术评价的替代工具。无论文章的学术含金量有多少，只要上了核心期刊或者"中央级"刊物，就会身价倍增，导致学术期刊（尤其是核心期刊、高规格期刊）拥挤不堪，人情稿、关系稿压力巨大。④ 学术规范虚拟化、符号化。长期以来，我国科学研究领域始终缺乏系统的、成文的学术规范，学术活动的规范性主要靠学术传统和学者的道德自律加以约束，一旦自律机制受到交易机制和不尽合理的学术管理机制的破坏，学术失范行为在缺乏他律机制的前提下就会大量滋生。

（3）学术活动的道德性失范

① 缺乏尊重他人成果的学术意识。尊重他人的学术成果和著作权是学者必须遵循的最基本的学术道德，也是国际学术界最基本的学术规范。然而近年来，论文、专著、设计方面的大篇幅抄袭、剽窃事件屡屡见诸报端，学术研究中的"老板制"、引用材料方面的断章取义、学术成果中的观点抄袭和以译代著等现象更是司空见惯。② 缺乏求真务实的科学精神。贪大求洋、务虚务假是所有学术失范行为的通病。比如，论文写作中引而不注，注而不实；学术工作中的权学交易、钱学交易；学术评奖中的结党营私、瓜分利益；学术批评中的一味吹捧，打压异己；学术管理中的好大喜功、急功近利等。学者教授们的弄虚作假行为不仅败坏了我国学术界的声誉，更导致后生晚辈漠视科学精神，学术作假成为"师传衣钵"，代代相因，伤及未来。③ 缺乏学术义务意识和责任精神。学术活动与其他社会活动一样，有其传统和文化，相关活动必须在职业规则和伦理道德的前提下开展。学术工作者作为一个社会文明水准的"形象大使"，不仅要坚守社会公德底线，还要承担学术义务和责任。但在实际工作中，验收鉴定有求必应、是非曲直模棱两可、名利场上见缝插针、人情网中不能自已、假学术之名官学共谋等情形比比皆是。④ 缺乏学术荣誉的严肃性和尊严感。学术课题审批制、学术经费划拨制等管理模式导致大量的科研项目和经费向各种头衔的学术带头人靠拢，学术荣誉逐渐演化成可以兑现为项目和经费的长期支票，也成为炙手可热的身份装饰品。

2. 学术失范的主要危害

（1）学术失范严重影响大学社会功能的发挥

培养高级专门人才、发展科学和开展社会服务是近代大学3项基本的社会职能。大学学术道德失范，严重影响着高级专门人才，尤其是创新人才的培养质量，也大大阻滞了其发展及为社会服务功能的发挥。①

① 学术失范不利于创新人才的培养。合格的创新人才，既要具备较强的学术研究能力，又要具备较高的学术道德素养。教师是教育的主体，教师学术道德素质的高低、研究行为是否规范，是制约学生学术道德素质的一个重要影响因素。教师如果自身学术道德素质不高、学术行为越轨，就难以对学生提出合理的学术道德要求，即便是提出了，也难以得到学生的接受和认同。学生的学术道德失范，既是自身学术道德素质不合格的表现，又是影响其他学生学术道德素质提升的影响源。同学之间的不良习气，不好的学风也能够传染，导致同流合污。有的学校研究生中抄袭、剽窃等学术失德行为成风，"同辈群体"中学术道德失范行为的影响是其中一个重要原因。因此，大学中存在的严重的学术道德失范，会影响到大学创新人才的培养质量，大学为社会培养高级专门创新人才的功能不可能得到有效发挥。

② 学术失范会阻滞科学的发展进程，损害大学为社会服务的能力。大学是推动社会科学进步、促进社会学术发展和繁荣的研究中心。正因为如此，一旦学术道德失范，就会深刻影响学术研究，从而给社会进步带来严重危害。自1862年美国总统林肯签署"莫雷尔法案"及"赠地学院"出现以来，大学为社会服务的"威斯康星思想"逐渐为世界各国的大学所接受。大学作为社会的学术研究中心在发展科学、为社会提供服务等方面有着自身的优势，但其优势能否发挥及发挥的程度，决定性的影响因素是人——大学师生，具体来说是大学师生的学术素质（学术研究能力和学术道德素养）。大学学术道德失范会降低学术研究主体的学术道德素养，进而削弱其学术研究能力，导致大学难以有效实现其发展科学、为社会提供服务的职能，必然会引发大学生存的合法性危机，甚至丧失存在的合理性依据。

（2）学术失范会阻滞我国"科教兴国"战略的实施

教育是立国之本，科技是强国之路，这是对世界近代史正确而简明的概括。因此，我国明确提出了"科教兴国"的战略。科技进步和劳动者素质的提高是"科教兴国"战略能否顺利实现的关键。科技进步和劳动者素质的提高都要依赖于教育，尤其是大学教育。大学教育，作为整个国民教育的"龙头"，理所当然地被推到了"兴国"中"科教"的中心地位。在知识经济时代，经济发展主要取决于知识创新，科技对社会经济的发展作用达到80%左右。与此相应，大学教育的作用也越来越突出。大

① 江新华，吕良珊. 论大学学术道德失范的主要危害[J]. 湖北教育学院学报，2005(3)：56－58.

学教育的本质属性是学术性，而知识经济是一种以知识为基础、以智力为资源的经济。大学肩负着其他科研机构不具备的培养高层次专门研究人才的职能，这是保障知识经济可持续发展的关键之所在。大学学术道德失范会严重影响大学3项基本社会功能的发挥。如果在知识经济时代，社会既得不到大学提供的高层次专门研究人才，也难以得到大学在发展科学方面的支持及大学提供的科研方面的服务，那么，我国的“科教兴国”战略的实施进程就会被大大延缓。

（3）学术失范会加剧社会风气的腐败

面对社会风气的日益恶化，人们自然将净化社会风气的希望寄托在大学、科学院等学术领域中。这是因为大学的功能不仅只是体现在对社会政治、经济发展等重大问题的判断和决策上，而且体现在区分善恶、建立信念、认识真理等诸多方面。在人们眼里，大学是现代社会“世俗的宗教”“社会的良知”，科学是神圣的殿堂。大学教育的宗旨不只是教人做人、做专家，而且是要做“士”——承担社会教化和转移风气之责任的知识分子。即使社会的其他角落问题再多，人们也希望在高等学府、科研机构中得到真理、正气；社会上腐败分子再多，人们也希望在高等学府、科研机构中能寻找到一批与“浊流”相抗衡的“清流”。人们对大学的期望是不无道理的。大学应成为抵制社会腐败、净化社会风气的坚实堡垒。知识分子应该是一个民族文明与良知的最有觉悟的守望者，应能把握一个民族文明与良知的最后底线，守住这条底线应是知识分子义不容辞的责任。然而，令人失望的是，大学和其他科研机构不仅没有起到抵制社会腐败、净化社会风气的作用，而且自身学术腐败现象也层出不穷，屡禁不止。如果作为真理“守护人”、社会良知“担当者”的大学人中日益严重的学术道德失范得不到有效的制止，社会上就不可能再有其他机构和组织来抵制、抗衡社会的不良风气。不仅如此，大学还会起到反面带头作用，加剧社会腐败的风气，使社会风气进一步恶化。

7.3.2 弘扬学术道德

学术道德，即学术伦理，是学术共同体成员应该遵守的基本学术道德规范和在从事学术活动中必须承担的社会责任和义务，以及对这些道德规范进行理论探讨后得出的理性认识。① 在学术活动中，弘扬学术道德需要从以下几个方面做起。

1. *求真务实*

求真务实是基本的科学精神。科学精神源于人类的求知、求真精神和理性、实证的传统。科学精神的本质是不懈地追求真理和捍卫真理。科学精神体现为严谨缜密的方法。每一个论断都必须经过严密的逻辑论证和客观验证才能被学术共同体最终承认。任何人的研究工作都应无一例外地接受检验。只有经过公开实践的

---

① 教育部社会科学委员会学风建设委员会组. 高校人文社会科学学术规范指南[M]. 北京：高等教育出版社，2009.

证实，以及经过各种不同观点论争考验的成果，才能在学术上被承认和具有效力。

2. 诚实守信

诚实守信是保障学术成果可靠性的前提，从事学术研究的人不应有任何不诚实的行为。人文社会科学工作者必须在学术活动的各个环节中坚持实事求是，一旦发现研究成果中的错误和失误，应及时以适当的方式予以公开和承认；在自我评价和评议评价他人时，态度严谨、客观公正、真实准确，避免主观臆断，不可掺杂非学术因素。

3. 继承创新

人文社会科学是积累性极强的科学，认识人类自身和认识社会发展不是几个人和几代人所能完成的，必须吸取前人的智慧和经验才能在新的起点上总结规律、提炼理论，使研究逐步接近真理；必须对前人所做的经过历史检验的研究成果给予信任、加以继承，在前人的终点上寻找自己的起点。继承和质疑并不矛盾。质疑原则要求研究者始终保持对科研中可能出现错误的警惕，并相信对人类世界与社会的认识是要与时俱进的。科学尊重首创和优先权，鼓励发现和创造新的知识，鼓励知识的创造性应用。研究需要创新，没有创新，就不能推动社会的进步。基础研究是应用研究和技术开发的先导和源泉，是核心竞争力和学术制高点，更需要原创性的成果。但是，创新不是凭一时的灵感能够做到的，它需要长期积累、深入思考、反复实验，然后厚积薄发，最终爆发出潜力。

4. 恪守职责

人文社会科学工作者必须具有强烈的历史使命感，要承担学术引领社会进步和发展的责任，决心为建设创新型国家、构建社会主义和谐社会做出无愧于历史的贡献，不能片面追求个人名利、违背学术责任。同时要珍惜自己的职业荣誉，正当行使学术权力，避免对科学知识的不恰当运用及对学术资源的浪费和滥用。在学术活动中，研究者应当热爱学术，敬畏真理。不能把学术当成谋取不当利益的工具，而应当把研究作为探索真理、追求真理的志向和事业，正确对待研究成果的学术荣誉，勇于承担学术责任与学术义务，贡献出博大精深、嘉惠今人、传之久远的学术力作。创新需要学术自由，需要宽容失败，需要坚持在真理面前人人平等，需要有创新的勇气和自信心。

5. 以人为本

人文社会科学应将体现人性、尊重人格、保障人权作为基本的价值取向，将增进全社会和每个社会成员的进步和幸福作为终极目标。人文社会科学研究既要考虑全社会的整体利益，又要尊重人的个性发展。

学术共同体成员要互相尊重。尊重他人的著作权，通过引证承认和尊重他人的成果和优先权；尊重他人对自己科研假说的证实和辩驳，对他人的质疑采取开诚布公和不偏不倚的态度；尊重合作者的能力、贡献和价值取向。

6. 自律与他律

人文社会科学工作者应该从维护学术声誉和自身尊严的高度，修身正己，自我约束,讲求诚信,把遵守学术规范贯穿在教学与科研工作的每一个环节中,以取信于民,使自己的研究成果在建设祖国、改造社会中发挥应有的作用。

人文社会科学工作者在自己从事教学与研究的学科领域里,既对本门学科的学术发展负有责任;也应爱护和促进新学科的丰富完善,顾全科学发展的全局,随时调整本门学科在学术整体中的地位;但不能为了个人名利随意跨越到自己不熟悉的领域里轻率表态,干扰其他专业学术的正常发展。

人文社会科学工作者要通过履行学术规范,逐步确立学术创新的高标准,养成主动遵守学术规范的习惯,把规范变成自觉的行为,达到自由的境地。

遵守学术规范、接受社会监督是学者的责任,他律是学者自律的保障,自律和他律是相互促进的,必须有机地结合在一起。他律的主要形式包括规约的制定、舆论的监督、学术批评、对学术不端行为的惩戒等。

7.3.3 学术不端及检测系统

1. 学术不端及其表现

根据教育部社会科学委员会学风建设委员会编写的《高校人文社会科学学术规范指南》,学术不端行为也称不正当的研究行为,是指学术共同体成员违反学术准则、损害学术公正的行为。例如:抄袭剽窃、侵吞他人学术成果;篡改他人学术成果;伪造或者篡改数据、文献,捏造事实;伪造注释;没有参加创作,在他人学术成果上署名;未经他人许可,不当使用他人署名;违反正当程序或者放弃学术标准,进行不当学术评价;对学术批评者进行压制、打击或者报复等。

2. 国内外学术不端检测系统

针对学术成果发表中的学术不端行为,2010 年 11 月 2 日,中国高校科技期刊研究会提出了关于学术道德和学风建设的倡议书,要求各期刊社和编辑部加强对学术不端行为的检测识别,在来稿中使用科技期刊学术不端文献检测系统,倡议在编辑部之间加强信息交换,在研究会网站对对学术不端者进行内部通报①。目前,国内学术期刊出版和学位论文检测主要使用的学术不端检测系统有中国知网的科技期刊学术不端文献检测系统(AMLC)、学位论文学术不端行为检测系统(TMLC2),万方论文相似性检测服务系统(PSDS)和维普论文检测系统,其中又以中国知网的检测系统使用最为广泛。三大系统在功能和形式上大同小异,支持的文件类型也非常相近,但由于使用了不同的软件算法和后台核心数据库,造成了最终检测结果有所差别。因此作者在投稿之前、学生在答辩之前势必要弄清楚要投的期刊和所在学校承认的论文检测系统结果,以免给自己造成不必要的损失。

---

① 中国高校科技期刊研究会.中国高校科技期刊研究会学术道德和学风建设倡议书[J].西南大学学报(自然科学版),2011(5):179.

此外，国外的学术期刊和高校也使用了学术不端检测系统来避免学术剽窃和抄袭等行为①。Turnitin 是全球最权威的英文检测系统，被提交检测的文章均为系统自动检测，无任何人工干预，目前在全世界 90 多个国家、7000 多所高等院校使用。

CrossCheck 系统，是 CrossRef 推出的一项服务，用于帮助检测论文是否存在剽窃行为，其软件技术来自于 iThenticate。全球会员单位有 50 多家，包括一些国际科学出版集团和科学学会，如自然出版集团（NPG）、爱思唯尔、施普林格、威立·布莱克威尔（Wiley Blackwell）、英国医学期刊出版集团（BMJ）、泰勒弗朗西斯出版集团（Taylor & Francis）、美国科学进步协会（AAAS）、美国物理学会（APS）等。《浙江大学学报（英文版）》在国家自然科学基金重点期刊项目资助下，也于 2008 年成为第一家中国 CrossCheck 会员。

SafeAssign 是 Blackboard 教学管理平台功能的一部分，用户无须额外费用，就能将提交的论文与指定资源库中的论文进行相似度对比，并将检测结果反馈给用户；同时与成绩中心互连，教师可在成绩中心为检测后的论文打分。SafeAssign 也是强有力的反抄袭检测工具，采用独特算法将提交的文章与后台数据库对比，这些数据库包括互联网、ProQuest ABI/Inform 数据库、机构库，以及各地学生自愿提交的文献全球参考数据库（Global Reference Database）。

练习与思考

1. 社会科学信息全文获取的途径有哪些？
2. 什么是文献管理软件？如何使用 EndNote Web 和 NoteFirst 收集题录信息？
3. 怎样利用 NoteFirst 实现边写作边引用？
4. 科研课题的选题原则和方法有哪些？
5. 参考文献的引用原则有哪些？学会著录图书、期刊、专利、学位论文、电子文献的参考文献格式。
6. 如何向核心期刊投稿？
7. 学术失范的危害有哪些？如何弘扬学术道德？

参考文献

[1] 王天挺，天宇（摄影）. 国家任务[J]. 人物，2014(2)：108－112.
[2] 李雪. 车洪才 36 年编词典只为一个承诺[J]. 环球人物，2014(14)：76－77.
[3] 耿银平. 科研学者的国家情怀[N]. 法制周报. 2014－04－10(002).

① 张旻浩，高国龙，钱俊龙，国内外学术不端文献检测系统平台的比较研究[J]. 中国科技期刊研究，2011(4)：514－521.

[4] 关学智.信息搜集原则浅述[J].辽宁经济管理干部学院学报,2000(1):36-37.

[5] 沙振江,张晓阳.人文社科信息检索与利用教程[M].镇江:江苏大学出版社,2007.

[6] 韩卫民,杨莹.信息收集的方法及注意事项[J].河南科技:上半月,2011(6):25-26.

[7] 谢群.文献管理软件的功能层次划分理论研究[J].现代情报,2008(4):113-117.

[8] 袁玉花.NoteExpress 文献管理软件在科技查新中的应用[J].图书馆工作与研究,2011(12):41-43.

[9] 赵勇.当前哲学社会科学研究选题中的问题及对策[J].菏泽学院学报,2014(1):123-126.

[10] 姜清奎,王贯中.科研选题的原则与方法[J].云南科技管理,2007(3):43-44.

[11] 朱益上,陈伟.论新建区域性高校人文社会科学科研课题的选题原则[J].湘南学院学报,2007(3):113-116.

[12] 袁润,刘红光.理工科信息检索与利用教程[M].镇江:江苏大学出版社,2008.

[13] 文榕生.对文后参考文献若干问题的认识——文后参考文献著录格式商榷之一[J].大学图书馆学报,2004(3):70-74,77.

[14] 陶范.参考文献引用原则辨析[J].编辑学报,2006(4):252-254.

[15] 张积玉.注释、参考文献著录中若干规范问题再探[J].吉林大学社会科学学报,2006(6):140-147.

[16] 戴龙基,蔡蓉华.中文核心期刊要目总览[M].2004 年版(第四版).北京:北京大学出版社,2004:1-7.

[17] 周向华.核心期刊概念的演变及影响[J].大学图书情报学刊,2008(1):87-90.

[18] 朱强,蔡蓉华,何峻.中文核心期刊要目总览[M].2011 年版(第六版).北京:北京大学出版社,2011:1-18.

[19] 任胜利,王宝庆,郭志明,等.应慎重使用期刊的影响因子评价科研成果[J].科学通报,2000(2):218-222.

[20] 伍军红.复合影响因子与期刊影响力评价[J].编辑学报,2011(6):552-554.

[21] 马爱芳,林桂娜.我国科技核心期刊投稿方式浅析[J].中国科技期刊研究,2007(3):438-440.

[22] 教育部科学技术委员会学风建设委员会组.高等学校科学技术学术规范指南[M].北京:中国人民大学出版社,2010.

[23] 佚名."学术规范与学风建设笔谭"编后语[J].自然辩证法通讯,2001(4):

12－15.

［24］江新华，李红桃．论学术道德失范［J］．思想·理论·教育，2002（Z1）：71－74.

［25］魏琴，蒋德璋．近年来我国社会科学学术失范的表现和原因分析［J］．甘肃高师学报，2007（1）：128－132.

［26］江新华，吕良珊．论大学学术道德失范的主要危害［J］．湖北教育学院学报，2005（3）：56－58.

［27］教育部社会科学委员会学风建设委员会组．高校人文社会科学学术规范指南［M］．北京：高等教育出版社，2009.

［28］中国高校科技期刊研究会．中国高校科技期刊研究会学术道德和学风建设倡议书［J］．西南大学学报（自然科学版），2011（5）：179.

［29］张旻浩，高国龙，钱俊龙．国内外学术不端文献检测系统平台的比较研究［J］．中国科技期刊研究，2011（4）：514－521.